撥雲見日
破解台美中三方困局

SUNLIGHT THROUGH THE CLOUDS
Cracking the Taiwan-US-China Complex

林中斌　亓樂義
Chong-Pin Lin　Le-Yi Chi

獻給

提供衣食
照顧起居
放任研究
激盪思維的
內人——

張家珮

林中斌

序一 ——————————— 林中斌

台灣贏、美國贏、中國贏。

三方俱贏，是未來的希望，也是未來的可能。

進入 21 世紀，國際關係如果比喻為一座大機器，其中重要零件已更新。但人類是慣性的動物，思維仍然停留在 20 世紀。用舊的觀念審度新的情勢，不免偏差。

殘暴的兩次世界大戰。物質掛帥心靈流失。我贏你輸，我活你死。零和遊戲的思維仍然主導我們的邏輯，模糊我們的視野。

目前台美中三方的困局，有如烏雲蔽日，不見光明。本書英文副標題「Cracking the Taiwan-US-China Complex」中「Complex」有兩個意義，一為複雜的態勢，二為心理分析學裡的「情結」。正如現在渾沌的景象，部分來自客觀的現實，部分來自主觀的認知。

此書《撥雲見日》企圖照明三方各自內部的死角，及彼此之間的盲點。希望提升讀者對全盤主觀的了解，進而有助於大家合力破解客觀障礙。

今日戰爭皆為小國的內戰，以及大國打小國的戰爭。大國之間戰爭已不可能爆發。中美之間已不可能兵戎相見。原因有四：

- 引發核戰，自我毀滅。中美皆備核武，雙方即使擦槍走火也可能升高為核武大戰，沒有贏家。
- 全球化、網路化的經濟高度互相依存，程度超過以往。損傷對方，不利自己。美國川普總統競選時威脅的中美貿

易大戰，就任後已逐漸煙消雲散了。

- 高科技視訊使國家領袖實時（real-time）掌控國際衝突現場。一次大戰的悲劇不會重演。1914 年 8 月，歐戰爆發。當時在度假的各國領袖都不想真打，之前各自提升軍備只為嚇阻對方。但等他們知曉前線開火時，一切已太晚。當時狀況，今日重演？不復可能。
- 曾出現於小國中的瘋狂領袖──像烏干達吃人肉的伊迪·阿敏（Idi Amin）、利比亞揚言「燒毀全國」的穆安瑪爾·格達費（Muammar Gaddafi）──不可能在大國長期高居上位。今日的大國政府和社會不允許非理性領袖把國家帶上毀滅之路。川普就任總統後三個月，面對本來就是破紀錄最低的民調（40%）又再迅速下滑（35%），突然於 4 月初一週內在數項冒進政策上「髮夾彎」，至少暫時走上務實的道路，民調於是上衝至新高（43%）。這就是個鮮活的實例。

21 世紀的大國之間，矛盾雖不可免，但為自身的利益，與對方合作必須超越對抗。

其實，真正「國家利益」是長遠的「國家利益」。政策如果短期獲利，但長期遺害，反而違背真正「國家利益」。而在今日的世界──網路相連、空氣互通、環保與共，各國真正的國家利益長遠下去趨向相同。在 21 世紀的世界村裡，一個國家自己雖富足而別人窮困，自己雖安全而別人危險，都不可能持久。活在今日的地球，國家自掃門前雪已經不能徹底解決問題了。損人利己的「國家利益」，最後變成「國家損失」。

本書篇章安排依序為中國、美國、台灣。邏輯是：台灣是小國，中、美是大國。大國牽動小國的力量多，小國牽動大國力量少，所

以先看大國，後看小國；新興的中國變動快幅度大，建制的美國變動慢幅度小，所以先看中國，再看美國。

本書側重的部分有別於以往既有而熟知的觀察。

中國篇章包括：在唯物辯證法和無神論主導的政黨統治下，中國的文化和宗教復興；北京外交和戰略特色根源於古代兵法，如「鬥而不破」、「超軍事手段優先」、「不戰而主東亞」等。

美國篇章包括：檢視川普總統帶來的變局；探討變局的根源；強調目前社會分裂的美國雖然陷入內政泥淖，未來數十年仍將在國際上舉足輕重，因為它有自我批判修正的傳統。美國將避免以往歷史中帝國典型的下場——緩慢崛起但快速崩潰。

台灣篇章包括：近代小國在強鄰旁謀求生存進而發展的實例；中共統台的選項和台灣安全的因應；台灣的強項和大戰略。

感謝亓樂義先生 2015 年底盛意邀請筆者合作寫書。若無他的敦促、鼓勵、忍耐、細心，個人的投入不會到位。

林中斌

2017 年 5 月 12 日
新店江坡華城

　　歷史發展到某個階段，往往出現群雄併起。用現代的話說，就是多極政治，反映當前乃至未來世界的政治格局，並以中美關係最受矚目。中美兩國如何看待和對待彼此，是雙方互動最根本的變數。對於兩岸，亦復如此。面對即將到來的新局，各方的互動正是這種心理認知下的反射。

　　中國時報新媒體與中華戰略暨兵棋研究協會 2017 年 1 月 17 日舉辦一場政軍兵棋推演，聚焦於美國總統川普（Donald J. Trump）上台後，美中台三邊可能的互動。我有幸經中華戰略兵推協會理事長黃介正教授引薦，擔任紅組（中方）中央軍委副主席與軍委聯指副總指揮的角色，就以下 3 種想定進行推演。內容純屬個人之見，無關於個人立場，只求演什麼，像什麼；如果劇本反映某種真實情況，也是機率上的巧合，無所謂對或錯，而是對時局演變的一種探索。重在腦力激盪，而非結果。

　　想定時間為 2017 全年。作者推演所採取的應對措施，立足於當前中共中央的國家發展戰略、軍事戰略指導、武器裝備、訓練戰法，以及軍委主席習近平推動軍事改革的最新進程。標題為「巧戰而屈人之兵」[1]，是我對中共用兵理念的詮釋與註腳，也反映中共國家發展戰略的總體思路。

1　亓樂義，〈亓樂義觀點：巧戰而屈人之兵〉《風傳媒》2017 年 1 月 25 日 http://www.storm.mg/article/216100 下載 2017.3.7。

想定一：中美台新三角關係

特別狀況 1-1：中美大國關係

背景：習近平致函川普，是否延續中美高級別對話，及其可能模式與具體推動方法？

1. 敦促美方按往例舉行第 9 輪「中美戰略與經濟對話」，並建議 5 月在華府舉行。美方同意顯示積極回應；美方維持去年 6 月舉行說明態度不變；若推遲至 7 月有前例；若推遲 7 月後舉行則出現變化；若暫停乃至取消則發生重大變化。2. 鑒於美方認為歷年「中美戰略與經濟對話」議題過於寬泛，今年起中方願側重經濟議題為重點。若川普取消上述對話，可就中美最切身而緊迫議題舉行會前會，並決定雙邊對話的性質、形式與內容，探索並構建中美新型大國關係。3. 促成中美雙邊投資協定（BIT），說明有利於形成世界多邊的投資協議。中方考慮微調外資市場准入和股權比例，並加大對美投資，同時要求美方放寬安全審查，縮短雙方投資差距，提高雙方就業。4. 打造中美經貿合作新亮點。如衛生保健領域、在美人民幣離岸市場交易與清算合作等。5. 人民幣匯率攸關主權，不受外力左右。2015 年 11 月人民幣納入 SDR 貨幣籃子，中方將按自己的改革進程推動人民幣國際化。6. 美方若發動懲罰性關稅，如化工、鋼鐵、橡膠等領域，中方將堅決等量反制，此例不可開。重申貿易戰兩敗俱傷，美國出口行業就業減少，如蘋果、波音、通用電氣等，反使美國就業者失業。

特別狀況 1-2：美台關係

背景：總書記指示評估白宮制定新一波「全面對台政策檢討」與對台軍售，並對中國最大負面影響範圍，與中方因應對策？

政治影響：

1. 美方對「一個中國」政策表裡不一，從中訛詐中國並獲利。

2. 維護《台灣關係法》優先於中美三個聯合公報。3. 美台領導人建立熱線。4. AIT 向政府功能轉型。5. 支持台灣參加並加入國際組織，從功能性向隱性主權過渡。

軍售影響：

1. 從出售個別載台，提升到網路鏈結，形成網路聯盟，情監偵（ISR）共享，並擴及美日台三方。2. 從提供防禦性裝備，提升到有限嚇阻戰力，戰鬥軟體更新升級。3. 美台軍事人員交往的層級和功能性擴大，訓練場地不限於美軍路克（Luke）空軍基地，今後將按交付裝備性質擇地培訓。4. 台軍推動艦機自主研製，美方促成雙邊策略聯盟，提高美方就業並帶動台方產業升級，進而成為美軍前沿後勤保障應急據點。5. 提高台軍戰力，干擾並稀釋解放軍前出島鏈的能量。6. 為台海前沿應急所需，美軍可能在台預置相應裝備，甚至擬定美國機艦迫降和靠港方案。7. 美方最終目的，是把台灣固化為美國對中國實施戰略訛詐的籌碼。

中方對策：

1. 要求美方認真落實中美三個聯合公報。一中政策動搖，中美關係退至冷戰對峙格局。2. 建構中美新型大國關係應超越台海，面向世界。警告美方利用台海作為戰略訛詐籌碼，將付出沉重代價。3. 利用「三戰」（輿論戰、心理戰、法律戰）或台諜案，使美方相信對台軍售部分軟體已經並隨時落入解放軍之手。4. 必要時，展示解放軍聯合戰力覆蓋東海、台海與南海，並對 1,000 公里外海進行有效打擊能力，以及對 2,500-3,000 公里遠域要地（關島）實施有效威懾。5. 持續壓縮台軍演訓空間，使其習慣並麻痺於防空識別區之內，有利於解放軍實施防區外打擊。6. 利用「三戰」催化台島族群與階級分裂對立，使台軍名譽與鬥志喪失，以達不戰或巧戰而屈人之兵，讓美方體悟介入台海非但不智，而且不值。

想定二：模擬雙邊會談

特別狀況 2-1：美中會談，地點北京。

　　背景：2017 年 3 月中國人大政協會議之後，美國代表團 3 月 20 日前往北京，與中國對口相關部門進行會議，議程包括美中高級別對話與台灣問題？

美中高級別對話：

　　1. 邀請新任美國總統川普或特使訪問北京。2. 商議中美元首 2017 互訪事宜。3. 建議 5 月在華府舉行「中美戰略與經濟對話」（第 9 輪 /2017）、「中美人文交流高層磋商」（第 8 輪 /2017）。4. 中方提出 2017 中美新型大國關係願景簡要說明，列舉雙方最關心、必須在年內推動的議題，之後在「中美戰略與經濟對話」上確認。

台灣問題：

　　1. 中美新型大國關係應超越台灣議題。中方堅決反對川蔡通話，它違反中美三個聯合公報，觸碰中美關係大局。中美兩國有很多大事等待理順處理，提出台灣問題，只會失焦並消耗中美兩國戰略資源。2. 台灣問題是中國內政，美國在台雖有歷史上遺留下的因素，但應該盡快回歸中美三個聯合公報原則。如果美方另有重新定義台灣問題的任何建設性倡議，中方願聞其詳。（中美第四公報，或著眼於大國格局的戰略穩定聲明等）3. 向美嚴正申明，中方有能力在外交、經濟和軍事上，以最小代價遏制台獨勢力坐大。中方可以 1 年 365 天隨時封控台灣，美國能 365 天隨時馳援台灣嗎？台灣近在咫尺，美國遠在千里，誰的成本更大？4. 中方 2005 年公布《反分裂國家法》，承諾和平統一，但不適用於台灣獨立。警告美國介入台海，等於回到 1940 年代中國內戰歷史，結局美國是清楚的。

想定三：西太平洋軍事緊張態勢應處

特別狀況 3-1：朝鮮半島

　　背景：2017 年 4 月南韓政局動盪，金正恩準備大浦洞 -2 型洲際彈道導彈核實彈實驗，並於 4 月 25 日北韓建軍節下令全國動員，隨時南侵。同時美國第七艦隊與日本海上自衛隊在宮古海域年度軍演，隨即北上往朝鮮半島東南方海域部署，日方強烈請求中國全力制止平壤軍事盲動，惟北京尚未明確表態。

特別狀況 3-1.1：管制組 / 隨機下達
紅組（中方）因應：

　　1. 指導原則：朝鮮半島維持現狀，避免地緣戰略失衡。2. 北京做東，緊急召開六方會談。3. 若朝鮮（北韓）南侵徵候確認，北京適時暫停《中朝友好合作互助條約》（有效期至 2021 年），避免因同盟義務捲入戰爭。此前，中方支持朝鮮主權完整。4. 北部戰區進入戰備，防止戰事波及；中部和東部戰區進入警戒，確保中國沿海交通線暢通。5. 東北邊境防止半島難民湧入，預設隔離區，提請聯合國有關單位進駐，嚴防歐洲難民事件在華重演。6. 東北與華北戰略要地啟動核生化預警與防範機制。7. 啟動朝鮮政權異變方案，嚴防外力主導政權轉向。8. 危機解除，嚴防美日韓組成反中聯盟戰略態勢的出現。9. 在國際上宣傳此次危機，源自朝鮮對南韓設置 THAAD 的不安，提請聯合國要求撤除 THAAD，確保朝鮮半島穩定。

特別狀況 3-2：南海意外

　　背景：2017 中共八一建軍 90 周年，中央軍委規劃秋天十九大之前，連續進行長達半年之全軍大練兵擴大軍演。7 月 1 日美國 Stennis 號航母打擊群，在南海與澳洲、新加坡、菲律賓等多國海

軍進行「公海自由航行與飛越權」例行軍演期間，恰逢遼寧號為首的東海與南海艦隊所組成之聯合編隊在黃岩島附近演訓；7月4日遼寧號起飛之殲-15戰機，發現台灣屏東起飛之P-3海上巡邏機，遂以戰術動作威迫干擾，同時與美國 Stennis 號航母起飛的2架大黃蜂 F-18 遭遇，三方劍拔弩張。

特別狀況 3-2.1：管制組／隨機下達
紅組（中方）因應：

1. 岸海空天潛多維一體化，小兵力警戒。適時啟動中美《重大軍事行動相互通報機制》和《海空相遇安全行為準則》。2. 軍委下令南部戰區啟動南海防禦軸線應急機制。從海南三亞、西沙永興島、南沙永署島等擁有 3,000 米飛機跑道的島嶼前沿力量展開。西沙永興島是重心，進駐 S-300 和紅旗 -9 防空導彈，島嶼前沿防禦縱深外拉 300 公里。基於遼寧號艦載機殲-15 空情經驗有限，另增派 2 架空軍殲-30 戰機從永興島起飛，在視距外保持警戒支援，同時測試南部戰區海空兵力協同能力。3. 為防意外，西沙永興島與相關海上警戒力量啟動緊急救援措施。避免 2001 年中美撞機事件重演。4. 空中警戒巡邏任務：遠程無人機在前、運 -8 等警戒機在後，必要時偵察衛星調整姿態，進行大海區偵察，長時在空掌握美航母編隊行蹤，同時測試南部戰區多軍兵種協同能力。5. 海上警戒巡邏任務：漁船在前、執法船居中，干擾並稀釋美航母編隊偵察能量；海軍在後警戒，保持安全距離。6. 水下兵力最難掌握。636M 型基洛級潛艦前出與 093 型攻擊核潛艦分工警戒。為防誤判，啟動中美《重大軍事行動相互通報機制》和《海空相遇安全行為準則》。美方若無回應，提升戰備並撤至安全區域。7. 為防駐日 Reagan 號航母南下，東部戰區戰備警戒如同南部戰區，並做好兩個戰區情監偵（ISR）聯動銜接。8. 軍改實施 1 年，藉此測試戰區「近海防禦」體系，由「依托大陸遠程打擊力量（東風 -21D 型反艦彈道導彈）

＋島嶼前沿力量（西沙、南沙等主要島嶼）＋遠航機動力量（航母編隊）」所組成的防禦網，是否有效展開。軍委與戰區聯合作戰指揮體系信息系統的情蒐與判讀是否到位？指揮鏈結是否順暢、可靠和精準，經過驗證對比，作為策定新一代訓練大綱參考依據。9. 按軍改近期戰役戰術要求，建立解放軍對 1,000 公里外海進行有效打擊，對 2,500-3,000 公里遠域要地（關島）實施有效威懾能力。遏制美航母編隊威脅中國沿海的距離應設在 1,500 公里左右，這是以美軍 F/A-18 戰機對地攻擊作戰半徑 1,065 公里（空戰 740 公里）和今後 F-35C 作戰半徑 1,300 公里為想定。

　　本書的順利出版，首先要感謝時報文化出版公司董事長趙政岷的力邀、寬容與理解。與林中斌教授合作寫書，就像經歷一次智力與耐力交織的長征。這樣的學習之旅，恐怕一生難見幾回。實屬至幸！

2017 年 5 月 12 日台北

獻給家人
小蕙　主恩

樂義

前言

1478年，義大利北部城邦翡冷翠（Firenze, 佛羅倫斯）與羅馬教廷交惡。教皇組織聯盟大軍壓境，翡冷翠危在旦夕。

孤立無援的翡冷翠君主羅倫佐（Lorenzo de Medici, 1449-92），年僅29。深沉的外表，掩飾這位君主的年少。大敵當前，他簡從厚禮，前赴教廷盟友之一的城邦拿玻里（Napoli），折衝3個月，成功說服其國王費蘭德（Ferrante, 1423-94）退出羅馬聯盟，引發骨牌效應，羅馬被迫撤軍。

羅倫佐解除危機後聲名大噪，但他沒有得意忘形，更是小心翼翼經營義大利北部城邦間的和平政策，與鄰近的奧圖曼帝國保持良好關係，甚至捐棄前嫌，派家人進入羅馬，服伺教廷。

30年後，他的2個兒子先後當選為羅馬教皇，史稱里奧十世（Leo X）與克里門七世（Clement VII）。翡冷翠不但未被羅馬消滅，反而經由積極參與和侍奉羅馬，反而成了教廷的主人。

羅倫佐一手經略和平環境，一手大倡歐洲失傳已久的古希臘經典文化，宮廷裡古典學者穿梭不止。他還重振比薩大學為世界頂尖學府，鼓勵新穎的科學發明和藝術創作，達文西（Leonardo da Vinci, 1452-1519）和米開蘭基羅（Michelangelo Buonarroti, 1475-1564）均受恩於他，從而開創輝煌的文藝復興，由翡冷翠擴散至義

大利，再至歐洲，廣傳四海，帶動人類文明，進而改變世界。

翡冷翠是大戰略的典範

作為一個小國寡民的統治者，羅倫佐的大戰略無非是要生存與發展，以確保家族永續的統治地位。為達此戰略目標，他運用外交、經濟、金融、地緣乃至文化上的所有資源和手段，並在目標和手段之間做出合理安排，在堅持與妥協之間做出通盤考慮。過與不及，都可能使翡冷翠遭到滅頂之災。

費蘭德以殘暴出名，曾殺來使並製成木乃伊點綴餐廳。羅倫佐前往求見，除了膽識過人，還能洞見拿玻里是拆解教皇聯盟的突破口，故而以身試險；3 個月的談判，不可能只談權謀政治。羅倫佐成長於當時歐洲最有名望之一的麥迪奇（Medici）家族，父親熱心於藝術贊助和收藏，母親是業餘詩人。他允文允武，不只 19 歲比武贏得冠軍，又熱愛藝術和哲學，並慷慨贊助不少學者、藝術家和詩人。從小父親就委派他去羅馬會見教皇或參加重要宗教和政治活動，其外交才能在天賦之外又加薰陶歷練。

羅倫佐能打動費蘭德及其皇后的心，除了個人魅力和學養，以及他雄厚的家族資源，也必定在費蘭德心中留下「保住翡冷翠，就是保住自己」的深刻戰略認知。當然，像羅倫佐這般天縱英明的統治者，歷來少見。作為一個現代民主國家，台灣不能寄望於 1、2 位所謂的聖君賢相，而應該並且有條件組成一個廉能高效的政府，群策群力把台灣帶往一個民主、繁榮、均富的國家之林。

大戰略超越軍事，涵蓋政治、經濟、外交、社會、文化、心理，乃至環境生態等非傳統安全領域，涉及國家總體生存與發展等各層面。沒有大戰略觀，政府將手忙腳亂，頭痛醫頭，腳痛醫腳。一個國家通常所追求的目標，不外乎政治尊嚴、經濟發展與國防安全，3 項同時做到最好，但那往往只出現在歷史上少數強國的特定

時空，絕大多數的情況是有所取捨；孰先孰後，如何在目標和手段之間求取平衡，考驗執政者的智慧和能力。這就是大戰略的功能之一。

美國總統柯林頓（William J. Clinton）上台時，首要之務是減少赤字，刺激經濟，促進繁榮。因此他在外交上就自由、民主、人權的政治立場上妥協，給予非民主的中國最惠國待遇，卸任時他真的做到赤字歸零。到了小布希（George W. Bush）執政，他把自由民主人權列為首要，猛批中共，雙邊關係鬧得很僵。「911」恐怖攻擊發生後，安全反恐列為優先，美中關係轉緩。因此有北京學者稱，恐怖攻擊基本扭轉了911之前中美關係惡化的趨勢。

再來看台灣。李登輝總統主政初期，開啟辜汪會談，和大陸保持穩定關係。從1995年7月至96年3月發生兩岸飛彈危機後，李登輝對台商在大陸投資改採「戒急用忍」政策，引起工商界對「國家安全和商業利益」如何取得平衡的激辯。各界毀譽參半，評價兩極。但有一點可以確定，從1997年起台灣經濟成長下滑，台塑集團董事長王永慶為此發表《正視台灣經濟處境，採取必要對應措施》萬言書，送交新上任總統陳水扁，痛批李登輝12年執政把台灣經濟帶入慘境。又稱鎖國政策。

大戰略是一個有機的整體。政治、經濟、軍事、外交、社會、文化、心理乃至環境生態等，相輔相成又相互制約，任何片面的觀點和做法均不足取，需要從總體上審時度勢。尊嚴、繁榮和安全，從空間上看，涉及兩岸和區域安全與經貿整合，有輕重緩急；時間上需有中短期規劃，能一以貫之。從陳水扁到馬英九執政，大戰略的優先順序不明，看不出中短期規劃，各部會凡事請示，事後又難以自圓其說，在在說明缺乏大戰略指導下的尷尬處境。

一般而言，各國大戰略實施的路徑和手段，基於不同國情、國力和所處的地緣環境與威脅而互有差異。台灣既處於博弈的大國之間，又在兩岸關係亦敵亦友，國內認同嚴重分歧的交互運作下，

情況異常複雜，歷史少有先例。本書僅以事態分析，不做理論探討，盡可能不受政治立場的牽絆，進而闡明台灣為求生存與發展應有的戰略思考與作為。

　　本書共分 3 篇，依序是「中國的前景」、「美國的變局」與「台灣的抉擇」。中國崛起勢不可擋，對台灣的影響最為直接，故以首篇開局；美國國力下滑，新任總統帶來變數，但仍主導世界與亞太格局，失察攸關台灣生存發展，繼以中篇；作為中美兩強的戰略前沿，台灣只有看清中美動向，撥雲見日，才能做出正確抉擇，作為結尾。

目錄

第一篇　中國的前景

第二篇　美國的變局

第三篇　台灣的抉擇

第一篇

中國的前景

「**如**果我們美國能做 1 天中國，多好！」（Let's be China for a day）

這是美國名記者湯馬斯・佛里曼（Thomas L. Friedman）的幻想，寫在他 2008 年 9 月出版的新書裡[1]。他的意思是說：平日沒有效率的美國政府，如果暫時換成中國政府，可以馬上通過一堆應該通過的法案，立刻有效地執行。1 天之後，美國人民又可以回到平常習慣的自由民主的生活裡。

2012 年底，習近平接任中共總書記。2013 年 3 月，他接任國家主席。2013 年 4 月，中國全國法院羈押 3 年以上未結的案件：有 1,845 件，4,459 人。2016 年 10 月，全國久壓不決案件歸零，全部清理完畢[2]。這就是中國政府的效率。（其他實例請見小幫手方框「12345 熱線」）。

美國的優點是自由民主，但是缺點是政府沒有效率。相對的，中國的優點是政府有效率，但缺點是自由民主的程度比不上西方。

其實認為中美各有利弊，而且把中美兩國等量齊觀，是種新的看法。在西方的論述裡，它首度出現於 2004 年。之前，西方的

◀ 湯馬斯・佛里曼（Thomas L. Friedman 1953 - ）
圖檔來源：By Charles Haynes - Charles Haynes' flickr account, CC BY-SA 2.0, https://commons.wikimedia.org/w/index.php?curid=1370279下載2017.7.31

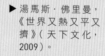

▶ 湯馬斯・佛里曼，《世界又熱又平又擠》（天下文化，2009）。

1　Thomas L.Friedman, *Hot- Flat- and Crowded* (New York：Farrar, Straus and Giroux 2008). 湯馬斯・佛里曼，《世界又熱又平又擠》（台北：天下文化，2009）。

2　宋秉忠，〈陸司改升級 久壓不決人數歸零〉《旺報》2017 年 2 月 23 日，頁 A4。

看法是，中國又窮又不自由又不民主，可說是無一是處。2004 年 5 月，當時 1 位背景特殊的美國人在北京教書。他創立新的詞彙，叫「北京模式」（Beijing consensus）及「華府模式」（Washington consensus），並且相提並論加以比較。清華大學教授喬舒亞・雷默（Joshua C. Ramo）曾經在美國《時代雜誌》做過主筆，也在高盛公司做過顧問。

「北京模式」令他印象深刻是因為，鄧小平推動改革後，中國經濟規模在 20 年後增加 8 倍。其精神是「摸著石頭過河」，也就是在務實穩定的前提下，不斷嘗試新的路線。中國在不同於西方民主的一黨專政之下，採取像西方式的市場經濟。

中國的改革阻力大，但是成就令人注目，甚至引起西方菁英的羨慕。其中 1 位是史蒂芬・羅奇（Stephen S. Roach）。他曾經做過高盛亞洲部門董事長，有豐富實地的經驗，後來成為耶魯大學的學者。羅奇在 2013 年 11 月 25 日的《紐約時報》發表社論，題目叫〈中國改革，美國停滯〉（Chinese Reform, U.S. Stasis）。言下之意，是為中國改革鼓掌叫好，也為美國問題重重的狀況擔憂。時間進入 2016 年，一度令人羨慕的「北京模式」亮起許多紅燈。

香港銅鑼灣書店因為出版《習近平情史》，雖然內容八卦不足為信，但書店員工神祕消失，據說是被大陸越境逮人。鄧小平許諾的「一國兩制」旦夕破功，全球譁然。

中國經濟成長減緩，2015 年股市波動成災，資金外流。傳言總理李克強與國家主席習近平對因應經濟挑戰，各持不同主張，因此失合。

習近平大力肅貪，內部反彈大。官方媒體文字屢屢失誤，似乎表達黨政體制內部人員對習的不滿。

東海、南海情勢緊張，中國似乎被美國聯合亞太鄰居合力圍堵。

中國前景看來荊棘重重。果真如此嗎？

讓我們從政治、經濟、社會、外交不同層面進行探討。

習核心

在做結構性探討之前，中共第十八屆六中全會 2016 年 10 月 24-27 日在北京舉行，會後確立了習近平在黨中央的「核心」[3]地位。這是繼毛澤東、鄧小平、江澤民之後，中共重新出現「以某某同志為核心的黨中央」的提法，至少在法理上釋放出 2 層意義：

一、胡錦濤時代所謂的集體領導體制不復存在。 習近平在黨內一言九鼎。「核心」的作用不僅於權力本身，更涵蓋有關習近平

3　「以習近平同志為核心的黨中央」。取自〈（受權發布）中國共產黨第十八屆中央委員會第六次全體會議公報〉《新華網》2016 年 10 月 27 日 http://news.xinhuanet.com/politics/2016-10/27/c_1119801528.htm 下載 2016.11.26。

治國理政等一系列論述與講話，成為黨內運作的最高指導原則。從權力、精神到思想層面，習近平都將成為黨內最後決策者。

二、宣告「江核心」的影響終結。江澤民的「核心」地位來自鄧小平的冊封，即便江退出領導職務，在胡錦濤主政 10 年期間仍垂簾聽政，導致政令不出中南海。「習核心」則是習近平歷經考驗而取得的強勢地位，已從清除多年挑戰黨中央權威的宗派山頭（如周永康、薄熙來、郭伯雄、徐才厚、令計畫

2017 年 紅燈轉綠

進入 2017 年，中國在 2015 和 2016 兩年亮起的一些紅燈開始轉綠：•經濟景氣開始上升。GDP 在 2017 年第 1 季度為 6.9%，是由 2016 年頭 3 季度的 6.7%，經 2016 年第 4 季度的 6.8% 攀升而上的[1]。•習近平與李克強，傳言一度失和，恢復和好及合作。2017 年 3 月兩會期間，兩人友好交流，與 2016 年兩會時毫無互動明顯不同[2]。•中國富豪考慮海外投資移民熱開始降溫。2017 年 1 月「胡潤研究院」報告指出，中國千萬級富豪考慮海外移民人數已持續 3 年下降[3]。•2017 年 4 月中美領袖習近平與川普會面後，雙方聯手針對發展核子武器的北韓，合作超過以往。原先在東海、南海，中美對峙的緊張大致減緩。

1. 吳泓勳，〈陸經濟報佳音 首季 GDP 6.9%〉《旺報》2017 年 4 月 18 日，頁 A2。
2. 〈兩會直擊：習近平獨與李克強交流 王岐山看小紙條惹習好奇〉《新唐人》2017 年 3 月 6 日 http://www.ntdtv.com/xtr/b5/2017/03/06/a1314568.html 下載 2017.4.25。
3. 戴瑞芬，〈大陸億萬富豪 不移民的變多了〉《聯合報》2017 年 1 月 22 日，頁 A10。

等）中得到證明，今後全黨同志必須提高政治站位，與習近平為核心的黨中央保持一致，否則利劍高懸、震懾常在。

「習核心」的本質是個人集權，理論依據由習近平的政治盟友、中央政治局委員、中央辦公廳主任栗戰書，在《人民日報》以發表署名文章的方式中做出全面闡述[4]。文章搬出馬克思、恩格斯和列寧等共黨先輩，無不強調領袖權威的重要，巴黎公社的覆滅，歸因於缺乏權威集中，蘇聯夕間瓦解，也是毀於黨中央權威盡失。從中共黨史實踐來看，從毛澤東到鄧小平，均因領導核心的確立，才有革命建國與改革開放的成就（文章未提江澤民）。如今，國內

4　栗戰書，〈栗戰書：堅決維護黨中央權威〉《人民網》2016 年 11 月 15 日 http://cpc.people.com.cn/n1/2016/1115/c64094-28860348.html 下載 2016.11.26。

外形勢嚴峻，考驗四起，危險環顧，全黨比任何時刻都需要一個堅強的領導核心，以確保政令暢通，行動一致。

　　手握反腐大權的中央政治局常委、中央紀律檢查委員會書記王岐山，也在《人民日報》以發表署名文章力挺「習核心」。他認為，1 個擁有 8,800 多萬黨員和 440 多萬黨組織的大黨，處在民族復興的關鍵時刻，更需要核心的引領。不過，他對「習核心」的確立，懷著一份深層危機感，深覺黨內仍有想要竊取黨和國家權力的「野心家陰謀家」，故要警惕，尤其是高級幹部務要立場堅定，抵制並勇於和這些人鬥爭，以維護黨的集中統一和政治安全[5]。這種危機或許就是「習核心」真正確立的原因，藉由權力集中遏制政敵反撲，進而使「習核心」名符其實，克服國內外挑戰，實踐富國強兵大計。

　　問題是，「習核心」能持續多久？其動向將影響 2017 年中共十九大全盤的人事布局，乃至更長時間。從制度上說，除了憲法明文規定國家主席任期不得超過 2 屆（1 屆 5 年），迄今中共黨章並無明確總書記的任期，中共中央軍委主席亦無任期限制。中共十八大（2012）召開前，中共中央黨校教授陳雪薇曾向媒體披露，十八大有望修改黨章，有可能明確總書記的任期不得超過兩屆（1 屆 5 年），有關的任期限制將來有可能擴及政治局常委[6]。結果無一實現，說明中共高層任期改革之艱難，若非情勢所迫，誰願意拱手放權？

　　中共十六大（2002）換屆時，江澤民以「七上八下」（67 歲續任，68 歲退休）年輕化的理由，逼退 68 歲的政治局常委李瑞環，換上自己人馬，便於幕後操控。多年來，外界認為這項高層換血的「潛規則」牢不可破，以至延續至今。沒想到，中共十八屆六中全會結束不久，「七上八下」繪聲繪影的說法，就被六中全會文件起草組成員、中共中央辦公廳調研局副局長鄧茂生，以「民間說法，

5　王岐山，〈王岐山：全面從嚴治黨 承載起黨在新時代的使命〉《人民網》2016 年 11 月 08 日 http://cpc.people.com.cn/n1/2016/1108/c64094-28842693.html 下載 2016.11.26。

6　于澤遠，〈學者：十八大或修改黨章 總書記任期不超過兩屆〉《聯合早報》2012 年 6 月 15 日 http://www.zaobao.com.sg/special/report/politic/cnpol/story20120615-117913 下載 2016.11.26。

不足為信」[7]的輕描淡寫撕破。

鄧茂生的這句話，不是私下放風，而是中國記協 2016 年 10 月 31 日在北京舉行有關解讀六中全會新聞茶座時的公開說明。當記者問到 2017 年「七上八下」將如何具體操作時，他說：「在中央領導層，黨內既有嚴格的組織程式和充分的民主過程，但也會根據一些實際情況，靈活做出調整。所以有些人會早一點退下來，有些人會晚一點，但大概會有個年齡階段[8]。」這種權威性的解說，似乎在暗示，「習核心」有可能打破成規，延長執政時間，包括王岐山將不受「七上八下」的制約，讓他有更大而較長的施展空間。《紐約時報中文網》引述 2 位消息人士的話說，習近平尚未明確留任王岐山，而是通過提出年齡問題，對未來幾個月討論王岐山的留任與否釋出信號[9]。

其實，習近平在任期的問題上早有安排。2014 年 12 月底，中共中央辦公廳印發《2014-2018 年全國黨政領導班子建設規劃綱要》，對領導班子的年齡結構做出新的規定，堅持老中青三代結合的人事配置，「不簡單以年齡劃線，不搞領導班子成員任職年齡層層遞減和「一刀切」，不把換屆提名年齡作為平時調整的年齡界限[10]。」對於屆齡告退的問題，必要時留有迴旋的餘地。

接著，從 2015 年 7 月 19 日起，中共啟動《推進領導幹部能上能下若干規定（試行）》，該規定是以嚴格執行幹部退休制度為主，使能者上，庸者下，但其中留有伏筆，第 5 條後段稱，領導幹部「確因工作需要而延遲免職（退休）的，應當按照幹部管理許可權，由

7　游潤恬，〈六中全會文件起草組成員鄧茂生：習核心與集體領導不矛盾〉《聯合早報》2016 年 11 月 1 日 http://beta.zaobao.com/news/china/story20161101-684633 下載 2016.11.4.

8　游潤恬，〈六中全會文件起草組成員鄧茂生：習核心與集體領導不矛盾〉。

9　儲百亮，〈王岐山有望打破「七上八下」留任，為習近平鋪路〉《紐約時報中文網》2017 年 3 月 3 日 http://cn.nytimes.com/china/20170303/xi-jinping-china-retirement-rules/zh-hant/ 下載 2017.3.25。

10　〈中組部：不把換屆提名年齡作為幹部調整年齡界限〉《人民網》2014 年 12 月 26 日 http://politics.people.com.cn/n/2014/1226/c1001-26277708.html 下載 2016.11.26。

黨委（黨組）研究提出意見，報上一級黨組織同意[11]。」此一規定，
為能者延遲退休打開方便之門。

　　制度的鬆綁，固然使「習核心」的延任師出有名，更重的
是，延任在主觀上有其必要。既然黨內存有野心家和陰謀家，「習
核心」至少要清除這些障礙才能安心交班，避免改革倒退甚至潰
散，應是可理解的自保之道。因此，短期內尚難看出十九大前出現
新的接班人選，否則權力焦點隨之轉移，反而弱化「習核心」的權
威。以不變應萬變，應是「習核心」長期掌權的最佳選擇。

　　商鞅變法，在中國歷史上獨樹一幟。他的嚴刑寡恩，很多人
學不來，但是他的變法成效，往往為後繼者所稱頌。習近平的鐵腕
改革，似乎在 2,000 多年前的古秦大地，也就是他的家鄉陝西，找
到一個奮起圖強而熟悉的身影。

11　〈推進領導幹部能上能下若干規定（試行）〉《人民網》2016 年 3 月 18 日 http://dangshi.
　　people.com.cn/n1/2016/0318/c364511-28209837.html 下載 2016.11.26。

第一章

政治：北京模式

　　2,300 多年前，秦孝公為富國強兵，重用商鞅，實施變法。商鞅是衛國人，跑到魏國做官，不受重用，又逃到秦國。當時是戰國時期，諸王招賢，策士蜂起，「士無常君，國無定臣」的現象非常普遍。

　　商鞅以一個外來人，受秦孝公賞識而拜相，不見容於當地權貴勢力，又必須在短時間內做出成績。他唯一的辦法是取信於民。他想了 1 招，在國都市場南門，立起 1 根三丈木柱，以 10 金招募能把木柱從南門移到北門的民眾。圍觀者不知所以。商鞅看無人回應，隨之加碼，能搬走木柱者，賞金 50。

徙木立信

　　有人半信半疑，姑且一試，搬走木柱。商鞅立即賞金 50，證明自己的信用，也標誌變法令出必行。這是歷史上「徙木立信」的由來。這件事在秦國引起轟動，變法威信遍及全國，太子犯法（即秦惠王），老師的鼻子因連坐而被割去。1 年之後，變法見效，全國煥然一新，「道不拾遺，民不妄取，兵革大強，諸侯畏懼 [1]。」

　　習近平上台後，學習「徙木立信」的做法。整頓幹部作風的「八項規定」，經 2012 年 12 月初政治局會議通過後，習近平就把「八項規定」視同於「徙木立信」，整頓黨風，令出必行。打擊貪腐，毫不軟手。

1　溫洪隆注譯，〈秦策一：衛鞅亡魏入秦〉《新譯戰國策》（上）（台北：三民書局，1996 年 2 月），頁 57。

2016 年 4 月中旬，中共最高人民法院舉行記者會，宣布 1 則令人震驚的消息。從 2013 年起，連續 3 年在全國查辦的職務犯罪案件近 12 萬件，涉案人員高達 16 萬零 656 人。從縣處級基層幹部到省部級以上高官，「老虎」和「蒼蠅」一起打[2]。

到 2016 年 10 月底，112 位省部級以上幹部和 53 位副軍級以上將領落馬，包括周永康、薄熙來等高官和徐才厚、郭伯雄上將。但肅貪仍未減緩。2016 年被帶走調查的上將在 7 月有 4 位，3 位退休（李繼耐、廖錫龍、田修思）和 1 位現職（王建平）[3]；10 月有 30 多位退休將領被帶走，包括 1 名上將（張樹田）[4]。當初無人如此預料，都以為只是「殺雞儆猴」，卻不知是「殺雞後殺猴」[5]。

河南省鄉土作家二月河，以 500 多萬字的歷史小說帝王系列走紅文壇。他自稱讀完《廿四史》，從未見過今日的反腐力度。他用「蛟龍憤怒、魚鱉驚慌、春雷震撼、四野震動」等 16 字，形容這場歷史罕見的打貪行動。

王岐山是習近平的政治夥伴，也是反腐的重要推手，兩人在知青延安下鄉的時代即已熟識，合蓋過一床被子[6]。王岐山專於金融，大學卻是學歷史的，經濟是自學而成，金融是工作所致。他很有歷史感，論及改革，藉古喻今，信手拈來。2014 年 3 月，王岐山以中共中央政治局常委、中央紀委書記的身分，參加第十二屆全國人大二次會議河南代表團的審議，二月河在會場向他建議，不要效法宋朝的「高薪養廉」制度，因為宋朝的公務員薪資最高，是漢朝的 6 倍、清朝的 10 倍，但宋朝是中國歷史上最腐敗的朝代[7]。這

2　〈「兩高」發布辦理貪污賄賂刑事案件司法解釋〉《最高人民法院網》2016 年 4 月 18 日 http://www.court.gov.cn/zixun-xiangqing-19562.html 下載 2016.8.30。

3　樊輔，〈「北戴河會議」期間大抓大貪官〉《前哨》2016 年 9 月，頁 33。

4　江迅，〈軍隊肅不盡「郭徐遺毒」〉《亞洲週刊》2016 年 10 月 30 日，頁 36。

5　林中斌，〈弔詭的北京政局〉《聯合報》2016 年 11 月 2 日，頁 A15。

6　田亮，王肖瀟，〈青年習近平〉《環球人物》2014 年 5 月 6 日，頁 27。

7　〈二月河向知音王岐山陳述反腐觀點：不同意高薪養廉〉《新華網》2014 年 3 月 8 日 http://news.xinhuanet.com/politics/2014-03/08/c_126237249.htm 下載 2016.8.30。

還真印驗馬克思在《資本論》中引用的一句名言，當獲利超過百分之三百的時候，官員就不怕上斷頭台了。

王岐山在會場不時點頭，似乎認同二月河的看法。向中國古代反腐倡廉借鏡，是習近平反腐的一個重要思路。習近平欣賞商鞅，是因為商鞅是中國歷史上少數改革成功的實幹家，商鞅令出必行的果敢與氣魄，也是他取信於民及其權力基礎的來源。

北宋王安石一心變法，最終未有執行力而收場。這個執行力，就是習近平多次強調的「政必行」。王安石曾以詩讚揚商鞅變法，「自古驅民在信誠，一言為重百金輕，今人未可非商鞅，商鞅能令政必行。」王安石對「徙木立信」有感而發，他對商鞅的讚賞，難掩自己壯志未酬的惆悵[8]。顯然，習近平不做王安石第二。

中共的反腐不是現在才有。在革命時期有戰爭反腐，建設時期有運動反腐，改革開放後有權力反腐。中共歷經 30 多年反腐，非但沒有革除弊政，反而越演越烈。湖南省已故紀委書記楊敏之坦言，「我在任的時候，沒有人監督我[9]。」

楊敏之在任 10 年，自稱打過 6 次反腐戰役，都是持久戰、拉鋸戰，少有殲滅戰。言下之意，反腐不見成效，官員落馬，點綴而已。監督上層領導困難重重，「一把手或者一個領導班子真正有問題的話，靠班子自己暴露出來的幾乎沒有。都是某一個人先被查出來，才使整個問題暴露。腐敗無法遏制的一個癥結就在於監督缺位[10]。」幾經挫折，楊敏之黯然去職。

地方政府的公款吃喝與鋪張浪費，不親眼所及，難以置信。1991 年夏，在一場全省地市委書記、專員、州長、市長會議上，楊敏之向出席的幹部說，「有個單位宴請後剩下的酒菜倒在豬潲缸

8　陳錫喜主編，〈徙木立信－作風建設要落到實處，取信於民〉《平易近人：習近平的語言力量》（上海：上海交通大學出版社 2014 年 11 日），頁 234-236。

9　張婧豔，〈湖南紀委原書記楊敏之去世，曾當面批評喬石〉《澎湃新聞》2014 年 7 月 31 日　http://www.thepaper.cn/newsDetail_forward_1259005 下載 2016.8.30。

10　張婧豔，〈湖南紀委原書記楊敏之去世，曾當面批評喬石〉。

裡，被周圍的農民挑去餵豬，結果把豬也給醉倒了。可見浪費到了何種程度。」在他眼裡，「反腐敗實質上就是與舊體制、舊制度的反復較量。」「只有改革，才能遏制腐敗[11]。」

中共反腐多年不見成效，除了未建制度，上層的姑息和不作為，助長貪腐的潛伏期逐年增加。1980 年代初，腐敗潛伏期一般在 1 年 3 個月；90 年代初期，腐敗潛伏期增為 3 年多；2000 年初增至 6 年；10 年後的腐敗案情竟能潛伏到 10 年左右，難怪習近平出手，貪腐官員如坍塌式倒台，實在是腐敗的呆賬存量積累過多。

這還不包括十八大（2012 年 11 月）後「金盆洗手」的幹部。按習近平的反腐規劃，目前被查處的對象以十八大後仍不收斂和不收手的幹部為主，不劃這條紅線，貪腐查不勝查。以全國 50 多萬專職紀檢監察幹部的規模，調查上千萬幹部的作風問題，不但疲於奔命，也很可能遭遇全面性抵制。

權力反腐

習近平的反腐，延續改革開放後的「權力反腐」，他以深化改革為旗幟，大權獨攬，以異於常人的意志，對腐敗進行殲滅性打擊，反腐的決心和力度在中共黨史上從未有過。下一步是如何從「權力反腐」過渡到「制度反腐」。按他的話說，「把權力關進制度的籠子裡，形成不敢腐的懲戒機制、不能腐的防範機制、不易腐的保障機制[12]。」

反腐需要監督，但在中共權力結構之下，監察部門和行政首長都在同一個政府序列，屬於內部監督（又稱同體監督），導致下級難以監督上級，有膽識的往往尚未行動，即遭排擠，因此出現

11　張婧豔，〈湖南紀委原書記楊敏之去世，曾當面批評喬石〉。

12　習近平，〈把權力關進制度的籠子裡〉《習近平談治國理政》（北京：外文出版社 2014 年 10 月），頁 388。

「異體監督」的呼籲,在行政系統之外另設監督部門,習近平對此非但不陌生,還實際派人調研並做出批示。

2004 年 6 月 18 日,浙江省武義縣後陳村,成立全國第一個村務監督委員會,對村委幹部行使村務監督職權,這種把村務管理權和監督權分離的模式,堪稱是中國建立村級監督機制的第一步。習近平當時是浙江省委書記,曾親自帶隊調研,先後對該村務監督委員會做出 5 次批示。試驗證明,異體監督確實優於以往,村委幹部違紀和村民上訪投訴的次數大幅降低。

中國紀檢監察學院原副院長李永忠說,後陳村的監督機制不僅是中國政治體制改革最具拷貝性的基層典型,也是通過「形成科學的權力結構」,打造中國特色反腐敗的「樣板間」。遺憾的是,好不容易在基層自發形成的異體監督模式,卻在 2014 下半年遭地方上級領導抵制,又改回同體監督[13]。可見改革阻力之大。

不少人批評習近平斂聚個人權力,違背從鄧小平以來的集體領導制。他身兼多職,權力凌駕在其他6位政治局常委之上。習近平多次提到,推進改革需要集中力量,中國改革經過30多年,已經進入深水區,「容易的、皆大歡喜的改革已經完成了,好吃的肉都吃掉了,剩下的都是難啃的硬骨頭[14]。」由此出現「新威權主義」一說,對付黨內既得利益集團,習近平確實需要相應的權力,阻力愈大,需要的權力也愈大,否則政令不出中南海,所有改革都是空話。

另有觀點指出,習近平大權在握,卻未出現結構性的改革。他的斂權,不過是建立自己的派系,與經濟和政治改革幾乎無關,甚至官方媒體出現對習近平的個人崇拜,似乎回到毛澤東時代。這些評斷需要持續觀察。

13　李永忠,〈新常態下必須由權力反腐轉向制度反腐〉《環球之音》2015 年 12 月 30 日 http://www.huanqiuzhiyin.com/hqgd/2015/12292113.html 下載 2016.8.30。

14　習近平,〈改革再難也要向前推進〉《習近平談治國理政》(北京:外文出版社 2014 年 10 月),頁 101。

六位一體

　　就目前來看，習近平不是沒做結構性改革，而是他所面對的結構性改革，比任何一個時期的中共領導人更為複雜而艱鉅。中共十六大（2002年）的改革布局是「三位一體」，包括經濟建設、政治建設和文化建設；十七大（2007年）增加社會建設，形成「四位一體」；十八大（2012年）又增加生態文明建設，成為「五位一體」；2013年底，再增黨的建設，形成「六位一體」的改革布局，每項改革相互關聯，交互影響，問題老舊並陳，難上加難，幾年之內要見成效，恐怕不切實際。何況中國的改革與西方定義不同，中國民眾對領導人懲治腐敗和刷新吏治的期待，遠比任何一個時期都要緊迫而急切。

　　反腐是習近平所有改革的起點。打擊貪腐是手段，「形成科學的權力結構」是目標。2015年1月，習近平在中央紀委五次全會，說出他對反腐的整體戰略構想：先贏得時間，再贏得空間，為後續的「制度治黨」和「重構政治生態」預作準備[15]。

習近平的反腐是不是權力鬥爭？

　　前雲南省委書記白恩培與習近平是陝西同鄉，也是世交。1970年代，習近平在延安農村當知青歷練，白恩培也在延安柴油機場工作，兩人就開始認識。後來，兩家往來數十年。白恩培因受賄案發，找人向習求情，沒用。2016年10月初，白被判「活死刑」終身監禁，不得減刑假釋[16]。2016年初，因違紀被處分調查的台辦副主任龔清概是習在福建的舊屬，2013年10月習上台後不到1年，由平潭綜合實驗區管委會主任升任國台辦副主任[17]。但龔與習的關係

15　李永忠，〈為什麼說中國反腐不是權力鬥爭（2）〉《人民論壇網》2016年1月8日 http://www.rmlt.com.cn/2016/0108/414209_2.shtml 下載 2016.8.30。

16　江迅，〈白恩培終身監禁，不得減刑假釋〉《亞洲週刊》2016年10月30日，頁35。

17　〈習近平人馬 國台辦副主任龔清概被查〉《中央社》2016年1月19日 http://www.cna.com.tw/

遇到反貪就沒有用了。2016年夏天，習近平令人接管右派媒體《炎黃春秋》，同時下令整肅左派「中國紅色文化發展促進會」[18]。習反貪不避熟人，限制言論左右開弓。

如果習近平反貪的鬥爭能夠獲得多數民眾支持，能夠匡正幹部作風，能夠發揚道德公義，能夠有利於深化改革。那麼這場鬥爭非但有必要，更具有救黨救國的現實意義。歷史上的政治鬥爭從未讓人民喜歡，打擊貪腐縱有派系的殊死之鬥，也非傳統認知上的政治鬥爭。

習近平自從政以來行事低調。在福建 17 年，從未題字，外界誤以為他毫無建樹 [19]。在浙江 5 年，未聞驚天之舉。習在上海擔任市委書記，匆匆 7 個月，因中共十七大（2007 年），入京升任中央政治局常委，從此擠進權力核心。他在北京更是謹小慎微，歷經 5 年，一步步在十八大（2012 年）登上權力顛峰。

外界形容習近平是中共高層最不外露的領導人，他的樸質外表，江澤民認為容易駕馭而放心讓他接班，並阻擋胡錦濤所屬意的團派李克強。沒想到，習近平上台後竟發動中共有史以來規模最大的反腐行動，法及常委（周永康），刑治軍頭（徐才厚、郭伯雄），大權收緊，箝制異論，揚起黨的正統思想，與往年的低調樸質判若兩人。是什麼原因造成這種轉變？

寧左勿右

首先是他的出身。父親習仲勛，早年創建陝北紅軍，是中共陝甘邊區的領導人，1959 年擔任副總理兼祕書長，位高權重。沒想到，習仲勛因負責審閱《劉志丹》小說，被政敵康生誣陷是為高

news/firstnews/201601195018-1.aspx 下載 2016.11.15.
18　曾荃德，〈毛左借王長江事件偷襲習近平〉《前哨》2016 年 9 月，頁 26。
19　〈未來 10 年他將主宰世界 習近平〉《商業周刊》2011 年 10 月，頁 130。

崗（中共領導人，1954 年被批判與饒漱石密謀取代劉少奇和周恩來而自殺身亡）翻案，夕間被打成「反黨集團」，遭關押審查，下放洛陽礦山機器廠改造，並長期監護長達 16 年（1962-1978），與外隔絕，處境淒涼。

習仲勛 1962 年 8 月遭誣陷迫害，禍及全家，年僅 9 歲的習近平，首次嚐到黨內殘酷鬥爭與世態炎涼。這事發生在文化大革命之前，很多高幹子弟尚在養尊處優，習近平已身陷磨難，戴上「反動學生」的帽子，被關進學習班。

1966年文革爆發，康生仍不放過習仲勛，鼓動紅衛兵把習仲勛從洛陽拉到西安揪鬥，幾乎喪命。習近平回憶說，他的家被抄後，隨母搬進中央黨校，他不甘受欺負，一股倔勁，得罪造反派，還被康生妻子曹軼歐列為「黑幫」家屬揪出批鬥，造反派說他足夠槍斃100次。

為了生存，他天天熬夜讀毛語錄，若不是少年犯管教所人滿為患，沒有床位，習近平早被送進少管所接受管教。1968 年 12 月，毛澤東發表知識青年到農村，接受貧下中農再教育。習近平報名響應，選擇延安，「基本上屬於流放。」就讓他去了。當年他才 15 歲半 [20]。

到了陝北，批鬥如火如荼進行，習仲勛榜上有名。因為習近平識字，每天負責念報紙，念到父親是反黨分子，百口莫辯，情何以堪。若不是習仲勛早年在陝甘地區留有名聲，很多人暗中保護他，幫助他，恐怕早就沒命。習近平說，在陝北下鄉 7 年，最大的收穫是，懂得什麼是實際，什麼是群眾，終身受益，直至今日。

習仲勛曾評價自己，「我這個人呀，一輩子沒有整過人，一輩子沒有犯『左』的錯誤。」「左」字加上引號，代表貶義，是一種輕率和盲動，不切實際而有的冒險主義、機會主義和教條主義，如大躍進、超英趕美，文化大革命等。

---

20 〈習近平自述：永遠是黃土地的兒子〉《人民網》2015 年 2 月 14 日 http://politics.people.com.cn/BIG5/n/2015/0214/c1001-26567403.html 下載 2016.8.30。

在中共黨史上，習仲勛曾3次反「左」，挨鬥不斷。1947年底，中共在占領區（解放區）實施土改，各地普遍出現「削削削，削盡土豪劣紳；殺殺殺，殺盡貪官污吏」的響亮口號，不分青紅皂白，亂打錯殺，「左」的聲勢瀰漫全黨。習仲勛甘冒風險，3次致電毛澤東，痛陳土改「左」禍，使得土改「左」傾錯誤得到糾正[21]。

習仲勛被公認是黨內改革派，為人正直，思想開明。1978年2月，習仲勛在胡耀邦的平反下復出，主持廣東政務，爭取在廣東設立深圳、珠海、汕頭等3個經濟特區（第4個廈門），走出改革開放第一步。中央不少同志擔心他搞資本主義。胡耀邦和他，一個在中央，一個在地方，舉步維艱，若無超凡政治勇氣和擔當，改革之路根本走不下去。

1981年，習仲勛調往中央，輔佐胡耀邦，直到1987年1月胡耀邦因被批評縱容「資產階級自由化」等原因，遭一批黨內元老批鬥5天。當時習仲勛是唯一為胡辯護者，因此得罪鄧小平。胡被逼退去職後，習仲勛也隨之淡出政壇。1989年「六四事件」，習仲勛同情民主訴求，反對鎮壓學生，但終究是孤臣無力可回天，空留遺憾。

像習仲勛這樣曾握權力、仗義直言，又有自由派觀點的人物，竟多次遭到毛澤東和黨內同志的苛待。習仲勛1978年平反時，習近平25歲，好不容易推薦到清華大學讀了3年書，再熬1年畢業，可謂大難不死，命有轉機。父親是他的一面鏡子，讓他看到什麼能做，什麼不能做，生存之道在於堅持黨的基本路線，面臨抉擇，寧左勿右。

不做胡耀邦

胡耀邦黯然下台，2年多後抱憾而逝，作為晚輩的習近平刻骨

21　〈習仲勛：中共「改革派」〉《財識網》2012年12月10日http://www.21fd.cn/a/cjwz/2012121054181.html 下載2016.8.30。

銘心。胡耀邦是習家的恩人，1978 年初擔任中央組織部部長，主持文革後的復原平反工作，他和中共中央副主席葉劍英，連袂力保習仲勛復出。胡習兩人，肝膽相照，誰都看出他們的革命情誼，胡耀邦在中央力挺習仲勛在廣東的改革，習仲勛也在胡耀邦面臨危難之際挺身而出。

1981 年 6 月，中共召開十一屆六中全會，胡耀邦當選中共中央主席（去年當選總書記），鄧小平當選中央軍委主席，習仲勛當選中央書記處書記。高層改組，出現革故鼎新的中央領導集體，一面撥亂反正，一面全面改革，大有中興之勢。

習近平曾形容胡耀邦「一身正氣、品節高尚。」這種人格特質符合中共走出文革，致力於轉型和撥亂反正的需要，鄧小平任用他也是基於相同考慮。胡耀邦意氣風發，被黨內保守勢力視為眼中釘，欲拔之而後快。當胡耀邦對自由民主有獨到看法，同情自由派知識分子和學生運動，甚至希望鄧小平適時榮退。其時，他的權位基礎開始動搖，從同志變成保守元老的政敵，最終因未能堅持四項基本原則、放任資產階級自由化、縱容學潮等6項錯誤而遭解職 [22]。

習近平要推動改革，但不能成為胡耀邦第二。他右手改革，左手維穩；一面打貪，一面壓制自由派異議分子，平衡左派對他的攻擊，做好「防身之盾」的準備。習近平上臺後，多次提到要發揚毛澤東的威望和傳統，強調毛澤東時代與鄧小平時代經濟改革的連續性，即著名的「兩個不能否定」，不能今是昨非，也不能昨是今非，這個論述令許多自由派知識分子失望，卻讓左派大感欣慰。

有人批評習近平打貪不分「老虎」和「蒼蠅」。但他終究沒有向太子黨開刀，「紅二代」代表性人物除了薄熙來、令計劃之外，迄今無人落馬。此言不差，而這也印證習近平維穩的一手，胡耀邦的改革和肅貪因得罪上層既得利益者，群起攻之，除極少數像習仲

22　傅高義（Ezra F. Vogel）馮克利譯，《鄧小平改變中國》（台北：天下遠見出版公司 2012 年 6 月），頁 774。

勛出面力挺，黨內高層噤若寒蟬，包括總理趙紫陽都不免有「落井下石」之嫌，可見胡耀邦在危難之際，是多麼孤立無援。

有了胡耀邦的前車之鑑，習近平處理太子黨的問題，尤為謹慎。在黨內有「左王」之稱的鄧力群，2015年2月以百歲高齡去世。鄧以宣傳思想起家，堅守馬列主義和毛澤東思想，是逼退胡耀邦最堅決的黨內大老，是他起草批判胡的文件，當然也是習仲勛的政敵。告別儀式當天，習近平親臨會場慰問家屬，其他6位政治局常委均出席致意。場景留給人深刻印象，習近平不想藉機「報仇」，避免與太子黨正面衝突，改革之路才能走得長遠。

習近平的做法，目前看來得到相當程度的回報。「延安兒女聯誼會」是抗戰時期在延安幹部的子女所成立的愛國組織，不少「紅二代」參與。該聯誼會主席胡木英，讚揚習近平帶領中共在生死存亡之際，擺脫拋棄社會主義理想的危險。

她是毛澤東祕書胡喬木之女。而胡喬木也是批胡耀邦，鬥習仲勛之左派大將。胡木英曾在 2012 年春節的中共老革命後代聚會上，公開指責當時中共最高領導人胡錦濤、溫家寶等，失去社會主義理想，把中國帶入社會危機，又無解決危機的能力。那是胡錦濤當政的最後 1 年。而 2013 年後，她在不同「紅二代」聚會場合多次盛讚習近平，稱習近平的「中國夢」，帶來新的希望 23。習近平的謹慎化敵為友。

太子無黨

如果說習近平是向太子黨交心，或是一種階級認同，倒也未必。父親被鬥那年，習近平僅 9 歲，應該沒有太子黨的認同問題；習家最悲慘的時候，太子黨的父輩無人伸出援手，甚至落井下石，

23　〈澳媒（澳大利亞《時代報》）：中國「紅二代」支持習近平〉《BBC中文網》2013年2 月 25 日 http://www.bbc.com/zhongwen/trad/china/2013/02/130225_red_xijinping.shtml　下載 2016.8.30。

習近平都看在眼裡。這樣的成長背景，習近平恐怕很難自認是太子黨。習近平回憶說，那段時期他有一種悽苦之感，或說自卑感，直到他 1974 年（21 歲）申請入黨通過為止。

真正幫助習近平的是基層群眾。他在延川縣下鄉期間，8 次申請共青團、10 次申請入黨都被拒絕，最後是延川縣委書記申易，力保習近平申請入黨，理由是習仲勳的反黨問題，並未最後結論；習近平在公社表現不錯，他又是陝北的孩子。不讓他入黨，實在說不過去。

1973 年，文革勢頭減緩，不少大學開始恢復招生，習近平想以推薦方式進入清華大學。母親齊心專程到延安疏通，希望兒子入學不受父親影響。延安方面同意，清華大學因被文革派把持，大筆一揮，破滅習近平翻身的希望。他難過至極，心灰意冷，決定留在延安發展。1975 年，清華大學在延安地區提供 2 個錄取名額，習近平重燃希望，以工農兵學員身分申請入學，剛巧清華大學文革派失勢，習近平如願以償[24]。

習近平下鄉 7 年，使他真正感受群眾的力量。他的很多基本觀念和工作特點，都是在延安下鄉期間形成。1982 年，習近平擔任河北省正定縣委副書記，是他從政的起點。當地退休老幹部張五普回憶說，習近平很少待在縣委機關，整年大部分時間都在鄉下跑，跑遍全縣每一個村。習近平在浙江任職，說過一句至今在全國廣為流傳的名言：「當縣委書記一定要跑遍所有的村，當地市委書記一定要跑遍所有的鄉鎮，當省委書記一定要跑遍所有的縣市區[25]。」

勤跑基層是習近平的特點，講起話來很有毛式風格。他經常引用毛澤東的話，「我們共產黨人好比種子，人民好比土地。我們到了一個地方，就要同那裡的人民結合起來，在人民中間生根開花[26]。」

24　田亮、王肖瀟，〈青年習近平〉，頁 27-29。

25　田亮、王肖瀟，〈青年習近平〉，頁 34。

26　田亮、王肖瀟，〈青年習近平〉，頁 34。

群眾路線

習近平整治貪腐，敢打殲滅戰，其勇氣與決心，不在於高層的共識，而在於群眾的期盼。這是他權力的來源，不是父親，也不是太子黨，這些都不可靠，過眼雲煙。得民心者得天下。民心就是人心，人心就是力量。習近平總結這種力量的根源：一、人民群眾的認同和參與。二、人民群眾的評斷與選擇。因此他多次提醒幹部莫忘，「群眾路線是我們黨的生命線和根本工作路線[27]。」

這就不難理解，劉少奇之子劉源在軍中率先呼應習近平打貪，被外界看好有望進入軍委，輔佐習近平整治軍隊腐敗。最終劉還是屆齡退伍，從上將轉任全國人大財政經濟委員會副主委。習近平和太子黨之間保持微妙關係，他不願被歸類到某個特定團體，而是超乎其上，包括他身邊的人。

西方觀察家對習近平有一個普遍看法，就是他與身邊官員和顧問，尤其是國家部委的技術官僚之間，都保持著距離，比其他中國領導人所保持的距離都遠。描寫中國近代史《富強》（*Wealth and Power*）一書的作者之一魯樂漢（John Delury）說，在習近平身上看到一些新東西，「頭號人物與其他人之間的距離從來沒有這麼大過。」習近平堅持權威，不放棄任何權力的做法，可能是他經歷文革的結果，那個時代，「信任是他們所缺少的東西[28]。」

保護自己和打貪改革，本來就是一體兩面。在胡錦濤身上，習近平看到大權旁落或說權力不能集中所帶來的惡果。

1992 年，鄧小平辭去一切領導職務，同時拒絕黨內諸多大老的請求，一併撤銷中央顧問委員會，結束「八老治國」局面，使領導幹部終身制走入歷史。中共由此建立領導人退休制度，但並沒有

27　陳錫喜主編，〈人心就是力量──群眾路線是黨的生命線〉《平易近人：習近平的語言力量》，頁 147-148。

28　黃安偉，〈習近平和他的核心集團〉《紐約時報中文網》2015 年 9 月 28 日 http://cn.nytimes.com/china/20150928/c28advisers/dual/ 下載 2016.8.30。

政治退出制度，政治人物往往是「退而不休」，繼續干預政治。

例如江澤民即是，中共十六大（2002 年 11 月）他交出總書記職務給胡錦濤，軍權不放，留任中央軍委主席，直到 2004 年 9 月交棒。按理說，他應該離任走人，但他仍在八一大樓保留在任期間相同規模的辦公室和幾名專用祕書。江澤民還不時到辦公室，接見現役軍方首腦，繼續發揮他在軍中影響力。這個局面一直拖到中共十八大（2012 年 11 月）前，胡錦濤已決定將引退，讓習近平接任中央軍委主席。在此情況下，江若繼續干政，說不過去。元老圈中質疑江澤民的聲浪日高，迫使他不得不通過祕書向軍委提出關閉其辦公室的申請[29]。

權力重組

江澤民主軍 15 年（1989-2004），干預軍務 8 年（2004-2012），主軍時先後拔擢 81 名上將，包括因貪腐而被整治的前中央軍委副主席郭伯雄和徐才厚。胡錦濤管不動這些軍頭，也不受軍頭所敬重，胡錦濤空有軍委主席頭銜。江澤民在八一大樓的軍委主席辦公室，據信是他在 2000 年設立，室內寬敞，約占其中一層樓的大半，裝配最新的通訊設備。江於 2004 年 9 月名義上辭退軍委會主席由胡接手，但軍委會辦公室人進人出，運作如常。胡錦濤看在眼裡，情何以堪，但也忍了 8 年。

《解放軍報》2016 年 5 月 25 日，以整版篇幅刊登習近平對於軍隊發揮政治工作的重要講話，內容提到一個驚人的線索，「郭伯雄、徐才厚貪腐問題駭人聽聞，但這還不是他們問題的要害，要害是他們觸犯了政治底線[30]。」按前後文的意思，他們觸犯的底線是

---

29 童倩，〈日媒（《產經新聞》）：中國軍委撤銷江澤民辦公室〉《BBC 中文網》2012 年 11 月 1 日 http://www.bbc.com/zhongwen/trad/chinese_news/2012/11/121101_jiang_office.shtml 下載 2016.8.30。

30 〈充分發揮政治工作生命線作用—關於貫徹新的歷史條件下政治建軍方略〉《解放軍報》2016

未能「絕對」服從軍委主席習近平。具體內容沒有說明，有可能是抵制習近平的反腐或軍改。郭、徐兩人的膽大妄為，很可能是延續長久對胡錦濤不敬而產生的錯估，誤以為習近平和胡錦濤一樣。而習上台後的強勢作為，恐怕連江澤民也沒料到。

在胡錦濤時期，大部分國內安全和維穩工作都由中央政法委負責，書記是周永康，是中央政治局常委。中央政治局常委會是中共最高權力核心，實施「集體領導體制」，由鄧小平設計並在他過世後實施，以維持政治局常委之間的制約與平衡，避免 1 人獨大。這個制度的設計好壞互見，當其中 1 名常委恣意妄為，其他常委基於權力分工和相互牽制，往往不得深究，使得周永康能一手遮天，拉幫結派，貪腐暢行無阻。

習近平上台後，以全面深化改革之名，重組權力結構，改變高層權力過度分散的局面，一舉逆轉自鄧小平之後的集體領導趨勢。習近平身兼多職，主導國家安全委員會、網絡安全和資訊化領導小組等多個關鍵部門，權力凌駕在其他政治局常委之上。周永康負責的中央政法委，降為中央政治局委員兼任，事權統一由總書記習近平主導。

北京模式

習近平的專權廣為自由派人士撻伐，因為「絕對權力導致絕對腐敗」，在毛澤東身上已經驗證他所帶來的歷史悲劇。但也有政治觀察家認為，習近平的專權更著重於治理，是一種相對集權，用以克服黨內萬般阻力，避免令出不行，改革無力。

中國的政黨體制不走西方民主道路，缺乏自由民主，卻不受議會掣肘。鄧小平生前建立一套制度，之後延續 30 年以至於今。它雖然沒有全部落於文字，卻基本規範了政權和平轉移和政策的有

年 5 月 25 日，頁 4。

效執行，包括任期限制、年齡限制、菁英選拔與集體領導[31]。

所謂任期限制，中共「正國」級領導人的任期以 2 屆 10 年為主，如中央總書記、政治局常委、總理、國家主席等，這和西方民主國家總統或總理的連任時間相當，避免政權長期掌握在個人手上。

年齡限制使「老人政治」退出政治舞台。如中央政治局常委以「七上八下」為原則，每隔 5 年換屆時，常委年滿 68 周歲退休，67 周歲及其以下則可連任；省部級正職退休是 65 周歲，任期未滿可延期 3 年；副省部級幹部年滿 60 周歲離開實權部門，退居二線至 65 歲。廳局級乃至基層幹部都有相應的退場機制。

菁英選拔雖被外界批評是黨內運作，未經民主票選產生。但黨內菁英仍有一套考核指標作為晉升依據。從 2004 年起便在清華大學任教的北美學者貝淡寧（Daniel A. Bell 1964 - ）教授稱之為「賢能政治」（meritocracy）。因此，在中國政壇不可能產生來自體制外的「黑馬」，但篩選出線的領導們一定滿足體制內的級別要求。據新加坡國立大學東亞研究所所長鄭永年的觀察，中國有幾千

▲ 貝淡寧（Daniel A. Bell 1964 - ）圖片來源：https://goo.gl/6VpUv2 下載 2017.7.31

年菁英主義傳統，所謂「士」的統治集團，如今中共在錄用人才方面日益傾向從傳統菁英體制中吸取有用的東西[32]。

中國政黨體制雖不民主，創新不足，卻有助於政策的推動，不受政黨輪替影響，並維持國家社會的基本穩定。許多民主國家的反對黨，失去監督本意，為反對而反對，導致議事癱瘓，施政停擺。不少新興民主國家，政爭激烈，經濟衰退。更糟糕的是，合法民選的領袖變成獨裁者，如塞爾維亞的米洛謝維契（Slobodan Milošević 1941-2006）、委內瑞拉的查維斯（Hugo Rafael Chávez

---

31 鄭永年，《中國模式—經驗與挑戰》（北京：中信出版社，2016 年 1 月），頁 73-75。
32 鄭永年，《中國模式—經驗與挑戰》，頁 74。

1954-2013）。前者引發種族清洗的戰爭，後者導致經濟衰退和貧窮。

　　相較之下，中國貫徹政策變化的速度反而比其他政治體制快。這說明中共改革開放 30 多年來，歷經多次體制改革仍能因應變局保持飛快增長的主因，並於 2010 年超越日本，成為世界第 2 大經濟體。

　　目前中國經濟成長稍減速，但仍有不少西方觀察家看好中國經濟前景。2015 年 8 月 20 日，歐亞集團（Eurasia Group）總裁伊恩·布雷默（Ian Bremmer 1969 -）在《時代雜誌》發表專文說，雖然那年夏天中國發生股災和天津爆炸案，但是中國全球影響力仍然會持續上升。原因有 5[33]：

▲伊恩·布雷默（Ian Bremmer 1969 -）圖片來源：https://www.flickr.com/photos/127695386@N08/15823121452/, CC BY-SA 3.0, https://en.wikipedia.org/w/index.php?curid=44439283下載 2017.7.31

- 美國 1929 也發生股災引發大蕭條，但並沒有阻止之後美國躍昇世界超級強國。
- 中國 2014 年經濟規模以「購買力平價」（purchasing price parity）計算，已超過美國，其 30 年來持續上升的趨勢下雖然目前稍減緩，遲早成為世界第 1 大經濟體。2006 年，美國是全球 127 個國家最大的貿易夥伴，中國是全球 70 個國家最大的貿易夥伴。可是到 2015 年，情形已翻轉，中國是全球 124 個國家最大的貿易夥伴。
- 中國韌性強。它有全球最大的外匯存底，而且政府權力集中，內部動亂已不可能。

33　Ian Bremmer, "These 5 Facts Explain Why China Is Still on the Rise" *Time* August 20, 2015 http://time.com/4005404/china-economy-influence-growing-tianjin/ accessed July 1, 2016.

- 中國財富投資全世界，尤其在非洲和拉丁美洲，確保原料供給不斷，和未來市場不缺。
- 中國有 6 億 5,000 萬網民和不斷擴大的中產階級，國家有龐大的腦力財富。

葛藝豪（Arthur R. Kroeber 1952 -）是佳富龍洲（Gavekal Dragonomics）的常務董事，也是 2016 年初出版《中國經濟：人人需要瞭解什麼》的作者[34]。他說目前中國經濟狀況有好也有壞，但是有一點可以確定：它還有很多成長的潛力。

▲ 葛藝豪（Arthur R. Kroeber 1952 -）圖檔出處：Brookings https://goo.gl/nkq5dx下載2017.7.31

2008 年，美國雷曼兄弟破產引爆美國金融危機，迅速波及全球經濟，8 月中國經濟受到明顯衝擊，沿海數省的財政收入出現負增長，用電量明顯下滑，出口衰退，導致 2009 年首季經濟增幅降為 6.2%，許多企業關門，工廠倒閉。但是，中國 2008 年第 3 季度才陷入金融危機，2009 年第 2 季度便從谷底回升。它是世界主要國家中最後陷落金融危機，和最早恢復的。在那段時間前後，中國躍昇為風力發電風車最大製造國，太陽能面板最大製造國，也成為高速鐵路大國[35]。

很多國家回應不及。中國政府立即採取積極性財政政策，以穩定貨幣政策為輔，撥款 4 兆元人民幣（相當於美金 5,000 億元）刺激經濟，抵銷全球金融危機的負面效應，把經濟增幅從首季的 6.2%，拉回到第 4 季的 10.7%，成為世界經濟復甦最快的國家，顯示中國「宏觀調控」可觀的執行力及其效力[36]。

---

34 Arthur Kroeber, *China's Economy: What Everyone Needs to Know* (Oxford University Press, 2016) p.319.

35 林中斌，〈一個環保大國的起飛〉《旺報》2009 年 12 月 29 日 http://news.chinatimes. com/2007Cti/2007Cti-News/2007Cti-News-Content/0,4521,11051404+112009122900361,00.html 下載 2009.12.29。

36 〈經濟學者談應對 2008 年金融危機「中國決策」成功奪魁國際聯考〉《人民網》2012 年 6 月

事後，西方國家對有效回應金融危機的「中國模式」大感興趣。匈牙利總理維克托‧歐爾班（Viktor Orban 1963 -）表明要放棄自由式民主（liberal Democracy），因為這種民主面對 2008 年全球金融危機不具競爭力，而應改採「非自由式民主」（illiberal democracy），他列舉中國、土耳其和俄羅斯的成功案例 [37]。簡單地說，「非自由式民主」國家有某種方式的選舉，但沒有像西方國家一般的言論自由。

▲ 維克托‧歐爾班(Viktor Orban 1963 -)圖片來源：kormany.hu http://www.kormany.hu/hu/impresszum https://commons.wikimedia.org/w/index.php?curid=19136783下載2017.7.31

　　不過，中國在處理金融危機的同時，因過於重視發展而輕忽改革，使得國民經濟原本存在不平衡和不協調問題更加突出。改革呼聲，頻頻遭到既得利益群體的阻撓和反對。鄧小平設計的集體領導制度，原為防止1人專斷，卻因權力分散，而出現無人統籌的局面。習近平上台後，把工作重點轉向改革，因此收緊權力，另設並改組相應的領導小組，以整合與效率，面對新局。

集中領導力

　　其實，集權概念在1980年代的中國學界廣為探討。其中以復旦大學教授王滬寧，發表於1988年3月第2期的《復旦學報》上的一篇〈現代化進程中政治領導方式分析〉論文最為高層關注。他認為，一個經濟不發達的國家實現現代化，採取「集中現代化模式」

---

26 日 http://finance.people.com.cn/n/2012/0626/c1004-18379914.html 下載 2016.11.4；〈GDP 全年增長 8.7% 2009 中國經濟走出 V 形軌跡〉《人民網》2010 年 01 月 22 日 http://finance.people.com.cn/GB/10820598.html 下載 2016.11.4。

37 Zoltan Simon, "Orban Says He Seeks to End Liberal Democracy in Hungary" *Bloomberg* July 28, 2014 http://www.bloomberg.com/news/articles/2014-07-28/orban-says-he-seeks-to-end-liberal-democracy-in-hungary accessed November 14, 2016.

比「分散現代化模式」更能取得可觀成果，原因有4[38]：

一、領導統一。可以形成對整個社會的統一領導，避免不同觀念和看法產生不必要的衝突，形成內耗，導致朝令夕改，政策多變。

二、行政統一。現代化的每一步都意味對舊結構、舊行為模式的否定，阻力很大，若不能有力依法貫徹政策，現代化難以大功告成。

三、反應迅速。集中現代化模式具有高度敏感性，能針對突如其來的事態做出快速反應，有效解決問題。

四、行動有力。現代化過程容易引起社會大動盪、大分化，政治領導若不能有力行動，不僅對社會性資源的分配無法實現，本身的穩定性也會在社會大變革中受到動搖。

王滬寧並不完全否定「分散現代化模式」，如西德內閣制就很成功；而「集中現代化模式」也並非各個成功，而是根據不同國情、歷史、社會、文化等條件而定。他沒有建議中央應採哪個模式，而是從日本、亞洲四小龍、巴西、喀麥隆和法國等案例，證明決策權集中的現代化模式的「政治生產力」較高，取得現代化成功的機率較大。

這篇論文直接送交中共中央書記處，不久引起領導人注意。此時江澤民從上海市委書記調升總書記，王滬寧1995年也調任中央政策研究室政治組組長，2007年升任中央書記處書記兼中央政策研究室主任，2012年擔任中央政治局委員兼中央政策研究室主任。他以一介書生，憑著筆桿，擠進權力核心，歷經江澤民、胡錦濤、習近平等三朝而不墜，堪稱中共黨史上的一個異數。

習近平出國或在兩岸高層會面場合，王滬寧始終陪同在側，

38　王滬寧，〈現代化進程中政治領導方式分析〉《復旦學報／社會科學版》1988年第2期，頁22《360文檔中心》http://www.360docs.net/doc/info-a271e6caf01dc281e43af041.html 下載2016.11.14。

為政策論述把關。他的權力集中現代化模式，在江澤民和胡錦濤身上未能充分實踐，於今則完全符合習近平樹立新威權主義的需要。差別在於，習近平的言論說明中引用更多的中國典籍詩文和俗文俚語。

非典型共產黨

習近平不是打江山的人物，上台之前表面低調，缺乏魅力特色。其實，即使 2012 年 11 月掌最高權力之前，他的政治資本在 8 個方面已超越了幾位前任[39]。政治資本是尚未發揮的政治潛力，不同於已獲得的政治權力，也不保證成為最後政治的成就。這是筆者（中斌）用來凸顯習近平與其他中國政治領袖不同之處。

這些政治資本可說是他未登大位前蓄備的優勢。登大位之後，他實際的作為，從反腐到軍改，從文化到宗教，一再顯示他不是典型的共產黨人。非典型人物，往往帶來「非線性式」的發展，為今後中共轉型和政治變革帶來許多可能。「非線性式」發展指的狀況是：一般人很難根據過去趨勢，劃一條直線，延長到將來，作為將來趨勢的預測。

習的 8 項政治資本為何？

一、知悉台灣。習在東南沿海任要職共 22 年，對台灣的觀察超過毛澤東、鄧小平、江澤民、胡錦濤。他領導福建期間，默默協助無數台商深耕台灣人脈。1990 年代，他已為兩岸三通作準備，蓋了超大規模的福州常樂機場，營運虧損 4 年，被總理朱鎔基批評[40]。但是機場至今日，已不敷使用。他曾提出「爭取台灣民心、以經促

39　林中斌，〈習近平的七個超越〉《聯合報》2012 年 2 月 15 日，頁 A4；林中斌，〈習近平的第八項超越〉《聯合報》2013 年 12 月 24 日，頁 A4。

40　〈未來 10 年他將主宰世界 習近平〉。

統」策略，並不排斥與民進黨對話交流。他對台手段將比前 4 位領導人，更彈性、前瞻。可能更有突破。

二、瞭解國際。習近平任國家副主席時，有 50 次旅外行程；而胡錦濤任國家副主席時，只有 17 次旅外行程。1985 年，32 歲的習，還住過美國中西部小鎮（Muscatine, Iowa）人民家。那年，習近平首次訪美時，胡錦濤也首次出國，不過對象是北韓 [41]。胡要等到 2002 年接總書記掌權後不久才首度訪美。習也去過美國西部的加州和奧立岡州 [42]。

不戰而主東亞

「不戰而主東亞」是林中斌於 2004 年提出對北京大戰略的看法，但並非北京官方的用語。意思說中國會以「超軍事手段」為優先，並以快速現代化的軍事能力為後盾，等待美國力有未逮之日自動退出東亞主導的地位，而成為東亞的主導力量。葉鵬飛，〈中國新戰略 不戰而主東亞〉《聯合早報》（新加坡）2004 年 11 月 7 日。

習就大位之前便與美國各界互動有年。例如美國前商務部長保爾森便是與習熟識人物之一，並對習讚譽有加 [43]。這些經驗使他對美國的體認超過毛、鄧、江、胡。他愛看好萊塢善惡分明的電影，基本上不仇美。雖然 2009 年，他旅經中美墨西哥城不指名地批評過美國反中人士「吃飽了沒事幹，」其對內表態意義，遠大於對美強硬。

習上台後在國際演講，常能顯示他對該國文學的涉獵，俄羅斯、法國、英國、美國皆無例外。這是他所有前任包括毛澤東、鄧小平、江澤民、胡錦濤無法做到的。習對西方的熟悉程度應該是 1949 中國建政後領袖中最多的，甚至超過年青時在「勤工儉」計

41　佩吉 (JeremyPage)，皮特斯, (Mark Peters)〈習近平是誰？美國美體中的中國領導人〉《財訊》2012 年 2 月 16 日，頁 71。

42　佩吉，皮特斯，〈習近平是誰？美國美體中的中國領導人〉，頁 72。

43　Gwynn Guilford, "Hank Paulson on the Chinese economy, Xi Jinping, and what Americans don't get about China" *Quartz* April 15, 2015 http://qz.com/383295/hank-paulson-on-the-chinese-economy-xi-jinping-and-what-americans-dont-get-about-china/ accessed November 15, 2016.

畫下到過法國，後來又前赴蘇聯莫斯科中山大學受訓的鄧小平。鄧小平旅歐時只是個窮學生，接觸層面有限。而習開始出國見識時已是青年地方官員，視野更為開闊。

西方學者認為崛起的中國一定會跟世界第一號強權美國開戰，所謂的「修昔底德陷阱」（Thucydides trap）。習強調與華府發展「新型大國關係」：中美合作應大於矛盾。意思是說，中國的歷史經驗裡沒有這個「兩強必戰」躲不掉的法則。影響中國幾千年的《孫子兵法》就標榜「不戰而屈人之兵」。

何況今日的世界不同於以往人類歷史：• 大國之間經濟高度相互依賴。• 網際網路發達，網路作戰沒有贏家。• 大國都擁有可摧毀雙方的核子武器。• 高科技使得國家領袖隨時掌握衝突現場，避免失控。

雖然美國在 2009 年推動「重返東亞」政策，但其成果已受美國國內學者質疑。而最引人矚目的是美國新當選總統川普（Donald J. Trump）幕僚的論述 [44]。川普當選總統後，把施政重點放在改善國內狀況，而將終止美國擔任世界警察的角色。不只未來中美兩國之摩擦不會失控，中美合作將創歷史新高。而北京「不戰而主東亞」大戰略會穩定挺進。

三、通曉共軍。 習曾任國防部長耿飈祕書（1979-1982），登大位時與共軍已有 33 年淵源。而江、胡登位時毫無軍方背景。這點，習超越了他們。習仲勛是開國西北軍的將領。軍事思想，習近平從小便耳濡目染。與江、胡相較，習更能與將領溝通。習就大位之前，已可見他掌控共軍前所花時間會比江、胡更短 [45]。事後果然如此，2012 年 11 月就任軍委會主席後，打貪的大斧便開始由總後勤副部長谷俊山砍向副主席徐才厚、郭伯雄。2015 年秋習宣布裁

44　Alexander Gray and Peter Navarro, "Donald Trump's Peace Through Strength Vision for the Asia-Pacific" **Foreign Policy** November 7, 2016 https://foreignpolicy.com/2016/11/07/donald-trumps-peace-through-strength-vision-for-the-asia-pacific/ accessed November 15, 2016.

45　「習掌控共軍所花時間會比江、胡更短。」林中斌，〈習近平的七個超越〉。

軍 30 萬，並啟動 1980 年來最大規模的解放軍改革。

　　四、黨內光環。習的父親是開國元老習仲勛，1978年任廣東省委書記時，推動經濟特區，是改革開放的先鋒。習仲勛為人廉潔富正義感，生平幫助許多人。1981年任職中央書記處輔助胡耀邦，習仲勛平反許多老幹部。據2016年7月9日《新京報》報導，「文革結束後，習仲勛頂住壓力為20萬人平反冤假錯案[46]。」他們的後人，將感念迴向給其子。在黨內，習近平無形中獲父親人脈的陰庇。習少年時一度無家可歸，下放農村，靠苦幹升為農村黨書記。雖然被歸為「太子黨」，他吃苦的經驗不只超過其他太子黨，甚至超過今日在上位的「共青團」領袖。得益於父親的光環和自己的努力，習近平在黨內的地位比江澤民、胡錦濤接大位時更厚實。同時，在習登大位之前，已經可以看出「也因父親遭遇，習固權後將致力反貪腐，推動政治體制改革[47]。」

　　五、好學不倦。習有清華大學化工學士和馬列主義博士學位。他不只是中共建政以來第 1 位有博士學位的領袖，也是改革開放以來首位有科技以外背景的最高領袖。有人說他的博士論文是別人代寫的。即使如此，他的視野至少超越科技。而他從小好學，博覽群書，曾說「一書在手，其樂無窮」[48]他涉獵甚廣，吸收中外文化的幅度不只超越胡、江、鄧甚至毛。詩詞造詣雖不如毛，他也曾賦詞，1991 年任職福建時曾著有〈軍民情 七律〉見報[49]。因此，他為文講話，意象鮮明，如「踏石留印，抓鐵有痕」令人難忘。

　　六、亮麗夫人。習的夫人彭麗媛少將是歌唱家，鎂光燈下揮灑自如。她踏上國際舞台上與其他大國第一夫人相較毫不遜色，為

46　王姝，〈習仲勛在廣東頂住壓力幹的這件事，影響了 20 萬人命運〉《新京報網》2016 年 7 月 9 日 http://www.bjnews.com.cn/news/2016/07/09/409428.html 下載 2017.3.31。

47　「也因父親遭遇，習固權後將致力反貪腐，推動政治體制改革。」林中斌，〈習近平的七個超越〉《聯合報》2012 年 2 月 15 日，頁 A4。

48　〈習訪澳大開課〉《旺報》2012 年 12 月 22 日，頁 A3。

49　習近平，〈軍民情 七律〉《福建時報》1991 年 1 月 13 日。

毛、鄧、江、胡等中國領袖夫人所未及。如此提升中國形象，彭麗媛將帶回國際的掌聲，為丈夫國內聲望加分。2013 年 3 月，她首次與習亮相國際，果然引起世界矚目[50]。

七、同情宗教。2010 年底維基解密透露，習在地方時為「佛教神祕主義、氣功吐納、超自然能力所吸引[51]。」這訊息與 2006 年 4 月習以浙江省委書記爭取在杭州舉辦「首屆世界佛教論壇」事件呼應。其實，習近平一家都與佛教有緣。父親同情藏傳佛教[52]。母親是佛教徒[53]。妻子是虔誠的藏傳佛教徒[54]。自己在 1982-85 年在河北正定縣歷練時，受作家柯雲路影響讀佛經[55]。一旦習固權之後，他可能從精神文化上尊重藏、回少數民族，再而解除西藏及新疆 2 顆威脅中國內部穩定的定時炸彈。據日本共同社記者 T 先生 2012 年 1 月 9 日告訴筆者（中斌），習仲勛曾於 1954 年安排達賴訪問北京，並對藏人友善，藏民因此對習仲勛有好感。

◀ 柯雲路
（1946－）得獎的中國作家，1983年3月加入中國作家協會。1988年之後，柯雲路開始轉向東方神祕主義主題，陸續發表多部「研究」氣功與特異功能的著作。包括《人類神祕現象破譯》、《中國氣功大趨勢》、《中國氣功九大技術》、《生命特異現象考察》等書。資料來源：《維基百科》https://zh.wikipedia.org/wiki/%E6%9F%AF%E4%BA%91%E8%B7%AF 下載2017.4.26。
圖片來源：新浪文化https://goo.gl/5k2xcJ下載2017.7.31

50　蔡夢妤，〈亮麗彭麗媛 顛覆第一夫人老土形象〉《中國時報》2014 年 3 月 22 日，頁 A19。

51　Claude Apri, "Xi Jinping in Wikileaks" *Claude Arpi* December 20, 2010 http://claudearpi.blogspot.tw/2010/12/it-is-surprising-that-us-cables.html accessed October 23, 2012.

52　Benjamin Kang Lim and Frank Jack Daniel (Beijing/Dharamsala), "Insight-Does China's next leader have a soft spot for Tibet?" *Reuters* August 31, 2012 http://www.reuters.com/article/us-china-tibet-xi-idUSBRE87T1G320120831 accessed July 5, 2016.

53　"Dalai Lama Says China Hardliners Hold Back Xi Jinping On Tibet Autonomy" *Reuters* December 17, 2014 http://www.ndtv.com/world-news/dalai-lama-says-china-hardliners-hold-back-xi-jinping-on-tibet-autonomy-714311 accessed April 25, 201.

54　〈中斌與達賴喇嘛對話〉2011 年 3 月 18 日 印度德蘭沙拉達賴喇嘛官邸《林中斌部落格》http://chongpinlin.pixnet.net/blog/post/65348013 下載 2016.7.5。

55　楊中美，《習近平：站在歷史十字路口的中共新領導人》（台北：時報出版社 2011 年 11 月），頁 103。

最近有確信消息指出，1982年春，習近平奉派河北省正定縣擔任縣委副書記時，僧人釋有明也奉命前來接手城內斷垣殘壁的臨濟寺。此寺乃禪宗5大流派之一臨濟宗的祖庭。在習近平的支持下，有明法師重建了臨濟寺。離任後，習近平曾多次抽空到正定探望有明法師，還交代一些官員來此學習黨和宗教的合作之道[56]。正巧，習仲勳從1980年起掌管宗教工作，在他督導下1982年發布中共中央迄今印發有關宗教政策最重要的19號文件[57]，文件宣告，「尊重和保護宗教信仰自由，是黨對宗教問題的基本政策。」同時要求妥善安置宗教職業人員；恢復一些寺觀教堂；一切正常宗教活動均由宗教組織和宗教信徒自理，任何人不得加以干涉；解決宗教問題，唯一正確的根本途徑，只能是在保障宗教信仰自由的前提下進行……等。時間的巧合，似乎是父子同心。

習與禪有緣

2010年，有明法師圓寂，他身前的住處成了紀念場所。他的繼任者釋慧常回憶說：習近平來訪，看著裝有法師衣物、書籍和照片的陳列櫃時，「他表現出了尊重。我不確定他是不是信徒，但他尊重佛教。他比大多數人更瞭解佛教。」「習主席為佛教做出了重大貢獻[58]。」

2015年5月23日，習近平在北京人民大會堂出席中日友好交流大會時說：「我在福建省工作時，就知道17世紀中國名僧隱元大師東渡日本的故事。在日本期間，隱元大師不僅傳播了佛學經義，還帶去了先進文化和科學技術，對日本江戶時期經濟社會發展產生了重要影響[59]。」習提到的隱元禪師，正是明末清初臨濟宗的

56　張彥，〈習近平和中國的宗教復興〉《紐約時報中文網》2017年3月25日 http://cn.nytimes.com/opinion/20170325/chinas-communists-embrace-religion/zh-hant/ 下載 2017.3.25。

57　〈關於我國社會主義時期宗教問題的基本觀點和基本政策〉《中國民族宗教網》1982年3月31日 http://www.mzb.com.cn/html/folder/290171.htm 下載 2017.3.31。

58　張彥，〈習近平和中國的宗教復興〉。

59　習近平，〈習近平在中日友好交流大會上的講話（全文）〉《新華網》2015年5月23日 http://

▲ 隱元禪師／隱元隆琦（1592－1673），是明末清初的一位禪宗僧人。福建省福州府福清縣人。1654年隱元遠赴日本傳播佛法，為當時日本的禪宗界臨濟、曹洞二宗的復興產生很大的影響。同時他也是日本禪宗黃檗宗的始祖。1658年，隱元成功與幕府將軍德川家綱會面，2年後獲得了山城國宇治郡大和田作為寺院的領地。隱元是日本禪界黃檗宗的始祖。隱元在日本的影響力很大，皇族、各地領主，以及大量的商人相繼皈依黃檗宗。圖片來源：http://www.newsweekjapan.jp/stories/world/2017/03/post-7177.php。由 喜多元規 Kita Genki - 宮次男『ブック・オブ・ブックス　日本の美術33　肖像画』　小學館　1975, 公有領域, https://commons.wikimedia.org/w/index.php?curid=6795489下載2017.7.31

高僧，晚年赴日弘法，開宗立派，振興日本禪宗，所創黃檗宗，為日本禪宗三大宗派之一。隱元，明朝福州府人；300多年後，習近平擔任福州市委書記3年，加上河北正定縣的那段淵源，習近平似乎和禪宗特別有緣。這就可以理解習近平為何多次會見系出臨濟宗的台灣佛光山創始人星雲法師，還讀過他的不少著作。習2014年2月18日在北京釣魚台國賓館會見星雲法師時說，「你送我的書，我全都讀完了[60]。」這應該是指星雲的2套著作《迷悟之間》和《百年佛緣》。

　　八、胡錦濤的加持。習近平是第1位中共登大位又受前任百分之百支持的領袖。這是歷來中共前後任領導轉換交接時所未曾發

news.xinhuanet.com/politics/2015-05/23/c_1115384379.htm 下載 2017.3.29。

60　〈習近平總書記：星雲大師送我的書 我全部讀完了〉《大公網佛教》 2014年2月19日 http://bodhi.takungpao.com.hk/topnews/2014-02/2286643.html 下載 2017.3.31。

生過的。中共 1921 年建黨後，王明、秦邦憲與毛澤東鬥爭。1966
年，毛又鬥鄧小平將他下放。鄧並不屬意陳雲所推薦的江澤民，但
只能接受，因鄧在天安門事件後在黨內的權威受挫。鄧在 1992 年
初南巡重新發動改革時，還不指名的警告江「誰不改革誰下台！」
江從來不放心鄧隔代指定的接班人胡錦濤。

　　2012 年 11 月共十八大，胡錦濤宣布「裸退」，把黨政軍權力
全部交給習近平。胡錦濤的裸退打破先例，使得江澤民等元老們無
顏再明目張膽的干政。於是，騰出一片天空任習翱翔。被指定為
繼任總理的李克強是胡錦濤的愛將，因此全力協助黨的總書記習近
平。雖然 2 年後，流傳習、李 2 人在經濟改革政策看法上不同，但
至少在初期李衷心與習合作。黨政領導 2 人密切合作，又是 1949
年中共建政後從未有的現象。中共黨的主席或總書記與負責政府的
總理都多少有些嫌隙，例如毛澤東與周恩來，胡耀邦與趙紫陽，趙
紫陽與李鵬，江澤明與朱鎔基，胡錦濤與溫家寶[61]。

　　事後的發展顯示，為了因應薄熙來與周永康共同的威脅，胡、
習早在 2011 年便開始合作[62]。而胡、習在處理薄熙來危機過程中，
深化了情誼，此外 2 人政治理念上尚有共同的淵源。那就是中共頭
號改革者胡耀邦。1980 年初期，胡耀邦提拔了清華大學剛畢業的
胡錦濤。1978 年，胡耀邦平反了習仲勛。1985 年，胡任命習近平
為廈門副市長，是後者第 1 個重要的官職。1989 年，胡耀邦含冤
過世觸發震動世界的天安門事件。之後，長年低調探望胡耀邦遺孀
的就有胡錦濤和習近平[63]。

宗教不是鴉片

　　綜合而論，同情宗教是習近平在信仰認知上最不同於歷來的

61　林中斌，〈習近平的第八項超越〉。

62　司馬承，〈太子黨四大家族開始結盟〉《前哨》2013 年 1 月，頁 16-18。

63　John Garnaut , "The Revenge of Wen Jiabao" *Foreign Policy* March 29, 2012 p.5.

中共領導人。中共要求黨員要做堅定的馬克思主義「無神論者」，牢記黨的宗旨，絕不能在宗教中尋找自己的價值和信念。

習近平上台後不到 1 年，就用父親的名義舉辦官方宗教會議，但自己沒有出席。2013 年 10 月 17 日，中共中央統戰部、國家宗教局在北京舉辦「習仲勳同志與宗教工作座談會」。《新華社》報導文字是「與會同志回顧了習仲勳同志為統一戰線和民族宗教工作作出的卓越貢獻……。大家表示，站在新的歷史起點上，要緊密團結在以習近平同志為總書記的黨中央周圍，深入貫徹黨的十八大精神……努力開創宗教工作新局面……[64]。」

2016 年 4 月底，全國宗教工作會議在北京召開，由習近平親自主持。這是時隔 15 年後中共再次召開此類最高規格的會議。《人民日報》等官媒廣為報導，並以〈全面提高新形勢下宗教工作水準〉為標題，格外醒目，暗示以前的做法有誤，需要全面改進與提升。習近平強調以團結、疏導和法治化手段解決宗教問題，和江澤民時代的鎮壓和維穩政策，大相逕庭。同年，7 月 10 日《人民日報》大幅報導宗教問題評論，稱「注意防止把信仰上的差異擴大為政治上的對立」，「必須牢記，對宗教信仰不能用行政力量、用鬥爭方法去消滅。」

然而，在現實生活裡，佛教、道教和民間各種信仰流派，在貧困和廣大農村迅速蔓延。基督徒保守估計超過 7,000 萬人。天津的教會人士王峰對《美國之音》說，「中共黨員參加教會活動是公開祕密，不過都保持低調。他們偷偷摸摸加入教會，不敢公開，共產黨不敢公開加入教會。即使有，也不敢公開自己的身分[65]。」

習仲勳 1949-1952 年，擔任中共中央西北局、西北軍政委員會負責人，在西安多次接待赴京談判的第十世班禪。2 人一見如故，維持終生友誼。習仲勳也認識達賴喇嘛，那是 1954 年的一段往事。

64　〈習仲勳與宗教工作座談會召開〉《人民日報海外版》2013 年 10 月 18 日，頁 4。

65　申華，〈西方學者談中共黨員與國家「精神空虛」〉《美國之音中文網》2014 年 7 月 3 日 http://www.voachinese.com/a/china-communists-grand-void-20140703/1950091.html 下載 2016.8.30。

達賴喇嘛在北京學習漢語和馬列主義，覺得習仲勳非常友好，因此送他一支昂貴手錶。習仲勳曾向人展示過這支手錶，還說過，「你看，這是達賴喇嘛送給我的禮物 66。」

而達賴接受 2012 年訪問時說，他只送錶給他「有好感」（close feeling）的人。習仲勳「很友善、成見比較少、很謙和」（very friendly, comparatively open-minded, and very nice）67。1989 年 2 月 20 日，習仲勳尚且在《人民日報》，以〈深切懷念中國共產黨的忠誠朋友班禪大師〉為題，撰文追悼剛過世的班禪 68。

中國佛教協會原副會長、原藏傳佛教六大寺院之一的青海塔爾寺住持阿嘉仁波切在 2011 年 7 月下旬回憶說，1994 年他和班禪大師母親一起在深圳，看望中風初愈後的習仲勳。「他雙手合十舉到頭腦的地方，說他對達賴喇嘛和班禪喇嘛心底有虔誠性，他們兩個人保佑他。說了這樣一句話。所以我感到很驚訝，作為一個西北軍的黨政領導，到了得病的時候，求的還是菩薩 69。」

2011 年 7 月中旬，習近平以國家副主席身分代表中央前往拉薩，參加「解放西藏 60 週年紀念日」慶典。他講話遵循中共既定路線：「堅決反對達賴分裂路線」。流亡海外的阿嘉仁波切活佛失望的表示，習近平不會因為父親早年與達賴喇嘛的交往，而緩和中共在西藏問題上採取的強硬路線。

2015 年 8 月，中共中央第六次西藏工作座談會在北京召開，習近平重申「堅持對達賴集團鬥爭的方針政策不動搖」的立場。習近平的政治立場堅定，但他又比中共任何時期的領導人瞭解宗教與政治的區別，故而提出「政教分離」。宗教不再是「鴉片」或洪水

66 〈達賴喇嘛與習仲勳曾有不解之緣〉《美國之音中文網》2012 年 10 月 31 日 http://www.voachinese.com/a/china-congress-tibet-20121031/1536676.html 下載 2016.8.30。

67 Benjamin Kang Lim and Frank Jack Daniel (Beijing/Dharamsala), "Insight-Does China's next leader have a soft spot for Tibet?".

68 習仲勳，〈深切懷念中國共產黨的忠誠朋友班禪大師〉《人民日報》1989 年 2 月 20 日，頁 6。

69 〈阿嘉仁波切談中共西藏政策〉《達賴喇嘛西藏宗教基金會資訊網》2011 年 7 月 22 日 http://www.tibet.org.tw/news_detail.php?news_id=2108 下載 2016.8.30。

猛獸，而是爭取團結以促進社會穩定的力量，甚至能「投身改革開放和社會主義現代化建設，為實現中華民族偉大復興的中國夢貢獻力量[70]。」

習近平多次公開表明，「宗教工作本質上是群眾工作。」因此宗教工作也是統戰工作。可以預期的，海外民主人士看法比較負面，以下是他們的看法：2016 年全國宗教工作會議的主要精神，萬變不離其宗，就是不論任何宗教，都要堅持中共領導，鞏固黨的執政地位。習近平提出宗教「中國化」，似有新意。其目的仍為一黨之私。會議釋放出收緊宗教管制的信號，而非更加開放。

但這也可解讀為：習近平在重要政治安排尚未完全就緒之前，不宜在宗教問題上大幅邁進，以落人口實，讓反對打貪的勢力藉機反撲，而打亂改革之布局。

美國普度大學（Purdue University）中國宗教與社會研究中心主任楊鳳崗曾在 2014 年表示：中國大陸的基督徒人數，過去 40 年來大量增加；2025 年基督徒人數將成長至 1.6 億人，遠超越美國的基督教人口[71]。他認為：2016 年全國宗教工作會議釋放出一個更重要的信號是，中共高層想要走出當前宗教理論的困局，發展一套新的宗教理論。否則抱持無神論的黨政幹部，始終和宗教信徒存在難解的緊張關係。習近平這次提出宗教「中國化」，意圖對教規教義作出符合當代中國發展進步要求，符合中華優秀傳統文化的闡釋。但它語意模糊，論述難以令人滿意，卻不得不提出，也是無奈之舉。楊鳳崗說，中國的宗教理論需要突破性發展，否則黨政幹部無論如何提高水準，都難以取得治理成效[72]。

70　〈習近平：牢牢掌握宗教工作主動權〉《中國西藏網》2016 年 4 月 25 日 http://www.tibet.cn/news/china/1461553895539.shtml 下載 2016.8.30。

71　Tom Phillips, (Liushi, Zhejiang province), "China on course to become world's most Christian nation within 15 years" *The Telegraph* April 19, 2014 http://www.telegraph.co.uk/news/worldnews/asia/china/10776023/China-on-course-to-become-worlds-most-Christian-nation-within-15-years.html accessed March 2, 2015.

72　楊鳳崗，〈中國能找到宗教治理新思維嗎？〉《金融時報中文網》2016 年 5 月 12 日 http://big5.ftchinese.com/story/001067498?full=y 下載 2016.8.30。

習近平上台後 1 年多，2014 年 4 月，北京媒體罕見的訪問台灣佛教的淨空法師，登載「佛教的本質不是宗教而是教育」的論述[73]。這像是中共對宗教說法的突破。

總而言之，習近平重視宗教是中共歷代領導前所未有的新局。到底其動機為何？可能有二。

一是實用。用宗教作工具維持社會穩定，以補法律的不足。宗教由內而外，法律由外而內。宗教影響人們內心，自然規範人們外在的行為，如果成功，方法比較積極。而法律約束人們外在的行為，不管人心，方法比較消極。因為，法律即使再完備，存心犯法的人總有漏洞可鑽。何況中國向來「情理法」並重，不是純粹法治的社會，不能只靠法治。被毛澤東摧毀的社會道德，可以用宗教重建，甚至進一步填補物質條件富足之後帶來的心靈空虛。

二是信仰。如果習內心果真認同佛教，在權力尚未完全穩定之前，他不能公開表示他肯定佛教的立場。那違背中共無神論的黨綱，是政治自殺。達賴喇嘛在 2014 年 12 月接受《路透社》訪問時表達過類似的觀察。他相信習近平對西藏問題有不同於之前北京政策的看法。但是「黨的高層仍有之前留下的強硬想法，令習有些為難[74]。」

當然，這 2 種可能不一定互相排斥。不能排除的是，對習近平而言，它們是並存的。

解除西藏定時炸彈

從目前跡象看，對宗教有切身體會的習近平，的確想提出一套有別以往的宗教主張，以解除因目前漢藏仇恨日深，所埋下的定時炸彈。如果不妥善處理，在未來它總有一天會引爆，就像今日以

73　〈佛教的本質不是宗教而是教育〉《競報》2014 年 4 月 10 日，頁 N21。

74　"Dalai Lama Says China Hardliners Hold Back Xi Jinping On Tibet Autonomy".

色列和巴勒斯坦的亂局，冤冤相報，不可收拾。這對「中國夢」的實現，絕對是不利的。

2012 年 8 月 16 日，習近平尚未在 11 月登大位之前，根據印度英文報紙 10 月底的報導，北京方面派「亞太合作與交流基金會」執行副主席蕭武男赴印度德蘭沙拉。他晉見達賴喇嘛、大寶法王，以及 2011 年 3 月當地藏民所選出的西藏流亡政府首相洛桑桑蓋。據說蕭武男帶了習近平給達賴的私函 [75]。有趣的是，蕭武男訪問後 1 個月，西藏流亡政府就改稱洛桑桑蓋為「司政」（Sikiong）。首相和司政，意涵有何不同？前者有國家的意涵，而後者無。司政的稱呼更像地方的首長。這應是北京樂見的。稱呼的變化是北京要求的，還是德蘭沙拉自動調整的？外界不得而知。

2012 年 12 月底，筆者（中斌）受邀赴德蘭沙拉參加國際會議，並受邀演講，會後被洛桑桑蓋請去獨談。哈佛法律博士，40 多歲，聰穎博聞，他自認曾熱心藏獨，但現在主張與北京改善關係。「為何過去 2,000 年漢藏關係一直和好——唐文成公主赴藏，元朝清朝奉藏傳佛教為國教，宋朝明朝也尊敬藏傳佛教——而過去半世紀卻是例外？」他的問題意味他認為漢藏不和是變體（abberation），以前不是如此，以後也希望不是。他似乎對與北京改善關係抱有期望。難道習近平的私函已經播下德蘭沙拉與北京合作的種子？

2013 年 6 月 9 日香港《亞洲週刊》登載重要訪問 [76]。中共中央黨校民族宗教理論室主任靳薇，曾 7 次赴藏調研。她說：我們不能「簡單採用敵我矛盾來處理達賴問題。」藏民雖感激中共建設和提升財富，但中共努力再多也無法改變他們「對達賴的依賴和崇拜。」藏民說：「今生靠共產黨，來世靠達賴喇嘛。」北京應「重啟會談」並考慮安排已無政治職位的達賴「回藏區訪問。」目前制

75　Jayadeva Ranade, "A concerned dragon: China fresh overture to Tibetans" ***Daily News and Analysis*** (Dehli, India) October 26, 2012　http://www.dnaindia.com/analysis/column_a-concerned-dragon-chinas-fresh-overture-to-tibetans_1756196 accessed Dec. 26, 2012.

76　紀碩鳴，〈重啟談判解決涉藏問題〉《亞洲週刊》2013 年 6 月 9 日，頁 16-17。

止藏民自焚的措施「未明顯收效。」靳薇甚至毫不避諱指出，藏民對政府的積怨，來自過去藏區黨委書記對「宗教事物作法失之偏頗，為今日民怨累積埋下伏筆。」

靳薇建議中央處理西藏問題應「剝離宗教與政治」，和習近平提出的「政教分離」頗能呼應。她說，藏民千百年來「重精神輕物質、重來世輕今世」的民族特性，和漢族存有巨大差別，中共必須認清這點，才能解決好涉藏問題。其實，藏民的憤怒基本上來自語言、文化和傳統受到壓迫，而非政治問題[77]。中央黨校是訓練官員重地，教授發言有強烈官方色彩。習近平 2007-12 年曾任中央黨校校長，是靳薇直屬長官。以上發言能和習無關[78]？換言之，靳薇接受香港媒體專訪，大談敏感的西藏問題，若對中央風向沒有一定把握，她萬萬不會踏過紅線自找麻煩。

2013年6月14日，北京在青海藏區突然展開新政策。當時，藏民自2009年開始自焚的已高達119人。中共官員那天在青海省佛學院宣布一項「政教分離」的試點「實驗」：藏民可以對達賴當作宗教人士，但不能當政治領袖，進行禮拜。而且不准再罵他是「批羊皮的狼」[79]。雖然外界有人認為是新的宣傳統戰手法，也有人認為是政策轉捩點。但不能否認這是前所未有的新發展。可是1個月後，在四川道孚縣，藏民慶祝達賴喇嘛78歲生日時，2位喇嘛被警察開槍打傷[80]。同時有報導說，北京官方已經否認涉藏政策曾經寬鬆過。這些事件正反映了前述達賴喇嘛2014年底所說，習近平對藏的新想法和「實驗」並未獲得中共高層全盤的認同。事情仍在發展中。

---

77 "Bold New Proposals" *Economist* June 22, 2013 pp. 30&31.

78 林中斌，〈達賴將返國，習近平悄探新政？〉《聯合報》2013 年 8 月 2 日，頁 A23。

79 Tsering Namgyal, "China May be Easing Up on Tibet" *Asia Sentinel* June 24, 201 3 http://servedby.
adsfactor.net/adc.php?sid=8731254915' target='_blank'><img src='http://servedby.net/adv.
php?sid=8731254915' border='0'></a> accessed June 24, 2013.

80 "China police fire on Tibetans honouring Dalai Lama" *Agence France-Presse* July 9, 2013 http://
www.globalpost.com/dispatch/news/afp/130709/china-police-fire-tibetans-honouring-dalai-lama
accessed July 13, 2013.

習近平目前大權在握，但非全握。宣傳和安全部門甚至地方仍有江澤民的人馬。何況，正如旅居香港的開國大將羅瑞卿之子羅宇所說：「10個指頭按不住11支蚱蜢」，大事顧得，小事顧不得[81]。而且，在龐大的國家機器裡，貪腐結構盤根錯節，剷之不盡。

反腐暗流

2016年4月18日中共最高法院宣布，3年來查辦的貪腐幹部16萬餘人，平均每天160位落馬[82]。僅2016全年，全國各級法院審結貪污賄賂等案件達4.5萬件共6.3萬人，包括省部級以上幹部35人，廳局級幹部240人[83]。其他許多有案未被查的，不計其數，人心惶惶。他們對習無力公開反抗，但選擇暗中阻擾以拖待變。方式如下：

一、**官媒失誤**。官方媒體管控一向嚴格，但2015年底以來頻出狀況。那年12月4日《中新社》報導習近平在南非「致辭」變成「辭職」。2016年3月4日，新疆官網出現1,000多字公開信要求習近平辭職，並3次威脅「你和你家人的安全。」3月13日《新華網》出現「中國最後領導人習近平」[84]。4月23日《人民日報》網站有「新加坡總書記習近平[85]。」

二、**「捧殺」形象**。自2016年3月起，「習核心」和「習大大」的說辭在中共正式場合突然消失[86]。據說習近平意識到危機，那就是江派人馬用吹捧的方式扭曲他「接地氣」親民的形象，於是造成

81 馮亦言，〈習近平強勢糾偏高瑜蒲志強案〉《前哨》2016年2月，頁11。

82 陳言喬、林克倫，〈陸重手打貪3年16萬人落馬〉《聯合報》2016年4月16日，頁A12。

83 〈周強：去年嚴懲貪污賄賂犯罪 各級法院審結案件4.5萬件〉《中國網》2017年3月12日 http://www.china.com.cn/lianghui/news/2017-03/12/content_40444567.htm 下載2017.3.31。

84 魏國金，〈新華社慘了 稱習近平中國最後領導人〉《自由時報》2016年3月15日，頁A15。

85 茅毅，〈中國官媒又出包 習近平成新加坡總書記〉《自由時報》2016年4月25日，頁A8。

86 江迅，〈習近平強勢玄機北京兩會現場直擊〉《前哨》2016年3月，頁22-27。

國際盛傳「習皇帝」、「習澤東」的惡名。正如老子所說：「將欲廢之必固興之」，意思是說「要拉人下來，先捧他上去。」

三、外交扯腿。2015 年 9 月習訪美定調為「增信釋疑」之旅，極力營造友好氣氛。行前，「中國網軍」突然攻擊美國。習急派政法委書記孟建柱率技術官員去滅火，調查之後孟表示查出來源並對美交代。2016 年 6 月，美國官方正式宣布，來自中國的網攻自從習 2015 年訪美之後已大量減少 [87]。2014 年 9 月，習訪問印度。就在印總理莫迪（Narendra Modi）國宴前數小時，解放軍在中印邊境挑釁。宴會上莫迪抗議，習只好道歉。那是成都軍區幹的，屬薄熙來勢力範圍。外電報導：習回國後低調懲治 [88]。

四、順勢暗算。安全單位打著紅旗反紅旗，藉維穩之名，逮捕支持習改革的知識分子，如 2014 年中下獄的高瑜、浦志強等。幸好，2 位於 2015 年底，在習的人馬暗中幹旋下，輕判出獄 [89]。

五、巧布陷阱。2015 年底，賣禁書《習近平與他的情人們》的香港銅鑼灣書店 5 位員工被中共安全人員越界逮捕，葬送了維持 20 年的「一國兩制」公信力，全球譁然。根據多年與中共安全部門纏鬥的香港《前哨》雜誌 2016 年 2 月及 3 月號觀察，此書內容「子虛烏有」，被逮的 5 位皆為《前哨》「前員工或前合作者」，逮人是抹黑習近平的陰謀，而且令習百口莫辯。

2016 年 1 月，中共黨刊《領導文粹》刊登習在 2014 年 3 月 18 日講話，「古羅馬歷史學家塔西陀說，當公權力失去公信力時，無論發表什麼言論，無論作什麼事，社會都給予負面評價。這就是『塔西佗陷阱』（Tacitus trap）[90]。」

87　David Sanger, "China Easing Cyberattacks on America, Report Says" *International New York Times* June 22, 2016 pp.1,8.

88　"Who Sabotaged Chinese President Xi Jinping's IndiaVisit?" *Forbes Asia* September 23, 2014 http://www.forbes.com/sites/ericrmeyer/2014/09/23/who-sabotaged-xi-jinpings-india-visit/ accessed May 13, 2015.

89　馮亦言，〈習近平強勢糾偏高瑜浦志強案〉，頁 11。

90　何信，〈「銅鑼灣書店事件」與「塔西佗陷阱」〉《前哨》2016 年 3 月，頁 7。

六、**官員怠政**。以前收錢辦事，現在，不敢收錢，乾脆不辦事[91]。

官員不作為

打貪導致官員怠政本有預期，卻未估計到帶來如此大的消極效應。官員「集體不作為」到了一個驚人地步。總理李克強2015年4月爆料，東北有1個事關民生建設的項目，「蓋了133個公章仍未完成審批，」因為各單位要「會簽」，設下重重關卡。李克強痛斥，該項目中央研究1年多，好不容易拿出政策，到了地方，竟被幾個處長卡住，公文旅行又耽誤了1年多。反腐的本意，是整治官風，提高效率，如今風聲鶴唳，官員動輒得咎，不如無所作為，局面如網民所稱「大領導踩油門，中領導掛空擋，小領導就是不鬆剎車[92]。」

官員消極一旦形成常態，不僅危害經濟發展，還會遲緩改革的進程。中國歷史上曾有多次改革變法，官員以集體不作為從中抵制，是改革失敗的主因之一。北宋王安石變法，氣勢宏偉，宋神宗大力支持，司馬光、蘇軾、歐陽修等名儒重臣因彈劾他而遭貶職。可見朝中保守派的激烈反對，或可應對；致命的是整個官僚集團的不作為，也欠缺能力作為。改革為官場文化所不容，群起怠政，王安石身心俱疲，辭官歸故里。變法戛然而止。

其實，朱鎔基主政期間，曾嚴厲打貪，他曾在 1998 年中央一次反腐敗會議上發出豪言壯語：反腐要先打虎，後打狼，「我這裡準備了 100 口棺材，99 口留給貪官，一口留給我自己，無非是一個同歸於盡，卻換來國家長治穩定發展和老百姓對我們事業的信

91　林中斌，〈習近平打貪的險路〉《聯合報》2015 年 5 月 4 日，頁 A15。

92　劉勝軍，〈反腐與改革〉《中國經濟報告》2015 年 7 月 1 日，頁 57-58。

心 [93]。」但他終究是獨木難支，遭到歷史上反覆出現官僚集團的抵制。當時的觀念阻力大於利益，如今，既得利益格局之大，盤根錯節，和上個世紀 90 年代不可同日而語。習近平遇到的反貪難度，遠遠超過朱鎔基時代。

時不我待

官員不作為需要改革吏治。習近平在十八屆三中全會《關於全面深化改革若干重大問題的決定》中提到此一問題的關鍵性。他要破除「官本位」觀念，打破體制壁壘，推進幹部能上能下、能進能出，啟用有心改革的幹部，通過激勵、獎懲、問責等一套制度安排，保證幹部優勝劣汰。習近平還列出不堪任用的 4 類官員，「政治上不守規矩、廉潔上不乾淨、工作上不作為不擔當或能力不夠、作風上不實在 [94]。」成效如何，拭目以待。

教育是百年樹人，革新吏治需要時間。問題是，王岐山在中共十九大（2017年）已是69歲，屆齡告退。雖然到2016年中為止，已有傳言王岐山將留任，所謂在非常時期要「能上能下」。但此說法在2017年底十九大之前皆無法確認。

習近平在中共二十大（2022年）也是69歲。外傳他們因改革需要，有可能延任一段時間（目前也不能確認）。但終究時間有限，要使反貪制度化，吏治步上正軌，這幾年至為關鍵。若無政治體制改革，例如引進一些如新加坡式民主政治的元素，邀請人民共同來監督，一旦習近平離位或過世，一切將恢復十八大之前貪腐遍地的原狀。辛辛苦苦反貪多少年，皆如江水付諸東流。

2013 年初，某消息人士引述習近平幕僚的話說，習的第一任

93　〈留一口棺材給我「朱鎔基鎮腐膽氣何來？」〉《新華網》2010 年 8 月 9 日 http://news.xinhuanet.com/comments/2010-08/09/c_12425399.htm 下載 2016.8.30。

94　劉勝軍，〈吏治決定改革成敗〉《財新網》2015 年 7 月 8 日 http://opinion.caixin.com/2015-07-08/100826911.html 下載 2016.8.30。

是整頓吏治，第二任是推行民主 [95]。把權力關進制度的籠子裡，在全國形成科學的權力結構，以制度確保習體制的改革成果。這一切都需要時間來證明。

度過嚴峻的 2016 年

時間進入 2017 年春，一些跡象顯示習近平克服了 2016 年遭遇重大內部挑戰。

- 地方諸侯大量換血。2017 年 1 月中，反習力量大本營上海的人士更替完成，新任市長應勇就任 [96]。2017 年 4 月 1 日，海南、甘肅、山東、黑龍江等 4 省的一把手省委書記換人，清除江派舊勢力已接近完成 [97]。
- 資金外流減緩 [98]。2016 年 8 月，進出口成績改善，結束 2 年來衰退 [99]。
- 南海島礁爭議在菲律賓新任總統杜特蒂（Rodrigo Duterte）2016 年 6 月底上台後，傾中情勢轉向有利於北京。2017 年 4 月之前，川普政府已至少 3 次拒絕美國海軍派軍艦以「自由航行」名義，進入南沙群島中國擴建的島礁 12 浬領海挑戰其主權 [100]。5 月，澳洲南海研究權

---

95 2013 年 1 月 24 日自紐約來訪的媒體負責人 H 先生在筆者（林中斌）新店家中透露。

96 劉曉真，〈習近平舊部應勇出任上海市長〉《大紀元》2017 年 1 月 20 日 http://www.epochtimes. com/b5/17/1/20/n8726663.htm 下載 2017.3.23。

97 〈大陸四省同日換帥 習十九大人事佈局進入「下半場」〉《新唐人》2017 年 4 月 2 日 http:// www.ntdtv.com/xtr/b5/2017/04/03/a1318627.html 下載 2017.5.12。

98 Charles Clover and Don Weinland, "China capital controls help slow cash outflows" *Financial Times* January 8, 2017 https://www.ft.com/content/02ab9faa-d595-11e6-944b-e7eb37a6aa8e accessed March 23, 2017.

99 杜宗熹，〈大陸經濟復甦露曙光〉《聯合報》2016 年 9 月 9 日，頁 A14。

100 Helene Cooper, "Trump's Turn Toward China Curtails Navy Patrols in Disputed Zones" *New York Times* May 2, 2017 https://www.nytimes.com/2017/05/02/world/asia/navy-south-china-sea.html?_r=1 accessed May 12, 2017.

威卡萊爾‧賽耶（Carlyle Thayer）說：「南中國海已是中國湖 [101]。」

- 美國新任總統川普於 2017 年 1 月 20 日就任後，由高姿態反中，轉為務實和中。川普不只捨棄了針對中國的經貿聯盟「跨太平洋夥伴關係」（TPP：Trans-Pacific Partnership）。而且，4 月初川普與習近平高峰會後，中美合作又再加強。原先可能當選總統希拉蕊‧柯林頓的「轉向亞洲」圍堵中國政策勢微。2017 年 5 月，川普派代表團參加原先美國杯葛的「一帶一路」在北京舉行的高峰會議」[102]。

- 習、李關係融冰。習近平與李克強之間在 2016 年一度緊張的關係 [103]，於 2017 年 3 月兩會期間不復見。習近平在北京全國人大會議開幕散會時，無視「六米線」慣例，和李克強交頭接耳，親密的一同離開會場 [104]。

讓我們繼續從經濟、社會、外交等不同層面進行對中國前景的探討。

---

101 Javier C. Hernandez, "U.S. Moves Worry Asia Allies" *International New York Times* May 11, 2017, p.3.

102 楊家鑫、黃菁菁，〈一帶一路峰會 美決派代表團〉《中國時報》2017 年 5 月 13 日，頁 A10。

103 〈李克強「公然反擊」習近平？〉《世界日報》2016 年 5 月 18 日 http://www.worldjournal.com/4003530/article/ 下載 2017.3.23。

104 〈習近平這個小動作 外界預料李克強將連任總理〉《自由時報》2017 年 3 月 11 日 http://news.ltn.com.tw/news/world/breakingnews/2001421 下載 2017.3.23。

第二章

經濟：前景樂觀大於悲觀

　　2007 年 2 月倫敦《經濟學人》編輯 Z 先生來台請筆者（中斌）用餐[1]。我說：「1998 年 10 月底貴刊封面故事說中國經濟將崩潰，而且廣徵博引專書。我現在仍在等待預言實現。」他答：「不好意思，那是我寫的。」

　　我解釋：「中國的經濟崛起是空前的。人類有歷史以來，從未有一個經濟體，規模如此巨大，成長如此高速，而且持續數 10 年不斷。所以用舊有經濟學教科書中的原則，來預測中國經濟前景，都失靈了。因為教科書是根據以往規模較小的經濟體，比較慢速成長的經驗所寫的。但面對近數 10 年來的另類的中國經濟發展，以往的觀念不敷使用。」那年 4 月，他寄來新出的雜誌，以金龍做封面，象徵中國的崛起。附紙條說「我們已修正看法了。」的確，之後近 10 年來，《經濟學人》對中國經濟的觀察與西方主流不盡相同，比較正面，而且既使批判，仍留有餘地。

　　自從 1980 年代鄧小平推動經濟改革，各方對中國經濟悲觀的說法一直不斷。但事後回顧過去多年來的經濟發展，其實並不悲觀。當然時至 2015 及 2016 年，經濟發展現

▲ 林庭瑤，〈林中斌：大陸經濟會下滑 但不致太糟〉資料來源：《經濟日報》2008年8月25日，頁A6。

1　Z 先生當時負責倫敦《經濟學人》中論亞洲事物的專欄 "Banyan"。

況問題重重，前景再度呈現不確定，甚至悲觀。

　　為了探測未來，讓我們先檢驗過去。以下請先看 2008-2009 年中國因應金融危機戲劇化的案例。再看 2015-2016 年目前中國經濟面臨的挑戰和各方面對前景正反的研判。之後，進一步討論北京提出的「新常態」觀念的來源和做法。

金融危機

　　2008 年 8 月底，世界金融風暴衝擊下，大陸經濟已連 5 季度下滑。香港玫瑰石顧問公司董事，也是前摩根士丹利經濟學家謝國忠對《中評社》相當悲觀說：「大陸經濟奧運泡沫破……未來 12 個月出口可能會繼續下降。中國企業破產潮一定會出現[2]。」筆者（中斌）對《經濟日報》說：「大陸經濟會下滑，但不致太糟[3]。」

▲ 章家敦（Gordon Chang 1951 - ）
圖片來源：美國之音記者申華拍攝
華 - http://www.voachinese.com/
content/South-China-Sea-next-great-
war-zone-20150527/2792523.html下載
2017.7.31

　　之後，大陸下降的出口在9個月後，也就是2009年5月，開始谷底回升，在那年第2季度的經濟成長谷底回升[4]。2010年1月中國國家統計局公布：2009全年國內生產總值（GDP）成長為8.7%，之後在2010年7月，2009全年GDP成長向上修正為9.1%[5]！世界主要國家中，中國最後才陷入金融風

2　〈謝國忠：經濟放緩 中國企業將出現破產潮〉《中評社》2008 年 8 月 25 日 http://hk.crntt.com/
　　doc/1007/3/1/4/100731463.html?coluid=7&kindid=0&docid=100731463 下載 2016.11.27。

3　林庭瑤，〈林中斌：大陸經濟會下滑 但不致太糟〉《經濟日報》2008 年 8 月 25 日，頁 A6。

4　李道成，〈中國外匯存底挺升逾 2 兆美元〉《中國時報》2009 年 7 月 10 日，頁 A21。

5　賴錦宏，〈大陸去年 GDP 成長率達 9.1%〉《聯合報》2010 年 7 月 3 日，頁 A23。

暴，卻首先從金融風暴脫出 [6]。不只如此，經歷金融風暴同時，中國尚在多方面躍昇為世界領先國。在巴黎的《國際先鋒論壇報》甚至說「金融危機居然改善了中國的狀況 [7]」。

這段時間內，在 2009 年 10 月，中國外匯存底本來已居世界之冠，再創新高達美元 2.27 兆 [8]。2 個月之後，中國超越日本成為全世界第 2 大經濟體 [9]。2009 年，中國成為世界最大發電風車 [10]、和最大太陽能面版製造國 [11]，並擁有最快高速鐵路 [12]。2010 年 12 月，上海港貨櫃量，首度超越新加坡，躍居全球第 1 [13]。

也在這段時間內，唱衰中國經濟的不乏其人。2009 年 10 月，曾在 2001 年出版了《中國即將崩潰》的華裔美國學者章家敦（Gordon Chang）博士批中國 GDP 造假 [14]。2010 年 1 月，曾預測安隆公司倒閉的投資專家、「空頭大師」查諾斯（James S. Chanos），警告中國經濟將崩潰 [15]。同年 5 月，末日博士麥家華（Marc Faber）預言：中國經濟最快 9 個月崩潰 [16]。

但是，這些唱衰預言的事件並未發生。此外，西方與唱衰相反的看法隨後鋪天蓋地的湧出，不斷肯定中國經濟的復甦。相反的事實結合相反的言論，逐漸淘汰了之前唱衰的論調。

2009 年 8 月，美國花旗集團（Citigroup）對中國那年的經濟

6　Alan Whestley, "The Crisis Leaves China Better Off" *International Herald Tribune* September 15, 2009 p.22.

7　Whestley, "The Crisis Leaves China Better Off" p.22.

8　李文輝，〈中國外匯存底 2.27 兆美元，再創新高〉《中國時報》2010 年 10 月 15 日，頁 A17。

9　〈大陸 GDP 超日世界第二〉《聯合報》2011 年 1 月 21 日，頁 A1。

10　Joe McDonald, "Chinese Makers of Wind Turbines Look Overseas" *International Herald Tribune*, December 8, 2009 p.21.

11　Todd, Woody, "Chinese Solar Giants Cast Shadow on U.S." *International Herald Tribune* October 14, 2010 p.20.

12　〈中國高鐵快又好，美憂落後〉《聯合報》2010 年 11 月 24 日，頁 A29。

13　〈上海港貨櫃量躍居全球第一〉《聯合報》2010 年 12 月 11 日，頁 A23。

14　〈章家敦批中 GDP 照造假保 8〉《自由時報》2009 年 10 月 24 日，頁 A4。

15　〈查諾斯：中國經濟將崩潰〉《自由時報》2010 年 1 月 9 日，頁 A16。

16　〈中國經濟最快 9 個月崩潰〉《自由時報》2010 年 5 月 4 日，頁 A6。

成長，從 8.2% 向上修正到 8.7%；同時，《國際先鋒論壇報》說：「這次是中國帶領世界脫離經濟衰退，不是美國。以前從未發生過[17]。」2010 年 7 月，英國《金融時報》說，歐洲經濟龍頭德國的復甦是靠中國蓬勃經濟推動的，歐洲最大的工業協會——德國機械設備製造業聯合會（VDMA）的 1 位經理說：「如果沒有中國，復甦是不可能的[18]。」

2010 年 11 月，美國《新聞周刊》稱「中國是富國」並報導：在中國的美金百億萬富翁（billionaires）數目比世界上任何國家還要多[19]。2011 年 1 月，美國通用電氣公司（General Electric）董事長傑夫·伊梅爾特（Jeffrey R. Immelt）說：「金融危機標示了美國主導世界經濟的時代結束了，而中國的崛起是不可避免的（inevitable）[20]。」他，也是歐巴馬總統「經濟復甦顧問會」的成員，認為中國快速的經濟復甦不是由於操弄人民幣匯率，

▲ 傑夫·伊梅爾特（Jeffrey R. Immelt 1956 - ）圖片來源：由 SarekOfVulcan - https://commons.wikimedia.org/w/index.php?curid=7700886下載 2017.7.31

也不是廉價人工，而是中國適應力強、因應危機的速度快、政府各方面目標的一致、並且中國負責人想法豐富（adaptability, the speed with which they move, the unanimity of purpose, and the productivity of thoughts）[21]。

17　Nelson Schwartz, "China Seizes Lead Role as Catalyst for a Recovery" *International Herald Tribune* August 24, 2009 pp.1,16.

18　Gerrit Wiesmann, Daniel Schaefer, Ralph Atkins, "China Drives Germany Recovery" *Financial Times* July 9, 2010 http://www.ftchinese.com/story/001033485/en accessed November 27, 2016.

19　Rana Foroohar & Isaac Stone Fish, "China is a Rich Country" *Newsweek* November 8, 2010 pp.26-29.

20　Christina Freeland, "Accepting China's Rise in the World" *International Herald Tribune* January 21, 2011 p.2.

21　Freeland, "Accepting China's Rise in the World" p.2.

股災和前景的爭論

2015 年中國的 GDP 成長 6.9%，是 25 年以來首次跌破 7%[22]。那年 6、7 月上海及深圳股市在 1 月之內暴跌三分之一[23]。人民幣損失約美金 3 兆元，相當於印度全部股市的價值，還超過希臘全國的 GDP[24]！2015 年中國流失了 6,000 億美元的資金，銀行壞帳有 650 億美元[25]。2016 年頭 7 月，中國出口衰退 7.4%，進口衰退 10.5%，進出口總值衰退 8.7%[26]。2016 年 1 月，末日博士麥家華（Marc Faber）再度唱衰中國經濟，稱 2015 年中國的 GDP 成長其實只有 4%，並看空中國債務問題，認為債務泡沫可能破裂[27]。

似乎更糟糕的是：北京高層在經濟政策上現出裂痕。總理李克強主張用擴張投資來挽救下滑的經濟成長；而習近平主張擴張投資只能適度。從 2009 年到 2015 年，國家負債太高了，已是 GDP 的 2.5 倍，或占 GDP 的 250%[28]。再擴張投資下去，來防止 GDP 成長繼續下滑，國家經濟會「硬著陸」。習、李經濟政策分歧的跡象是，國家喉舌《人民日報》居然從 2015 年 5 月至 2016 年 5 月，有 3 次登載不具名的「權威人士」，批評李克強主導的經濟政策[29]。

2016 年 3 月，曾獲 2006 年諾貝爾經濟學獎的埃德蒙・費爾普

22　〈末日博士唱衰 稱中國 GDP 只有 4%〉《旺報》2016 年 1 月 2 日，頁 A5。

23　"China Embraces the Market" *Economist* July 11, 2015 p.11.

24　James B. Stewart, "Why China's Stock Market Bailout Just Might Work" *New York Times* July 9, 2015 , http://www.nytimes.com/2015/07/10/business/international/why-chinas-stock-market-bailout-just-might-work.html?_r=0 accessed August 5, 2016.

25　"The Coming Debt Bust" *Economist* May 7, 2016 p.8.

26　郭芝芸，〈連 4 黑！大陸 7 月出口衰退 4.4%〉《旺報》2016 年 8 月 9 日，頁 A6。

27　Sara Sjolin, " Perma-bear Marc Faber says China growth is 4%, not 6.9%" *MarketWatch* Jan 19, 2016 , http://www.marketwatch.com/story/perma-bear-marc-faber-questions-chinas-accuracy-as-analysts-assess-gdp-growth-data-2016-01-19 accessed August 10, 2016.

28　津上俊哉，〈中共中央和國務院的政策對立〉《自由時報》2016 年 7 月 18 日，頁 A14。

29　龔雯、許志峰，〈五問中國經濟（權威訪談）〉《人民日報》2015 年 5 月 25 日，頁 2；龔雯、許志峰、王珂，〈七問供給側結構性改革（權威訪談）〉《人民日報》2016 年 1 月 4 日，頁 2；龔雯、許志峰、吳秋餘，〈開局首季問大勢—權威人士談當前中國經濟〉《人民日報》2016 年 05 月 9 日，頁 1。

斯（Edmund Phelps）來中國訪問。他說中國經濟有放緩和其他風險的問題，但都在經濟上下擺動的健康範圍內，不會「從懸崖上跌下去」[30]。

更早在 2015 年 8 月，歐亞集團（Eurasion Group）的總裁伊恩·佈雷默（Ian Bremmer）撰文認為雖然那年夏天中國情況惡劣，但中國的崛起並未停滯，而且潛力雄厚。2014 年，以 PPP「購買力平價」計算 GDP，中國經濟規模便首度超過美國，中國占世界 GDP 的 16.32%，而美國占世界 GDP 的 16.14% [31]。而且中國雄厚的 3 兆多美元外匯存底是全球最大的，根據 2016 春季資料顯示，遠超過第 2 位日本的 1 兆多美元 [32]。

▲ 埃德蒙·費爾普斯（Edmund Phelps 1933 - ）圖片來源：由 Robert Scoble - http://www.flickr.com/photos/scobleizer/2216442468/, CC BY 2.0, https://commons.wikimedia.org/w/index.php?curid=5042541下載 2017.7.31

他還說，2006 年時，美國是全世界 127 國家的最大貿易夥伴，中國只是 70 國的最大貿易夥伴；2015 年情形翻轉，中國成為 124 國的最大貿易夥伴 [33]。此外，中國有 6 億 5,000 萬的網民，不斷吸收新知識，提升人民素質，是政府的防火牆無法百分之百擋得住的。例如，2015 年 7 月天津爆炸案就是網民先報導的。還有，中國把財富擴散到非洲，投資從 2008 年的 70 億美元躍昇到 2013 年的 260 億美元。中國對拉丁美洲的影響力也不容低估。

30　Chen Boyuan, " Nobel Economist: Major Downturn In China Unlikely" *China.org.cn* March 21, 2016 http://www.china.org.cn/business/2016-03/21/content_38075131.htm accessed August 10, 2016.

31　"GDP as Share of World GDP at PPP By Country" *Quandl* https://www.quandl.com/collections/economics/gdp-as-share-of-world-gdp-at-ppp-by-country accessed August 9, 2016.

32　"List Of Countries By Foreign-Exchange Reserves" *Wikipedia* https://en.wikipedia.org/wiki/List_of_countries_by_foreign-exchange_reserves accessed August 11, 2016.

33　Ian Bremmer, "Five Facts That Explain Why China's Rise Is Inevitable" *Time* August 20, 2015 http://time.com/4005404/china-economy-influence-growing-tianjin/ accessed August 10, 2016.

2015 年 10 月，英國哈特福德福德大學（University of Hertfordshire）的杰弗里·霍奇森教授（Geoffrey Hodgson）舉了 6 個理由駁斥中國經濟樂觀論 [34]：1. 人口老化。2. 人均收入低。3. 缺乏民主。4. 缺乏開放。5. 土地和產權的問題。6. 缺乏人才。

▲ 杰弗里·霍奇森教授（Geoffrey Hodgson, 1946 - ）圖片出處：By Geoffhodgson at English Wikipedia - Own work by the original uploader, Public Domain, https://commons.wikimedia.org/w/index.php?curid=50890016 下載2017.7.31

霍奇森教授經常赴中國講學，他的批評都有根據。似乎他的一些批評已納入北京改革的政策，例如鬆綁一胎化政策以減輕人口老化便是一例。又如「十三五計畫」公布的 100 大項目，就有大量培養國內人才和吸收旅外人才的項目 [35]。

不過，中國人均收入雖低，但並不普遍如此。中產階級已迅速崛起，為經濟發展注入活力。2016 年 7 月 9 日《經濟學人》報導，中國的中產階級在 1990 年代幾乎不存在，到 2000 年有 500 萬，16 年後在 2016 年，中國中產階級增加 45 倍達 2 億 2,500 萬。他們 2000 年的收入是 1 年 11,500-43,000 美元 [36]。

中國缺乏民主，霍奇森教授認為是經濟發展的弱點。然而近來西方出現越來越多相反的看法。例如，2013 年總產值超過 300 億美金的私募股權投資公司凱雷集團（Carlyle Group）的創辦人大衛·魯賓斯坦（David Rubinstein）說過：「對於私募股權投資有興趣的官員，在北京遠多於在華府 [37]。」加拿大的國際貿易部長方

34　Geoffrey M. Hodgson, "Why China's optimists are wrong" *Fortune* October 21, 2015 http://fortune.com/2015/10/21/china-economic-slowdown-gdp/ accessed August 11, 2016.

35　任珂、方棟、李來房，〈十三五中國要上 100 個大項目 多少與國防有關〉《求是網》2016 年 3 月 6 日 http://www.qstheory.cn/economy/2016-03/06/c_1118247306.htm 下載 2016.3.20。

36　"225m Reasons For China's Leader To Worry" *Economist* July 9, 2016 p.9.

37　Chrystia Freeland, "Capitalism in China: Irony Is Gone" *International Herald Tribune* April 29, 2011 p.2.

▲ 大衛·魯賓斯坦（David Rubinstein 1949 - ）圖片出處：By © Monika Flueckiger / World Economic Forum, swiss-image.ch, CC BY-SA 2.0, https://commons.wikimedia.org/w/index.php?curid=8546705下載2017.7.31

▲ 方慧蘭（Chrystia Freeland 1968 - ）圖片來源：By World Economic Forum from Cologny, Switzerland - Chrystia Freeland - India Economic Summit 2011, CC BY-SA 2.0, https://commons.wikimedia.org/w/index.php?curid=17344447下載2017.7.31

慧蘭（Chrystia Freeland），曾在 2011 年擔任《路透社》國際編輯時說：「在中國，雖然缺乏言論自由，是一黨專政，仍然實行計畫經濟，卻比美國做生意容易[38]。」之前提過的葛藝豪（Arthur R. Kroeber）是佳富龍洲（Gavekal Dragonomics）的常務董事。他說：在經濟發展上，中國政治制度的強項就是能集中資源搞建設（marshalling resources to build stuff）[39]。

　　缺發民主，缺乏透明，所以缺乏創新。這種邏輯來自西方民主社會的經驗。但是在中國，這種邏輯不斷遭遇例外。2016年8月，《紐約時報》和《經濟學人》都坦言中國根據電腦軟體發展出的「行動應用服務」（mobile application）已被其他國家甚至美國矽谷所學習[40]。當美國的「應用程式」（APP）還在靠廣告收入時，中國的微信（WeChat）已可以賺到遊戲與各種服務的錢[41]。

38　Freeland, "Capitalism in China" p.2.

39　"Neither a Bull or a Bear Be" *Economist* April 30, 2016 p.72.

40　Farhad Manjoo, "Even Uber Couldn't Bridge the China Divide" *New York Times* August 1, 2016 A1 http://www.nytimes.com/2016/08/02/technology/uber-china-internet.html?_r=0 accessed August 14, 2016.

41　"WeChat's World" *Economist* August 6, 2016 pp.50-52.

被輕忽的強項

根據 1993 年諾貝爾獎經濟學得主羅伯特‧福格爾（Robert Fogel）的研究，中國經濟發展至少有 3 強項被人忽略[42]：

- **大量教育投資將大幅提昇生產力。**美國經驗顯示教育程度高，創新力也高。由於政府的政策鼓勵，在 1998 年之後，人民上大學和出國留學的比例快速提升。4 年內各增加 165% 和 152%。他預言，當高中教育普及到 100%，大學教育普及到 50% 時，中國生產力將提升 6%。

▲ 羅伯特‧福格爾（Robert Fogel 1926 – 2013）圖片來源：由 Michael Fogel - OTRS submission by Michael Fogel, https://commons.wikimedia.org/w/index.php?curid=7019843下載 2017.7.31

其他資料顯示，中國大力提升教育，已獲得具體成果。1980 年代以來中國人才外流，進入 21 世紀不久，已起了變化。許多美國公司都在中國設立研究機，因為中國訓練的科技人才多而好。西安一地就有 47 間大學和高等教育機構[43]。於是 2010 年加州矽谷的「美國應用材料公司」（Applied Materials Inc.）在西安設立最大的太陽能和半導體研究中心[44]。同時，通用汽車公司（General Motors）在上海，電腦晶片製造公司英特爾（Intel）在北京也都設立研究機構。同時「西安熱工研究院有限公司」（Thermal Power Research Institute）的乾淨煤的技術已進口美國，其技術可以把煤先轉成氣體再燃燒，

---

42 Robert Fogel, "$123,000,000,000,000: China's Estimated Economy by the Year 2040. Be Warned" *Foreign Policy* January 4, 2010 http://foreignpolicy.com/2010/01/04/123000000000000/ accessed April 2, 2017.

43 Keith Bradsher, "Brain Drain from China Shows Signs of Reversing" *International Herald Tribune* March 19, 2010 pp.1,21.

44 Bradsher, "Brain Drain from China Shows Signs of Reversing" pp.1,21.

減少空氣污染[45]。

2010 年 1 月，普林斯頓大學分子生物學教授施一公（Shi Yigong），當時 42 歲，剛得到 1,000 萬美元的研究獎金，突然宣布辭職，回國任清華大學生命科學院院長[46]。美國西北大學教授饒毅（Rao Yi）更早在 2007 年已回國帶領北大生命科學研究[47]。

▲ 施一公（Shi Yigong 1967 - ）圖片出處：Proceedings of the National Academy of Sciences(PNAS)https://goo.gl/CxU2g6https://goo.gl/CxU2g6下載2017.7.31

- 經濟統計數字低估實際成長。因為許多小企業沒有報稅。另外因為服務、教育和醫療的進步很難納入會計系統，所以沒有算進 GDP 數字。會計只算輸入（input），沒算輸出（output）。

- 高層有政策批評和辯論。雖然中國社會不透明，言論自由比不上西方，但福格爾教授認為，在政策形成的高層人員中，有許多的辯論和批評，超乎外界的認知。只要不呼籲推翻最高領導，學者常登報對政策不保留的批評，馬上就有官員來向他請教如何改進。所以政府再也沒有犯像「大躍進」般的錯誤。同時，每年的經濟政策制定會議都邀請外國學者參加，包括經濟學得主羅伯特・福格爾自己和前面所提的埃德蒙・費爾普斯[48]。

2010 年 3 月，《國際經濟期刊》登載了 54 位世界財經領袖及學者官員對未來中國經濟的看法。他們包括世界銀行總裁佐立克（Robert Zoelick）、德國銀行總裁阿克賽爾・韋伯（Axel

45　Bradsher, "Brain Drain from China Shows Signs of Reversing" pp.1,21.

46　Sharon La Franiere, "China's Prodigal Scientists Return" *International Herald Tribune* January 7, 2010 pp.1,4.

47　La Franiere, "China's Prodigal Scientists Return" pp.1,4.

48　Chen Boyuan, " Nobel Economist: Major Downturn In China Unlikely" ***China.org.cn*** March 21, 2016 http://www.china.org.cn/business/2016-03/21/content_38075131.htm accessed November 21,2016.

Weber）、 美國前商務部長卡拉‧希爾斯（Carla Hills），以及亞洲開發銀行總裁黑田東彥（Haruhiko Kuroda）等等。筆者（中斌）有幸，意見排列在第 4 位 [49]。

樂觀大於悲觀

筆者（中斌）舉出 5 個因素，解釋中國經濟前景不容低估。

- **中國經濟崛起模式前所未有。** 21 世紀中國經濟發展，因為規模大，成長快速，連續時間長，都超越人類過去經驗。因此經濟學家依據以往經驗歸納出的學理無法準確預測，往往低估中國經濟的發展。也因此，進入 21 世紀以來，不斷有中國經濟崩潰的預測。

▲ 資料來源：Chong-Pin Lin, "China May Overtake the U.S. Economy Sooner Than Expected", *International Economy* Winter, 2010 pp.10 & 11.

中國經濟規模巨大，可以吸收衝擊，孕育潛能。例如 2008/2009 金融風暴期間，沿海企業明顯困難，但內陸發展不大受影響。經濟改革在沿海遭遇到問題，可以推給內陸。等到內陸問題要爆發時，沿海已平穩了。

- **經濟潛力尚未發揮。** 中國經濟規模以GDP計算占全世界GDP的比例是多少？若依PPP（購買力平價）計算，在文革之後的1980年代，比例是4%；2005年，躍昇為9.7% [50]；2015年，增加2倍為17.08%，稍超越美國的

---

49 Chong-Pin Lin, "China May Overtake the U.S. Economy Sooner Than Expected" *International Economy Winter* 2010 pp.10 & 11.

50 "GDP as Share of World GDP at PPP By Country" *Quandl*.

15.8%[51]。全世界已經為之震撼。

可是，17.08% 的比例，不過是清初康熙年間中國經濟規模占世界比例 35% 的一半。而更早的明朝，比例是 45%。元朝，比例是 30-35%。宋朝更高，達 80%。之前唐朝，比例也有 58%[52]。

根據前面所提到的諾貝爾獎經濟學得主羅伯特·福格爾（Robert Fogel）研究，在過去 2,000 年裡大部分時間，有 1,800 年，中國都是全世界最大的經濟體[53]。他甚至預言：到 2040 年，中國經濟將達美金 123 兆，占世界 GDP 的 40%，而美國將占 14%，歐洲占 5%[54]。

目前中國經濟的規模，離它發展達飽和點的規模還差得很遠。

- **領袖不斷學習最新事物**。2002 年 12 月胡錦濤接任黨的總書記之後[55]，中共中央 25 位政治局委員便開始集體學習會議，經常請專家講授各種和國家決策有關事務。中國應是全世界唯一的國家，有最高領導人定期接受最新知識的機制。在別的主要國家裡，領導人都在忙於處裡重要政務甚至危機，哪有集體學習的安排？因此，中國最高決策階層能掌握各種最新趨勢，提升他們務實明智決策的品質。

- **政府無民主包袱行政效率高**。北京政府不受民主制度議會的羈絆，處理危機快速，執行政策果敢，達成目標效率高。

51　依「購買力平價」（purchasing price parity）計算。Statista：***The Statistical Portal*** http://www.statista.com/statistics/270267/united-states-share-of-global-gross-domestic-product-gdp/ & http://www.statista.com/statistics/270439/chinas-share-of-global-gross-domestic-product-gdp/ accessed August 9, 2016.

52　Peter, "China's Historical GDP Share in The World" ***China Whisper*** August 29, 2012 http://www.chinawhisper.com/chinas-historical-gdp-share-in-the-world/ accessed August 9, 2016.

53　Fogel, "$123,000,000,000,000: China's Estimated Economy by the Year 2040. Be Warned".

54　Fogel, "$123,000,000,000,000: China's Estimated Economy by the Year 2040. Be Warned".

55　王正旭，〈中共中央政治局集體學習會議之政治意涵〉《展望與探索》2006 年 3 月，頁 1。

- **周圍經濟發展蓬勃**。中國周圍鄰居經濟發展充滿活力，構成有利的經濟發展大環境。

1976 年獲得諾貝爾經濟學獎的美國經濟學家傅利曼（Milton Friedman 1912-2006 年）曾說，「誰能正確解釋中國改革和發展，誰就能獲得諾貝爾經濟學獎[56]。」這個命題至今尚未解答，中國從計畫經濟轉向市場經濟，連續 30 多年保持高速增長，歷經亞洲金融風暴的洗禮，又是全球金融危機衝擊下第一個復甦的國家，目前位居世界第 2 大經濟體和第 1 大外匯存底國。它的發展經驗包含太多超出純經濟範疇的因素，無法完全由西方市場經濟理論所能解釋。西方教課書對中國失靈，或許只有中國經濟學家才能找到答案。

傅利曼訪中

傅利曼曾 3 度訪問中國。1980 年，他應中國社會科學院世界經濟研究所邀請首度訪中。當時改革開放啟動不久，他聽到的都是在抱怨文革，對經濟問題懵懂不知。在某次座談會上，一位即將赴美考察的副部長好奇問他，「在美國誰負責物資分配[57]？」傅利曼聽完嚇一跳，他建議這位副部長去芝加哥商品交易所，參觀一下沒有中央分配者的經濟體制是如何運轉。見此光景，傅利曼實在不看好中國的市場改革，認為有可能

▲ 傅利曼（Milton Friedman 1912-2006）圖片來源：由 The Friedman Foundation for Educational Choice - RobertHannah89, CC0, ttps://commons.wikimedia.org/w/index.php?curid=16163396下載2017.7.31

56　〈弗里德曼（諾貝爾經濟學獎獲得者）〉《百度百科》 http://baike.baidu.com/item/ 弗里德曼 /3709895 下載 2016.11.27。

57　〈米爾頓‧傅利曼〉《維基百科》https://zh.wikipedia.org/wiki/ 米爾頓‧佛利民 下載 2016.11.27。

走回頭路。

1980 年中國剛走出文革陰霾，全國國內生產總值（GDP）3,034 多億美元。該年日本 GDP 是中國的 3.5 倍，美國 GDP 是中國的 9.2 倍 [58]。

傅利曼 1988 年第 2 次訪中，商品市場在中國各地蓬勃發展。他在上海結束經濟會議後，到北京會見中共總書記趙紫陽，交談 2 個小時。當時中國正進行物價改革，傅利曼建議趙紫陽放開價格管制，只要控制貨幣供應，不需擔心通貨膨脹 [59]。但中國問題畢竟複雜，最後物價改革被迫擱淺。隔年，發生天安門事件，中國政局出現另一番面貌。

1988 年中國 GDP 達 4,041 多億美元，比傅利曼上次訪中增長 3 成，卻和日本與美國的經濟總量差距更大。日本 GDP 是中國的 7.3 倍，美國 GDP 是中國的 12.6 倍 [60]。

1993 年，傅利曼第 3 次訪問中國，不僅見到中共總書記江澤民，還走訪成都和重慶，對私營企業所展現的活力留下深刻印象。傅利曼的貨幣理論和自由化思想在某種程度上影響中國，但他的徹底改革建議終究未在中國落實 [61]。該年中國 GDP 雖比他上次訪問增長 5 成，但和美、日兩國經濟總量的差距格局仍未改變。

加入世貿

關鍵在，中國 2001 年加入世界貿易組織（WTO），從此搭上世界自由貿易快車，經濟總量開始出現驚人增長，2003 年中國

58　〈1980 年－ 2010 年美國、中國、日本歷年 GDP 比較〉《文檔庫》http://www.wendangku.net/doc/a9a0381052d380eb62946dc9-4.html 下載 2016.11.27。

59　〈米爾頓‧傅利曼〉《維基百科》。

60　〈1980 年－ 2010 年美國、中國、日本歷年 GDP 比較〉《文檔庫》http://www.wendangku.net/doc/a9a0381052d380eb62946dc9-3.html 下載 2016.11.27。

61　〈米爾頓‧傅利曼〉《維基百科》。

GDP 超過 16，409 億美元，和日本差距縮減為 2.6 倍，和美國差距拉近為 6.7 倍 [62]。7 年後，中國經濟總量超過日本，成為世界第 2 大經濟體，和美國的差距縮減為 2.4 倍 [63]。

不僅如此，由於經濟高速增長，中國穀物、肉類、棉花和水果等農產品，以及鋼、煤、水泥、化肥、棉布和汽車等工業製品，2010年的產量均高居世界第1位 [64]。這是自人類歷史以來，從未有過如此龐大經濟體連續多年高速增長，又在工農業多項產品產量位居世界首位的案例。時至2016年，美國GDP總量18萬億美元，中國以11萬億美元緊追在後，居世界第2位，雙方差距逐漸縮小 [65]。

2001年，就在中國加入世貿的同時，之前所提的華裔美國學者章家敦發表《中國即將崩潰》（*The Coming Collapse of China*），預言中國社會體制因種種問題即將崩潰於2006、2010、2012年 [66]。他甚至認為中國加入世貿，勢必走向衰退：「入世最嚴重的效應會在今後數年內衝擊中國：更多企業倒閉，更多人失業，社會更加動蕩不安。中國的各行各業，從銀行到零售到紡織業，對全球競爭都沒作好準備 [67]。」事後證明，他的判斷完全失準。

不過，中國力保經濟快速發展的同時也顯露體制上的各種弊端。2009 年國務院動用 4 兆元人民幣（2 年）和 10 兆元人民幣的貸款刺激經濟，雖然造成增長率的短期回升，但也產生貨幣超發、負債增加等消極後果 [68]。此後，中南海仍採用增加投資的老辦法刺

---

62 〈1980 年－2010 年美國、中國、日本歷年 GDP 比較〉《文檔庫》http://www.wendangku.net/doc/a9a0381052d380eb62946dc9.html 下載 2016.11.27。

63 〈1980 年－2010 年美國、中國、日本歷年 GDP 比較〉《文檔庫》http://www.wendangku.net/doc/a9a0381052d380eb62946dc9.html 下載 2016.11.27。

64 張卓元，《中國改革頂層設計》（北京：中信出版社，2014 年 7 月），頁 207。

65 〈國家統計局局長就 2016 年全年國民經濟運行情況答記者問〉《中華人民共和國國家統計局》2017 年 1 月 20 日 http://www.stats.gov.cn/tjsj/sjjd/201701/t20170120_1456268.html 下載 2017.2.4。

66 "Gordon G. Chang" *Wikipedia* https://en.wikipedia.org/wiki/Gordon_G._Chang accessed November 22, 2016.

67 章家敦，〈入世效應衝擊 中國勢必走向衰退〉《中國時報》2002 年 2 月 2 日，頁 15。

68 吳敬璉，〈如何確立中國經濟新常態？〉《財經年刊：2016 預測與戰略》，頁 29。

激經濟，負面效果接踵而來，「投資報酬遞減規律」的效應充分顯明，使國民經濟原本存在的不平衡、不協調和不可持續的問題更加突出，再不改變經濟發展方式，促成經濟轉型，中國經濟將陷入險境。

深化改革

習近平上台後，2013 年 11 月十八屆三中全會通過《中共中央關於全面深化改革若干重大問題的決定》，作為指導全黨全國全面深化改革的綱領性文件。習近平親自擔任中央全面深化改革領導小組組長，外界批評這是習近平全面抓權吹響的第一聲號角，但就中共改革開放的歷程來看，這是中共扭轉過去 10 年偏重發展、輕忽改革，導致改革處於半停滯狀態的一次新的開局，大大出乎改革派的預料。時至今日，總理李克強 2017 年 3 月 5 日在十二屆全國人大五次會議宣讀政府工作報告，提到「改革」一詞前後多達 83 次，是政府報告出現頻次最高的詞彙[69]。可見形勢所需。

回想胡溫體制的弱勢領導，使改革寸步難行。2005 年左右，曾有專家向中共中央和國務院建議，為避免改革方案受到既得利益群體的左右和阻撓，需要恢復改革開放初期建立的經濟體制改革委員會（國家體改委，1982 年趙紫陽擔任首任主任，1998 年撤銷）或經濟體制改革辦公室（國家體改辦，王岐山 2002 年離任後，隔年撤銷，職能併入新成立的國家發展和改革委員會），或求其次，在國務院成立專司改革的領導和協調機

▲ 吳敬璉（1930 - ）圖片出處：由美國之音 記者張佩芝拍攝 – http://www.voachinese.com/content/wu-jing-lian-20121108/1541765.html, https://commons.wikimedia.org/w/index.php?curid=22649277下載 2017.7.31

---

69 金晨，〈政府工作報告觀察：83 次提「改革」掌聲最長持續 11 秒〉《人民網》2017 年 3 月 5 日 http://lianghui.people.com.cn/2017/n1/2017/0305/c411012-29124738.html 下載 2017.3.6。

構，但建議未獲採納[70]。

體改委和體改辦先後遭裁撤，是中國經濟發展的重要分水嶺。此後改革不僅處於半停滯狀態，甚至走樣變形，「改革」一詞雖頻繁出現在中央領導人的講話和文件之中，實質性措施已經少見，在法治領域甚至出現倒退現象，權力與市場結合，使得既得利益集團順勢而起。

有人或許質疑，2003年國務院機構改組，把原國家體改辦和國家計劃委員會（國家計委）合併，設立國家發展和改革委員會（國家發改委），並未忽視改革。然而，從後續多年的實踐看，壟斷行業非但沒有調整，反而暴利更多。國家發改委並非毫無作為，而是把主要精力都花在處理經濟高速增長中遇到的各種緊迫問題，而非改革本身，或說根本無力顧及改革[71]。

所謂的既得利益群體，就是一大批國有民航、電信、電力、交通、油氣等壟斷行業。國務院曾於 2005 年和 2010 年，2 度出台鼓勵民間資本參與公共投資政策（俗稱 2 個「卅六」條），均因既得利益群體的反對和阻撓而難以落實。經濟學家吳敬璉公開在央視財經評論指出，既得利益群體，就是「用權力來發財致富的人。」這些人不願改革，中央要下定決心，「要以更大的政治勇氣來推進改革[72]。」

權貴集團

說得更直接，既得利益群體就是基於市場和權力相結合形成的權貴集團。清華大學社會學系教授孫立平說，權貴集團不想往前走，也不想往後退，他們要「維持現狀」，因為維持現狀對他們最

70　張卓元，《中國改革頂層設計》，頁 XVI。

71　張卓元，《中國改革頂層設計》，頁 XXIII。

72　〈吳敬璉：用權力發財的既得利益群體不願意改革〉《新華網》2012 年 12 月 18 日 http://news. xinhuanet.com/fortune/2012-12/18/c_124111094_2.htm 下載 2016.11.27。

有利。他們可以利用權力攫取資源，以市場之名變現，甚至透過金融方式直接劃賬謀取私利（所謂空手道）。在這個基本背景下，以維穩為代表的一系列「弊政」開始形成[73]。

很多人說，中國社會目前最大的問題是貧富差距。孫立平則認為，過去多年發生的不是一般意義上的貧富差距，而是由權貴集團赤裸裸進行一場財富瓜分和掠奪的過程，將本來屬於全民的國有資產轉移到個人手中。這不是一般情況下的貪腐行為，而是涉及土地、礦山、能源等大量國有資產遭到瓜分和掠奪，使得權貴集團迅速暴富，社會公平正義蕩然無存。

曾提出《陽光法案》的孫立平，對整個社會各階層普遍出現的「弱勢感」深表憂心。以前所謂的弱勢團體，主要指老弱病殘等生活困難的弱勢群體，如今一些社會調查部門發現，包括公務員、教師、民營業主，乃至警察和一般幹部，對於社會的不公不義，都有明顯的弱勢感或無力感。促進社會公平正義，已是中國社會當前最急迫解決的問題。

經過30多年改革開放，需要破除的不再是「左」傾路線，而是要破除利益集團的步步為營。《人民日報》原副總編輯周瑞金，1991年以「皇甫平」筆名，主持撰寫《改革開放要有新思路》等4篇評論文章而馳名。他說，至今還有人拿出「左」的大帽子嚇唬人，阻礙改革，目的是維護一己的壟斷權力和資源，因此「執政者要勇於與特殊利益集團切割[74]。」

▲ 周瑞金／筆名皇普平（1939－）資料來源：澎湃新聞http://www.thepaper.cn/newsDetail_forward_1262651下載2017.7.31

73　〈孫立平：既得利益集團對改革的挑戰還沒有真正到來〉《光明網》2014年4月19日http://theory.gmw.cn/2014-04/19/content_11079446_2.htm 下載2016.11.27。

74　段功偉、周虎城，〈周瑞金：不能以打工者心態對待改革〉《人民網》2012年2月20日http://theory.people.com.cn/BIG5/49157/17156602.html 下載2016.11.27。

他感慨一些領導幹部缺少擔當，用打工者的心態，維持現狀，不求有功但求無過。他的言談是在中共十八大召開前說的，胡錦濤尚有 9 個月離任，此言完全反映當時中共官場百態。

美國政治風險諮詢公司歐亞集團發表 2014 年全球 10 大風險報告，中國的政治風險位居全球第 3 [75]。報告指出，習近平推動全面深化改革，規模和力度超過以往 20 年，改革過大，黨內不滿，引起既得利益群體的激烈反應；改革不及，群眾聚而抗議，一旦出現重大失誤，可能危及改革乃至政權。

權貴集團就像一堵厚牆，非推倒不足以論改革。習近平以「壯士斷腕，刮骨療毒」的反貪決心，使這堵厚牆出現鬆動跡象。厚牆最終能否被推倒，仍是未定之數，而目前這場改革最大的危險，也在於厚牆的抵制程度。孫立平說，厚牆之內包庇 4 大弊政：國進民退（國有資產進入，民營資本被迫撤出）、暴力維穩、強征強拆、縱容貪腐，由此產生 5 大災難：活力下降、兩極分化、法治倒退、社會潰敗和生態災難 [76]。

孫立平說，既得利益集團對改革的挑戰還沒有真正到來。這是他 2014 年 4 月的評論，他預測下半年或 2015 年，改革很可能出現膠著狀態，包括「大面積的消極怠工，陽奉陰違，暗中抵制，扭曲變形」[77] 等，結果不幸言中。改革要有出路，必須把反腐所打開的厚牆缺口，轉變為對權貴弊政的系統清理。透過轉換，重造改革動力，實現制度變革，進而促進社會的全面進步。

75　Steven Perlberg, "Eurasia Group: Here Are The 10 Greatest Risks To Global Stability" ***Business Insider*** January 7, 2014　http://www.businessinsider.com/eurasia-group-10-greatest-risks-2014-1 accessed November 22, 2016.

76　〈孫立平：既得利益集團對改革的挑戰還沒有真正到來〉http://theory.gmw.cn/2014-04/19/content_11079446_5.htm 下載 2016.11.27。

77　〈孫立平：既得利益集團對改革的挑戰還沒有真正到來〉http://theory.gmw.cn/2014-04/19/content_11079446_4.htm 下載 2016.11.28。

新常態

　　中國經濟發展從 2014 年底進入「新常態」，從過去 35 年平均 9.8% 的高速增長，放緩為中高速增長。按「十三五」規劃（2016 - 2020），中高速增長應維持年均 6.5% 以上的增幅，合理區間在 6.5% 至 7%。不過，另有經濟學家預測，未來 10 年中國經濟增幅降至 2% 至 3% [78]，與發達國家的增長持平，這是迄今最悲觀的估計。中國經濟學界不敢苟同。

　　進入「新常態」以來，中國2015年的經濟增長降為6.9%，和官方評估相近。總理李克強說，2016年經濟增長的預期目標為6.5%至7%，才能保證充分就業，推動結構性改革 [79]。2017年1月20日，中國國家統計局局長寧吉喆在中外記者會上證實，2016年的經濟增長速度達6.7%，在6.5%-7%的預期區間，是中高速增長 [80]。對於2017年經濟增長的預期目標？李克強提出6.5%左右，他希望在實際工作中爭取更好結果 [81]。看來，中國的經濟情勢還不會出現大的波動。

　　增速放緩只是經濟「新常態」帶來的變化之一，若經濟發展方式未能隨之轉型、經濟結構無法調整，增長動力難以改變，「新常態」只是一句口號，將弱化「十三五」規劃的推展，後果嚴重。

　　從近期的發展趨勢看，經濟放緩在工業和出口領域特別明顯，這 2 項是支撐舊增長模式的主力，而支撐新模式的服務業和消費領域的表現則相對亮眼，這對中國經濟進入「新常態」開局之時，無

78　余斌，〈中國經濟：危機與改革賽跑〉《中國經濟報告》2015 年 5 月 1 日，頁 50。

79　李克強，〈政府工作報告（全文）〉《中央政府門戶網站》2016 年 3 月 17 日 http://www.gov.cn/guowuyuan/2016-03/17/content_5054901.htm 下載 2016.11.28。

80　〈國家統計局局長就 2016 年全年國民經濟運行情況答記者問〉《中華人民共和國國家統計局》2017 年 1 月 20 日 http://www.stats.gov.cn/tjsj/sjjd/201701/t20170120_1456268.html 下載 2017.2.4。

81　〈李克強：2017 年 GDP 預期增長目標為 6.5% 左右〉《新華網》2017 年 3 月 5 日 http://news.xinhuanet.com/politics/2017lh/2017-03/05/c_1120570377.htm 下載 2017.3.6。

疑是個好兆頭。

統計顯示，2015 年中國第三產業（服務業）占 GDP 比重首度
超過 50%，達到 50.5%。2016 年開局第一季，該比例增至 56.9%，
比第二產業（工業）高出 19.4 個百分點；對經濟增長的貢獻率達
63.5%，比第二產業高出 29.3 個百分點；服務業稅收增長 12%，占
總稅收的 56.5%，比上年同期提高 2.8 個百分點。換言之，服務業
成為第 1 大產業，經濟增長開始由內需與消費拉動，產業轉型和升
級緩緩浮出 [82]。此後發展比預期得好，寧吉喆 2017 年 1 月 20 日在
中外記者會上證實，2016 全年服務業的比重繼續提高，對經濟增
長的貢獻率近占 2/3（66.6%）[83]。

當然，工業不是不重要，而是需要再次轉型，作為資訊化的
實體基礎。近年先進國家提出新的「再工業化」戰略，如德國的
「工業4.0」、日本的「再興戰略」、美國的「先進伙伴計劃」、
法國的「新工業法國」，乃至南韓提出的「新增長動力」戰略等，
使得高端製造向先進國家回流，勢必對中國延長產業鏈和發展戰略
性新興產業構成挑戰，為此中國提出《中國製造2025》規劃，準備
以德為師。

武漢大學專攻德國史的歷史系教授李工真說，中國工業實力
仍處於「工業 2.0」與「工業 3.0」之間。現階段沒有超越的可能
性，應先承接德國二手技術和設備。中德兩國不存在實質性的競爭
關係，德國樂見中國工業轉型。問題在智慧財產權的保護，德國人
對中國人的「誠信」問題不太放心 [84]。

李工真認為，德國工業轉型對中國有 2 項啟示：1. 工業轉型

82　〈郭同欣：我國經濟實現了運行平穩、結構優化、民生改善的較好開局〉《中華人民共和國國
家統計局》2016 年 5 月 16 日 http://www.stats.gov.cn/tjsj/sjjd/201605/t20160516_1356577.html 下
載 2016.11.28。

83　〈國家統計局局長就 2016 年全年國民經濟運行情況答記者問〉。

84　雷墨，〈德國工業現代化的啟示—專訪武漢大學德國歷史學者李工真〉《南風窗》2015 年 6 月
17 日 -6 月 30 日，頁 41。

升級立足於國內的活躍市場，而中國最大的問題是壟斷；2. 德國科學家、工程師和技術工人的比例適中，得益於職校、學院與綜合性大學的合理分布，中國教育體制目前並不具備此條件[85]。由此或許可以判斷，中國工業轉型若不到位，即便服務業成為支柱，整體產業基礎依舊薄弱。

從區域結構的協調發展看，2016年第1季，中、西部地區規模以上工業增加值，比去年同期分別增長7.0%和7.3%，分別高於東部地區0.7和1.0個百分點；中、西部地區固定資產投資（不含農戶），也比去年同期分別增長13.3%和13.2%，分別高於東部地區2.3和2.2個百分點，顯示中國有不同的發展區塊，東部放緩，中、西部吸收，經濟衝擊得以平衡。這個特有的市場優勢，為其他國家所不具備[86]。

以上動向也許可以說明當前中國經濟放緩反映轉型調整的特點，傳統增長動力開始減弱，新的增長動力有待進一步形成。基於全球經濟增長持續低迷，中國的經濟轉型顯得格外緊迫。按市場匯率計算，2015 年中國人均 GDP 達 7,990 美元，在世界 180 多個國家中排名第 76 位，2016 年越過 8,000 美元，進入中等收入國家之林，並不能完全排除陷入「中等收入陷阱」。

中等收入陷阱

所謂「中等收入陷阱」，是指 1 個國家的人均收入達到世界中等水平後，由於不能實現經濟轉型，增長動力不足，出現居民收入差距過大、產業發展失衡、生態環境破壞、效率不彰腐敗孳生等現象，導致經濟處於停滯徘徊狀態，這些和中國目前所面臨的困境

85　雷墨，〈德國工業現代化的啟示─專訪武漢大學德國歷史學者李工真〉。

86　〈一季度國民經濟開局良好〉《中華人民共和國國家統計局》2016 年 4 月 15 日 http://www.stats.gov.cn/tjsj/zxfb/201604/t20160415_1343962.html 下載 2016.11.28。

有不少相似之處。中國有無可能避開「中等收入陷阱」？考驗習近平改革的決心。

　　一些西方經濟學家認為，中國房地產市場過度發展，債務嚴重，加上影子銀行風險就像一顆不定時炸彈，中國陷入「中等收入陷阱」的風險愈來愈大。中國獨立經濟學家、摩根史坦利亞洲區研究部原董事總經理謝國忠預測，中國將面臨一場經濟危機，不同於 1997 年的亞洲金融危機與 2008 年的全球金融風暴，而近似於 1929 年的美國大蕭條，因信貸擴張，貨幣政策持續寬鬆，導致投機炒作盛行，直到市場應聲倒下陷入衰退。他不否認改革可能帶來的經濟轉型，但過程需要 10 幾年或更久時間，在此之前中國已到臨界點[87]。

　　但中國經濟學界並不悲觀，國務院發展研究中心發展戰略和區域經濟研究部部長侯永志認為，中國擁有巨大的潛在市場，關鍵在於能否保持經濟相對平穩運行，使經濟波動帶來的損害最小化，這將取決於政府對市場經濟規律的「駕馭能力」，此前政府累積不少經驗，通過習近平的深化改革，能進一步增強政府對市場經濟規律的駕馭能力[88]。

　　對於執行力的問題，一些西方經濟學家認同它對中國經濟轉型所發揮的關鍵角色。之前提到的美國耶魯大學教授、摩根士丹利亞洲區前主席史蒂芬・羅奇（Stephen Roach）說，政府治理是經濟結構轉型成功與否的重要決定因素，中共中央設立全面深化改革領導小組，可以使改革衝破權力階層、特殊利益集團和腐敗分子的阻力。他認為，中國正在付出結構調整所帶來的代價，為避免滑入「中等收入陷阱」，中國的改革已無回頭路可走[89]。

87　Liu Milo，〈經濟學家再放炮：中國將陷 1929 年大蕭條式衰退〉《財經新報》2016 年 7 月 6 日 http://finance.technews.tw/2016/07/06/china-is-headed-for-a-1929-style-depression/ 下載 2016.11.28。

88　馬玉榮，〈「十三五」發展：能力建設至為關鍵—專訪國務院發展研究中心發展戰略和區域經濟研究部部長侯永志〉《中國經濟報告》2015 年 11 月 1 日，頁 44。

89　斯蒂芬・羅奇（Stephen Roach），顏冰譯，〈中國經濟再平衡〉《中國經濟報告》2015 年 10 月 1 日，頁 20-22。

創新效率

中國國民經濟和社會發展第十三個五年規劃綱要（十三五規劃，2016-2020）2016年3月正式公布。經濟學家吳敬璉早於1年多前呼籲，中國經濟的核心問題是技術進步和效率提高，他希望「十三五」能聚焦於此。他還說，政府20年前就提出這個問題，因體制性障礙而收效有限，如今關鍵在於推進改革。

▲ 侯永志（1963－）圖片來源：中國經濟時報－－中國經濟新聞網http://chuansong.me/n/768119352081?jdfwkey=fmupl1 下載2017.7.31

侯永志亦有同感，今後5年最需要解決的是「發展能力」的建設，包括政府治理能力、社會創新能力，尤其是科技創新。

改革以人才為本，技術以創新為先。「十三五」規劃在第9章單獨列出「實施人才優先發展戰略」，引進人才涵蓋戰略科學家、科技領軍人才、社科人才、企業家人才和高技能人才，同時培養一批講政治、懂專業、善管理、有國際視野的黨政人才等[90]。

「十三五」規劃還列出國家戰略的百大工程項目，涉及人才領域就有下列4項[91]：

第13項、培養10,000名精通戰略規劃、資本運作、品質管制、人力資源管理、財會法律等專業知識的企業經營管理人才。

第14項、引進10,000名左右海外高層次人才返國創新創業，遴選支持10,000名左右急需緊缺的國內高層次人才。

第15項、每年培訓百萬名高層次、急需緊缺和骨幹專業技術人才。

---

90 〈中華人民共和國國民經濟和社會發展第十三個五年規劃綱要〉《新華網》2016年3月17日 http://news.xinhuanet.com/politics/2016lh/2016-03/17/c_1118366322_3.htm 下載 2016.11.28。

91 顧錢江、方棟、李來房，〈「十三五」體現中國國家戰略的百大工程項目〉《新華網》2016年3月5日 http://news.xinhuanet.com/politics/2016lh/2016-03/05/c_1118240939.htm 下載 2016.11.28。

第 16 項、在全國建成一批技能大師工作室、1,200 個高技能人才培訓基地，培養 1,000 萬名高技能人才。

中國以往不是沒有引進人才，各種「千人計劃」時有所見，在當時堪稱大手筆。如今格局改觀，動輒萬人，決心之大、範圍之廣，前所未見。人才被定位為「支撐發展的第一資源」，說明當前中國治國經邦，人才為急的緊迫感。

專利數量登峰質量滯後

世界智慧財產權組織發布資料指出，2011 年，中國的專利申請數量首次竄升世界第 1，此後 3 年猛然增進，至 2014 年的專利申請總量達 837,000 件，超過排名第 2 的美國 500,000 件，把日本 465,000 件、南韓 230,000 件和德國 179,000 件等先進國家遠拋在後 [92]。

其實，中國的人才總量不能說少，問題在於結構不合理。人才過多集中於政府部門、金融行業、房地產開發等穩定和獲利可觀等領域。在基礎科學研究、實體經濟部門、製造業和管理層面等，人才則普遍缺乏。「十三五」的人才規劃顯然是要扭轉不合理結構，把人才引入國民經濟和社會發展亟需的軌道之上。

「創新」是中國經濟轉型論述當中引用頻率最高的詞彙，但它

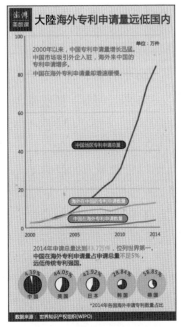

▲ ＊圖表資料來源：澎湃新聞http://www.thepaper.cn/newsDetail_forward_1491088
資料來源：世界智慧財產權組織(WIPO)

92　覃照瑩、王亞賽，〈為什麼我國專利申請數全球第一，卻並非專利強國？〉《澎湃新聞》2016年 6 月 30 日 http://www.thepaper.cn/newsDetail_forward_1491088 下載 2016.11.28。

的真實性往往被亮麗的高速增長所掩蓋。據國務院科技體制改革和創新體系建設領導小組（國家科改領導小組）2013 年的調查顯示，中國的科技創新能力在國際上仍處於「中等偏下」的水平。在調查的 1,149 項關鍵技術中，中國僅有 195 項（17%）達到國際領先水平，355 項（31%）與國際同步，其餘 52% 與國際差距較大，處於追蹤階段，尤其是關鍵與核心技術，對外依存度高達約 6 成[93]。

這樣的調查數據，不禁令人懷疑中國的專利申請名列全球第 1，何以在創新方面有如此大的反差？

這原是一件引以為傲的事，細究之下才知道專利是在本國申請，並非海外，認證標準不同。2014 年，中國在海外的專利申請數量僅有 36,000 多件，不足本國申請總量的 5%，而美國、日本和德國，在海外申請的專利數量幾乎各占其本國總量的一半。申請海外專利多寡，是衡量經濟和創新能力的重要指標。即專利全球化指標，中國申請偏低。說明專利的創造性未達國際要求，無法取得專業授權，或說中國的專利缺乏實用價值，不需要國際保護[94]。實力差距，由此可見。「十三五」的人才規劃顯然是要提升創新能力，增強中國經濟的可持續發展。

創新突破

不過，中國在本身遭遇 2008-2009 金融危機時，成為世界太陽能發電面板最大製造國。最通用的太陽能發電面板成分是結晶矽（crystalline-silicon）。至 2016 年，中國占全世界結晶矽太陽能發電面板製造量的 70%，而美國只有 1%[95]。

中國給人的印象是：自己創新不足，但很會廉價製造別國的發明。其實，中國已經在技術創新方面開始突破，因此提升效

93　遲福林，〈中國經濟轉型升級的歷史節點〉《中國經濟報告》2015 年 10 月 1 日，頁 25。

94　覃照瑩、王亞賽，〈為什麼我國專利申請數全球第一，卻並非專利強國？〉。

95　Jeffrey Ball & Dan Reicher, "As China Competes, Make Solar Big Enough to Matter" International *New York Times* March 23, 2017 pp. 13, 15.

率。2017 年 3 月，史丹佛大學斯泰爾 - 泰勒能源政策和金融中心（Steyer-Taylor Center for Energy Policy and Finance）的執行主任丹‧雷池爾（Dan Reicher）和駐校學者傑夫瑞‧巴而（Jeffrey Ball）聯名表示，中國這方面的進步逼迫美國要改變策略 [96]。

聚天下英才

2016 年 4 月，習近平參加一場別開生面的網路安全和資訊化工作座談會。他公開承認互聯網（網際網路）核心技術是中國最大的「命門」。核心技術受制於人是最大隱患，因此他要求引進人才不拘一格，「聚天下英才而用之。」他還回憶早年任官河北省正定縣期間，寄出 100 多封邀請函，延攬數學家華羅庚、經濟學家于光遠等知名學者擔任小小縣城的顧問 [97]。

▲ 華羅庚（1910 - 1985）圖片來源：牛畏予 - http://baike.baidu.com/albums/6351/6351.html#0$e78c65898b37b4d30e244463, https://commons.wikimedia.org/w/index.php?curid=17315495 下載 2017.7.31

這當然和他在北京的人脈有關。但也有一些專家是習近平登門求教而來，如無錫 1 家機械企業的幹部邱斌昌。習近平在當地考察時發現他善於管理，當場請他到正定縣擔任瀕臨倒閉的油嘴油泵廠廠長。習近平還 2 次跑到邱妻上班單位進行遊說。又如石家莊機床附件廠工程師武寶信，自行研製醫用化妝品暢銷全國，卻不受廠方重視。他聽說正定縣在「招賢」，為此託人轉達意願。習近平獲知後率縣長和副縣長連夜趕往對方住處。抵達社區因

96　Jeffrey Ball & Dan Reicher, "As China Competes, Make Solar Big Enough to Matter".

97　〈習近平總書記當「縣官」的日子，長文值得一讀！〉《人民網》2016 年 4 月 12 日 http://politics.people.com.cn/n1/2016/0412/c1001-28270258.html 下載 2016.11.28。

不知門牌號碼，習近平情急之下，挨家高喊武寶信的名字，直到對方聞聲而出 [98]。

　　轉眼，習近平成為中國最高領導人。「得人者興，失人者崩」，是他從政之初就有的身體力行。他清楚網路的主力是年輕人，有不少怪咖奇才，不循一班套路，對待特殊人才，要有特殊政策，不論資排輩，不唯學歷，不唯論文，以專業性、創新性、實用性為取才標準。習近平在座談會上說：科研成果必須符合薪資獎勵，對人才要配股，提供智慧財產權保護；人才流動要打破體制界限，使人才能在政府、企業和智庫之間順暢流動。為利益迴避，國外「旋轉門」的作法可資借鏡。習近平在引進人才方面，比歷任領導人強調的五湖四海更具「全球視野」。他說，「不管是哪個國家、哪個地區的，只要是優秀人才，都可以為我所用 [99]。」

　　不過，此前中國在吸引人才方面存在不少缺失。2004年8月，中國實施具有「綠卡」性質的《外國人在中國永久居留審批管理辦法》。10年下來，只發放4,900多張「綠卡」，年均發放不足500張，門檻之高，讓人懷疑中國的誠意。按規定，美國微軟（Microsoft）創始人比爾・蓋茨（Bill Gates），因缺少在中國投資經歷，無法通過「綠卡」申請；「臉書」（Facebook）創辦人馬克・祖克伯（Mark E. Zuckerberg），因無副廠長、副教授等職稱，也擋在中國「綠卡」牆外。加上規定繁雜，宣導不利，很多外籍專家和學者並不清楚中國「綠卡」的存在 [100]。

　　不過，這種情況在最近出現了變化。2016 年，公安部共批准 1,576 名外國人在中國永久居留，比上年增長 163%。同年，公安機關在上海市受理外籍人才及家屬的永久居留申請，比上年增長 6

98　田亮、王肖瀟，〈青年習近平〉《環球人物》2014 年 5 月 6 日，頁 34-35。

99　習近平，〈習近平在網信工作座談會上的講話全文發表〉《新華網》2016 年 4 月 25 日 http://news.xinhuanet.com/politics/2016-04/25/c_1118731175.htm 下載 2016.11.28。

100　〈外國人拿中國「綠卡」有多難〉《人民網》2014 年 9 月 1 日 http://paper.people.com.cn/rmwz/html/2014-09/01/content_1504165.htm 下載 2016.11.28。

倍，北京市也增長 426%[101]，說明中國對「綠卡」的發放正採取放寬的政策。

除了吸引外國人才，習近平對中國人才流失也頗有感慨。他希望改變這個局面，並非靠幾項政策，而是構建具有全球競爭力的人才制度體系，提高中國在全球配置人才資源能力。放眼全球布局的招賢做法，在中國還是首次出現。

漢唐盛世是中國人最引以為傲的 2 段黃金時期。習近平提出的「中國夢」，簡言之，是實現中華民族的偉大復興，並不代表要恢復昔日的漢唐盛世，中共官方也從未有過類似的論述，但漢唐兩朝有其優良傳統，用人唯才和不拘內外，對當前的中國深具現實意義。

唐太宗時期的中央文武官員不及千人，但人才來自日本、高麗、新羅、越南、突厥、吐蕃等周邊所有地區，並遠及天竺（印度）和阿拉伯。異族帶兵投靠，如薩珊波斯（今伊朗一帶）人安拙汗率 5,000 人入唐，太宗授以兵權加封郡公，用人氣度恢弘，故有貞觀之治。漢武帝用人也不遑多讓，降族拜將封侯，如匈奴人金日磾，能與霍光並列遺命大臣輔佐昭帝，可見武帝用人唯才的大度。

習近平曾說：「人才乃立國之本，重用、善用國內外一切優秀人才，民族復興之夢方有望順利實現[102]。」他在浙江省委書記任內，就提出「人才資源是第一資源」，吸引人才要有國際眼光，防止「近親繁殖」。2003 年夏，北京大學進行人事制度改革，教授實行聘任制，規定本校學生一般不予留校，廣州、深圳等地率先響應，習近平在浙江風聞後，要求如法炮製，並稱防止「近親繁殖」，才能促進人才流動[103]。

101 〈「公安改革兩年間」：出入境新政有力服務國家發展大局〉《中華人民和國公安部》2017年 2 月 05 日 http://www.mps.gov.cn/n2254098/n4904352/c5626163/content.html 下載 2017.2.21。

102 陳錫喜主編，〈致天下之治者在人才—人才是衡量綜合國力的重要指標〉《平易近人—習近平的語言力量》（上海：上海交通大學出版社，2014 年 11 月），頁 273。

103 習近平，〈引進人才要防止「近親繁殖」〉《之江新語》（杭州：浙江人民出版社，2007 年 8 月），頁 11。

習近平吸引人才的全球視野，從 2002-2007 年，在他浙江省委書記任內早已形成，因此可以合理判斷，「十三五」規劃的人才發展戰略，決非靈光乍現，拼湊而成，應該會有方法、有步驟地實施。

第三章

文化：傳統與心靈復興

　　在無神論共產黨統治下的中國，宗教復興了！

　　這是 2017 年 4 月，普立茲獎得主、美國駐華記者張彥（Ian Johnson）出版英文新書的內容。書名叫 *The Souls of China: The Return of Religion After Mao*（暫譯：《中國靈魂：宗教在後毛澤東時代的回歸》）[1]。書中對習近平的佛緣著墨甚深。之前，筆者中斌 2012 年 2 次類似的評論，並未受重視[2]。如今，傳統與心靈在中國的復興已登上國際版面。

　　同月，全中國最高的基督教教堂在湖南省會長沙落成[3]。「星沙教堂」高 120 公尺。15 公里以外，有全中國最大的毛澤東青年雕像，但其 48 公尺的高度，還不及教堂一半[4]！長沙是毛澤東成長的地方並以毛為榮，當上千的長沙毛派分子在網路上抗議

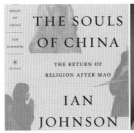

▲ 作者張彥（Ian Johnson 1962 - ）和他2017年4月出版的新書（*The Souls of China: The Return of Religion* After Mao）。
圖片來源：Ian Johnson https://www.semcoop.com/event/ian-johnson-souls-china-east-asia-workshop-politics-economy-and-society

1　趙晗，〈專訪普立茲獎得主 Ian Johnson：中國宗教復興是一種社會復康〉《端傳媒》2017 年 4 月 10 日 https://theinitium.com/article/20170410-mainland-ianjohnson/ 下載 2017.4.28。

2　林中斌，〈習近平與佛教〉《聯合報》2012 年 10 月 31 日，頁 A4；----,〈習近平的七項超越〉《聯合報》2012 年 2 月 12 日，頁 A4。

3　〈好消息：全國首個最大教會主題公園已在長沙建成！春節正式開園〉《華語熱聞》2017 年 2 月 1 日 http://www.gooread.com/article/20120594077/ 下載 2017.5.15。

4　Didi Kirsten Tatlow, "A Monument to Jesus in the City of Mao" *International New York Times* May 9, 2017 p.2.

時，政府官員居然介入，停止網路新聞報導和討論，爭議於是消失[5]。

2017 年 12 月，中共中央電視台首次做佛教專題，釋放出重大信號。中央電視台以世界佛教論壇為由頭，以「佛教與科學」論題為切入點，首次做了一個長達 40 多分鐘的介紹佛教基礎知識的節目，並借與談者北京大學哲學系教授樓宇烈教授之口，正面承認了佛教的科學性，也正面承認了佛家講的因果的存在[6]。

▲ 長沙橘子洲頭毛澤東青年雕塑全中國最大的毛澤東像，為毛青年藝術雕刻，高48公尺。2009年12月揭幕。圖片來源：丹,, https://commons.wikimedia.org/w/index.php?curid=18079029下載 2017.7.31

這 3 個事件，即使在今日，仍會衝擊大多數中國觀察家的認知。心靈的復興只是今日中國文化發展中最令人驚訝的層面。其他文化面也有超出一般印象的動向。

以下將檢視中國文化一些新趨勢，包括服裝時尚、儒學、基督教與佛教等議題。

「文化自信是民族自信的源頭，文化自信是對『中國特色』的最好詮釋。」

這是習近平最信任的王岐山在 2016 年 11 月 8 日《人民日報》所寫的話[7]。王岐山用這句話權威地解釋了在那一年「七一」黨慶時習近平演講的精神。對習近平 2012 年底登大位後提倡文化和心靈復興之所作所為，這句話下了畫龍點睛的註腳。讓我們回顧。

2014年3月底，習近平出訪歐洲4國並出席第3屆核安峰會。他選擇荷蘭作為首站，除了參加在海牙舉行的核安峰會，還考慮

5　Didi Kirsten Tatlow, "A Monument to Jesus in the City of Mao".

6　〈中央電視臺首次做佛教專題，釋放出重大信號！！！〉《微信》2017 年 4 月 17 日 http://mp.weixin.qq.com/s/PnNpj5xsqSov84lB7KbK1Q 下載 2017.4.28。

7　王岐山，〈全面從嚴治黨 承載起黨在新時代的使命學習貫徹黨的十八屆六中全會精神〉《人民日報》2016 年 11 月 08 日 http://cpc.people.com.cn/n1/2016/1108/c64094-28842693.html 下載 2016.11.24。

荷蘭作為歐洲門戶，又是歐盟成員對中國的第2大貿易夥伴，僅次於德國。官方媒體大肆報導，在鑼鼓喧天的宣傳背後，大陸民眾更把目光投向習近平穿什麼服裝參加國宴。

以往中共領導人出訪參加國宴，不是中山裝就是西服，不符西方賓主雙方穿燕尾服的禮儀。中山裝帶有革命色彩，嚴肅而刻板；西裝領帶屬於專業人士的工作服，不適合參加國宴。在胡錦濤時代，曾有全國政協委員提案，建議領導人出訪參加國宴應穿晚禮服（如燕尾服），或穿設計精美、質地考究的中式禮服，既不失禮，又能展現中國傳統文化。但此良善建議，未獲採納，直到習近平上台才出現變化。

中式國服

2014年3月22日晚間（當地時間），荷蘭王宮金碧輝煌，鬱金綻放，習近平和夫人彭麗媛出席國宴身穿中式禮服，迥異以往，全場為之一亮。習近平穿的看似中山裝，卻非傳統樣式，沒有緊閉翻領，改以略為敞開的立領，露出一點白色襯衫。中排扣遮邊有同色的渦旋花紋，莊重而細緻。傳統中山裝上下4個口袋，今改為3。習的左胸配有袋巾，下方兩個口袋的設計由明轉暗，一改傳統中山裝2個大補丁（口袋）的視覺[8]。創意十足，流暢大方，更顯大氣。反觀彭麗媛，內著青綠色中式長裙，外搭深色刺繡長衫，雍容典雅，與習近平的中式禮服相得益彰。整體上看，倆人服裝兼具傳統風格和現代元素。

2015年9月底在美國華府白宮舉行的國宴會場，習近平夫婦以國服出席，彭麗媛以一身孔雀藍中式禮服，稍具變化外，習近平基本保持原有風格，既氣派又有開放意味，顯示某種程度的文化自

8　〈習近平荷蘭所穿服裝或成「國服」〉《文匯網》2014 年 3 月 24 日 http://news.wenweipo.com/2014/03/24/IN1403240015.htm 下載 2016.11.22。

信和大國禮制的日趨完備。華人服裝設計師陳野槐（Grace Chen）說：彭麗媛走下飛機所穿服裝，「基本上沿用了她一貫的風格，就是以中式為主。她從中國來，所以帶來的首先是這種中式的感覺[9]。」

領導人的穿著在重要場合往往具有指標意義。文革結束後，中共領導人開始改變服飾，從清一色的中山裝，改穿西服，代表一種揮別過去的守舊形象，轉向改革與開放。胡耀邦的言行最具代表。

1982 年 9 月，胡耀邦在中共十二大當選中共中央總書記，隔年 2 月初南下視察深圳經濟特區。此時，北京籠罩一股批判改革的聲浪，認為經濟特區搞資本主義，是自由化泛濫和精神污染的匯集之地。胡耀邦不信邪，以行動回應北京保守勢力對特區的批判。胡耀邦所到之處，看到深圳生機蓬勃，大受激勵。在一次工作匯報現場，胡耀邦突然把話題轉向穿著。

現場高官雲集，從廣東省委書記任仲夷到深圳市委書記梁湘等，一字排開。握完手，胡耀邦看到與會幹部都穿深色上下 4 個口袋的中山裝，突然問道：「你們穿的衣服怎麼還是老樣子？怎麼還沒有一點變化？我贊成你們穿西裝[10]。」胡耀邦說，幹部經常和外商打交道，對方第一觀感就是穿著服飾，老樣子不改，對方覺得這裡很落後，沒有變化，投資有風險，心裡不放心。說完轉身，胡又針對深圳市領導說，深圳要轉變觀念，先從幹部自身做起，讓幹部和工作人員穿得好一點。

大家坐定後，任仲夷笑稱，「耀邦同志你先帶個頭穿西裝，我們才沒有顧慮，膽子才會壯起來。」胡幽默以對，「我這個身材穿西裝可能不大好看啊！」一陣笑聲過後，胡耀邦允諾，下次到深

---

9 〈彭麗媛穿孔雀藍裙亮相白宮獲高點贊〉《文匯網》2015 年 9 月 26 日 http://news.wenweipo.com/2015/09/26/IN1509260052.htm 下載 2016.11.22。

10 何雲華，〈1983 胡耀邦在深圳：從穿西裝說到觀念變革〉《人民網》2010 年 9 月 2 日 http://www.people.com.cn/BIG5/198221/198307/12618438.html 下載 2016.11.22。

圳一定穿西裝 [11]。

穿西裝何其簡單，但在文革年代，它是資產階級生活的體現，難逃批鬥。進入改革開放，即便在特區，幹部仍不敢越過這層心理障礙。胡耀邦在深圳提倡穿西裝，按當時的社會氣氛是一種撥亂反正，也是他培養開放意識並向世界展示中國開放形象的一種手段。

1984 年，胡耀邦打破慣例穿西裝在電視上發表講話，標誌一個新時代的開始，此後中國吹起一股西裝熱潮，從幹部到百姓，供不應求。1987 年，胡耀邦因學潮下台，央視播音員刻意穿中山裝宣布胡下台的消息，意味保守勢力的獲勝，但胡耀邦的改革意識愈挫愈勇，西裝愈穿愈普及，如今在正式場合不穿西裝，反倒失禮。

習近平面對的問題和胡耀邦不同，在中國崛起的過程中，他要展現大國的精神面貌。這種文化力量，是在物質文明之外，實現「中國夢」所需的精神文明，兩種文明比翼雙飛，均衡發展。習曾說，「沒有文明的繼承和發展，沒有文化的宏揚和繁榮，就沒有中國夢的實現 [12]。」面對物質文明，中國邁入世界第 2 大經濟體，維持經濟常態發展，跨越中等收入陷阱，習近平看似胸有成竹；但面對社會轉型所暴露的道德淪喪、風氣敗壞和民心與價值觀的渙散等，讓人憂心。馬列失靈，解決之道是回歸中華傳統文化和宗教信仰。

儒家文化

2013 年 11 月 26 日，習近平到山東曲阜孔府考察，並和孔子研究院的學者專家進行一場小型座談會。習說，21 年前在福州市委書記任內來過曲阜，做了什麼並未說明，這次他重遊故地，「就

11　何雲華，〈1983 胡耀邦在深圳：從穿西裝說到觀念變革〉。

12　〈習近平在聯合國教科文組織總部的演講（全文）〉《新華網》2014 年 3 月 28 日 http://news.xinhuanet.com/world/2014-03/28/c_119982831_3.htm 下載 2016.11.22。

是體現中央弘揚傳統文化，建設社會主義核心價值體系的決心 [13]。」
接待習的中國孔子研究院院長楊朝明回憶說：他向習近平彙報儒家
思想的當代價值，感覺習對「傳統文化的現代轉換」最感興趣，對
「禮」的精神內涵也有興趣，習還特別說了 1 句：傳統文化「要具
有社會融入性、時代性，儀規、教法更有實際效果 [14]。」令楊朝明
難忘的是，習近平對文化問題有深刻思考，比較關注服飾，「我感
覺他對『國服』問題有注意 [15]。」

　　經由這段回憶，可以說明 2014 年 3 月習近平訪問荷蘭，首次
身穿中式禮服出席國宴，在曲阜考察早有伏筆。習近平想要以設計
精美的國服，展現傳統中華文化的獨特魅力，並以服飾作為外界認
識當代中國人精神世界歷史由來的一個重要途徑。這和胡耀邦帶頭
穿西服以示改革開放，異曲同工。

　　彭麗媛的中式禮服設計師馬可，在巴黎時裝展享有盛名，她
提出「奢侈的清貧」設計理念，根源於傳統中華文化。她是吉林長
春人，23 歲以《秦俑》獲服裝設計金獎，從巴黎回國後，一頭栽
進對中國傳統文化的研究。她說，所謂奢侈，一般指品牌知名度和
價格，就中國傳統文化而言，「祖先歷代流傳的優秀文化和藝術作
品，奢侈一定不是以價格為標籤的，以精神價值或者說人格氣節作
為高貴的理解 [16]。」馬可說：她與彭麗媛相識 10 多年，「90 年代
末期她就開始穿我的衣服 [17]。」

　　服飾是文化最表層的一種展現，培育和弘揚社會主義核心價
值觀則是靈魂範疇，習近平將其立足於「中華優秀傳統文化」而非

13　〈習總講話首次披露 強調佛教已融入中國本土化〉《大公網》2014 年 2 月 12 日 http://bodhi.
　　takungpao.com.hk/topnews/2014-02/2272840.html 下載 2016.11.22。本註釋主要引自習近平在曲
　　阜孔子研究院座談會上的講話全文記錄，佛教作為篇名僅是一小部分。
14　蘇展，〈孔子研究院院長楊朝明：習近平對傳統文化現代轉換尤其感興趣〉《澎湃新聞》2014
　　年 9 月 26 日 http://m.thepaper.cn/newsDetail_forward_1268688 下載 2016.11.22。
15　蘇展，〈孔子研究院院長楊朝明：習近平對傳統文化現代轉換尤其感興趣〉。
16　王昉，〈設計師馬可：「無用」的十年〉《金融時報中文網》2016 年 7 月 25 日 http://big5.
　　ftchinese.com/story/001068599?full=y 下載 2016.11.22。
17　王昉，〈設計師馬可：「無用」的十年〉。

馬列主義，強調仁愛、重民本、守誠信、崇正義、尚和合、求大同等時代價值，與儒家思想如出一轍。

社會主義核心價值觀分為 3 個層次，國家層面是富強、民主、文明、和諧；社會層面是自由、平等、公正、法治；公民層面是愛國、敬業、誠信、友善。習近平把 3 個層次的價值觀融為一體，並對應於儒家經典《禮記・大學》的三綱八目，「在明明德、在親民、在止於至善」；「格物、致知、誠意、正心、修身」是個人層面、「齊家」是社會層面、「治國、平天下」是國家層面[18]。

半個世紀前，打倒孔家店風靡全國，曲阜孔廟遭到毀滅性打擊，帶頭造反的竟是北京師範大學紅衛兵 200 多人，掘墳風迅速傳遍全國，凡儒家史籍有名有姓的人物，幾乎在 1966 年遭掘墳搗毀，古籍經典付之一炬。如今儒家受到最高當局的重視和禮遇，令人對歷史有今是昨非的感慨。

習近平雖不至獨尊儒術，但他引用儒家經典確實多於其他。人民日報出版社搜集習近平長達27年的著述和重要講話，在2015年2月出版《習近平用典》，列舉他使用頻率最高的135則典故，以儒家經典名言最多，如《論語》、《禮記》、《孟子》、《荀子》、《尚書》、《二程集》等，引用典故最多的古代名人是北宋大文豪蘇軾，其中蘇軾的《晁錯論》首段深受習的喜愛—「天下之患，最不可為者，名為治平無事，而其實有不測之憂。坐觀其變而不為之所，則恐至於不可救[19]。」意思是說，天下最難處理的是太平假像，實際上有憂患，任憑坐視不管，禍亂將難挽回。習近平考察新疆曾多次引用，說明他對反恐的堅決立場。

習近平對世界揚起一股「孔子熱」感到自豪。他自稱出訪參加很多孔子學院的簽約和開學儀式。截至 2015 年 12 月 1 日，全球

18　習近平，〈青年要自覺踐行社會主義核心價值觀〉《**習近平談治國理政**》（北京：外文出版社，2014 年 10 月），頁 168-169。

19　〈習近平用典：常提儒家名言 蘇軾名句最多〉《**人民網**》2015 年 03 月 01 日 http://politics.people.com.cn/BIG5/n/2015/0301/c1001-26614531.html 下載 2016.11.22。

134個國家和地區，共計成立500所孔子學院和1,000個孔子課堂，由於師資和語文問題，開設孔子學院跟不上市場需求。習近平還發現一個現象，一些意識形態對中國有成見的國家，也對孔子學院採開放態度，原因是西方資本主義遭遇挫敗，金融和債務危機，導致「資本主義終極理論」動搖，同時看到社會主義發展出現奇蹟，西方國家開始反思，如天主教探討儒家文化，「外國元首、總統、首相、總理和我交談，言必稱孔子，以多說孔子的話為榮[20]。」

講好中國故事

儒家文化受到重視，說明中國的文化軟實力逐漸增強，國家的話語權開始提升，習近平要趁勢廣傳儒學，「在東亞文化圈中居於主動，」引導世界全面認識歷史中國與當代中國，並向世界講清楚4件事[21]：

一、講清楚每個國家和民族的歷史傳統、文化積澱、基本國情不同，其發展道路必然有著自己的特色。

二、講清楚中華文化積澱著中華民族最深沉的精神追求，是中華民族生生不息、發展壯大的豐厚滋養。

三、講清楚中華優秀傳統文化是中華民族的突出優勢，是我們最深厚的文化軟實力。

四、講清楚中國特色社會主義植根於中華文化沃土、反映中國人民的意願、適應中國和時代發展進步要求，有著深厚歷史淵源和廣泛現實基礎。

講清楚這4件事，就是「講好中國故事」，是習近平提高國家文化軟實力，爭取國際話語權的主要手段和憑藉，進而在國際體系和全球治理中占據有利位置。為此，「十三五」規劃特別把「實

20　〈習總講話首次披露 強調佛教已融入中國本土化〉。
21　〈習總講話首次披露 強調佛教已融入中國本土化〉。

施中華古籍保護計畫」和「建設講好中國故事隊伍」，與培養高科技人才等量齊觀，同列國家戰略百大工程項目之中，依序為第 99 項及第 100 項 [22]。

除了考察山東曲阜，習近平 2014 年 5 月到北京大學看望湯一介教授，關切《儒藏》編纂情況，以及 2014 年 9 月參加在北京舉辦紀念孔子誕辰 2565 周年國際學術研討會等 3 次活動，被視為習近平尊孔的 3 次表態，是中共最高領導人公開對國學的最高敬意。

半世紀之前，當時中共最高領導人毛澤東領導紅衛兵殘暴的批鬥孔夫子和儒學的傳統。相對之下，習近平今日的政策更顯得突出。在他 2012 年底接班任領導人之前，中外有多少觀察家會預料到他將敬儒尊孔？答案恐怕是極少，甚至接近於零。

儒藏

北大哲學系教授湯一介（1927-2014 年 9 月），書香世家，祖父是清末進士，父親湯用彤曾任北大副校長，學貫中西。他幼承家學，從北大哲學系畢業留校任教，終其一生。他開創以結合儒釋道 3 家之力傳承中國文化為宗旨的什剎海書院，並擔任北大《儒藏》編纂中心主任。

北京大學《儒藏》工程2003年由教育部正式批准，是一項重大學術文化專案。中國歷史上3教併立，道家有《道藏》、佛家有《佛藏》，唯缺《儒藏》。明、清兩代曾有學者提出編纂《儒藏》，把儒家典籍文獻集大成，編纂為一個獨立體系，始終未能實現，直到2003年露出生機。湯一介授命擔任專案首席專家兼總編纂，國學大師季羨林為首席總編纂。北京大學至今與世界34個研究單位合作，包括台灣中央研究院文哲所。《儒藏》大全將收錄

22　顧錢江、方棟、李來房，〈「十三五」體現中國國家戰略的百大工程項目〉《新華網》2016 年 03 月 05 日 http://news.xinhuanet.com/politics/2016lh/2016-03/05/c_1118240939.htm 下載 2016.11.22。

中國歷史上重要儒家典籍文獻近6千部，約15億字，預計2022年完成[23]。屆時，儒家將在中國傳統文化上的主流地位得以實質性確立，並能滿足各界研究並推廣儒家文化之需要。

湯一介在習近平看望他4個月後不幸離世。有分析指出，習近平禮敬湯一介，在於他開風氣之先，更看重湯氏3代「事不避難、義不逃責」的民族氣節和愛國精神。中國歷史上凡明君盛世，莫不尊師重道，以傳衍民族文化為使命[24]。習近平到北大人文學苑，拉著湯一介的手，與他促膝交談，估計與當前時代背景所需有關。

習近平 2014 年 9 月 24 日以最高領導人身分，參加在北京舉辦紀念孔子誕辰 2565 周年國際學術研討會，並發表講話，在中共黨史尚屬首次。中國孔子研究院院長楊朝明說：這顯示中國要大力重視傳統文化，本次學術大會的舉辦方是國際儒學聯合會，意味「中國要把儒家文化推向世界。這是一種宣示，向全世界宣示要繼承和發揚中國優秀傳統文化[25]。」對內而言，尊孔是在國家物資條件達到一定水準後，「就要適時考慮社會穩定、民心所安的問題[26]。」

王陽明熱

習近平對於王陽明的學說非常重視。2015 年兩會期間，習近平說：「王陽明的心學正是中國傳統文化中的精華，是增強中國人文化自信的切入點之一[27]」。從 2009 年 3 月至 2016 年 10 月，他至少有 9 次公開的強調「知行合一」的重要[28]。甚至在國際場合，

23　〈北京大學《儒藏》工程簡介〉《北京大學《儒藏》編纂與研究中心》http://www.ruzang.com/gcgkdisplaynews.asp?id=282 下載 2016.11.22。

24　常強，〈習近平為何要去拜會湯一介？〉《常強博客》2014 年 9 月 14 日 http://blog.sina.com.cn/s/blog_607925b40102v2yd.html 下載 2016.11.22。

25　蘇展，〈孔子研究院院長楊朝明：習近平對傳統文化現代轉換尤其感興趣〉。

26　蘇展，〈孔子研究院院長楊朝明：習近平對傳統文化現代轉換尤其感興趣〉。

27　〈大明王朝第一帥、第一牛人王陽明〉《歷史》2017 年 1 月 12 日 https://kknews.cc/zh-tw/history/59p25n6.html 下載 2017.3.23。

28　賴廷恆，〈習大大肯定心學 帶動王陽明熱〉《旺報》2016 年 10 月 31 日，頁 A14。

他不忘揭櫫陽明學說的實用性。他曾於 2014 年 3 月 25 日在法國《費加羅報》發表署名文章，推崇「知行合一」（combining learning with practice）學說 [29]。單單 2014 年上半年，他有 5 次場合提到「知行合一」[30]。到 2016 年秋，王陽明熱已大陸散發開來。王陽明有關書籍暢銷。2016 年適逢王陽明誕辰 544 周年，「龍場悟道」508 周年，10 月在貴陽修文舉行「第 5 屆國際陽明文化節」[31]。

儒家促穩定

有關儒家文化對國家治理究竟有何影響？香港科技大學教授龔啟聖和山東大學學者馬馳騁，曾共同發表 1 篇論文，透過計量分析得出儒家文化能促進社會穩定的觀察。

這篇論文從《清實錄》和地方誌整理出山東 107 個縣，以清朝 260 年間（1651-1910）的社會變化為研究對象。選擇山東，是基於孔子故鄉具有深厚儒家傳統，又是黃河流域旱澇頻繁之地。研究者要問，面對天災衝擊，儒家文化對穩定社會究竟有多大作用？

文章以某縣某年的孔廟數量和烈女數量，作為該縣儒家文化強度的代理變數，同時以該縣當年是否歉收為主要控制變數。在控制環境變數後，對該縣該年度的農民叛亂次數進行回歸分析。結果顯示，儒家文化可以有效減輕因糧食歉收而引發農民暴動的概率，進而對社會穩定發揮積極作用 [32]。既然文化風俗對社會穩定有其深

---

29 "Full text of Chinese president's article published on Le Figaro" *Xinhuanet* March 26, 2014 http://news.xinhuanet.com/english/china/2014-03/26/c_126315588.htm accessed March 23, 2017.

30 〈習近平主席推荐 6 次的哲學理念：知行合一究竟是什麼？〉《天涯社區》2016 年 8 月 13 日 http://bbs.tianya.cn/post-news-311100-1.shtml 下載 2017.3.22。

31 賴廷恆，〈習大大肯定心學 帶動王陽明熱〉。

32 龔啟聖，〈儒教能否促進社會穩定？〉《政見網》2014 年 12 月 8 日 http://cnpolitics.org/2014/12/can-cultural-norms-reduce-conflicts/ 下載 2016.11.22。該網引自參考文獻：James Kai-sing Kung and Chicheng Ma, (2012), "Can Cultural Norms Reduce Conflicts? Confucianism and Peasant Rebellions in Qing China" *Journal of Development Economics* 111 (4) pp. 132–149.

遠影響，儒家文化又深植中國社會，習近平強調儒學的「古為今用」就更具時代意義。

由於習近平對國學以高能見度的方式提倡，中國大陸學校愈發感到國學教師和教科書之不足，而加強來台灣「取經」。台灣沒有經歷過文革，書寫用「正體字」，傳統文化從小在中文教育裡扎根，因此台灣學生普遍傳統國學的實力好、根基穩。國立台灣師範大學國文學系主任鍾宗憲表示，大陸的國學教育基礎不如台灣深厚，因此不只有陸生慕名來台念中文系，也有不少大陸的初中、高中老師來台取經，學習如何教導學生《論語》等傳統經典[33]。

其實，尊孔不是從習近平開始，胡錦濤的「三個和諧理論」（對外謀求和平、對內謀求和諧、對台海兩岸謀求和解），是在中共教條之下結合儒家思想；他推出「八榮八恥」反腐倡廉運動，源自孔子的價值觀；北京大學《儒藏》工程2003年批准立項，以及2004年11月全球第1所孔子學院在韓國首爾掛牌成立，都在他任內促成；中國首套標準化教材《中國傳統文化教育全國中小學實驗教材》也在胡錦濤任內2006年開始研究，直到2016年5月正式出版（實驗教材北京版），逐步在全國推廣。

台灣教材

這套實驗教材對中小學生的儒學啟蒙意義重大，如小學低年級以蒙學經典《三字經》、《千字文》等為主；小學中年級學習《聲律啟蒙》、《中國古典詩詞欣賞》等；小學高年級學習《論語》、《孟子》、《中庸》等儒家經典；初中開始閱讀《孫子兵法》、《古文觀止》等經典，進入高中接受傳統文化通識教育，隨著《高中傳統文化簡明教程及模擬試題》出版，中華傳統文化教材體系從幼稚

33　李侑珊，〈台國學教育深厚 陸師來台取經〉《旺報》2015 年 5 月 9 日，頁 A14。

園（幼兒園實驗教材）、小學、初中到高中，一應俱全[34]。

習近平的強勢作風，使得胡錦濤在傳統文化上的建樹顯得相對平淡。這段期間台灣也做出相當的貢獻。2013年5月，大陸中華書局向台灣取經，引進台灣高中生必修課《中華文化基本教材》，以此修訂為大陸版的《中華文化基礎教材》[35]，該年秋季在全國30所中學進行試點推廣，大多屬於課外讀物。與大陸的國學教材不同，台灣版教材分類新穎，編排活潑，講解經典活靈活現，不致空談，反映良好。

新修訂的《中華文化基礎教材》與原教材在內容和體例上基本一致，唯經典解析有所修訂。教材分上下冊，以儒家經典「四書」為主，共選入《論語》168章、《孟子》50章、《大學》4章、《中庸》4章[36]。各章之下，列有「章旨」、「注釋」、「解讀」、「相關名言」等內容；選讀單元末列有「今人今事」與「歷屆大考試題」，前者以現代的人與事，印證四書義理，後者精選歷屆高考（大學聯考）及自主招生考題，提高學生解題能力。華南師範大學附屬中學教師黃勝說：他拿到台灣版教材在課堂試用，「效果非常好……普通教法是一則一則教授《論語》語錄，而這套教材是重新編排，分門別類，使學生更容易使用[37]。」

在效法孔子教育精神上，台灣也發揮潛移默化的作用。2008年金融海嘯，兩岸四地一些偏遠學童無法就學，台師大（國立台灣師範大學）隔年發動「孔子行腳」計畫，串聯兩岸與港澳等地青年學子，效法孔子精神，到兩岸四地偏遠地區中小學進行課業輔導。「2016第七屆孔子行腳活動」7月展開，兩岸四地約25所大學共

---

34 蘇金柱，〈「京版」中小學國學教材出版〉《現代教育報》2016年5月12日，頁A4。

35 〈中華書局將引進臺灣高中傳統文化教材 內容穿插大量「注釋」〉《觀察者網》2013年5月21日 http://www.guancha.cn/culture/2013_05_21_146182.shtml 下載 2016.11.22。

36 〈中華書局引進台灣國學教材 解讀教材內容及特點創新〉《人民網》2013年10月21日 http://culture.people.com.cn/BIG5/n/2013/1021/c87423-23272672.html 下載 2016.11.22。

37 〈中華書局引進台灣國學教材 解讀教材內容及特點創新〉。

襄盛舉，約 300 位學生參加，行程 26 天，足跡遍及全台、港澳和山東、青海、重慶、陝西、湖北、內蒙古、吉林、哈爾濱、寧夏與廣東等地，30 多所中小學受惠。參與學生除負擔部分費用，其餘大多由台灣企業界贊助[38]。

儒學更新

對於習近平大力推展儒學，北京大學高等人文研究院院長杜維明認為，21 世紀中國需要一種自我更新的儒學，他稱之為「儒學第 3 期」，從第 1 期先秦開始最終成為中國文化主流；發展到第 2 期的東亞文明，即宋明儒學在日本、韓國、越南等地傳揚；第 3 期儒學是面對世界，成為「具有全球意義的地方知識（the global significance of local knowledge），」而這需要對西方文明，尤其是從啟蒙以來的「啟蒙心態」作出回應，為人類社會提供有價值的東西[39]。

杜維明 2010 年從哈佛大學退休，獲邀出任北大高等人文研究院院長。他從 1980 年代起常赴北京交流授課，湯一介曾邀他擔任中國文化書院導師。他說，儒家思想對當代中國的意義，在於蘊藏一種學習、對話與和諧的文明。儒家談的學習不僅是知識技術，更是學習做人；儒家思想重視對話，如《論語》、《孟子》，乃至《朱子語類》、《傳習錄》等，都是在對話中完成，強調相互尊重，以對話處理問題。不過，他對當前中國人的氣很足，頗不以為然，因為「很大一部分是戾氣，無論是對內、還是對外[40]。」他說，禮是儒家的一個核心價值，禮的深意是和，所謂「和而不同」，源自日

38　〈2016 第七屆孔子行腳活動〉《國立台灣師範大學》http://hopingdownload.ntnu.edu.tw/2016/ 下載 2016.11.22。

39　杜維明，〈杜維明：當代中國需要自我更新的儒學〉《人民網》2014 年 3 月 18 日 http://theory.people.com.cn/n/2014/0318/c40531-24667092.html 下載 2016.11.22。

40　杜維明，〈杜維明：當代中國需要自我更新的儒學〉。

常生活世界對差異和多元的尊重，不走極端，是高明而道中庸。

死亡之吻

相較於杜維明的高度期許，美國普林斯頓大學榮譽講座教授余英時則持悲觀看法。他在 2014 年 9 月香港中文大學新亞書院 65 周年座談會上，在紐澤西普林斯頓家中透過網路直播稱，中國歷史向來有兩個「儒家」，被迫害的儒家和迫害人的儒家，中共屬於後者，是王權皇朝所推崇的儒家，不許犯上作亂，又稱「制度性的儒家」（institutional confucianism），這和高度批判精神的真正儒家不同。就他來看，大陸提倡的儒家是一種「死亡之吻」（kiss of death）[41]。此言雖有些沉重，其精神確實符合孔子作《春秋》本意，在於「貶天子、退諸侯、討大夫，以達王事而已。」具有鮮明和強烈的批判性。

余英時和杜維明被公認是新儒家第 3 代的代表人物（另有劉述先和成中英等）。對於儒家在大陸重新成為顯學，民間對國學熱衷，難道對中國文化沒有一些自我恢復作用？

余英時不否認有作用，但壓制太大，如當局對網路封鎖，政治、社會、文化等各方面的批評完全不能見諸媒體，文化如何發展？儒家和國學受到當局重視，「是一個現象，而不會成為一個思潮[42]。」新儒家首先要講民主，卻被中共嚴重扭曲。余英時認為，政權不再專制，中產階級不斷壯大，文化就會跟著改變，給它自由，文化會找出自己的方向。文化並不高深，說到底就是生活。

余英時認同民主並非最佳制度，卻不能沒有，可以漸進發展，否則無法建立一個合理秩序，政黨不受任何監督，如何保證公正？

---

41 余英時，〈大陸提倡儒家是儒家的死亡之吻〉《儒家網》2014 年 11 月 17 日 http://www.rujiazg. com/article/id/4495/ 下載 2016.11.22。

42 歐陽斌，〈余英時：中國轉一個身非常困難〉《紐約時報中文網》2014 年 3 月 14 日 http:// cn.nytimes.com/china/20140314/cc14yuyingshi/zh-hant/ 下載 2016.11.22。

民主制度可以保證不流血而改變政權，「台灣是一個很好的例子，以前大家覺得台灣小，看不上，其實它的意義大極了[43]。」

基督教興起

隨著文革結束，壓抑已久的中國社會如炸開的鍋爐，湧現千奇百怪的社會景象。有的放手追逐，有的六神無主，如民謠裡的「10億人民9億商，還有1億要開張；10億人民9億賭，還有1億在跳舞；10億人民9億瘋，還有1億練氣功。」人民心中的「紅太陽」（毛澤東）倒了、傳統文化因「破四舊」尚未平反，民眾開始宣洩自己的宗教情感，追尋自我認定的精神世界，1980年代還掀起一股全民氣功熱。

1999年因法輪功事件，各氣功流派被停止公開活動。一些練氣功的民眾改信宗教，更多的是另覓出路。進入21世紀，很多城市都有「算命一條街」，大眾流行「迷信」此起彼落。易學預測、拆字改名、風水看相、「寡婦年」不結婚、「金猴年」搶著生子……等。中國社會出現各種怪力亂神，社會道德風氣急劇惡化。一些清高的學者步向邊緣，躲進書房。這是美國普度大學社會學教授、中國宗教與社會研究中心主任楊鳳崗，1990年代從美返國對當時中國社會留下的印象[44]。他說，為研究工作必須走進現實，為此他搜集一批氣功大師的傳記，想知道他們為何爆紅。

就在這段信仰缺失的年代，基督教悄然從農村興起。信徒人數從1993-2002年間大幅增長，出現有1.3億基督徒的驚人說法。由於發展迅速，官方首度進行針對性問卷調查，遍及31個省市自治區，耗時1年，在2010年公布《宗教藍皮書》，由中國社會科

43　歐陽斌，〈余英時：中國轉一個身非常困難〉。

44　劉陽，〈一個時代，一種解決─專訪美國普度大學中國宗教與社會研究中心主任楊鳳崗〉《南風窗》2010年2月11日 http://m.nfcmag.com/article/1938.html 下載2016.11.22。

學院世界宗教研究所完成《中國基督教入戶問卷調查報告》，指出中國基督徒人數（指新教徒，不包括天主教、東正教等）估值為2,305 萬人，其中教育程度在小學及其以下占 54.6%、35 - 64 歲信徒占 60% 以上、女性高占 69.9%、基於「自己或家人生病」而信教比例占 68.8%、源自家庭傳統信教僅 15%、基督徒集中在長江流域與東部地區[45]。

家庭教會

針對這份報告，北京非牟利組織中福聖山研究所所長范亞峰說，內容失真，因為數據取自官方三自教會（自治、自傳、自養），未提家庭教會，政府不承認家庭教會，而這一塊的信徒最多，估計約 5,000 萬人，加上官方公布的 2,305 萬，若加上天主教徒 1,000多萬，中國基督徒總數應在 7,000 至 8,000 萬人，是公認的數字[46]。但相較於更早在 2004 年估計的中國有 9,000 萬基督教人口，這數字算是保守的[47]。

有關基督徒的年齡層和信仰動機，范亞峰批評 2010 年版《宗教藍皮書》存有偏見。不僅在農村，北京、上海、廣州等地的城市教會也有 10 多年的快速發展，北京家庭教會基督徒的平均年齡不到 40 歲，這些實情都未寫入調查報告；對於近 7 成基督徒出於「自己或家人生病」而信教的說法，范亞峰更是極力駁斥，「精神生活」才是信仰的主因[48]，人有靈性，有精神需求，不可能長久生活在僵化的共產主義教條之下。

---

45 馬麗，〈2010 年《宗教藍皮書》：中國基督徒總體估計為 2305 萬〉《中國民族新聞網》2010年 8 月 24 日 http://minzu.people.com.cn/GB/166717/12529764.html 下載 2016.11.22。

46 〈范亞峰指《宗教藍皮書》局限性大 家庭教會未被認可〉《基督日報》2010 年 8 月 20 日 http://www.gospelherald.com.hk/mobile/article.htm?id=311&code=chi#.V53sNPl97IU 下載 2016.11.22。引自范亞峰接受《澳洲廣播電台》（Radio Australia）針對中科院發布《宗教藍皮書》的回應。

47 林克倫，〈壓不住大陸基督教開枝散葉〉《中國時報》2004 年 12 月 17 日，頁 A13。

48 〈范亞峰指《宗教藍皮書》局限性大 家庭教會未被認可〉。

中共官方為何壓低基督徒人數，並刻意將其定位在教育低和高齡層範圍？其動機可能是，證明基督教在中國的發展有限，不足以成為社會主流，更不可能撼動中國的人口與文化結構；或是隱藏其內心的真正焦慮，在共產黨之外，出現一個信仰一致，不願在教條生活下的新興巨大群體，以至難以掌控。中共宗教事務局官員曾多次公開警告，天主教對於波蘭政局變化所產生的決定性影響，正好反應這種焦慮的心態。

　　1989 年，教宗若望・保祿二世（Ioannes Paulus II, 1920-2005）在波蘭激發了第 1 波東歐人民脫離共產主義的熱潮，引發波蘭共產政權垮台。其他東歐各共產政權，如匈牙利、東德、捷克、保加利亞、羅馬尼亞、南斯拉夫等，隨即像骨牌般的先後倒下。1991 年底，前蘇聯也宣告解體，於是結束了 1945 年以來的全球冷戰。四分之一世紀以來，北京深深的警惕防範遭遇類似的命運。

　　范亞峰生動描繪官方教會就像國營企業，家庭教會則是 1980 年代的私有經濟，當局不予承認，卻容忍它的運轉 [49]。僵化的宗教管理制度如果不改，家庭教會被公開承認的可能性實在不高。目前推動家庭教會往前，主要靠教會內部建設和中國社會公民維權運動，如臨深淵，如履薄冰。楊鳳崗為此呼籲，目前最緊迫的宗教改革，是真正實行宗教自由。為了社會倫理道德，也必須為宗教組織鬆綁。

　　中國著名宗教哲學學者何光滬，自早年便信奉基督教。1977 年上大學之前，朋友半開玩笑地稱他「清教徒」。他對傳教士在中國社會的歷史貢獻如數家珍：辛亥革命前後，天主教和新教傳教士在中國各自興辦幾千所中小學，以及中國最早的 10 幾所大學。傳教士創辦當時中國幾乎所有現代化醫院。中國現代新聞出版事業也是經由傳教士引進而建立。傳教士翻譯出版的自然科學和社會科學書籍，遠遠超過宗教書籍。基督教對中國現代化有過貢獻，是中國

49　〈范亞峰指《宗教藍皮書》局限性大 家庭教會未被認可〉。

社會的正能量，卻在文革時期遭到全面抹殺。如今在中國社會轉型過程中，基督教為人提供希望，容忍社會的不公，使社會矛盾不致引爆。「更重要的是，它可以抑制社會道德的滑坡。有很多調查可以證明這點[50]。」

米蘭敕令

何光滬的夫人是著名宗教社會學學者高師寧。她曾對企業家的商業道德做過調查，發現有信仰的人雖非聖賢，卻比沒有信仰的企業家，更能善待員工，更講誠信，更熱衷於慈善事業。多年前，浙江一些基督徒企業家為自我約束，準備簽署 3 項承諾：一不拖欠工資、二不做假賬、三不包二奶。當時政府要維穩，嚴禁基督徒聚眾開會，飯店和旅館都不敢接待他們，這群基督徒企業家被迫到遊覽車開會[51]，完成他們的誓言。

米蘭敕令

米蘭敕令（英文：Edict of Milan），是羅馬帝國皇帝君士坦丁一世和李錫尼在 313 年於義大利的米蘭頒發的一個寬容基督教的敕令。此詔書宣布羅馬帝國境內有信仰基督教的自由，並且發還了已經沒收的教會財產，亦承認了基督教的合法地位。米蘭敕令標誌著羅馬帝國的統治者對基督教從鎮壓和寬容相結合的政策轉為保護和利用的政策。資料來源：台灣 Word http://www.twword.com/wiki/%E7%B1%B3%E8%98%AD%E6%95%95%E4%BB%A4 下載 2016.11.23。

作為一名學者，何光滬深刻感受學術界對基督教的態度，從 30 多年前的敵對和批判，逐漸走向理性和中立，進而出現理解與同情。基督教在中國雖快速發展，但其重要性和影響力，和基督徒的人數增長不成比例，明顯不同於香港，後者以上層菁英居多。香

---

50 蔣保信，〈何光滬：基督教是正能量〉《共識網》2014 年 10 月 17 日 http://www.21ccom.net/articles/thought/zhongxi/20141017114811_all.html 重新下載 2016.11.22 已無法瀏覽。另見《壹讀》2016.2.19 原文轉載於 https://read01.com/DRJ3R8.html 下載 2016.11.22。

51 蔣保信，〈何光滬：基督教是正能量〉。

港基督徒占總人口不及 5%，但香港近一半中小學由教會籌辦，包括養老院、孤兒院、幼稚園和傷殘復健醫院等社會服務領域，教會付出最多，廣受好評。何光滬說，當局若能妥善處理家庭教會（就新教而言）和地下教會（就天主教而言）等問題，「承認所有教會的合法性，允許其所有不違法的活動 [52]，」基督徒將對中國社會產生更大的積極作用。

楊鳳崗說，信仰的時代正在來臨。2014 年，他說過去 40 年來，中國基督徒人口以每年 10% 速度增加，未來若以 7% 速度計算，2025 年將達 1.6 億超過美國，而 2030 年，將達 2.47 億 [53]。他樂觀估計，屆時中國將成為基督徒最為眾多的國家。此言一出，中國國家宗教事務局原局長葉小文深不以為然，認為預測方法不科學，明顯誇大，沒有意義。這種反駁，似乎反映官方對基督教迅速發展的內在恐懼。

浙江省溫州市向有「中國耶路撒冷」之稱。2014 年 2 月，溫州掀起教堂十字架被拆除風暴。4 月，此類官方行動愈演愈烈，永嘉地區 1 整所教堂被強行拆除後，民怨沸騰 [54]。浙江省委書記夏寶龍如此的「維穩行動」卻是「越維越不穩」。據說，原先夏指示只拆教堂頂端十字架，下層人員執行過份竟然拆卸整座教堂，之後又恢復只拆十字架。至 2015 年 8 月，浙江省已有上百個戶外十字架被拆除，然而逼出成千個戶內十字架 [55]。然而，夏寶龍的「維穩行動」在全國「獨樹一支」，並未擴散至其他地區 [56]。是否為中央懷疑境外勢力滲透而做的選擇性的打壓？尚待觀察。但中國基督教的

52　蔣保信，〈何光滬：基督教是正能量〉。

53　Tom Phillips, "China on course to become 'world's most Christian nation' within 15 years" *Telegraph* April 19, 2014 http://www.telegraph.co.uk/news/worldnews/asia/china/10776023/China-on-course-to-become-worlds-most-Christian-nation-within-15-years.html accessed August 24, 2014.

54　亓樂義，〈溫州三江教堂被拆 中國整肅宗教前兆？〉《風傳媒》2014 年 5 月 2 日 http://www.storm.mg/article/30658 下載 2016.11.23。

55　筆鋒，〈浙江拆十字架 維穩思維作祟〉《亞洲週刊》2015 年 8 月 9 日，頁 6。

56　江雁南、鄒思聰，〈浙江省拆十字架風暴 夏保龍 vs 百萬基督徒《亞洲週刊》2015 年 8 月 17 日，頁 27；筆鋒，〈浙江拆十字架 維穩思維作祟〉。

成長顯然並未因此頓挫。

　　基督徒的快速增長，是以中國社會平穩發展為前提。若期間出現宗教收緊政策，估計也是翻來覆去，難以持久。對於佛教和道教的發展是否對基督教產生排擠作用？楊鳳崗認為影響不大，「因為傳統宗教被商業和權力侵蝕嚴重，而基督教對於這類侵蝕的抵抗力相對較強[57]。」他樂觀認為，如果基督徒的增長乃大勢所趨，即使遇到政府的強力打壓，是否也能很快在中國看到「米蘭敕令」式的轉折時刻？

中梵建交？

　　2013 年 5 月，習近平在北京接見俄羅斯東正教大牧首基里爾一世（Patriarch Kirill I）[58]。

　　「無神論統治下的中共領袖接見俄羅斯東正教大牧首。史無前例。這是北京和天主教教宗對話的先兆嗎？[59]」當時，世界天主教中心梵諦岡的官方新聞如此說，透露了它對中梵關係進展的期盼。

　　東正教與梵蒂岡皆為天主教，於公元 1054 年分家。對中共而言，兩者類似。習見一後，見二便可能。

　　3 年過了。2016 年 7 月，《路透社》報導：北京與梵蒂岡 4 月已成立工作小組，商討移除中梵建教的 2 項障礙[60]。

57　楊鳳崗，〈中國基督徒增長辨析〉《金融時報中文網》2014 年 5 月 4 日 http://m.ftchinese.com/story/001056046 下載 2016.11.22。

58　Chen Weijun," Xi Jinping and state media praise Kirill during his visit to Beijing" *Asia News* May 13, 2013　http://www.asianews.it/news-en/Xi-Jinping-and-state-media-praise-Kirill-during-his-visit-to-Beijing-27908.html accessed February 25, 2015.

59　Gianni Valente, "Patriarch Kirill pays historical visit to China" *Vatican Insider* May 11, 2013 http://vaticaninsider.lastampa.it/en/ accessed February 25, 2015.

60　Lisa Jucca, Benjamin Kang Lim and Greg Torode, "The Church and China" *Reuters* July 14, 2016 http://www.reuters.com/investigates/special-report/china-vatican/ accessed November 24, 2016.

- **主教任命**。長年以來,梵蒂岡堅持中國境內主教必須由它任命,而北京堅持自己任命中國主教。據說目前雙方已達成協議:北京提出主教人選送交由梵蒂岡否決或同意,之後正式任命。這安排類似已實行的「越南模式」,但程序正好相反。越南主教人選由梵蒂岡提出,由越南否決或接受。雖然,越南與梵蒂岡迄今尚未建交。

- **赦免被逐者**。中國有109位主教。其中8位只得北京冊封,未得到梵蒂岡認可。他們形同被逐出教會。據說教宗方濟各已同意赦免。最方便的時間是在天主教50年一度「大赦年」(Jubilee of Mercy)的2016年12月8日結束之前。

梵蒂岡是引動推翻前蘇聯和東歐共產政權的力量,中共對它極為忌憚,惟恐被天主教滲透推翻。何況,馬克斯說:「宗教是群眾的鴉片。」列寧更是無神論信徒。信奉馬列主義的中共為何謀求與天主教中心交往?

前任教宗本篤曾試圖接觸北京未果,並認為雙方對任命中國主教的立場是「無法和解」的矛盾。為何現任教宗方濟各對之前的立場妥協?

- **2位非典型領袖同時就任**。習近平於2013年3月就任國家主席,同月教宗方濟各就任。方濟各恭賀習,習回函感謝。不同於中共歷任領導,習近平年輕時曾接觸過宗教。

方濟各破除教廷千年來的繁文縟節,樸素謙卑大愛無疆。在他們領導下,以往不可能的變成可能了。

- **習重視心靈的維穩功能**。習近平知道,只靠法律和武力無法長期維持社會穩定。如之前所提過的,他2014年後,已3次公開推崇被毛澤東鬥倒的孔子。2016年4月,他破天荒的召開15年來第1次全國宗教會議,並肯定宗教

「維持社會和諧」等的功能。而且，中國境內基督徒人口快速提升，每年成長 10%，已達 7,000 萬，不可忽視。中梵建交有助於國家的穩定。

- **習爭取國際影響的功能。**中梵建交將提升中共大國形象，軟化西方對北京漠視人權的指責，沖淡文革留下的暴政野蠻印象。

- **方濟各為了眾多信徒的心靈，跨越教廷傳統原則。**2014年8月，教宗方濟各在離開南韓的飛機上接受訪問，被問到他是否想去中國。他說：「當然。我明天就可以去！[61]」之後，他已3次公開表達訪中的強烈意願。2016年2月，他還盛讚中國文化。他說：中國「不僅是一個偉大的國家，還是一個偉大的文化，有著無窮盡的智慧[62]。」不顧別人批評他放棄教會立場，為了大陸百萬信徒，爭取保障，施予慰籍，他積極向前。

中梵建交，雖然困難重重，它的實現恐怕只是時間的問題。對台灣而言，一旦中、梵建交，台灣應爭取 AIT 模式，若有兩岸互信和溝通管道，可能性更高[63]。

與基督教相較之下，佛教在中國的發展淵遠流長。從公元前 2 年西漢哀帝博士弟子秦景先（景盧），受大月氏國王使者伊存口授《浮屠經》，作為佛教初傳中國算起，迄今（2017 年）已有 2019 年歷史。魏晉南北朝至隋唐 2 代，堪稱中國佛教黃金時期，不論大乘小乘，一度出現 13 個宗派。而元、清 2 代又以密宗佛教為國教。

61 Elizabetta Povoledo, "Pope, on Jet, Ranges from Iraq to China to Retirement" *Internatinal Herald Tribune* August 20, 2014 p.4.

62 Francesco Sisci, "Pope Francis urges world not to fear China's rise" *Asia Time* February 2, 2016 http://www.prnewswire.com/news-releases/asia-times-exclusive-pope-francis-urges-world-not-to-fear-chinas-rise-in-interview-with-at-columnist-francesco-sisci-300213640.html accessed November 24, 2016.

63 林中斌，〈為何梵蒂岡北京商議建交？〉《聯合新聞網》2016 年 8 月 24 日 http://udn.com/news/story/7340/1915171 下載 2016.11.21。

明朝因太祖朱元璋曾入廟為僧，立朝後亦規範僧侶、重視佛教。反觀印度佛教，因婆羅門教和回教徒的先後迫害在 13 世紀消亡，中國則以大乘佛法得以弘揚和發展，歷久不衰。上世紀末以來，流亡全世界的藏傳金剛乘佛教，出口轉內銷，進入中國大陸知識分子、企業家和高層共黨幹部階層，方興未艾。2015 年 1 月，在北京的英國國家廣播電台（BBC）對此曾做深度報導[64]。據美國民調機構皮尤研究中心（Pew Research Center）調查報告，2010 年全球佛教徒約 4.88 億人，其中半數在中國大陸。

習近平全家的佛緣

文革期間，佛教寺廟遭到大規模摧毀。以北京為例，寺廟曾達 2,666 座，文革風暴過後，得以倖存和修復較為完好的寺廟不及 200 座，其他省市慘況類似。直到改革開放逐步復甦。為掌握全國寺廟的具體動態，國家宗教事務局從 2014 年 4 月至 2015 年底，分批實地調查，確認全國寺廟總數 33,652 座，浙江以 4,057 座居冠，福建次之 3,396 座，江西第三 3,260 座。以每百萬人擁有寺廟數量計算，西藏與青海分占 1、2 位，乃宗教盛行使然。然而，浙江與福建寺廟之多，包括道觀也以浙江和福建分占 1、4 位，均遠超過其他省分[65]。這固然和「東南佛國」的歷史淵源有關，更重要的是政府的鼓勵。習近平在浙江和福建任職前後 22 年，是他從政厚積薄發的重要階段，有所作為也是預料中事。

有 1 則故事，或許可以說明習近平對宗教的態度。某年，習近平在福建任內，坐竹筏考察閩北，突然 1 條小鯉魚躍上竹筏，落在習的腳邊。他拾起小鯉魚裝入塑膠袋，隨從脫口而出，今天有魚

---

64 John Sudworth, "China's Super-Rich Communist Buddhists" **BBC News** January 29, 2015 http://www.bbc.com/news/magazine-30983402 accessed August 25, 2016.

65 陳璐，〈哪裡最愛修廟？中國寺廟、道觀數量大起底〉《新京報網》2016 年 4 月 29 日 http://www.bjnews.com.cn/graphic/2016/04/29/401880.html 下載 2016.11.22。

湯喝了。誰也沒想到，竹筏靠岸後，習彎下身，小心翼翼把鯉魚放生了[66]。佛教戒律的第一條是「不殺生」，習近平未曾公開表明他是佛教徒，但他的放生，確實帶來一些聯想。前文提到，習近平早年任職河北省正定縣，曾幫助重建當地有禪宗5大流派之一臨濟宗的祖庭臨濟寺；後在福州任職，管轄區域又是300多年明末清初臨濟宗的高僧隱元禪師的故鄉，這些巧合似乎顯得習近平與禪宗特別有緣。

2006年4月，中國政府在浙江杭州和舟山舉行首屆「世界佛教論壇」。許多人不敢相信。無神論的共產黨居然如官方所稱要「護持佛教」，為「統戰」嗎？但是參加論壇的1,000多位宗教人士來自34國家[67]，不只有台灣而已。顯然，統戰的解讀雖不能排除，但不足以解釋其舉辦動機的全象。後來筆者（中斌）多方探詢，才得知向胡錦濤爭取舉辦此論壇的人是：浙江省委書記習近平。其名個人當時並不熟悉。幕後的原因是：其夫人彭麗媛為佛教徒，拜藏傳師。然而為何習要尊從夫人的意見，而與共黨唯物論的信念相悖？仍不得解。問題要等到2010年才得到進一步答案。

根據2010年12月，德國《明鏡週刊》引述《維基解密》的訊息：習近平在地方歷練時「一度迷上佛教和氣功，相信超自然能力[68]。」對此疑團，再得到進一步抽絲剝繭的探索，要等到2年之後，當筆者讀到2011年楊中美所著《習近平》中的一段回顧時：

「一九八二年至八五年，習近平在河北正定縣主政，結交作家柯雲路。柯以習在正定的事蹟為藍本編成電視連續劇《新星》，收視率達百分之九十二。柯篤信特異功能。受柯影響，習開始練氣

66　沙門惜福，〈習近平主席放生小鯉魚〉《沙門惜福的博客》2014年1月3日 http://blog.sina.com.cn/s/blog_4b35dbdb0102er90.html 下載 2016.11.22。

67　Benjamin Kang Lim, "Disputed Panchen Lama defends China on religion" *Reuters* April 13, 2006 http://www.buddhistchannel.tv/index.php?id=46,2551,0,0,1,0#.WDWP9NV97X4 accessed November 23, 2016.

68　Claude Arpi, "Xi Jinping in Wikileaks" *Claude Arpi* December 20, 2010 http://claudearpi.blogspot.tw/2010/12/it-is-surprising-that-us-cables.html accessed July 18, 2016.

功，看佛書 [69]。」

2011 年 3 月，筆者（中斌）在訪問德蘭沙拉時並見達賴喇嘛。談及北京許多政要的親人對佛教有興趣，達賴喇嘛說：「彭麗媛已不再否認她是佛教徒。」

根據達賴喇嘛 2014 年所接受《路透社》的訪問，習近平母親也是佛教徒 [70]。父親習仲勛 1949-1952 任職西北軍負責西藏事務時，善待藏民。1954 年習仲勛與前赴北京的達賴結緣，並獲贈名錶。他之後長年配戴，居然不忌諱 1959 年逃亡的達賴喇嘛可能帶給他的政治困擾 [71]。2012 年，達賴在訪問中回憶：「我們只送錶給有好感（close feeling）的人。而他（習仲勛）很友善、較開明、很謙和（very friendly, comparatively more open-minded, very nice）[72]。」習老與班禪喇嘛也是好友，並於 1989 年 2 月 20 日《人民日報》撰文悼念其過世：「深切懷念中國共產黨的忠誠朋友班禪大師」。

從父母到妻子到自己，習近平與佛教結緣甚深。他自然和秉持馬列主義唯物論、認為「宗教是群眾的鴉片」的中共過去的領袖內心想法大不相同。

但是他接國家領袖大位，必須對此敏感議題保持緘默，而且寧左勿右。是以，2011 年 7 月他訪拉薩時表示將堅決打擊「達賴分離集團」。雖然在適當機會下，習近平偶爾會顯露其內心的認知。2008 年 3 月 14 日拉薩暴動。8 月奧運前，身兼奧運負責人的習近平說：對於「拉薩騷亂」等「奧運雜音」，應以「平常心」看待。這

69　楊中美，《習近平：站在歷史十字路口的中共新領導人》（台北：時報文化出版社，2011 年 11 月），頁 103。

70　"Dalai Lama Says China Hardliners Hold Back Xi Jinping On Tibet Autonomy" **Reuters** December 17, 2014 http://www.ndtv.com/world-news/dalai-lama-says-china-hardliners-hold-back-xi-jinping-on-tibet-autonomy-714311 accessed April 25, 2016.

71　Benjamin Kang Lim and Frank Jack Daniel, "Does China's next leader have a soft spot for Tibet?"**Reuters** August 31, 2012 http://www.reuters.com/article/us-china-tibet-xi-idUSBRE87T1G320120831 accessed July 5, 2016.

72　Benjamin Kang Lim and Frank Jack Daniel, "Does China's next leader have a soft spot for Tibet?".

跟中共其他官員稱達賴是「人面獸心」及「披羊皮的狼」成強烈對比 [73]。

2014 年 3 月 27 日習近平以國家元首身分，首度出訪位於巴黎的聯合國教科文組織總部發表演講，以相當篇幅闡述中國佛教，以及世界 3 大宗教（佛教、伊斯蘭教、基督教）融入中國文化而受到世界矚目。他還以新的歷史高度闡明中華文明不僅在中國產生，更與其他文明交流互鑒而逐漸形成，充滿活力與包容，不存在「文明衝突」，可以實現文明和諧 [74]。

道德重建

習近平 3 月 27 日當天在巴黎，就中法建交 50 周年紀念大會也發表類似談話，他引用拿破崙的話說，「中國是一頭沉睡的獅子，當這頭睡獅醒來時，世界都會為之發抖。」如今，「中國這頭獅子已經醒了，但這是一隻和平的、可親的、文明的獅子 [75]。」這番論述充滿理想色彩，在現實國際社會能發揮多大作用不得而知，但眼下至少得到西藏精神領袖達賴喇嘛的讚賞。

習近平 3 月結束訪歐行程，達賴喇嘛 5 月參訪挪威國會。達賴在下榻的酒店會見流亡藏人和相關團體時，高度讚揚習近平的反腐決心和在巴黎發表「中國文化復興佛教擔當大任」的言論。其實，習近平在中法建交 50 周年紀念大會演說並無「佛教擔當大任」一說，那是佛教界人士自我期許的一種解讀。達賴喇嘛寄予厚望，「覺得中國文化，尤其是當今中國社會的道德淪喪，而這種道德的

73　〈習近平：以平常心看待奧運雜音〉《鳳凰網》2008 年 06 月 25 日　http://2008.qq.com/a/20080625/000092.htm 下載 2016.11.24。

74　〈習近平在聯合國教科文組織總部的演講（全文）〉《新華網》2014 年 3 月 28 日 http://news.xinhuanet.com/world/2014-03/28/c_119982831_2.htm 下載 2016.11.22。

75　〈習近平在中法建交 50 周年紀念大會上的講話（全文）〉《新華網》2014 年 3 月 28 日 http://news.xinhuanet.com/world/2014-03/28/c_119982956_3.htm 下載 2016.11.22。

重建，佛教的信仰會起到很大的作用 [76]。」更早在 2014 年 2 月，達賴喇嘛接受《時代雜誌》訪問時，提到習近平時說過：「他對付貪腐的問題，勇敢、無畏，而且相當有效 [77]。」

中國佛教徒和基督教的受浸儀式不同，正式皈依佛門的不及 2,000 萬人，其餘並無正式皈依。信眾大致分為 3 類：一是精英階層，大多由佛教、文化、學術、藝術、教育等界知識分子組成，約數 10 萬人。他們把信仰與傳統文化結合，推崇以佛治心，致力於社會服務，後發潛力十足。二是實力階層，見於各行大小企業界人士，有數百萬之眾，信仰從感性趨向理性，慷慨解囊，不遺餘力，但有不少因金錢腐蝕的負面影響而受指責。三是草根階層，以城鄉市民和農民為主，人數上億，信仰感性，有濃厚的積德向善、祈福避禍心理，逐漸走向年輕化，是中國佛教最為廣泛的社會基礎 [78]。

其實，正確的佛教信仰（正信）僅限於少數山林高僧和居士菁英所專有，民間的正信始終未能普及。一般民眾大多在儒道釋 3 教混雜信仰的觀念中生活，追求財富權力與愛情，花錢避禍，迷信命相風水，均非佛教精神。但相信生死輪迴，善惡報應，進而鼓勵人們積極向善去惡，是正信佛教有助社會安定的作用。此一觀念，對於千百年來中國民心的影響至大且深，實在無法估計 [79]。

佛教進入中共上層

2006 年 4 月，星雲大師在上海與江澤民會晤，相談甚歡。之

76　〈尊者稱習近平「佛教復興中國文化」之論〉《達賴喇嘛西藏宗教基金會資訊網》2014 年 5 月 12 日 https://www.tibet.org.tw/news_detail.php?news_id=6183 下載 2016.11.22。

77　Elizabeth Dias, "Exclusive: The Dalai Lama Talks Pot, Facebook and the Pope With TIME" *Time* February 19, 2014 http://time.com/8648/dalai-lama-tibet-facebook-pot-pope/ accessed August 25, 2016.

78　王志遠，〈中國佛教報告 積極穩健的 2010 中國佛教〉《佛教線上》2011 年 8 月 4 日 http://www.fjnet.com/fjlw/201108/t20110804_183360.htm 下載 2016.11.22。

79　聖嚴法師，〈佛教對於中國的貢獻是甚麼？〉《正信的佛教》取自《報佛恩網》http://www.bfnn.org/book/books/0014.htm 下載 2016.11.22。

後，應江澤民之邀，2 人再度於上海見面。2 人暢談佛學，江澤民興起，把「瑜珈焰口」裡的 1,200 字的「召請文」當場從頭到尾背誦一遍，令星雲感慨不已[80]。其實，江澤民經常走訪寺廟，燒香拜佛，「表情很虔誠」[81]。他這類活動從 1991 年開始陸續便有媒體報導。2001 年 11 月 5 日，江澤民去了河北趙縣柏林禪寺。他對明海法師說：「你剛才講的坐禪，我在一九五七年大煉鋼鐵時，胃出血，練習靜坐，三個月就好了。不得了，可以入靜啊[82]！」

2007 年 10 月，達賴喇嘛在美國華府智庫布魯金斯演講時說，「前中共全國人大委員長李鵬的保鑣告訴他，李鵬越來越信奉宗教[83]。」就常理判斷，李鵬所信的應是佛教，也很可能是受其女兒影響。眾所周知的是，李鵬的女兒李小琳篤信藏傳佛教多年，受戒法名「格丹央金措姆」[84]。2015 年 7 月，李鵬病危，李小琳特地去內蒙古寺院為父親求佛延壽[85]。

2015 年 2 月，《BBC》記者沙磊（John Sudworth）在〈達賴喇嘛受中共富豪佛教徒崇拜〉的報導中，提到北京有些佛教俱樂部，請藏傳僧人來講經，會員是商人和黨的官員[86]。他在中共前官員、現任「亞太交流與合作基金會的副主席」的蕭武男家中採訪，親眼看到中共菁英家中的佛壇上供奉賴喇嘛的照片。據其報導，蕭

80 紀碩鳴，〈百年佛緣，星雲穿梭兩岸〉《亞洲週刊》2012 年 12 月 2 日，頁 74。

81 蕭湘浪人，〈九華山朝佛 江澤民挑戰胡溫！〉《大紀元》2004 年 6 月 16 日 http://cn.epochtimes.com/b5/4/6/16/n570120.htm 下載 2016.11.29。

82 蕭湘浪人，〈九華山朝佛 江澤民挑戰胡溫！〉《明報》2002 年 6 月 20 日 http://www.sd-online.com/big5/news/2002/6/20/2016.htm 下載 2003.11.6。

83 〈達賴爆料：李鵬害怕死亡 現已信奉宗教〉《看中國》2007 年 10 月 20 日 http://www.secretchina.com/news/b5/2007/10/20/215788.html. 下載 2016.11.29。

84 〈港媒：李小琳拜佛 受戒法名「格丹央金措姆」〉《阿波羅新聞網》2015 年 7 月 26 日 http://www.aboluowang.com/2015/0726/589669.html 下載 2016.11.27。

85 〈李小琳遁入佛門求大師為父李鵬祈福延壽〉《博聞社》2015 年 7 月 26 日 http://bowenpress.com/news/bowen_7802.html 下載 2016.11.29。

86 沙磊（John Sudworth），〈達賴喇嘛受中共富豪佛教徒崇拜〉《BBC 中文網》2015 年 2 月 3 日 http://www.bbc.com/zhongwen/trad/china/2015/01/150129_tibetan_budhism_xiao_wunan 下載 2016.11.27。

與習近平為世交。記者指出，在藏區人民家中供奉達賴照片會惹來危險，而在北京中共菁英家中擺陳反而沒事。

多元佛教

佛教因深植於中國傳統文化，比其他教派更有機會成為中華復興的主要載體。曾經說過：「宗教不是鴉片，而是人類的基本特徵[87]」的魏德東教授，也是中國人民大學哲學院副院長、國際佛學研究中心主任。他說，改革開放以來，中國佛教事業出現多元類型發展[88]：

文化型側重佛教文化的研究、普及與傳播。如北京廣化寺、廣州大佛寺和河北柏林禪寺等，創建佛學院與佛教文化研究所，成立佛教公共圖書館，舉辦佛學培訓班，重印佛家經典，開設生活夏令營等，廣受大眾喜愛，並帶動整個僧團新的發展模式。

產業型以河南少林禪寺最具代表。少林功夫揚名國際，少林武館遍及全球。曾幾何時，少林寺在文革結束時殘破不堪，剩下10幾位和尚，受戒老僧只有4人，以行正方丈授徒最多，釋永信就是當年行正的徒弟。1987年行正圓寂，釋永信接任少林寺管理委員會主任，1999年榮膺方丈。少林寺商業化在他手上達至頂峰，經營事業跨及45個類別，取得200多項商標專利。產業模式雖淡化宗教色彩，甚至因過度商業化而引來詬病，但它畢竟擴大佛教影響力。

清修型以山林清修為特色，如山西五台山普壽寺，從10幾年的一座茅草庵發展至今常住比丘尼夏季達600人以上，招收居士培訓班名額100人，往往吸引2,000多人報名，反映現代社會大眾對

87　王新毅，〈宗教學者魏德東：宗教不是鴉片 而是人類的基本特徵〉《基督時報》2015年3月11日 http://www.christiantimes.cn/news/17033/ 下載 2016.11.25。

88　魏德東，〈中國佛教的多元類型〉《中國民族宗教網》2010年9月19日 http://www.mzb.com.cn/html/report/143133-1.htm 下載 2016.11.22。

清修的渴望，市場需求有增無減。

　　居士型是從傳統修習佛法的在家居士，發展成為具有現代組織性質的居士林，古時稱為蓮社或念佛會等結社組織。第 1 個佛教居士林 1918 年在上海成立。居士學養深厚，具有強烈改革意識，並與工商界結合，成為近代中國佛教改革的先驅。目前上海居士林以舉辦大型弘法活動、寧波居士林到監獄傳布佛法、合肥居士林籌建佛慈診所等廣受社會好評。中國佛教主體至今仍是出家僧團，但居士佛教深具潛力，有可能成為今後中國佛教的主流 [89]。

高山修行勝地

　　四川省甘孜藏族自治州色達縣喇榮鄉海拔 3,700 多公尺，年平均氣溫在零度以下，氣候和生存條件都極為惡劣 [90]。1980 年，中共文革後，推行恢復宗教政策下，成立最早的修行據點，開始只有 32 位藏傳佛教學員進駐修行 [91]。1987「五明學校」成立，1992 年改名「五明佛學院」，1997 年四川省宗教局正式批准成立。「五明佛學院」逐漸發展成規模浩大的僧團聚會，成為「全球最大的藏傳佛學院 [92]」。另一說，1993 年被美國《世界報》稱「五明佛學院」為「世界上最大的佛學院」[93]。2000 年僧侶達 1 萬人。據一項 2015 年報導，近年來，常駐僧團有 4 萬人 [94]。而每年 4 次法會由各地來參加的多至 30-40 萬人，蔚為奇觀 [95]。

89　信願居士，〈何勁松：居士或將成為今後中國佛教的主流？〉《念覺學佛網》2014 年 6 月 22 日 http://nianjue.org/article/22/216480.html 下載 2016.11.22。

90　李杰夫，〈震撼人心的色達喇榮五明佛學院〉《旅遊最新》2015 年 4 月 23 日 http://grinews. com/news// 下載 2017.4.27。

91　李杰夫，〈震撼人心的色達喇榮五明佛學院〉。

92　〈色達喇榮寺五明佛學院〉《維基百科》https://zh.wikipedia.org/wiki/ 下載 2017.4.28。

93　〈色達喇榮寺五明佛學院〉《維基百科》。

94　Christian L.," Larung Gar, Home to 40 000 Monks and Nuns" *Unusual Traveler* September 12, 2015 http://unusualtraveler.com/larung-gar/# accessed May 3, 2017.

95　筆者中斌微信訪問長駐南京的五明佛學院學員孔藝婷，2017 年 3 月 23 日。

▲ 五明佛學院。全球最大藏傳佛學院。位於四川省，甘孜藏族自治州，色達縣的喇榮。圖片出處：由 BODHICITTA from cheng du shi, china - Larung Gar Five Sciences Buddhist Academy 2014, CC BY 2.0, https://commons.wikimedia.org/w/index.php?curid=49547897下載2017.7.31

　　雖然達賴喇嘛遭受中共打壓，但藏傳「五明佛學院」本身未太受波及，30 多年來持續擴大發展。2000 年後，中共零星的數度拆除「五明佛學院」之外搭建的簡陋修行木房。2016 年 7 月，中共開始大規模拆除「五明佛學院」之外的僧舍，此舉引起國際的譴責 [96]。而且，非四川籍的學員要陸續遣返原籍 [97]。2017 年春，法會全部停止，拆除工作又再開始，採分段進行，每次拆除 2,500 房，最後目標為保留 5 千僧尼房 [98]。國際未報導的是：當局同時提供其他 4 處修行地點，以供疏散在五明佛學院的僧眾。它們是：色達 2處（熱旦、白瑪），青海 1 處（扎），甘孜 1 處（呷瑪）[99]。

96　Edward Wong, "Tibean Groups Upset Over China's Demolition Work at Buddhist Institute " *New York Times* July 27, 2016 https://www.nytimes.com/2016/07/28/world/asia/china-tibet-larung-gar-sertar. html?_r=0 accessed May 3, 2017.

97　携程，〈色達真的要拆了還是另有隱情？真相竟然是……〉《微信》2017 年 4 月 10 日 https:// mp.weixin.qq.com/s/7jRWeJaqT4NBpzti-HHjfg 下載 2017.5.4。

98　孔藝婷，2017 年 3 月 23 日。

99　筆者中斌微信訪問長駐南京的五明佛學院學員孔藝婷，2017 年 5 月 1 日。

當地的實情是：簡陋的修行木房群，沒有自來水，缺乏衛生環境而且常發生火災，需要規範[100]。將來要建消防通道，自來水管，鋪設電纜[101]。曾在佛學院學習的居士統計過，近年來，學院內已經發生大大小小 9 起火災，包括 2014 年 1 月 9 日的火災，燒毀 150 間僧舍[102]。中共官方的說法是：「消防設施滯後、衛生防疫艱難、地質災害突出、人員管理混雜、亂搭亂建嚴重。[103]」

　　親官方的媒體報導：「佛學院內生活區垃圾和廁所散亂，從旁邊走過，陣陣臭味撲鼻而來，特別是在炎熱夏季，極易滋生細菌，一旦爆發疫情不堪設想；學院沒有學員名冊檔案、沒有門禁系統、沒有監控設備，遊客、民眾、僧人、居士各色人等進出自由，相互交織，流動人員混雜，偷盜事件時有發生。有遊客回憶，到五明佛學院旅遊時曾住在賓館裡，半夜遇到有陌生人猛敲門，很長時間都沒有人制止，非常害怕。[104]」

　　2016年以來，中共限制漢人進駐修行。民間也有說法是中共顧慮漢人參與浩大的法會可能有政治目的。佛學院副院長慈城羅珠堪布，在2016年7月當局公布拆遷計劃後，曾勸信眾不要驚慌，「現在許多人可能覺得這是五明佛學院的末日，但到底是不是末日，4、5年後再回頭看一看便可得知[105]。」

　　2017年1月，「五明佛學院」的網站上有文字稱，「為解決很多人的食宿和學修之急需，經政府部門批准，學院相關負責人商量

---

100 筆者中斌內人微信訪問常住四川但不願具名的友人 F 女士，她正在色達旅遊，2017 年 4 月 30 日。

101 F 女士，2017 年 4 月 30 日。

102 趙釗，〈色達五明佛學院被「強拆」？國外分裂勢力造謠〉《鳳凰網》2016 年 8 月 10 日 http://fo.ifeng.com/a/20160810/44434976_0.shtml?_share=weixin&from=singlemessage 下載 2017.5.4；"Fire destroys 100 residences at the Larung Gar Buddhist" *Radio Free Asia* January 9, 2014 http://www.buddhistchannel.tv/index.php?id=46,11739,0,0,1,0#.WQLxuFWGPX4 accessed April 28, 2017.

103 以沐，〈走進色達（後記）關於佛學院紅房子被拆的最新情況〉《資訊》2017 年 1 月 24 日 https://kknews.cc/zh-tw/news/595bl43.html 下載 2017.4.28。

104 趙釗，〈色達五明佛學院被「強拆」？國外分裂勢力造謠〉。

105 〈全球最大藏傳佛學院　四川喇榮五明佛學院僧舍　再遭中共強拆〉《立場報導》2016 年 7 月 22 日 https://thestandnews.com/china/ 下載 2017.4.27。

之後，決定修建一所綜合性建築。」同時，官方宣稱有計畫：「改造基礎設置，比如完善消防通道、旅遊道路、集中供水、安全用電、垃圾處理等。另外，這裡的僧眾也會得到更妥善的安置，對符合條件的轄區僧眾全面落實新農合、新農保、低保、社會救助、五保供養等社會保障政策 106。」2017年5月，有未證實訊息指出，有人自焚，傳言可能五明佛學院將全部拆除。

在無神論中共統治下，當局數十年譴責打壓藏族精神領袖達賴喇嘛，居然仍允許藏傳佛教有如此發展壯大的空間，色達「五明佛學院」能發展至今日規模，極為不易，也可謂異數。

信仰屏障

基於特有的歷史和發展背景，中國佛教傳承體系形成漢傳佛教（大乘佛教）、蒙古佛教（北傳佛教）、藏傳佛教和南傳佛教（小乘佛教）等4大系統，不論在宗教文化和戰略安全方面，自古以來對中國均有重要意義。如蒙古佛教、藏傳佛教、南傳佛教分別位在中國北部、西部和西南部，與中原內地形成一道信仰屏障，雙方交流互鑒好壞與否，攸關民族團結和邊境安危。

中國佛教目前有3大語系，漢傳佛教有漢語系佛學院，藏傳佛教有藏語系高級佛學院，唯獨南傳佛教尚未成立巴利語系的佛教高級教育機構。唯一的巴利語系佛學院是雲南佛學院西雙版納分院，教學資源單薄，僧人若繼續深造，只能到泰國、斯里蘭卡、緬甸等地留學。多年前，宗教界人士呼籲設立巴利語高級佛學院，有利推動與東協10國關係，但當局不以為意，直到習近平2013年提出「一帶一路」，才由國家宗教事務局列為國家建設專案，亡羊補牢 107。

---

106 以沐，〈走進色達（後記）關於佛學院紅房子被拆的最新情況〉。
107 〈蔣堅永副局長：中國佛教三大語系缺一不可〉《中國民族宗教網》2016 年 5 月 9 日 http://

慈濟啟示

在中國佛教近 20 多年發展過程中，被公認是人間佛教典範的台灣慈濟，以其特殊角色發揮影響力。1991 年安徽大水，災情慘重，民政部副部長閻明復邀請慈濟副會長王端正，趕赴北京商討救災，國務院台辦副主任唐樹備負責接待，會後慈濟決定救助安徽 6 縣，開啟在中國大陸的慈善事業。此後，大陸凡有重大災情，慈濟無役不與，從災後重建、扶貧遷村、辦校助學、醫療援助、骨髓捐贈到資源回收等，充分實踐 20 世紀初中國太虛大師入世利他的「人間佛教」理念。2008 年 3 月，慈濟基金會經大陸民政部批准成立，2 年後在

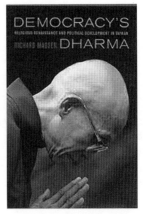

▲ 《民主佛法》（Democracy's Dharma）資料來源：University of California Presshttps://goo.gl/Xm2krK 下載2017.7.31

蘇州正式掛牌，是中國第 1 家由國務院批准設立的境外非營利全國性組織[108]。由此可見慈濟在中共當局與社會心中的地位。

慈濟對中國佛教帶來的最大啟示，應是證嚴法師創建居士佛教的機制與典範。她以基金會財團法人（非宗教法人）形式，實踐慈善救助事業，完全超越傳統僧團自發慈善範圍；作為以宗教信仰為基礎的非營利組織，慈濟使用全世界通行的公民社會話語體系，因而能夠惠及全球。美國加州大學聖地牙哥校區社會學系特聘教授趙文詞（Richard Madsen），在其 2007 年所著《民主佛法》（*Democracy's Dharma*）一書中，闡述慈濟對當代佛教的意義時說：

www.mzb.com.cn/html/report/1605270560-1.htm 下載 2016.11.22。

108 〈慈濟登陸 蘇州正式掛牌〉《慈濟全球資訊網》2010 年 8 月 21 日 http://www.tzuchi.org.tw/index.php?option=com_content&view=article&id=4061%3A2010-08-20-15-01-47&catid=134%3Ataiwan-china&Itemid=481&lang=zh 下載 2016.11.22。

「慈濟是台灣宗教文藝復興最重要的力量之一[109]。」

　　從世界文明的角度看，慈濟緣起台灣。她結合佛教、儒家及西方科學理性，將佛教思想導入現代各功能專業領域，在 90 多個國家和地區發揚光大，志工涵蓋佛教徒、基督徒、天主教徒和伊斯蘭教徒。慈濟把原本屬於個別族群的教義精神（傳統漢傳佛教），以創造性實踐模式帶向全世界。如果說全球化的形勢出現逆轉，不再侷限於傳統認知，而是從東方到西方，慈濟應該可以算得上是這股世界大潮中的一個鮮明標誌，而她的人間佛教精神正在淺移默化地改變中國。

109　〈何日生：證嚴上人與慈濟宗門之思想緣起 佛教、儒家與西方科學理性〉《佛教在線》2015 年 10 月 29 日 http://tw.fjnet.com/twjjdt/201510/t20151029_235857.htm 下載 2016.11.22。

第四章

外交：不戰而主東亞

2016 年 7 月 8 日，在西沙附近海域，突然出現近百艘船艦和數十架戰機，進行一場高強度的實兵實彈對抗演練。幾天後（7 月 12 日），國際海牙常設仲裁法院將對菲律賓提出的南海仲裁案作出最終裁決。國際社會普遍看好菲律賓將大獲全勝，中國軍方此刻展現武力，似乎以拳頭表明絕不接受仲裁的決心。

果然，仲裁否定了中國在南海有歷史性的主權，也否定了中國擴建的礁可稱為島，當然也不承認這些島礁周圍中國所擁有的領海和經濟海域。在國際法的戰場上，中國大敗。

其實，這個表象掩蓋了北京在整體的外交戰場上運用細膩而技巧的手法，居然立於不敗之地，使得仲裁結果失去美國和菲律賓原來想要發揮的作用。根據華府智庫戰略國際研究中心學者格雷戈里·波林（Gregory Poling）的說法，仲裁結果成為「頂多不過是歷史上的一個註腳[1]。」另 1 位華府新美國安全中心（Center for a New American Security）學者米拉·拉普 - 胡珀（Mira Rapp-Hooper）也說，如果之後中國在南海仍然強硬，仲裁結果將落為得不償失的「皮洛士勝利」（Pyrrhic victory）[2]。公元前 280 年，小國皮洛士國王打敗羅馬軍隊，但羅馬國力無損，而自己元氣大傷。

讓我們先探討從7月12日不利北京的仲裁出爐後，東亞情勢出人意表的逆轉。再來回顧中國如何於2015年初，在南海島礁迅雷般

1　David Brunnstrom and Matt Spetalnick, "U.S. diplomatic strategy on South China Sea appears to founder" *Reuters* July 27, 2016 http://www.reuters.com/article/us-southchinasea-usa-diplomacy-analysis-idUSKCN1072WS accessed August 31, 2016.

2　Mira Rapp-Hoper, "Parting the South China Sea:How to uphold the Rule of Law" *Foreign Affairs* September/October 2016 p.78.

的急速大幅擴建，震撼東亞各國，引發2015年秋天後中、美在南海軍事較勁。隨後，關注中國如何以軍力為後盾，以漁船、旅遊等「超軍事」手段為前鋒，應對美國在南海以軍事打前鋒的挑戰。

南海仲裁，歷史註腳

在「常設仲裁法院」公布結果之前，中國便宣稱仲裁庭無管轄權，中國也不會接受裁決結果。結果公布後，北京堅持立場。而美國顯然企圖箝制中國在南海實力的擴展，而呼籲各國對仲裁結果要支持和遵守，並且信誓旦旦的宣稱將全力維護裁決內容。日本則全力支持美國立場。代表菲律賓的國際法知名律師賴克勒（Paul S. Reichler）警告：北京國際形象將受損，美國及盟友將施壓，使北京遲早就範[3]。他甚至說，不遵守裁決的就是「罪犯」[4]。

但是，裁決公布之後，菲律賓掉頭轉向，越、馬2國倒向北京，美國和氣交往，日本低調克制，國際冷向美、日，因為美國自損立場、大國已開先例。這些出乎意料的發展反映了中國在幕後「超軍事手段」的運作如何低調、多元、而技巧。形勢發展如下：

一、菲律賓掉頭轉向：6月30日就職的菲總統杜特蒂（Rodrigo R. Duterte）戲劇化的扭轉了前任總統艾奎諾三世（Benigno S. Aquino III）聯美抗中的政策。杜特蒂不只向北京示好，同時與華府交惡。於是，艾奎諾三世在2013年向「常設仲裁法院」發動的南海仲裁，雖然判決的法律文字不利於北京，但還是失去了原有的意義和對中國制裁的力度。

2016年2月之前，競選總統的杜特蒂曾經豪氣干雲的號稱：

3　David Brunnstrom and Matt Spetalnick,"China risks 'outlaw' status if it rejects South China Sea ruling: lawyer" *Reuters* June 29, 2016 http://www.reuters.com/article/us-china-philippines-court-lawyer-idUSKCN0ZF2YS accessed September 24, 2016..

4　Brunnstrom and Spetalnick, "U.S. diplomatic strategy on South China Sea appears to founder".

他將親自駕駛噴氣式水上滑橇到中方爭議的黃岩島上[5]，插上菲律賓國旗，看看中國人敢不敢來殺他[6]。但此之後，他對中國立場因為經濟的考量逐漸軟化。2016年2月他改口表示：願意跟北京雙邊會談，希望中方來他的地區投資造鐵路，或合作探尋海上資源[7]。據未經公布的消息來源，2016年6月之前，中方主動透過在菲律賓「中國海洋石油總公司」的人員施展「特殊」經濟影響力，造成杜特蒂的轉變[8]。

2016年6月21日，杜特蒂演講說：「我不會為黃岩島（Scarborough Shoal）這種小事跟中國開戰；」若美國邀請菲律賓一同在南海共同巡邏，他會對美國說「抱歉，我不幹；」「派軍艦到南海根本是一場鬧劇，我們只會被屠殺[9]。」7月25日，杜特蒂更說，「中國比較有錢，美國沒錢。」據《馬尼拉時報》（*Manila Times*）報導，他可能會擱置南海仲裁案的裁決結果，並恢復與中國的雙邊對話[10]。隨後在7月底，消息指出杜特蒂將於9月應邀訪華化解爭端[11]。9月12日，杜特蒂對美軍下逐客令，說不想要美

5　Anne Barker, "Rodrigo Duterte may be more bark than bite, commentators say of Philippines president-elect" ***ABC News*** May 11, 2016 http://www.abc.net.au/news/2016-05-11/rodrigo-duterte-may-be-more-bark-than-bite/7406294 accessed September 15, 2016.

6　〈強硬派當選菲新總統 曾稱要登上南海爭議島嶼〉《BBC中文網》2016年5月10日 http://www.bbc.com/zhongwen/trad/world/2016/05/160510_philippine_election_duterte_wins_presidency 下載 2016.11.20。

7　Emily Rauhala, "Rise of Philippines' Duterte stirs uncertainty in the South China Sea" ***Washington Post*** May 10, 2016 https://www.washingtonpost.com/world/rise-of-philippines-duterte-stirs-up-uncertainty-in-the-south-china-sea/2016/05/10/d75102e2-1621-11e6-971a-dadf9ab18869_story.html accessed September 15, 2016.

8　筆者(中斌)私人管道S先生，台北，2016年6月1日。同時，北京透過宗教管道，也對與杜特蒂競選的對手羅布雷多女士施展「特殊」經濟影響力。羅布雷多女士當選為杜特蒂的副總統，屬不同黨。羅布雷多是華裔政治人物林炳治遺孀。

9　魏嘉瑀，〈南海風雲 菲律賓準總統杜特蒂：與中國硬碰是找死『我們只會被屠殺』〉《風傳媒》2016年6月22日 http://www.storm.mg/article/132960 下載 2016.11.20。

10　〈傳菲打算擱置南海仲裁 杜特蒂：中國比較有錢〉《自由時報》2016年7月25日 http://news.ltn.com.tw/news/world/breakingnews/1773547 下載 2016.11.20。

11　黃棟星，〈菲總統9月訪華化解爭端〉《亞洲週刊》2016年7月31日，頁29-30。

國特種部隊留在棉蘭老島 [12]。9 月 13 日，杜特蒂正式宣布，菲律賓不再與美軍共同巡邏靠近南海的爭議水域 [13]。9 月 28 日，他訪問越南時說，10 月上旬美菲軍演將是「最後一次」，兩國在南海上例行性的共同巡邏也將終止 [14]。杜特蒂 10 月下旬，率領 250 人的企業團訪問北京 [15]。

之後，中國停止原定的黃岩島擴島工事，並不再驅逐前來作業的菲律賓漁民；馬尼拉也同意與北京雙邊會談，這正是北京一直要求的 [16]。12 月中旬，杜特蒂決定接受中國軍售優惠協議，停止向美國採購 2 萬 6 千支步槍的計畫 [17]。長久以來是美國盟友的菲律賓，居然戲劇化的棄美友中。12 月 17 日，杜特蒂被問到美國智庫報告指出，中國大陸顯然在南海多個新人工島上安裝防空和反飛彈武器，此舉是否影響他對北京的看法時表示：「我現在要擱置（海牙法庭南海案）仲裁決定。我不會強迫中國接受任何事 [18]。」

杜特蒂對美國駐菲律賓大使和美國總統歐巴馬批評他以暴力掃毒，還以咒罵的言詞。2016 年 9 月，美方於是取消歐巴馬與杜特蒂在杭州舉行 G20 國際會議時的會面 [19]。歐巴馬政府批評杜特蒂政府血腥掃蕩非法販毒。2016 年 12 月中旬，杜特蒂說：「我將要求他們（美國）滾出我的國家。當他們認為我們是一群罪犯，留

12　黃棟星，〈菲總統對美軍下逐客令〉《亞洲週刊》2016 年 9 月 25 日，頁 30。

13　"Philippines' Duterte eyes arms from China, ends joint patrols with United States" *South China Morning Post* September 14, 2016 http://www.scmp.com/news/asia/southeast-asia/article/2019084/philippines-duterte-eyes-arms-china-ends-joint-patrols accessed September 16, 2016.

14　〈杜特蒂 美菲軍演將成絕響〉《聯合報》2016 年 9 月 30 日，頁 A14。

15　"Duterte bids US farewell in China visit" *Asian Correspondent* October 20, 2016https://asiancorrespondent.com/2016/10/duterte-bids-us-farewell-china-visit/ accessed December 7, 2016.

16　"South China Sea: Duterte's Waters" *Economist* November 5, 2016 p.25.

17　魏國金，〈中國對菲優惠軍售，杜特蒂要了〉《自由時報》2016 年 12 月 23 日，頁 A10。

18　"Duterte says he'll set aside sea feud ruling against China" *The Mainichi* December 17, 2016 http://mainichi.jp/english/articles/20161217/p2g/00m/0in/042000c accessed December 26, 2016.

19　"Obama cancels meeting with Philippines president after Duterte calls US leader 'son of a b****'"*Reuters* September 6, 2016 http://www.cnbc.com/2016/09/05/obama-cancels-meeting-with-philippines-resident-after-duterte-calls-us-leader-son-of-a-b.html accessed December 8, 2016.

他們下來又有何用？ [20]」美、菲在南海聯手制約中國的安排於是完全破功。

杜特蒂祖先是棉蘭老（Mindanao）的穆斯林人，百年前曾抗拒美西戰爭後接管的美軍而遭受迫害 [21]。他 20 年前任達沃（Davao）市長時，有美國人在他轄區爆破旅館後，被美國「聯邦調查察局」（FBI）人員架回美國，躲避達沃市的法律責任，令他惱火萬分而念念不忘 [22]。這些也是他反美態度的根源，2016 年 6 月之前已存在。否則無法解釋他由 2016 年 6 月之前的反中轉變成之後的親中。北京技巧的幕後運作至少是重要因素之一。

二、越馬倒向北京：仲裁案公布後，越南及馬來西亞，原來就南海礁島與中國有爭議，此後也跟著菲律賓轉向傾中。越南在仲裁案公布後，在 2 次東南亞國際會議中採取中立姿態，未要求北京遵守仲裁結果。9 月上旬，先是越南國防部長吳春歷訪問北京，1 周後越南新任總理阮春福率領經濟部長、地方領導、和龐大企業家團隊訪問北京 [23]。中越 2 國關係迅速回溫。

11 月初，馬來西亞總理納吉布（Najib Razak）訪問北京，不只簽署 2,300 多億人民幣（約 340 億美元）的經貿大單 [24]，同時簽約購買 10 艘「近海任務艦」[25]。此舉等於對美國明確表示不滿。2014 年，歐巴馬總統以半世紀以來第 1 個現任美國總統身分訪問馬來西亞之後，兩國國防關係愈發密切。但是 2016 年 7 月，美國司法部調查納吉布以公款在美置產，而且 2015 年底，中國對納吉

20　季晶晶，〈杜特蒂：擱置南海仲裁 不強迫中國接受任何事〉《聯合報》2016 年 12 月 8 日 https://udn.com/news/story/10660/2176481 下載 December 26, 2016。

21　Trefer Moss, "Behind Duterte's Break with the U.S., a Lifetime of Resentment" *Wall Street Journal* October 21, 2016 http://www.wsj.com/articles/behind-philippine-leaders-break-with-the-u-s-a-lifetime-of-resentment-1477061118 accessed December 8, 2016.

22　Richard Paddock, "Blast in Philippines fuels Duterte's 'hatred' of US" *Internatonal New York Times* May 16, 2016 pp. 1& 3.

23　林庭瑤，〈越總理訪京 中越迅速回暖〉《聯合報》2016 年 9 月 14 日，頁 A10。

24　江迅，〈馬六甲皇京港與馬中雙贏戰略〉《亞洲週刊》2016 年 12 月 4 日，頁 14-15。

25　茅毅，〈大馬購中國軍艦 總理下週北京簽約〉《自由時報》2016 年 10 月 26 日，頁 A10。

布身陷 1MDB（1Malaysia Development Berhad，簡稱一馬公司）債務醜聞的危機伸出援手，馬國開始逐漸傾中 [26]。

2016 年 10 月 19 日，中國電力建設集團公司承建的馬來西亞皇京港深水補給碼頭舉行奠基儀式 [27]。總投資 800 億馬元（約 180 億美元）的深水港及配套工程預計將於 2025 年竣工，取代新加坡成為馬六甲海峽最大港口 [28]。

這種倒向北京的趨勢形成骨牌效應。連一向親西方的緬甸外交部長兼國務院顧問翁山蘇姬，也取消她原來先訪華府的行程，而在 8 月中旬前赴北京。那是她任官職後出訪東南亞以外的第 1 站 [29]。

三、美國和氣交往：在 7 月中旬南海仲裁案出爐後，美國連續派遣重要文武官員造訪北京。7 月 14 日是美國海軍軍令部長李察遜（John Richardson）上將，7 月 24 日是歐巴馬總統最高幕僚國家安全會議顧問萊斯（Susan Rice）。根據美國海軍的網站，李察遜在北京與他的對口中共海軍司令員吳勝利強調雙方合作 [30]。萊斯在動身前說：「我去中國是要提升雙方的合作。我們呼籲各方都要克制 [31]。」同時，不具名的美國高層官員說：「我們會避免與中國的對抗，也不會升高雙方的緊張 [32]。」然而中方態度與美方態度

26　Jane Perlez, "Leaser of Malaysia Miffed at the U.S. Visits China with a Deal in Mind" *New York Times* October 31, 2016 http://www.nytimes.com/2016/11/01/world/asia/malaysia-china.html?_r=0 accessed December 7, 2016.

27　〈馬六甲皇京港深水補給碼頭舉行奠基儀式〉《鉅亨網》2016 年 10 月 20 日 http://news.cnyes.com/news/id/3582501 下載 2016.12.12。

28　江迅，〈馬六甲皇京港與馬中雙贏戰略〉。

29　梁東屏，〈昂山素姬務實政治尋求雙贏〉《亞洲週刊》2016 年 9 月 4 日，頁 16-17。

30　Chiefs of US and Chinese Navies Agree on Need for Cooperation" *America's Navy* July 18, 2016 From Chief of Naval Operations Public Affairs , http://www.navy.mil/submit/display.asp?story_id=95748 accessed August 31, 2016.

31　Matt Spetalnick and David Brunnstrom, "Exclusive: Top Obama aide to take call for South China Sea calm to Beijing" *Reuters* July 22, 2016 http://www.reuters.com/article/us-southchinasea-usa-exclusive-idUSKCN10210Z accessed August 31, 2016.

32　Spetalnick and Brunnstrom, "Exclusive: Top Obama aide to take call for South China Sea calm to Beijing".

成強烈對比。北京官方報紙稱，未來 5 年中國將派遣多至 8 艘船艦持續巡邏南海[33]。

　　四、日本低調克制：日本在仲裁案宣布後展現不尋常的克制。雖然中國在釣魚島周圍提高姿態，日本反應卻更低調。數月後，日本技巧的在提升軍備同時尋求與中國改善關係。

　　之前在 2012 年 9 月，日本以國家名義購買釣魚島，中方反應強烈，然而派遣海警船不過 12 艘。

　　由於日本支持南海仲裁，中國不滿，而於 2016 年 8 月 6 日起初連續 3 天，出動 300 多艘漁船出現在釣魚島海域捕魚，海警船也從過去常態的 3 艘增加至 15 艘；而且多達 66 艘漁船駛入釣魚島 12 浬領海內作業[34]。中方姿態遠高於 2012 年。

　　但 2016 年仲裁案宣布後，中方雖強烈反應，日方只是不斷由外務省向中國駐日大使館抗議，與之前對中方在釣魚台的動作絕不示弱的態度成為明顯的對比。

　　2016 年 8 月 15 日，是日本第 71 屆「二次大戰地終戰紀念日」。日相安倍沒有參拜靖國神社，新任的防衛相稻田朋美恰巧出國考察。安倍曾於 2013 年 12 月 26 日參拜神社，而稻田朋美在 2012 年安倍復出任首相之後，每年「終戰紀念日」都參拜靖國神社，2016 年是第 1 次例外。2016 年 9 月，稻田朋美訪美時宣布加入美國共同巡航南海，但隨後被自衛隊最高階官員，統合幕僚長河野克俊修正為「目前尚無此計畫」[35]。

　　2016 年 8 月 18 日，雖然中共海軍在日本海實戰對抗演習，那並不影響 8 月 23-24 日 5 年來，第 1 次在日本舉行的中日韓 3 國外長會議。日本外相岸田文雄參加會議，並友善的與中國外交部長王

33　Spetalnick and Brunnstrom, "Exclusive: Top Obama aide to take call for South China Sea calm to Beijing".

34　毛峰，〈中日韓外長會議求破僵局〉《亞洲週刊》2016 年 9 月 11 日，頁 15。
　　ops-risk-trouble-south-china-sea accessed September 9, 2016.

35　林永福，〈日自衛隊：釣魚島如開戰 美會介入〉《旺報》2016 年 9 月 21 日，頁 A5。

毅，為 9 月初 G20 會議中習近平與安倍會面鋪路。

2016年秋，在祕魯首都利馬舉行的APEC 會議之前，日本向中國表達希望在峰會間安排安倍與習近平會議，稱「安倍有話要對習近平說」[36]。10月21日，中國國家主席習近平與日本首相安倍進行10分鐘短暫的站立會談。之後2周，2國迅速展開多領域的磋商對話：2國旅遊當局在東京簽署首份旅遊交流合作備忘錄；中、日將再度舉行海洋事務高級別磋商；2國防務部門加緊磋商盡早啟動中日海空聯絡機制[37]。

五、國際冷向美日：仲裁案後，舉行 2 次東南亞國際會議—7月 27 日東協外長會議[38]，以及 9 月 7 日在寮國舉行的東協峰會。雖然美、日強調南海仲裁對各國有約束力，但由於北京事先安靜而積極的外交斡旋，這 2 次國際會議公報或聲明措辭溫和都沒有提南海仲裁[39]。何況，更早在 7 月 15 日，歐盟發表的聲明雖然提到南海仲裁，但沒提中國，也沒提這項裁決應該遵守[40]。7 月 14 日，仲裁案出爐後，聯合國秘書長透過發言人表示：此案與聯合國不相干，不予認可[41]。其他不贊成仲裁結果對北京有約束力的共有 33 國，包括印度、德國、法國、義大利、英國等[42]。

全世界只有 6 個國家，包括日本、澳洲和菲律賓，響應美國的呼籲，堅持這些裁決必須遵守。相較之下，這 6 國變成少數。之後由於菲律賓新當選的總統杜特蒂反美親中，6 國只剩 5 國。

36　毛峰，〈習安會中日關係破冬迎春暖〉《亞洲週刊》2016 年 12 月 18 日，頁 34-35。

37　毛峰，〈習安會中日關係破冬迎春暖〉。

38　Matt Brunnstrom and David Spetalnick, "U.S. diplomatic strategy on South China Sea appears to founder" *Reuters* July 27, 2016 http://www.reuters.com/article/us-southchinasea-usa-diplomacy-analysis-idUSKCN1072WS accessed December 9, 2016..

39　林庭瑤、林則宏，〈中美日南海再交鋒〉《聯合報》2016 年 9 月 9 日，頁 A11。

40　Brunnstrom and Spetalnick, "U.S. diplomatic strategy on South China Sea appears to founder".

41　"Daily Press Briefing by the Office of the Spokesperson for the Secretary-General" UN Meetings Coverage and Press Releases July 14, 2016 *United Nations* http://www.un.org/press/en/2016/db160714.doc.htm accessed Decmber 9, 2016.

42　宋燕輝，〈仲裁案讓每日自陷矛盾〉《中國時報》2016 年 9 月 13 日，頁 A10。

為何國際冷向美日？那是因為美國曾自損立場和大國們已開先例：

　　六、美國自損立場：美國處處聲稱維護海洋國際法，但是自己國會至今尚未批准加入 1982 年的《聯合國海洋公約》。英國外交部智庫 Chatham House 學者 Bill Hayton 說，美國政治道德上「有問題」[43]。何況，1986 年，美國被位階更高的「國際法院」（International Court of Justice）判輸給尼加拉瓜，且須賠款。華府拒不接受，如今卻要求北京遵行南海仲裁！

　　巧的是，當時代表尼加拉瓜控告美國的，正是這次南海仲裁代表菲律賓的國際法知名律師保羅・賴克勒（Paul S. Reichler）[44]。他認為，國際法可以伸張正義，因為 1986 年判決後，美國名譽大損，最後 2 國妥協，美國保住面子，也支付賠償。但是他忽略了 1986 年告贏的尼加拉瓜，不像這次美國，並無事先自損立場的紀錄。他也忽略了上次是純粹是小國尼加拉瓜告大國，而這次是大國美國加日本用菲律賓做門面告大國中國。所以上次可稱為伸張國際正義，而這次卻是國際集團間的權力鬥爭。何況，國際壓力並未使被國際仲裁判輸的大國之後改變行為。

　　七、大國們已開先例：哈佛大學國際關係大師格雷厄姆・艾利森（Graham Allison）說：除中國外，大國都有漠視國際法庭仲裁的先例，今日北京不過在後尾隨而已[45]。2015 年，日本不理有關它南極捕鯨輸給澳洲的判決。同年，英國不理因印度洋捕魚輸給模里西斯的判決。2013 年，俄羅斯不理因扣留環保船 Greenpeace

---

43　Bill Hayton, "Freedom of Navigation Ops Risk Trouble in South China Sea" *Chathamhouse* February 3, 2016 https://www.chathamhouse.org/expert/comment/freedom-navigation-ops-risk-trouble-south-china-sea accessed September 9, 2016.

44　Jane Perlez, "Defending David against the World's Goliaths in International Court" *New York Times* July 15, 2016 http://www.nytimes.com/2016/07/16/world/asia/south-china-sea-phillipines-hague.html?_r=0 accessed December 9, 2016.

45　Graham Allison, "Of Course China, Like All Great Powers, Will Ignore an International Legal Verdict" *Diplomat* July 11, 2016 http://thediplomat.com/2016/07/of-course-china-like-all-great-powers-will-ignore-an-international-legal-verdict/ accessed December 9, 2016.

輸給荷蘭的判決。1974 年，法國不理因太平洋島礁上核子試爆輸給紐西蘭的判決。聯合國安理會其他 4 位永久會員國，加上日本其實都已幹過此事，北京還只是新生。

2016 年 7 月 12 日南海仲裁出爐後數月，中國把國際法角力的全盤大敗，默默的運用經濟和外交等「超軍事的手段」，技巧的扭轉為有利於北京的新局。至 2016 年底，美國圍堵中國的布局破了 3 個大洞：菲律賓 180 度轉向，越南和馬來西亞倒向中國。像這個戲劇性的發展事先幾乎無人預料到。國際上重要國家幾乎已不再提南海仲裁。南海仲裁完全無法發揮對中國制約的效果，而實際上的確已成為「歷史的註腳」。

南沙建島，後發先至

2014 年 8 月，中國在南沙永暑礁開始「吹砂填海」[46]，工程然後推廣至其他 6 個占領的島礁，工程進展快速規模浩大。至 2015 年 6 月，在亞太鄰國驚嘆指責之下，北京突然宣布那 7 個島礁擴建停止。雖然，島礁上其他港口、機場、雷達工程繼續，但受國際指責的「吹砂填海」停止。那一段 10 個月之間，中國在南沙所增加島礁的面積 1,215 公頃，是所有其他國家歷年來所建面積總和的 17 倍[47]。全世界為之震撼。

但是不大為人所知的是：中國後發制人。其他外交戰略的特性如謀定而後動、步驟緊湊、預判演變、先機置樁等，不在話下。

1996 年，越南在南沙占領 24 個島礁，中國占領 9 個。20 年後，2015 年，越南在南沙群島占領 48 個島礁，增加 1 倍；中國反

---

46 "Fiery Cross Reef" Asia Maritime Transparency Initiative/**CSIS** November 15, 2014 https://amti.csis.org/mischief-reef/ accessed September 20, 2016.

47 Sarah De Geest and Peter G. Cornett, "Freedom of Navigation and the Liberal World Order" **Human Security Center** July 25, 2016 http://www.hscentre.org/policy-unit/freedom-navigation-liberal-world-order/ accessed September 19, 2016.

而少了，只占領8個。這是2015年5月13日，美國國防部主管亞太安全事務的部長助理施大衛（David Shear）在國會所說的[48]。

他還說：「到目前為止，南海島礁，越南占了48，菲律賓8，中國8，馬來西亞5，台灣1。中國不像其他國家，在南沙尚未建任何飛機跑道。而2009至2014年，越南在南沙建島或改良設施最為活耀，我們可以理解中國軍方為何說他們展現高度的自制[49]。」他還說，當時中國尚未在島礁上建飛機跑道，而其他有4個擁有南沙島礁的國家都已完成。其實，島礁上建飛機跑道時間是，越南1976年、菲律賓1978年、馬來西亞1983年、中華民國2006開始建造，2008年完成[50]。

2014年8月，中國在永暑礁上開始建飛機跑道，2015年5月完成。2015年8月後，渚碧和美濟礁上跑道工程也開始進行，2016年2月完成。3個島礁飛機跑道的長度為永暑礁3,160公尺、渚碧3,100公尺、美濟礁2,700公尺，都是之前最長的馬來西亞彈丸礁（Swallow Reef）上飛機跑道1,368公尺的2倍以上[51]。

在南海大規模快速擴建島礁一事上看，北京遵循了從毛澤東開始中共外交軍事上就一再強調的「後發制人」戰略原則。其結果是後來居上。

因應美軍，鬥而不破

「美艦將闖陸造礁12浬，恐起戰端」。

---

48 Greg Austin, "Who Is the Biggest Aggressor in the South China Sea?" *Diplomat* June 18, 2015 http://thediplomat.com/2015/06/who-is-the-biggest-aggressor-in-the-south-china-sea/ accessed March 1, 2016.

49 Greg Austin, "Who Is the Biggest Aggressor in the South China Sea?".

50 "Airpower in the South China Sea" Asia Maritime Transparency Initiative/*CSIS* 2016 https://amti.csis.org/airstrips-scs/ accessed September 20, 2016.

51 "Airpower in the South China Sea " Asia Maritime Transparency Initiative/*CSIS* https://amti.csis.org/airstrips-scs/.

這是 2015 年 10 月 13 日《旺報》標題。背景是：10 月初，美國宣布派遣「拉森號」（Lassen）驅逐艦巡弋南中國海，將通過中國人工島礁附近，以挑戰北京號稱的領海。中國外交部發言人華春瑩 9 日表示：「中方……絕不允許任何國家以『維護航行和飛越自由』為名侵犯中國在南沙群島的領海和領空。」情勢緊張。

1 個上升的強權（中國）和另 1 個在位的強權（美國）真的不免一戰嗎？美國在 2015 年 9 月習近平訪美所謂「失敗[52]」後對中國戰略轉硬嗎？台灣聯合美、日對抗中國的機會真的來臨了嗎？

2015 年 10 月 27 日，拉森號接近中國人工島礁最近達 7 海浬。前後 10 天內，中國飛彈驅逐艦「蘭州號」、「台州號」尾隨在其後[53]。中方不但沒動武，而且水兵還用英文與美方水兵話家常，離開時說：「祝你們有個愉快的旅程，期待下次再相逢[54]。」

之前，10 月 22 日，雖然美艦已航向中國南海島礁，中國海軍司令員吳勝利仍說：「當今中、美海軍關係進入歷史上最好時刻[55]。」因為中、美海軍交流空前頻繁。2 月初，中國海軍艦長 30 人赴美進行 1 周的訪問，是中國有史以來首次派大規模一線指揮官赴美交流。10 月 13 日，中國「鄭和號」訓練艦赴夏威夷珍珠港訪問。10 月 19 日，中國航空母艦「遼寧號」讓來訪的美國海軍艦艇長 27 人登上參觀，是首次對外國一線指揮官開放[56]。

之後，11 月 7 日，中國第 20 批亞丁灣護航艦隊 6 艦艇，進入

52　2015 年 9 月習近平訪美成果如何有 2 種看法。有人認為「交鋒多於共識」所以是失敗的。也有人認為「有重大成果」所以是成功的。羅印中，〈交鋒多於共識 陸學者嘆成果有限〉《旺報》2016 年 9 月 27 日，頁 A3；梁世煌，〈美態度放軟 人幣納 SDR 邁大步〉《旺報》2016 年 9 月 27 日，頁 A4。

53　Li Xiaokun and Zhang Yunbi, "US Warne over Patrol by Warship" *China Daily* October 28, 2015 pp.1,3.

54　"We got pizza and wings: US and Chinese warships talk turkey in South China Sea" *Guardian* November 6, 2015 http://www.theguardian.com/world/2015/nov/06/we-got-pizza-and-wings-us-and-chinese-warships-talk-turkey-in-south-china-sea accessed December 4, 2015.

55　陳君碩，〈中美海軍關係 進入史上最佳時期〉《旺報》2015 年 10 月 24 日，頁 A6。

56　陳君碩，〈中美海軍關係 進入史上最佳時期〉，頁 A6。

大西洋到達美國東部佛羅里達州外海，與美國海軍舉行聯合演習[57]。此為中、美海軍首次握手於大西洋。

11 月 16 日，美國闖南海的拉森號姊妹艦「史塔森號」（Stethem）抵達上海，停泊於北面吳淞軍港，進行 5 天訪問。這是首次美國軍艦停泊中國軍港[58]。

美方如何看拉森號南海巡航？

10 月 28 日《紐約時報》說：拉森號低調的航經中國人工島礁後，「迅速而安靜的離開。」被澳洲學者修・懷特（Hugh White）認為是懦弱（timid）的行為[59]。之後，美國官員對拉森號闖中國人工島礁細節一律封口不提。即使在野黨參議員馬侃（John S. McCain III）11 月 9 日寫信質問美國國防部長：拉森號當時有無打開雷達和火炮？如果是關的，等於美國默認中國人工島礁的 12 浬領海。但是未得答覆[60]。

對中國南海人工島礁號稱的領海，為何美國高調挑戰但低調動作？

因為歐巴馬被在野黨抓住機會大肆批評他對中國軟弱，妨礙他施政，他姿態不得不硬。但美國經濟依賴中國日深，他動作不得不軟。2015 年頭 9 個月，中美貿易總額為 4,416 億美元，使得中國超越加拿大首次躍昇為美國最大貿易夥伴。

何況 2004 年萌芽的美國「調適派」（accommodation school）現已成型。2015 年 7 月，美國亞洲協會（Asian Society）美中關係主任夏偉（Orville Schell）主張承認南海是中國勢力範圍，就像

57　朱建陵，〈擱置南海爭議 中美聯合軍演〉《中國時報》2015 年 11 月 10 日，頁 A11。

58　Jane Perlez, "U.S. Navy ship, bearing message of good will, docks in China" *International New York Times* November 18, 2015 p.4.

59　Jane Perlez, "China Pushes Back Against U.S. Influence in the Seas of East Asia" *New York Times* October 28, 2015 http://www.nytimes.com/2015/10/29/world/asia/china-pushes-back-against-us-influence-in-the-seas-of-east-asia.html?_r=0 accessed December 9, 2016.

60　David Brunnstrom, "McCain calls on Pentagon to clarify South China Sea patrol" *Reuters* November 11, 2015　http://www.reuters.com/article/2015/11/11/us-southchinasea-usa-passage-idUSKCN0T02DQ 20151111#GKT04q7JfOrLJDBc.99 accessed September 20, 2016.

▲ 柯慶生（Thomas Christensen）
圖片來源：中國評論新聞網
https://goo.gl/ZHoNCj下載
2017.7.31

▲ 夏偉（Orville Schell 1940
-）圖片來源：Asia Society
https://goo.gl/8vbaVk下載
2017.7.31

加勒比海是美國勢力範圍一樣[61]。同時，美前國務院亞太副助卿柯慶生（Thomas Christensen）出書說，不應遏止中國崛起[62]。

　　中國海軍為何增加與美國海軍善意交流？北京深知美軍強大要避免攖其鋒，最好善用「超軍事」的手段如經濟、外交、文化、媒體、心理等「不戰而主東亞」。等待美國力有未逮自動退出西太平洋。那才符合孫子兵法的「不戰而屈人之兵」。更重要的是，中國經濟長期依賴美國，因為美國也是中國多年來的頭號貿易夥伴。

　　中、美雙方在南海「鬥而不破」，有2個因素。第1個是中、美雙方共有的。第2個是中國獨有的。

- **對外強硬，對內表態。**中、美各自都有內部考量，不能對外軟弱。中、美各自對外強硬，可對內加分、也可對內減壓。

- **超軍事手段優先（extra-military emphasis）。**這是中國外交戰略的特色。它與美國外交戰略特色「軍事手段優先」成為強烈的對比。「超軍事手段優先」有很深的中國戰略文化根源，2,000多年以前就開始了。它包含在今日北京對美所倡議的「新型大國關係」外交政策裡。它也是2004年左右開始浮現的北京大戰略。

61　周虹汶，〈棘手議題 美中都應讓步〉《自由時報》2015年7月11日，頁A17。

62　盧素梅，〈美應引導陸 成全球制序參與者〉《旺報》2015年7月28日，頁A6。

超軍事手段優先（extra-military emphasis）

北京的「超軍事手段優先」是其大戰略目標「不戰而主東亞」（dominating East Asia without war）的主軸精神。

- 「超軍事手段」超越軍事，但不排除軍事[1]。「超軍事手段」有前鋒和後盾。它的前鋒包括經濟、文化、外交、心理、新聞、法律等「非軍事手段」，它的後盾是不斷增強的軍力。
- 「超軍事手段優先」是中國戰略文化的特色，上溯數千年，下延至今日，古今皆然。它有別於近代美國「軍事手段優先」的特色。
- 這觀念頗像美國 20 世紀初期老羅斯福總統（Theodore Roosevelt, 1858 -1919）的名言：「拿個大棒子，講話輕聲細語。」，如此別人不得不仔細聽你的話。
- 「超軍事手段」和「非軍事手段」不同。前者有軍事能力作後盾，後者無。
- 「超軍事手段」又跟「軟實力」不同。「超軍事手段」包括經濟，但「軟實力」觀念的創造者約瑟夫・奈伊（Joseph Nye）最早說經濟是「硬實力」。今日所流行的「軟實力」觀念包括經濟，與原創者當是看法不同。「軟實力」是個不精準的觀念。

1. "transcending but not excluding the military" in Chong-Pin Lin, *China's Nuclear Weapons Strategy: Tradition within Evolution* (Lexington, MA: Lexington Books, 1988) pp.22-24.

漁船遊艇，迎戰軍艦

「憂心與焦慮」（concern & angst）。這是美國第 7 艦隊副司令約瑟夫・奧肯（Joseph Aucoin）2016 年 2 月 15 日在新加坡表示的心情。

2015 年 10 月和 2016 年 1 月，美國 2 次派軍艦穿越中國在南海建設的島礁附近水域，挑戰北京宣稱的 12 浬領海。但奧肯說：尾隨美國軍艦的中國「非軍用船」（應指漁船和海巡船），進退有節，不像獨立作業。對常交流的解放軍軍艦，他放心。但怕這些「非專業船」，

▲ 約瑟夫・奧肯（Joseph Aucoin）圖片來源：By us navy - http://www.navy.mil/navydata/bios/navybio.asp?bioID=437, Public Domain, https://commons.wikimedia.org/w/index.php?curid=32742986下載 2017.7.31

擔心它們和美國軍艦相撞。

他提到世界最大的海巡船是中方最近所造，而且第 2 艘巨無霸正在建造。此外，對於 2016 年 1 月 6 日在南沙永暑礁新建跑道上試降成功的中國民航機，他說：「不知何時會有軍機降落。」屆時，他要在「國際法允許範圍內」派美國軍機到附近空域挑戰。

對北京謀劃的作為，奧肯已嗅出些許端倪，但他只見冰山一角，且誤判。因為對國際爭端，美國慣用「軍事手段優先」：先派兵再說。他以為中國也一樣，其實不然。中國從古至今，慣用「超軍事手段優先」。例如，戰場上對敵先用水淹（韓信的濰水之戰－公元前 204 年）、用火攻（田單的火牛陣－公元前 284 年）、用地道滲透（湘軍攻破太平天國南京城－ 1864 年）等，最後才揮刀戰鬥。在國際上，先用謀略惑敵，再用外交制敵，不得已才用兵，下下策才攻城。也就是《孫子兵法》在第 3 篇〈謀攻〉所寫的「上兵伐謀，其次伐交，其次伐兵，其下攻城。」

對美方軍艦戰機穿越中國在南海所控制的島礁附近海域，北京如何因應？

一、漁船陣： 2016 年 4 月，國際注意到中國已成立海上民兵（fishing militia）[63]。其實，早在 2016 年 2 月之前，三沙市已動員漁船免費裝設北斗導航系統，補助漁業燃油，並鼓勵漁船前往美國拉森號軍艦 2015 年 10 月已穿越的渚碧礁和美濟礁一帶捕魚[64]。經由導航系統聯絡，漁船成了政府海上布局的棋子，聚散自如。在島礁周圍密布漁船，美國軍艦硬闖撞上漁船，國際輿論如何反應？

二、旅遊潮： 中國民航機試降永暑礁是中國發展高端旅遊的序幕，而非部署軍機的先聲。技術上兩者相去甚遠。中國已派團去馬來西亞有機場及 3 星旅館的彈丸礁視察。將來永暑礁是 5 星以上

63　Megha Rajagopalan,“ China trains 'fishing militia' to sail into disputed waters” ***Reuters*** April 30, 2016 http://www.reuters.com/article/us-southchinasea-china-fishingboats-idUSKCN0XS0RS accessed September 22, 2016.

64　2016 年 2 月 19 日，S 先生新店提供。

旅館和豪華遊艇的熱點 [65]。美國軍艦又如何硬闖附近海域？

　　三、心理戰：中國戰略傳統講究虛實並用、奇正相生的「二元整合」（integrated dualism）[66]。一般說法就是「兩手策略」。軟的更軟，硬的更硬。漁船遊艇是軟的，2016 年 2 月中旬，西沙永興島部署「紅旗 -9」防空飛彈是硬的。那該是回應 2015 年 11 月中旬，美國派 B-52 轟炸機穿越中方的美濟礁空域。同月，常貼土耳其國界航行的俄羅斯軍機被土軍擊落。此事不用北京提醒，自然對再來南海中方島礁空域穿越的美國軍機造成壓力，而且與時俱增。

二元整合 [1]（integrated dualism）

「二元整合」指結合兩個相反元素成為一體的觀念。

- 「兩手策略」是「二元整合」最通俗而簡單的代表。毛澤東的「戰略上藐視敵人，戰術上重視敵人」是「二元整合」眾人所熟知的戰略應用。
- 「二元整合」哲學上源於《老子道德經》，戰略上源於《孫子兵法》。
- 「二元整合」的範例包括「奇正相生」、「虛實並用」、「攻守兼備」、「能伸能縮」、「既慈又嚴」、「硬的更硬，軟得更軟」等。
- 「二元整合」與西方「一元為主」的觀念成鮮明的對比。西方宗教的「一神論」是後者典型的實例。
- 筆者﹙中斌﹚所提的北京 21 世紀大戰略目標「不戰而主東亞」（dominating East Asia without war）也是「二元整合」的運用。
- 黑格爾受老子影響，再影響後來馬克思的「辯證法」﹙正反合﹚也可說是「二元整合」的運用。

1.「二元整合」(integrated dualism) 一詞來自 Chong-Pin Lin, *China's Nuclear Weapons Strategy:Tradition within Evolution* (Lexington, MA: Lexington Books, 1988) pp.25-28.

西沙軍演

　　2016 年 7 月 8 日，解放軍在西沙附近海域舉行實兵實彈對抗

65　2016 年 2 月 19 日，S 先生新店提供。

66　「二元整合」（integrated dualism）是中國自古以來戰略特色之一。Chong-Pin Lin, *China's Nuclear Weapons Strategy* pp.25-28.

演練，是按習近平軍事訓練「實戰化」的要求進行，以打贏信息化（資訊化）海上局部戰爭的演練為背景，海軍負責組織執行，出動3大艦隊，由南海艦隊擔任主力，北海艦隊和東海艦隊派出部分兵力，包括航空兵、潛艦、大中型水面艦和岸防部隊等4大兵種，拉開制空、對海、反潛作戰等戰役級演練，發射各型飛彈、魚雷近百枚。大陸央視稱，海軍司令員吳勝利、軍委聯合參謀部副參謀長王冠中、海軍政委苗華、南部戰區司令員王教成等參加演習[67]，境外媒體以4名上將督戰，突出演習的非比尋常，繪聲繪影，營造不惜一戰的氣氛。

國際仲裁結果公布當日（7月12日），中國國防部新聞發言人楊宇軍極力放低演習的敏感度，重申是海軍年度例行演習，但他又強調：「不論仲裁結果如何，中國軍隊將堅定不移捍衛國家主權、安全和海洋權益[68]，」使得這次演習更具針對性。事實上，這次演習還有一個特殊之處，是在全軍實戰化訓練座談會6月下旬結束後，海軍首次舉行的重大實兵實彈演訓，以檢驗海軍指揮能力、裝備性能與訓練模式[69]。

從軍方公布圖像可以看到，扮演紅軍海上編隊的指揮艦，是2015年12月最新服役的新銳052D飛彈驅逐艦「合肥號」；在2015年9月3日大閱兵首次亮相的國產超音速反艦飛彈「鷹擊-12」，以最具威力的機載空射方式測其性能；號稱中國射程最遠（約280公里）的岸艦飛彈「鷹擊-62」，則測試己方要地遭藍軍突襲時的快速反擊[70]。這些新型裝備確實能在海上戰役規模中發揮威力，但這並不意味現階段解放軍能在境外遠域戰場上順利應用，

67　黃子娟，〈海軍三大艦隊南海演習 專家：展示中國軍隊建設成就〉《人民網》2016年7月11日 http://military.people.com.cn/n1/2016/0711/c1011-28543175.html 下載 2016.11.20。

68　〈國防部新聞發言人楊宇軍就南海演訓活動答記者問〉《國防部網》2016年7月12日 http://www.mod.gov.cn/info/2016-07/12/content_4702611.htm 下載 2016.11.20。

69　黎友陶、陳國全，〈海軍三大艦隊在南海舉行實兵對抗演習〉《解放軍報》2016年7月9日，頁1。

70　劉朝暉，〈面對挑釁 中國海軍充分準備〉《新民周刊》2016年7月21日 http://www.xinminweekly.com.cn/News/Content/7556 下載 2016.11.20。

因此從戰術上就決定解放軍難以短期內對南沙進行有效兵力投射，而必須採取守勢，萬一被迫使用武力，也是懾戰大於實戰。

解放軍磨合轉型

數 10 年來，北京一向避免誇耀自己的實力，只是偶爾透露一些軍事現代化的進步，也敢於自我揭短。中共中央軍委副主席范長龍 2016 年 6 月在全軍實戰化訓練座談會上毫不諱言，解放軍的訓練水準與實戰要求「有很大差距 [71]，」是現階段軍事訓練的主要矛盾，從訓練風氣、方法、監察到考核評估，均亟待解決，言語之間，流露對軍事改革的緊迫感。這次演習讓我們看到，解放軍的境外遠域海上聯合戰力，至少需要 5 年左右的磨合與轉型才可能初具成效。原因有 3：

一、**目前軍種訓練在前，戰區聯合訓練在後**。中共軍改雖律定「戰區主戰、軍種主建」原則，但各軍種仍有基礎訓練之責，作為戰區聯合訓練的戰力儲備與對接。軍種（部隊）訓練是基本功，練於平時，按戰區要求施訓；聯合訓練是戰區內諸軍兵種的戰力整合，用於戰時，按戰區特點施訓。7 月 8 日，3 大艦隊的演練，屬於單一軍種（海軍）性質，若把其他軍種如空軍、火箭軍或戰略支援部隊等一併加入，其聯合訓練所需的指揮鏈路、情資共享和演訓條令，將遠遠超過目前的要求，只有在各軍種的基本功陸續到位，聯合訓練才有可能有效展開，4-5 年的磨合是保守估計。

二、**演習以島嶼依托為先，逐步向境外遠域推進**。這次演習在海南三亞與西沙之間海域，相隔 300 多公里，依托海南與西沙等島，參演兵力和電磁頻譜較易掌握，演習區域能有效封控，不受外力干擾，機艦若發生意外，也能在最短時間迫降和靠港。3 大艦隊若前出遠島至南沙，就沒有上述優勢作為屏障。南沙永署礁雖有

---

71 尹航、梁蓬飛，〈全軍實戰化軍事訓練座談會在京召開〉，《解放軍報》2016 年 6 月 26 日，頁 1。

3000 公尺飛機跑道和港口，仍屬草創階段，防衛能力與後勤保補不足，易受外力干擾，萬一有事，恐遠水救不了近火，絕非短時間內就能改善。

　　三、演練是為日後編修新一代聯合作戰條令預作準備。這次演練以檢驗海軍指揮協同能力、裝備性能與訓練模式為主，經過紅藍對抗，初步掌握海軍編隊在支援掩護作戰中的應急能力和若干新型裝備的性能，這些都有賴於日後更多的演練才能掌握其中的規律，作為聯合訓練條令和大綱的參考與依據，不是 1-2 次演習或發射近百枚飛彈和魚雷就能一蹴而成，其他軍種亦復如此。

航母前出島鏈

　　在航母方面，2016 年 12 月 25 日清晨，中國海軍航母編隊首次穿越宮古海峽進入西太平洋，這是距離「遼寧艦」正式入列海軍 4 年零 3 個月後實現的 [72]。這次遠航從渤海、黃海、東海到南海，25 日當晚沿台灣東南防空識別區南下，並於 2017 年 1 月 12 日清晨通過台灣海峽中線以西返回青島母港，全程 5,858 浬，期間首度進行跨海區艦載機「殲 -15」戰術訓練與航母編隊全流程整體訓練等多項演練 [73]。對其效果外界解讀不一，倒是遼寧艦艦長劉喆自謙地說，前方尚有長路要走要闖要試，「我們對航母的認識還處在小學階段 [74]。」相較於美國航母，這應該是務實的態度。目前遼寧艦還處於初始戰力階段，當該艦搭載超過 20 架殲 -15，並配備超過 40 名艦載機飛行員時，才算實現整裝作戰能力 [75]。

72　陳國全等，〈大片來襲！遼寧艦入列以來精彩訓練場景都在這兒〉《中國軍網》2017 年 2 月 6 日 http://www.81.cn/jlwh/2017-02/06/content_7479795_3.htm 下載 2017.4.5。

73　〈遼寧艦沖出「第一島鏈」，沒你想的那麼簡單〉《中國軍網》2017 年 3 月 21 日 http://www.81.cn/hj/2017-03/21/content_7534064_4.htm 下載 2017.4.5。

74　陳國全、王通化，〈大片來襲！遼寧艦入列以來精彩訓練場景都在這兒〉《中國軍網》2017 年 2 月 6 日 http://www.81.cn/jlwh/2017-02/06/content_7479795_6.htm 下載 2017.4.5。

75　邱越，〈專家：遼寧艦已隨時能戰 未來將配超 40 名飛行員〉《人民網》2017 年 1 月 3 日

除了要有一定數量的艦載機，它的出動架次率才是真正衡量航母戰力的核心指標，要靠完善的航空保障系統，這方面「在我國是全新的，沒有同類技術可以參考，」目前相關院校也「沒有艦船航空保障專業[76]。」不同專業的學生到研究單位後，需從實踐中補課，中國船舶工業系統工程研究院院長、首任航空保障系統總工程師張宏軍說，這些要通過創新實現從無到有，要靠系統工程理論的指導。他任職的單位就是要建構並完善相關的理論指導。

　　基於常規動力、滑跳起飛、艦載機編隊單一和綜合補給艦噸位與航速不足等多重限制，中共海軍短期內難以達到真正意義上遠洋深海的「藍水海軍」。目前在中共海軍「近海防禦、遠海護衛」[77]（而非遠海防衛）的戰略要求下，航母編隊是「近海防禦」體系外圍的遠海機動力量，是依托大陸遠程打擊力量與島嶼前沿力量的一個延伸，因此「近海防禦」體系不以海軍獨挑大梁，而是在中央軍委和戰區聯合指揮體制下多軍兵種聯戰的有機組成。特別是，軍改後新成立的戰略支援部隊，從航天、太空、網路和電磁等空間，與其他軍兵種聯合並支援戰場作戰，成為貫穿作戰全過程的致勝關鍵[78]。它具有高度機敏性，因此外界對其所知甚微。

　　跡象顯示，中共正努力克服上述諸多不足，使航母真正成為戰略戰役的遠程突擊力量，包括即將服役的「901」大型綜合補給艦，以及研製艦載機的電磁彈射技術。中共海軍電力工程專家馬偉明院士說，電磁彈射技術將在 10 年內取代傳統的化學能技術。他

http://military.people.com.cn/n1/2017/0103/c1011-28995011.html 下載 2017.4.5。

76　蔣華、蘇明、邱貞瑋，〈開創船艦航空保障學科建設 推動系統工程理論再發展〉《艦船知識》2016 年 11 月，頁 20-28。

77　〈中國的軍事戰略（全文）〉《中華人民共和國國防部官網》2015 年 5 月 26 日 http://www.mod.gov.cn/regulatory/2015-05/26/content_4617812_5.htm 下載 2017.4.5。遠海護衛是 open seas protection，不是防衛 defense。前者偏向避免或減輕敵方打擊和面對災難性事故，而採取的防備與保護性措施與行動，與航母真正作為戰略戰役遠程突擊力量的意義不同。

78　邱越，〈專家：戰略支援部隊將貫穿作戰全過程 是致勝關鍵〉《人民網》2016 年 1 月 5 日 http://military.people.com.cn/n1/2016/0105/c1011-28011251.html 下載 2017.4.5。

還透露，中國電磁彈射技術研究已獲成功[79]。據推測，2025 年左右，中國推出首艘採用電磁彈射的國產航母應可預期。如此中共航母艦載機的出動架次率將更為快速而高效。

除此，中國在緬甸實兌港、孟加拉吉大港、斯里蘭卡漢班托塔港、巴基斯坦瓜達港到東非吉布提等，都有經營相關的碼頭與靠泊據點（又稱「珍珠鏈戰略」），為解放軍投射印度洋提供中繼，提高「遠海護衛」效益，為「一帶一路」提供必要保障。

中共航母的投射雖然有限，因地緣因素，對台灣的防衛壓力將顯而易見，中共航母編隊可以在台灣東部數百公里外海，掩護遠程航空和水下打擊兵力前出第一島鏈阻滯外力干預，同時掩護對台東部作戰兵團的後方安全，以東西夾擊之勢，使台澎防衛作戰陷入多重包圍而難獲外援。台灣國防部最近提出「防衛固守，重層嚇阻」的軍事戰略，應該是有應變反制之道。如果台灣的演訓仍自限於己方的防空識別區之內而不能積極前出，將陷於上述中共航母編隊前出第一島鏈所帶來的困局。

2017 年 3 月，台灣國防部聯三作戰次長姜振中證實，台灣的攻陸飛彈攻擊距離能達到 1,380 公里，「有這能力，訓練計畫都有，並持續強化中」[80]。基隆距青島軍港 1,300 公里、高雄距三亞榆林港 1,200 公里。如此看來台灣的中程飛彈似乎能夠對中共航母駐地進行源頭反制，如果飛彈精進，或許還能對航渡中的航母進行火力襲擾、儳阻、驅趕乃至突擊。問題是，這樣的訓練有多少實戰性？保守畏縮，政治干擾，再長的拳頭也難以伸展。

79　〈003 航母大幾率用電彈？院士透露電磁彈射新進展〉《環球網》2017 年 1 月 26 日 http://mil. huanqiu.com/china/2017-01/10025462.html 下載 2017.2.26。

80　洪哲政，〈小英新軍事戰略重層嚇阻 馬政府霍守業的舊提案？〉《聯合新聞網》2017 年 3 月 16 日 https://udn.com/news/story/1/2345773?from=udn-catebreaknews_ch2 下載 2017.3.16。

戰略空軍威懾關島

　　相較於海軍，中共空軍前出西太平洋的意圖更為強勁。2016年 11 月底和 12 月初，中共戰機同時飛越巴士海峽與宮古海峽，並由部分戰機繞台飛行後分別北返與南返，引起媒體轟動效應。如果僅從這 2 次繞台飛行來看中共對台意圖，當然有其考慮，但並不全面。若把時間推向 2015 年 3 月 30 日，「轟 -6K」首次穿越巴士海峽前出西太平洋，一直到 2016 年 12 月 10 日為止，前後進行共 8 次的遠海訓練（如附表），從飛行路徑、戰機編隊、前出海域到演訓課目綜整來看，解放軍空軍的戰略意圖至為明顯。可以用一句話形容：

　　「對象是美國，目標是關島，手段是轟 -6K 及其掛載的『長劍 -20』（K/AKD-20）遠程巡航飛彈。這一系列遠海訓練，是解放軍空軍邁向「戰略空軍」的探索與實踐，以達到真正的戰略性軍種[81]。」

解放軍空軍前出島鏈訓練簡表：

時間	主要機型	飛越海峽	前出海域	主要課目
2015.3.30	轟 -6k 中程轟炸機	巴士海峽	西太平洋	遠海導航與定位
2015.5.21	同上	宮古海峽	同上	同上
2015.8.14	轟 -6k、蘇 -30 制空、空警 -200 預警等機	巴士海峽	同上	東海防空識別區遠海警巡，遠海多機協同
2015.11.27	同上	宮古海峽	同上	同上
2016.9.12	轟 -6k、蘇 -30、殲 -11 制空、空警 -200 預警、圖 -154 電偵、伊爾 -78 空中加油等機	巴士海峽	同上	東海防空識別區例行性警巡，遠海偵察預警、海上巡航、空中加油

81　亓樂義，〈解放軍「戰略空軍」的探索與實踐〉《台北論壇》（http://www.taipeiforum.org.tw）2017 年 1 月 4 日 http://140.119.184.164/view_pdf/335.pdf 下載 2017.3.8。

時間	主要機型	飛越海峽	前出海域	主要課目
2016.9.25	轟-6k、蘇-30制空、空警-200預警、運-8巡偵、圖-154電偵、伊爾-78空中加油等機	宮古海峽	同上	東海防空識別區例行性警巡、遠海偵察預警、海上突擊、空中加油
2016.11.25	轟-6k、蘇-30、殲-11制空、空警-200預警、運-8巡偵、圖-154電偵、伊爾-78空中加油（不明）等機	同時飛越巴士海峽與宮古海峽，部分繞台飛行後北返	同上	課目整合，檢驗遠海機動與實戰能力。
2016.12.10	轟-6k、蘇-30、殲-11制空、空警-200預警、運-8巡偵、圖-154電偵、伊爾-78空中加油（不明）等機	同時飛越巴士海峽與宮古海峽，部分繞台飛行後南返	同上	同上

▲ 綜整製表/亓樂義。所謂前出海域西太平洋，中共空軍發言人申進科多次提到「飛出第一島鏈1,000餘公里」，具體位置不明。前4次遠海訓練的戰鬥機和預警機估計未能飛出第一島鏈。資料來源：〈厲害！軍改一年空軍幹了這麼多大事！〉《人民網》2016年11月26日http://military.people.com.cn/n1/2016/1126/c1011-28897521.html 下載2016.12.14；謝瑞強，〈中國空軍最新遠海作戰訓練和2015年有何不同？〉《澎湃新聞》2016-12-14 http://m.thepaper.cn/newsDetail_forward_1580017 下載2016.12.14。

　　所謂「戰略性軍種」，就是能夠對敵或潛在對手的本土或戰略要地，實施戰略威懾與遠程精確打擊的能力，以確保國家戰略利益。如果對手是美國，目前解放軍只有火箭軍（前身二炮）具備此一能力，如射程超過「東風-26」等系列中遠程和洲際彈道飛彈，因此火箭軍被賦予「核常兼備」與「戰略威懾與核反擊和中遠端精確打擊能力」[82]的戰略要求。

　　海軍也被賦予「戰略威懾與反擊」[83]的任務，但此一任務與火箭軍相比，在表述上少了一個「核」字，表明海軍的戰略威懾與反擊並非來自核武，除印證「巨浪-1」型潛射彈道飛彈射程不足，更間接證實「巨浪-2」型潛射洲際彈道飛彈的性能或應用未必如

82　〈中國的軍事戰略（全文）〉《中華人民共和國國防部官網》2015年5月26日
　　http://www.mod.gov.cn/regulatory/2015-05/26/content_4617812_5.htm 下載2016.12.15。
83　〈中國的軍事戰略（全文）〉。

期到位，而戰略核潛艦能否過於前出大洋機動或許也有問題。但海軍畢竟擁有相應的載具和遠程武器，雖不完全可靠，仍可肩負一定程度的戰略威懾與反擊任務。

反觀中共空軍，未被賦予上述任務，而是「按照空天一體、攻防兼備的戰略要求，實現國土防空型向攻防兼備型轉變[84]。」實在是因為空軍既無遠程轟炸機，又無長程精確打擊武器所致。多年來中共轟炸機種的推力不足，作戰半徑有限，空射武器射程約200公里，只能作為戰役空軍使用。直到轟 -6K 出現，推力與雷達航電等系統大幅改善，作戰半徑增至 3,500 公里，加上掛載射程約1,500-2,000 公里的長劍 -20（K/AKD-20）遠程巡航飛彈[85]，火力覆蓋突破第二島鏈，雖不及美國本土，但劍指美國戰略要地關島指日可待，對美初具戰略威懾與遠程精確打擊的能力。這是中共空軍邁向「戰略空軍」關鍵性的一步，是攻勢作為的主動防衛，而非被動式的「反介入」。

轟 -6K 首次穿越巴士海峽前出西太平洋，既有中、美地緣戰略博弈之所需，也有中共空軍的自我期許，更重要的是中央軍委主席習近平的強軍意志，以及隨之而來的軍改要求。2014 年 4 月 14日，習近平專程到空軍機關調研，重申「空軍是戰略性軍種」，並要求空軍「盡快實現向攻防兼備型轉變[86]。」隔年 2 月 16 日，習近平視察西安部隊時登上轟 -6K[87]。1 個多月後，轟 -6K 首次穿越巴士海峽前出西太平洋，由此拉開邁向「戰略空軍」的帷幕，並在短時間密集舉行 8 次遠海訓練，採多機編隊，課目多元，不但帶彈

---

84 〈中國的軍事戰略（全文）〉。

85 大陸軍事期刊報導較為保留，推測轟 -6K 的作戰半徑為 3,000 公里，長劍 -20 射程約 1,000-1,500公里。見〈紀念中國人民抗日戰爭暨世界反法西斯戰爭勝利 70 周年 大閱兵〉《兵工科技》2015 年增刊，頁 156。

86 〈習近平：加快建設空天一體攻防兼備的強大空軍〉《中國新聞網》2014 年 4 月 14 日 http://www.chinanews.com/mil/2014/04-14/6062456.shtml 下載 2016.12.15。

87 〈轟 -6K 利用資訊和遠程打擊技術 作戰能力大幅提升〉《人民網》2015 年 2 月 27 日 http://military.people.cn/BIG5/n/2015/0227/c1011-26605715.html 下載 2016.12.15。

遠航、編隊齊全、飛行更遠，還加上東部與南部戰區空軍的聯動[88]，說明中共空軍邁向「戰略空軍」，以及在遠海陌生空域戰場經營的緊迫感。可以預料，中共空軍下一步將加快在西太平洋海域的實彈演練，並把海、空軍納入聯合作戰體系，以達海空一體。

軍改勝算

中共軍改從毛澤東時代就有，歷經鄧小平、江澤民到胡錦濤，不論從範圍和力度上看，以習近平軍改為最，以前是外科手術，如今是傷筋動骨。習曾說：軍改不是零敲碎打，不是小打小鬧，而是「一場整體性變革[89]。」軍改之路肯定艱險，但習近平握有多項優勢，成功機率還是很高。

首先是人事全面掌握。習近平藉由反腐治理，全面清洗過去10年軍隊高層的貪腐權貴勢力，2名卸任軍委副主席徐才厚（已歿）、郭伯雄鋃鐺入獄。此外，如前所述，至2016年10月為止，上將被帶走調查而落馬另有5人，包括1位現職（王建平），4位已退休（李繼耐、廖錫龍、田修思、張樹田）[90]。軍級以上幹部墜馬超過百人，所有被抓的高層將領，無一不是束手就擒，不像以往總有多方掣肘和人情包袱，改革頻頻受阻。

這次軍改打破4大總部（總參謀部、總政治部、總後勤部、總裝備部）長年以來的山頭盤據，胡錦濤任軍委主席幾遭架空，習近平則大權在握，徹底貫徹軍委主席負責制（軍委管總原則），原總部軍頭不論軍階多高，都成為他（軍委主席）的高參幕僚。除此，習近平還親任軍委聯合作戰指揮中心（軍委聯指）總指揮，從戰略

88　謝瑞強，〈中國空軍最新遠海作戰訓練和 2015 年有何不同？〉《澎湃新聞》2016-12-14 http://m.thepaper.cn/newsDetail_forward_1580017 下載 2016.12.14。

89　〈改革強軍 奮楫中流─習主席和中央軍委運籌設計深化國防和軍隊改革紀實〉《人民網》2015年 12 月 31 日 http://politics.people.com.cn/n1/2015/1231/c1001-27997290.html 下載 2016.11.20。

90　樊輔，〈「北戴河會議」期間大抓大貪官〉《前哨》2016 年 9 月，頁 33；江迅，〈軍隊肅不盡「郭徐遺毒」〉《亞洲週刊》2016 年 10 月 30 日，頁 36。

決策到戰役指揮，親裁定奪，權力設計超過毛、鄧。從2016年元月起，習近平親授軍隊大單位正職首長（上將），幾乎由1950年代中壯派將領擔任，進入一個新的世代交替。

2017 年 1 月 25 日下午，廣東省委、省政府在廣州舉行 2017 年廣東省軍政迎春座談會。南部戰區司令員袁譽柏首次以新的身分亮相，使得不久前由海軍將領出任戰區最高首長的傳聞得到證實。此一任命，打破中共 5 大戰區清一色由陸軍作為主官的局面[91]，是從大軍區以來的首創之舉。由 61 歲原任北海艦隊司令員的袁譽柏擔此大任，將更能應對南海戰略方向的挑戰，並有利於建立戰區聯合作戰指揮體制，對其它專業軍種地位的提升可謂一大鼓舞，充分反映習近平的建軍思路。

2017 年 4 月 18 日上午，習近平在八一大樓接見全軍最新調整組建的 84 個軍級單位主官。他在發布訓令時說，這次調整是「我軍在實施改革強軍戰略、走中國特色強軍之路上又邁出的重要一步[92]。」軍級單位作為遂行戰役指揮任務的領導機關，既主戰、又主建，是解放軍作戰力量編成和作戰體系重塑的關鍵。習近平能對其全面洗牌，說明軍改的主要部署從腦子到拳頭基本到位。尤其，陸軍 18 個集團軍被裁減為 13 個，減幅近 3 成，且原有的部隊番號全部廢止，以第 71 至第 83 集團軍的連號方式，重新命名[93]。番號是部隊的生命和象徵，不管過去多麼輝煌，今後的榮辱，將從習近平的軍改開始。

其二有頂層設計。 2014 年 3 月，習近平召開軍委改革領導小組第 1 次全體會議，提出改革分工方案與工作路線圖，此後在 7 個月內，由全軍遴選數百名菁英所組成的軍委改革辦公室，接連舉行

91　郭媛丹，〈袁譽柏出任南部戰區司令 打破陸軍戰區首長大一統〉《環球網》2017 年 1 月 22 日 http://mil.huanqiu.com/china/2017-01/10001171.html 下載 2017.2.27。

92　李宣良，〈習近平接見新調整組建軍級單位主官 對各單位發佈訓令〉《新華社》2017 年 4 月 18 日 http://news.xinhuanet.com/politics/2017-04/18/c_1120832597.htm 下載 2017.4.19。

93　〈2017 年 4 月國防部例行記者會文字實錄〉《中國軍網》2017 年 4 月 27 日 http://www.81.cn/xwfyr/2017-04/27/content_7580691.htm 下載 2017.4.29。

800 多場座談會和論證會，涵蓋 690 多個軍隊與地方單位。在調研論證階段，逐一徵求大單位首長和 4 大總部領導意見，聽取 900 多名在職和退休的軍隊與地方領導看法，並對 2,165 名軍師旅級部隊主官進行問卷[94]。

在方案擬定過程中，先後 3 次逐一徵求高層領導意見，再經模擬推演，最後經軍委和中央政治局常委會議 2015 年 7 月底通過軍改《總體方案》，更具體的《領導指揮體制改革實施方案》10 月底由軍委常務會議通過[95]。

習近平 2015 年 9 月 3 日在抗戰勝利 70 周年閱兵上宣布裁軍 30 萬，全球矚目，現在看來並非習個人的獨斷專行，而是經過頂層設計，層層徵詢，再經模擬推演而來，說服性高，執行力強。

其三有時間表和路線圖。全軍聽令行事，權責分明。按軍改規劃，2015 年針對領導管理體制和聯合作戰指揮體制先行改革；2016 年以軍隊規模結構、戰力體系、院校和武警部隊改革為主；2017-2020 年進行改革調整與優化，律定 2020 年前，在領導管理體制（軍種主建原則）、聯合作戰指揮體制（戰區主戰原則）取得突破性進展；在兵力結構和推動軍民融合領域取得重要成果，建構一個能夠打贏信息化（資訊化）戰爭，又具中國特色的現代軍事力量體系[96]。

當然這些目標難以量化，也很難確認在不同場域和對手的情況下，如何驗證一場局部信息化戰爭的成效。至今或許有 2 件事讓習近平有所寬慰，一是軍隊新一代的骨幹力量對軍改興致高昂，並未出現如行政系統的怠政現象；二是習近平在中共廿大（2022）召開前尚有 5 年多時間，可以做好人事布局。也許不能排除，習在十九大（2017）前，主要政敵已去除。2015 年 7 月後，又出現領

94　〈改革強軍 奮楫中流─習主席和中央軍委運籌設計深化國防和軍隊改革紀實〉。

95　〈改革強軍 奮楫中流─習主席和中央軍委運籌設計深化國防和軍隊改革紀實〉。

96　〈中央軍委關於深化國防和軍隊改革的意見〉《人民網》2016 年 1 月 2 日 http://politics.people.com.cn/n1/2016/0102/c1001-28003587.html 下載 2016.11.20。

導幹部「能上能下」試行規定[97]，為領導幹部確因工作需要而延遲退休埋下伏筆，使得習近平甚至在十九大之前，有可能打破政治局常委「七上八下」潛規則。若此，形勢又另當別論。

其四是內外環境有利軍改。習近平的打貪深得民心，中國又是世界第 2 大經濟體，從大國邁向強國之際，軍改順勢而起，成本可堪負荷。這次軍改與歷次最大不同，是安全空間的改變，從本土擴及境外乃至遠海，從有形領土邁入無形的太空與網路空間，對中國安全而言既是挑戰，也是機遇。曾幾何時，網路安全成為中、美兩國戰略博弈的對等議題，需要合作共贏；曾幾何時，美國在全球的一些戰略議題（如軍控、海洋權益、區域穩定到反恐等非傳統性安全等），沒有中國參與，問題難以解決。軍改之所以成為必然，固然有領導人的決心，更有社會內在驅使力作為支撐，否則中國戰略空間及其利益難獲保障。

嘿，同志們好！

解放軍目前正處在轉型改革階段，使用兵力格外謹慎小心，既有防止衝突升級，又有嚴防洩密等雙重考慮，在南海多次與美艦相遇所保持的克制，完全沒有媒體形容那樣的劍拔弩張，反而輕鬆超出外界想像。

2015 年 11 月初，美國神盾驅逐艦「拉森號」（Lassen）到南海爭議海區的人工島礁附近巡航，1 艘尾隨在後的中國軍艦向其喊話：「嘿，你們進入中國的水域了，意圖何在？」美艦回稱，根據國際法執行航行任務。對方又問相同問題，問來問去，亦如往常。

美軍艦長法蘭西斯中校（Robert C. Francis）回憶幾周前，也有類似場景。當時他拿起電話詢問對方：「嘿，你們大夥這週六都

97　〈中共中央辦公廳印發《推進領導幹部能上能下若干規定（試行）》〉《人民網》2015 年 7 月28 日 http://cpc.people.com.cn/n/2015/0728/c64387-27375493.html 下載 2016.11.20。

幹啥？我們這有披薩和雞翅，你們吃什麼啊？哦對了，我們現在還正準備過萬聖夜。」他這麼說，想讓對方知道大家都是水兵，也有家人朋友。中國水兵用英語和他們聊家鄉、聊家人和去過的地方。離開時，中國軍艦還說：「嘿，我們不再陪你們了，航行愉快，再會[98]！」

從這年 5 月起，「拉森號」在南海和東海與中國軍艦或飛機，「相互交流」約 50 次。法蘭西斯說，兩軍相遇如同日常生活的一部分，只要美國軍艦到爭議海域，就會遇到中國軍艦，並非每次都怒目相向。

另 1 例發生在 2016 年 3 月底。美軍神盾巡洋艦「錢斯勒斯維爾號」（Chancellorsville）到中國南沙美濟礁附近巡航，遇上迎面而來的中國巡防艦「岳陽號」，突然 1 架直升機從該艦起飛朝美艦飛來，美艦用無線電呼叫對方，毫無反應，預感不佳。直升機盤旋不久後返回，直到中國軍艦駛入 10 公里，才用帶著口音的英語自報家門：「這是中國海軍 575 艦[99]。」（即岳陽艦，之後參加 7 月 8 日西沙演練）

美艦向對方呼叫 2 次，均無回應。美軍艦長倫肖（Curt A. Renshaw）轉身向會講漢語的李姓少尉說：「該你了。他們總不能假裝聽不懂中文。」

李少尉用漢語說：「今天是海上航行的一個陽光燦爛的日子。完畢。」沉靜幾分鐘，無線電發出劈啪響聲，對方用漢語回應：「美國海軍62艦，這是中國海軍575艦。今天的天氣真不錯。很高興在海上遇到你。」

客套結束，中國軍艦改用英語談起正事：「你們駛離母港後

98　喬棧，〈美中兩軍海上相遇，美軍問：大夥週六幹啥？〉《美國之音中文網》2015 年 11 月 7 日 http://www.voachinese.com/a/voa-news-us-destroyer-interacts-with-china-20151106/3044384.html 下載 2016.11.20。

99　Helene Cooper，〈危險的寒暄：當中美戰艦在南海遭遇〉《紐約時報中文網》2016 年 3 月 31 日 http://cn.nytimes.com/asia-pacific/20160331/c31chinaseas/zh-hant/ 下載 2016.11.20。

已經有多久了？完畢。」這句話涉及情資，倫肖清楚不能回答，也絕不會問對方這個問題。美艦回應：「我們不討論我們航行時間表。不過，我們正在海上度過愉快的時間。完畢。」

寒暄之餘，雙方在海上對峙。美艦為測試對方是否繼續跟蹤，轉了個彎，對方跟進並詢問美艦：「要在海上繼續長期航行嗎？完畢。」這又是一個不能回答的問題，否則等於承認中國有知道的權利，美艦就沒有所謂的航行自由。倫肖回應：「收到，我們所有的航行都很短，因為我們喜歡我們在海上度過的時光，不管我們離開母港多久了。完畢。」

中國軍艦回答：「明白，我將在未來幾天與你一起航行。完畢[100]。」隔日，中國1艘驅逐艦取代岳陽號，持續跟蹤美艦，直到次日午夜美軍駛離南海為止。

整個過程平和落幕，完全沒有外界所說的驅離動作。

除了軍艦，北京在南海對美國軍艦穿越所控島礁附近海域，其因應之道軟硬兼施。硬的一手如英國《詹氏防務週刊》引用衛星圖像顯示，「紅旗-9」防空飛彈至少在2016年2月部署西沙永興島，7月8日還在，10日遷移，可能是運返內地保養[101]。目前永興島缺乏足以支撐紅旗-9進駐的軍事設施，隨著擴建有可能在未來解決此一問題。報導稱，撤離行動就在7月12日國際南海仲裁結果宣布前實施，此前中共海軍正在西沙海域演習。

經過衛星圖像和專業分析，我們或可得到一個基本判斷，紅旗-9進駐西沙，是因應美國自由航行計畫（FONOPs）[102] 的一項臨時性措施，作為防空飛彈海島戰備值班之用，並配合相關演訓，強化「殲-11」戰機和飛彈巡防艦與驅逐艦在西沙的防空戰力。目

100 Helene Cooper,〈危險的寒暄：當中美戰艦在南海遭遇〉。

101 Sean O'Connor, "Imagery shows Chinese HQ-9 battery being removed from Woody Island" *IHS Jane's Defence Weekly* July 21, 2016
   http://www.janes.com/article/62442/imagery-shows-chinese-hq-9-battery-being-removed-from-woody-island accessed November 20, 2016.

102 FONOPs 為 "Freedom of Navigation Operations" 的縮寫。

前永興島未設永備型飛彈陣地，估計未來以輪駐方式提升戰備，時間取決於當時的安全環境與戰備需要，可以隨時從海南島用船送至西沙，尚屬方便。此模式亦可套用在西沙主要島嶼，而不需要重兵常駐，也不會處處設防，只要建設好從海南三亞、西沙永興島至南沙永署島這條中軸線，監偵與火力即能覆蓋整個南海。

不戰而主東亞

若干年後，或說中共軍改如期完成，解放軍的遠海投射能力具備一定程度，是否意味中共在必要時以武力解決南海爭端？

可能性不高。北京的大戰略是「不戰而主東亞」，以快速現代的軍事力量做後盾，以超軍事手段做前鋒，成為主導東亞的力量。超軍事手段包括經濟、文化、外交、心理、媒體等軍事以外的工具，但運用時，有不必明說的軍事力量作為背景。此大戰略雖非北京官方宣示的政策，北京對外的行為，至今未曾與其違背。

北京大戰略的根源，是中國古代的兵法。其中，盡量避免用暴力取勝的精神，尤為重要，它對解放軍的影響，從 2000 年起更為明顯。2004 年 11 月，中共中央軍委原副主席張萬年說：「孫子兵法……尤其值得我們今天珍重與弘揚……主張不戰、慎戰、和勝戰，強調先勝、全勝、和戰勝……[103]。」至於「全勝」的觀念為何，大陸軍事科學院原院長及原 38 軍軍長李際均解釋道：「孫子兵法的精髓……是萬不得已而開戰時，要設法使雙方的損失都減少到最低程度 [104]。」但這些思維並未被西方重視。

2006 年，北京當局委託研究出版的《大國崛起》，歸納過去500 年 9 個新興大國的衰落的共同原因，是過度用兵。這個教訓在中共決策者見證美國在阿富汗及伊拉克用兵陷入困境後，應有更深

---

103 《第六屆孫子兵法國際研討會議論文》，2004 年 11 月，深圳。
104 第六屆孫子兵法國際研討會議論文。

刻的認識。當然，美國當時尚未真正衰落。但 2 年之後，2008 金融危機開始嚴重的衝擊美國社會，持此看法的人便增加了。

北京對美國盡量避免軍事衝突以攫其鋒。北京提出「新型大國關係」和「太平洋夠大容得下中美兩國」的說法，是此觀念的運作化。中共很像在期待美國遲早力有未逮，而不得不退出西太平洋。

從北京大戰略衍生出來北京對台灣的戰略原則，是「買台灣比打台灣便宜」：北京對台灣用經濟逐漸整合的力量，比用軍事猛然征服的方式更能達到統一的目的，而付出的代價更低[105]。

1914 vs. 2049

也許有人要問，不戰就想主東亞，天下哪有這種便宜事？既然不戰，美國更沒有退出的理由，何況美國擁有更強的軍事實力。

北京所謂的不戰，是以快速現代化的軍事力量為後盾，自信時間站在中國這邊，只要中國能保持戰略定力，不輕易發起或捲入戰端，以崛起之勢，形成有利的地緣戰略態勢，使美國在全球利益的負荷下，難以兼顧東亞事務，而逐步妥協並讓出更多資源。這是一個演變的過程，並非強制威迫所能達成。

有人把今日的中國類比於一次大戰前的德國。當時歐洲各工業化國家的經濟相互依賴達到空前，德國的經濟最為強勁，1913年其進出口貿易總額占國民生產總值40%，其中超過60%貿易金額來自英、法、俄等協

▲ 修昔底德（Thucydides 460 - 400/396 BC）圖片來源：https://commons.wikimedia.org/w/index.php?curid=219804下載 2017.7.31

---

105 林中斌，〈解放軍觀察的誤判與盲點〉《展望與探索》2016 年 4 月 15 日，頁 1-15。

約國，同盟國的比例僅占10%左右。就在德國與協約國互賴程度日益加深之際，大戰爆發。按此邏輯，中國經濟長期的高速發展，與世界和周邊國家的互賴關係加深，並不能保證中國為求自身利益而不動用武力。

我們認為，中國發動戰爭的機率極低，因為當今世代與1914年完全不同。首先，中國與外界的互賴關係遠遠超過貿易、金融與投資，網路安全一旦失控，對人類生活的傷害恐怕比核武更為嚴重，誰能輕啟戰端。其次是大國之間都有核武，誰能保證戰爭不會因為失控而升級，大國最擔心的反而是新興核武國家，為此更致力於防止大規模武器擴散。第三是現代的網路科技，使各國領導人實時（Real Time）掌握危機事態的發展，即使出國或休假，也不會缺乏情資或遭蒙蔽而誤判。

避免修昔底德陷阱

習近平曾說：面對錯綜複雜的國際安全威脅，「單打獨鬥不行，迷信武力更不行[106]，」只有合作、集體、共同的安全才是解決問題的正確選擇。這是習近平2013年3月在莫斯科國際關係學院演講的內容，他還談到中共十八大（2012年11月）後明確今後一個時期中國的發展藍圖，「在中國共產黨建黨100年（2021）時全面建成小康社會，在新中國成立100年（2049）時建成富強民主文明和諧的社會主義現代化國家。……實現中華民族偉大復興，是近代以來中國人民最偉大的夢想，我們稱之為『中國夢』，基本內涵是實現國家富強、民族振興、人民幸福。[107]」

實現「中國夢」是一種主觀意願，其他國家不買帳，又當如何？中國在築夢期間，肯定要面對不同挑戰和各種類型的鬥爭，堅

---

106 習近平，〈順應時代前進潮流，促進世界和平發展〉《習近平談治國理政》（北京：外文出版社，2014年10月），頁274。

107 習近平，〈順應時代前進潮流，促進世界和平發展〉，頁274。

持「鬥而不破」是北京目前的回應原則，避免與大國交戰是最高指導方針。美國《赫芬頓郵報》（*The Huffington Post*）旗下的《世界郵報》（*World Post*），2014 年 1 月 21 日在創刊號專訪習近平，談到中國崛起時，習引用斯巴達和雅典的歷史，呼籲國與國之間應團結一致：「避免修昔底德陷阱（Thucydides trap）── 新興國家和發達國家之間，或是發達國家與發達國家之間破壞性的緊張關係[108]。」

修昔底德（Thucydides，460 - 400/396 BC）是古希臘歷史學家。他的傳世之作《伯羅奔尼撒戰爭史》，詳述西元前 5 世紀雅典與斯巴達長達 30 年交戰的歷史，之後兩敗俱傷。他並為此作出總結：上升的強權（雅典）及在位的強權（斯巴達）之間戰爭最終不可避免。那是因為雅典實力的增長，引起斯巴達的恐懼之故。

「修昔底德陷阱」一詞為之前提過的哈佛大學格雷厄姆·艾利森（Graham Allison）教授所創。而芝加哥大學知名教授約翰·米爾斯海默（John Mearsheimer）也論述中、美之間必有一戰[109]。2008 年 10 月，筆者（中斌）赴芝加哥大學演講，提到北京大戰略是「不戰而主東亞」。很榮幸得米爾斯海默教授作評論。他問我為何不同意中、美必有一戰的看法。我回答：「因為美國人是克勞賽維茲的學生，而中國人卻是孫子的學生[110]。」前者強調戰爭的暴力，曾寫道：「戰爭是暴力推到極致」（War is an act of violence pushed to its utmost bounds）[111]。而後者寫到：「不戰而屈人之兵，

---

108 Nicolas Berggruen and Nathan Gardels, "How The World's Most Powerful Leader Thinks" ***Huffington Post*** Updated September 30, 2015 http://www.huffingtonpost.com/2014/01/21/xi-jinping-davos_n_4639929.html accessed November 20, 2016.

109 Peter Navarro, "Mearsheimer on Strangling China & the Inevitability of War" ***Huffington Post*** March 10, 2016 http://www.huffingtonpost.com/peter-navarro-and-greg-autry/mearsheimer-on-strangling_b_9417476.html accessed March 1, 2017.

110 John Mearsheimer 教授回答我：「你的回答很有趣。但是很抱歉，我必須趕時間離開會場。」2008 年 10 月 26 日芝加哥大學。

111 Carl von Clausewitz, ***On War*** (translated by Colonel J.J. Graham) Chapter 1, Section 3, Paragraph 8 http://www.gutenberg.org/files/1946/1946-h/1946-h.htm#link2HCH0001 accessed Decmber 16, 2016.

善之善者也 [112]。」也就是說，在西方觀念裡，戰爭是唯一致勝的方法，但在中國觀念裡，避免用軍事手段來達到勝利是最好的。或許美國認為中、美較勁必有一戰，中國則認為「超軍事手段」才是最佳制勝之道。

筆者（中斌）在 2004 年 11 月被《聯合早報》訪問時說：北京的新大戰略是「不戰而主東亞」 [113]。那當然並非北京官方的詞彙，只是個人淺見。但其核心「不戰」的觀念在 2012 年 5 月出現在胡錦濤正式提出的「新型大國關係」 [114]。習近平 2012 年底登大位之後於是成為他對美政策的主軸。

「新型大國關係」其實是對「修昔底德陷阱」的反駁。它沒有明說的意涵是：「修昔底德陷阱」是「舊型大國關係」。中、美應該追求以合作為主避免軍事衝突的「大國關係」，而這是你們西方歷史經驗裡沒有的新嘗試。有趣的是：北京官方英文翻譯「新型大國（big powers）關係」變成「a new model of major power relations」 [115]。後者準確的中文的意思是「新型主要國家的關係」。北京企圖淡化自己大國的色彩，以降低它對他國的威脅感。

習近平強調與美國建立「新型大國關係」的同時，把目光更焦距在周邊地區。2013 年 9 月，習近平訪問哈薩克提出共同建設《絲綢之路經濟帶》的倡議，10 月訪問東盟國家又提出共同建設 21 世紀《海上絲綢之路》的戰略構想 [116]。由此，「一帶一路」作

---

112 《孫子兵法》謀攻第三。

113 葉鵬飛，〈中國新戰略：不戰而主東亞〉《聯合早報》2004 年 11 月 7 日。

114 江和華、張昌吉，〈美中新型大國關係與台灣議題〉《國會季刊》2014 年 7 月，頁 30 http://www.ly.gov.tw/04_affair/0402_public/lyPublicMonthlyView.action;jsessionid=017E465C62374A642B05B817A8D3BC83.jvm1?id=4168 下載 2017.4.5。

115 "Spotlight: Xi offers ways to build new model of major-country relationship with U.S." *Xinhuanet* September 23, 2015 http://news.xinhuanet.com/english/2015-09/23/c_134652919.htm accessed December 18, 2016.

116 習近平，〈共同建設「絲綢之路經濟帶」〉《習近平談治國理政》（北京：外文出版社，2014 年 10 月），頁 287-291；習近平，〈共同建設廿一世紀「海上絲綢之路」〉《習近平談治國理政》（北京：外文出版社，2014 年 10 月），頁 292-295。

為中國對外大戰略的構想浮出檯面，直到 2015 年 3 月發布《推動共建絲綢之路經濟帶和 21 世紀海上絲綢之路的願景與行動》[117]，完成頂層設計方案，準備進入實施階段。

一帶一路

2017 年 5 月 14 日至 15 日，「一帶一路」國際合作高峰論壇在北京盛大舉行。在此 1 個多月前的 4 月 10 日，1 輛火車從英國倫敦出發。上面載了威士忌酒、嬰兒奶粉、機械裝備等等。幾乎 3 周後，火車到達浙江省義烏。這是全世界第 2 長的火車運輸線（最長的是義烏─西班牙馬德里火車線）。全程節省從英國到中國 1 個月的海上航程[118]。

2017 年 5 月 13 日，從義烏到馬德里的列車，滿載小商品、電子產品等貨物，鳴笛駛出。這是 2017 年第 1,000 列中國到歐洲的班車[119]。中國鐵路已鋪設至歐洲 51 條運行線，中國城市 28 個，到達歐洲 11 國 29 個城市[120]。

以上是「一帶一路」實際運作部分的剖面。

可是，5 月 18 日「半島電台駐北京分社」某「英語頻道高級記者」來台北訪問筆者（中斌）仍然說：「『一帶一路』到目前主要只是個想法（only notional）而已！[121]」可見「一帶一路」實際運作進展之快，連常駐北京的國際記者在認知上都不免落後。

2017 年 5 月，「一帶一路」在實際運作之外的地緣戰略影響也已浮現。

---

117 〈《推動共建絲綢之路經濟帶和 21 世紀海上絲綢之路的願景與行動》全文〉《中國網》2015 年 9 月 15 日 http://www.china.org.cn/chinese/2015-09/15/content_36591064.htm 下載 2016.11.20。

118 "All aboard the Belt-and Road Express" *Economist* May 6, 2017 pp.24-25.

119 〈中歐班列今年已開出千次〉《聯合報》2017 年 5 月 14 日，頁 A8。

120 〈中歐班列今年已開出千次〉。

121 Personal Communication, with a Mr. "B", Aljazeera Senior Correspondent, Beijing Bureau, at my residence, New Taipei City, around noon May 18, 2017.

「一帶一路」高峰論壇上，原先對「一帶一路」冷淡的美國態度大轉彎並派高層官員率團參加[122]。率團的博明（Matthew Pottinger）是川普的國安會東亞事務資深主任，以對中強硬著稱，因為他曾任《華爾街日報》駐北京記者多年，曾遭中方國安人員毆打[123]。

　　對北京政策上，多半時間跟隨美國的日本，這次也未雨綢繆。日本首相安倍派執政的自民黨幹事長二階俊博率團參加「一帶一路」高峰論壇，帶信給中國大陸國家主席習近平，盼改善中國大陸與日本的關係[124]，得到習近平接見[125]。二階俊博是日本自民黨內僅次於安倍的二號人物，被稱為日本政界「親華派」。2015 年 5 月，在中日關係低迷之際，二階俊博曾率領 3,000 人的日本代表團訪問中國，並參加中日友好交流大會[126]。1972 年美國總統尼克森突然出訪北京與毛澤東握手，事先並未告知日本。東京當時在外交上頓失所依惶恐不已，史稱「尼克森震盪」（Nixon shock）。這至今仍困擾日本當政者的夢魘令東京提高警覺，以防歷史重演。

　　「一帶一路」的涵蓋範圍，北從中亞到俄羅斯、歐洲，南起東南亞、南亞、西亞乃至北非，沿線65國、人口44億、GDP占全球30%。據世界銀行統計，1990-2013年全球貿易與跨境直接投資的年均增幅為7.8%和9.7%，而這65國同期的年均增長分別達到13.1%和16.5%。尤其在國際金融危機後的2010-2013年期間，「一帶一

122 Saibal Dasgupta, "US makes U-turn, to participate in One Belt One Road initiative " *The Times of India* May 13, 2017 http://timesofindia.indiatimes.com/world/us/us-makes-u-turn-to-drive-down-one-belt-one-road-initiative/articleshow/58652294.cms accessed May 22, 2017.
123 Mark Landler and Jane Perlez, "A Veteran China Hand Advises Trump for Xi's Visit" *New York Times* April 4, 2017 https://www.nytimes.com/2017/04/04/world/asia/matthew-pottinger-trump-china.html?_r=0 accessed May 22, 2017.
124 〈二階俊博出席一帶一路論壇 幫安倍帶信〉《自由時報》2017 年 5 月 13 日 http://news.ltn.com.tw/news/world/breakingnews/2066040 下載 2017.5.22。
125 〈習近平見二階俊博 籲日方以史為鑑〉《東網電視》2017 年 5 月 16 日 http://hk.on.cc/cn/bkn/cnt/news/20170516/bkncn-20170516131047353-0516_05011_001.html 下載 2017.5.22。
126 〈日自民黨幹事長二階俊博將出席「一帶一路」高峰論壇〉《環球網》2017 年 4 月 25 日 https://kknews.cc/world/gv6jazm.html 下載 2017.5.22。

路」沿線國家的對外貿易與外資投入的年均增幅，分別比全球平均水平高出4.6%和3.4%，是全球經濟最活躍的地區。中國與「一帶一路」沿線國家的經貿往來，同樣出現相應增長，說明「一帶一路」的巨大潛力。

習近平的「一帶一路」戰略並非原創。就思維而言，它承接1992年江澤民所提出的「走出去」戰略[127]，對準非洲、中東、中亞、南美等發展中國家，以組織有條件的國有企業，打進這些地區，利用其廣大市場與豐富資源。據說當時「走出去」在北京政策研擬圈中原為「向西走出去」，後來考慮「向西走出去」說法太敏感，而改成「走出去」[128]。因為「向西走出去」針對性太強，顯然是因為中國要避免來自東面美國的阻礙。它凸顯了中國戰略的考慮，可能對國際有威脅感，於是改成中性的「走出去」。1997年發生亞洲金融危機，國際貿易保護主義抬頭，中國出口市場受到擠壓，如何拓展市場，落實「走出去」戰略更為緊迫，中共十六大（2002年）把「走出去」戰略寫入政治報告，成為國家發展戰略的一環。

1991年，中國批准到海外投資的企業有1,008家，至2004年增為8,299家，成長8.23倍；對外投資金額約221億美元，比1991年增長15.83倍[129]。「走出去」戰略看來頗有成效，實際上則侷限於境外加工貿易，國際競爭力不足，反映中國當時的處境。「一帶一路」戰略則大不相同，它建立在中國成為世界第2大經濟體，全球最大外匯儲備國的基礎上提出，是以中國周邊國家和地區的發展為依托，進一步延伸至全球性戰略。周邊是首要，經濟是基

---

127 陳揚勇，〈江澤民「走出去」戰略的形成及其重要意義〉《中共中央文獻研究室》2015年12月25日 http://www.wxyjs.org.cn/wxzj_1/dbzb/201404/t20140422_149113.htm 下載 2016.11.20。

128 私人管道。北京前官員 X 先生，2016年5月24日，台北。

129 〈我國「走出去」戰略的形成及推動政策體系分析〉《中國國際貿易促進委員會》中國貿促會「走出去促進計畫」調研資料之一 2007年7月24日，頁19 http://aaa.ccpit.org/Category7/Asset/2007/Jul/24/onlineeditimages/file711185259698809.pdf 下載 2016.11.20。

礎，由近而遠，從易而難，比江澤民時期更有層次，走得也更遠。

「一帶一路」戰略出手闊氣，推出一系列相關的合作與經援項目，震動國際社會。

2014年7月，金磚國家發表《福塔雷薩宣言》（Forteleza Declaration）宣布，金磚國家新開發銀行初始資本為1,000億美元，由5個創始成員（巴西、俄羅斯、印度、中國、南非）平均出資，總部設在中國上海[130]。除此，金磚國家還設立1,000億美元的應急儲備安排，中國承諾出資410億美元，金額最大，故而取得39.95%投票權；巴西、俄羅斯、印度各出資180億美元，各投票權為18.10%；南非出資50億美元，投票權為5.75%[131]。

絲路基金中國出資400億美元[132]。同時，中國作為最大股東發起成立亞洲基礎設施投資銀行（亞投行），總部設在北京，法定資本1,000億美元，中國認繳金額297.804億美元，占目前總認繳股本的30.34%。按現有各創始成員的認繳股本計算，中國投票權占總投票權的26.06%[133]。創始成員57國，歐盟14國加入，20國集團（G20）也有14國加入，範圍超出沿線域內國家。

2015年9月，中國宣布出資200億元人民幣建立「中國氣候變化南南合作基金」，還決定設立「南南合作援助基金」，首期提供20億美元，並從2016年起在發展中國家，開展包括10個低碳示範區、100個減緩和適應氣候變化項目、1,000個應對氣候變化培訓等多個合作項目[134]。除此，習近平2015年9月在紐約聯合國

130 〈金磚銀行總部設在上海 初始資本1000億美元〉《中國財經網》2014年7月16日 http://finance.china.com.cn/money/bank/yhyw/20140716/2541891.shtml 下載 2016.11.20。

131 〈金磚應急儲備誰說了算：我國投票權最高為39.95%〉《中國財經網》2014年7月18日 http://finance.china.com.cn/money/bank/yhyw/20140718/2547075.shtml 下載 2016.11.20。

132 〈習近平：中國將出400億美元成立「絲路基金」〉《人民網》2014年11月9日 http://politics.people.com.cn/n/2014/1109/c1001-25998323.html 下載 2016.11.20。

133 〈亞投行股本1000億美元 中國擁有26%投票權〉《新華網》2015年6月30日 http://news.xinhuanet.com/finance/2015-06/30/c_127966922.htm 下載 2016.11.20。

134 〈中國提出設立 南南合作援助基金〉《新華網》2016年07月11日 http://news.xinhuanet.com/local/2016-07/11/c_129133012.htm 下載 2016.11.20。

總部出席聯合國發展峰會時鄭重宣布，中國將繼續增加對最低度開發國家（LDCs）投資，爭取 2030 年達到 120 億美元，同時免除對最低度開發國家、內陸發展中國家、小島嶼發展中國家，截至 2015 年底到期未還的政府間無息貸款債務[135]。

習近平送出的大禮，一波接著一波。他在 2015 年 9 月的南南合作圓桌會上承諾，未來 5 年，中國將向發展中國家提供「6 個 100」項目支援[136]，包括 100 個減貧項目、100 個農業合作項目、100 個促貿援助項目、100 個生態保護和應對氣候變化項目、100 所醫院和診所、100 所學校和職業培訓中心等。除此，未來 5 年，中國將向發展中國家提供 12 萬個來華培訓和 15 萬個獎學金名額，為發展中國家培養 50 萬名職業技術人員。中國還將設立南南合作與發展學院，並向世界衛生組織（WHO）提供 200 萬美元的現匯援助[137]。

到了 2017 年 5 月 14 日，中國在北京舉行盛大的「一帶一路」國際合作高峰論壇。習近平意氣風發。他在開幕式演講時說，亞投行已為「一帶一路」建設參與國的 9 個專案提供 17 億美元貸款，「絲路基金」投資達 40 億美元，今後中國還將向「絲路基金」新增資金 1,000 億元人民幣，同時鼓勵金融機構開展人民幣海外基金業務，規模預計約 3,000 億元人民幣。高峰論壇結束後，中國將設立後續聯絡機制，成立「一帶一路」財經發展研究中心，並與國際貨幣基金組織（IMF）合作建立能力建設中心。習近平說，「一帶一路」重點面向亞歐非大陸，同時向世界開放，包括美洲都是合作夥伴[138]。

---

135 〈習近平在聯合國發展峰會上的講話（全文）〉《新華網》2015 年 9 月 27 日 http://news.xinhuanet.com/politics/2015-09/27/c_1116687809.htm 下載 2016.11.20。

136 〈習近平在南南合作圓桌會上發表講話〉《新華網》2015 年 9 月 27 日 http://news.xinhuanet.com/world/2015-09/27/c_1116689451.htm 下載 2016.11.20。

137 〈習近平在南南合作圓桌會上發表講話〉。

138 習近平，〈習近平在「一帶一路」國際合作高峰論壇開幕式上的演講〉《新華網》2017 年 5 月 14 日 http://news.xinhuanet.com/politics/2017-05/14/c_1120969677.htm 下載 2017.5.18。

這種氣魄被外界解讀為「新馬歇爾計畫」。中國社會科學院學部委員張蘊嶺解釋說：「一帶一路」是主動性戰略，而非主導性戰略，是一種「倡議」，需要相關國家的理解與支持。當年的「馬歇爾計畫」是美國援助戰後的歐洲重建，如今「一帶一路」的融資機構是共同參與、共同管理和資源共享，不是搞垮或取代既有的國際金融體制，而是作為它們的補充和加強。對於有人為「一帶一路」提出路線圖和時間表，張蘊嶺認為這種說法「不準確」，應該說是項目規劃，有其行動步驟，「並不是包攬全部一攬子計畫。」否則就有主導之嫌 [139]。客觀的看，以上說法不能排除是為了消彌或減少外界對崛起中國推出「一帶一路」感到的威脅感。

氣勢難擋

西方國家對於「一帶一路」的回應，以英國前首相卡麥隆（David Cameron）最具代表。2013 年 12 月初，他以首相身分率領英國有史以來最大海外商務團訪問北京。行前，他保證「英國將做中國在西方世界最強支持者。」15 個月後，他不顧美國強力反對，以第 1 個西方國家和百年以來美國最親密盟友的身分，宣布參加中國設立的「亞投行」。全球驚愕。

5 天後，另外 3 位美國重要盟友：法國、德國、義大利，也在美國抗議下跟進。至 2015 年 4 月中旬為止，全球共 57 國成為「亞投行」創始會員，包括美國的其他盟友如南韓、澳洲等。雖然美國沒有加入。2016 年 6 月，又有 24 國決定參加，將於 2017 年正式成為會員 [140]。2017 年 5 月北京舉行「一帶一路」高峰會議前夕，宣布另有 7 國參加亞投行，總數達 77 成員，比美日主導成立的亞

---

139 張蘊嶺，〈如何認識「一帶一路」大戰略〉《中國經濟報告》2015 年 5 月 1 日，頁 23-24。
140 林克倫，〈亞投行年會 24 國盼明年加入〉《聯合報》2016 年 6 月 26 日，頁 A11。

洲開發銀行 67 成員國還多 [141]。

200 年前發動鴉片戰爭成為首位西方侵略中國的英國，為何今日也是西方首位支持中國設立亞投行的國家？除了英國是世界上最懂得權衡利弊的民族之外，重要原因是北京積極布點。

卡麥隆訪北京之前的18個月，中國在英國的投資超過以往30年的總和。2013年10月，習近平在印尼宣布將成立亞投行時，華府乏人注意。而英國財政大臣歐斯本（G. Osborne）立刻飛往北京，為親中外交進行鋪路 [142]。很多人說：設立亞投行，有如以往的中國對外投資，是虧本生意，為何北京要做？其實，北京主要意圖是戰略的，經濟並非此舉最高考量。它不明說，因怕挑起中國危脅論。

習近平 2012 年底上台面臨 3 大挑戰：**一、反貪**，以避免中共政權在民怨日昇之下不保。**二、經濟脫胎換骨**，以打破以往經濟發展因架構不變而遭遇的瓶頸。**三、突破圍堵**，以消除美國背後布局下，中國多面受敵的情勢。前 2 項，反貪及經濟改革，習 2012 年底上台立刻推動。針對第 3 項，習登位後才半年也開始布局，先後在 2013 年 5 月宣布「一帶」（西向的陸上絲路經濟帶），10 月宣布「一路」（西向的 21 世紀海上絲路）和亞投行。

近年美國強力聯合日本，拉攏越南、菲律賓、印度、緬甸、蒙古等近鄰由東包圍中國。習近平遵循孫子兵法精神，時間上，避免在對手氣旺之時與其直接正面衝突；空間上，向西發展「一帶一路」以圖衝破圍堵。孫子在《軍爭》第 7 篇說：「軍爭之難者，以迂為直，……無邀正正之旗，勿擊堂堂之陳（陣之本字），此治變者也 [143]。」

---

141 陳曼儂，〈亞投行再增 7 成員 美日也心動〉《旺報》2017 年 5 月 14 日，頁 A2； "Members" ***Asian Development Bank*** https://www.adb.org/about/members accessed May 17, 2017.

142 John Sudworth, "Osborne China visit: Business deal cuts both ways" ***BBC News*** October 15, 2013 http://www.bbc.com/news/business-24535722 accessed September 23, 2016.

143 吳仁傑注譯，《新譯孫子讀本》（台北：三民書局，1996 年 1 月），頁 45,50。

美國、日本同時加強在西太平洋對中國的軍事部署。習近平以同樣「避實擊虛」的精神，用經濟手段破解軍事威脅。那就是亞投行的戰略意義。其效果亮麗：不到 1 個月，美國已初步嚐到盟友背棄的滋味。這會是美國未來反被中國緩慢而逐步孤立過程的開端嗎？崛起中國和停滯美國的兩條勢力曲線已進入黃金交叉的階段。後人在未來回顧，這事件將可能是歷史的里程碑。

地緣戰略與中國全球布局

1 個世紀前，2 種「地緣政治[144]」看法引起激烈的爭論。當

▲ 麥金德（Halford J. Mackinder 1861 -1947）圖片來源：By Library of the London School of Economics and Political Science - Sir Halford Mackinder c1910Uploaded by calliopejen1, No restrictions, https://commons.wikimedia.org/w/index.php?curid=15986720下載2017.7.31

時有重視大陸一派叫「陸權」（land power）和重視海洋一派叫「海權」（sea power）。「陸權」認為戰略上控制歐亞大陸比較重要。「海權」認為戰略上控制海洋比較重要，因為「海洋是一體的」（The sea is one），海洋是四通八達的。

英國人麥金德（Halford J. Mackinder, 1861 - 1947）說過一句名言：「什麼人統治東歐，就控制心臟地帶；什麼人統治心臟地帶，就控制世界島；什麼人統治世界島，就控制世界[145]。」心臟地帶從東歐向東，南下包括伊朗再向北至新疆、西伯利亞。世界島即歐亞大陸。

---

144 「地緣政治」（geopolitics）基本上是一門研究地理對國際關係影響的學問。它更常見意涵是地理空間對戰略的影響。

145 "Who rules East Europe commands the Heartland; who rules the Heartland commands the World-Island; who rules the World-Island controls the world."《維基百科》https://zh.wikipedia.org/wiki/ 哈爾福德 · 麥金德 下載 2016.11.21。

麥金德當時重歐輕亞的看法，現已過時，因為世界重心已由歐洲移向東亞。但麥金德的陸權原則今日仍可

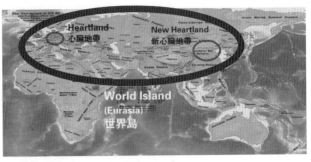

適用。筆者（中斌）重寫他的名言為：「什麼人統治中國，就掌控新的心臟地帶；什麼人掌控新的心臟地帶，就號令世界島；什麼人號令世界島，就主導世界。」（Who rules China commands the New Heartland; who rules the New Heartland commands the World-Island; who rules the World-Island controls the world.）

其實，東西延伸的世界島兩邊是對稱的。西面外海有英國，東面外海有日本，都是勤勞精進民族的家園。在 19 世紀末至 20 世紀初，世界重心在歐洲，心臟地帶以歐洲大陸為主。那時，麥金德由英倫向東看，自然認為：任何國家擁有德國和東歐的重工業區和交通樞紐的位置可以控制心臟地帶。可是進入 21 世紀，歐洲衰落，東亞興起。新的心臟地帶應是由東亞陸地向西延伸經中東至東歐。而百年前的德國和東歐則相當於目前的中國。

當時強調海權的美國海軍將領馬漢（Alfred T. Mahan, 1840-1914）說：「什麼人控制印度洋，就主導亞洲。印度洋是七海之鑰。21 世紀世界的命運將決定於此水域[146]。」

在麥金德和馬漢時代之後 1 個世紀的今日，習近平提出「一

---

146 "Whoever controls the Indian Ocean dominates Asia. This ocean is the key to the seven seas in the twenty-first century, the destiny of the world will be decided in these waters."Cdr. P K Ghosh,"Maritime Security Challenges in South Asia and the Indian Ocean: Response Strategies"*Tamilnation* January 18-20, 2004 http://www.tamilnation.co/intframe/indian_ocean/pk_ghosh.pdf accessed November 21, 2016.

帶一路」合併了當時互不相容的陸權和海權的觀念，通吃了麥金德和馬漢 2 位大師的名言。「一帶一路」在北面打通歐亞大陸，在南面打通印度洋。

2004 年筆者（中斌）曾發表：中國以軍事為後盾，經濟文化為前鋒，其大戰略是不戰而主東亞。今天要修改為：不戰而主歐亞 [147]。

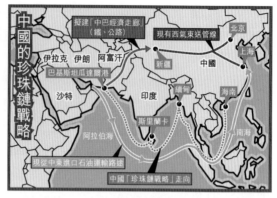

▲ 瓜達爾港開航：「中巴經濟走廊」出海
「中巴經濟走廊」比海上路線（經麻六甲海峽至上海再以鐵路運送至新疆的通道）縮短85%的路程。資料來源：http://static. apple.nextmedia.com/images/apple-photos/apple/20150422/ large/a2701a.gif accessed December 22, 2016

2016 年 11 月 13 日，中國在巴基斯坦投資的瓜達爾港正式開航。計畫中由瓜達爾港通往新疆喀什的「中巴經濟走廊」於是獲得出海口。港口的工程之前從 2007 至 2013 由「新加坡港務局」負責，進度不理想。從 2013 年起巴基斯坦政府交由香港的「招商局國際有限公司」（China Overseas Ports Holding Company Limited）負責 [148]，居然 3 年內完成。瓜達爾港租借給中國 43 年至 2059 年歸還 [149]。「中巴經

▲ 馬漢（Alfred T. Mahan, 1840-1914）圖片來源：https:// commons.wikimedia.org/w/ index.php?curid=453133下載 2017.7.31

---

147 林中斌，〈亞投行 一帶一路 不戰而主歐亞〉《聯合電子報》2015 年 4 月 22 日 http://paper.udn. com/udnpaper/PID0030/277192/web/ 下載 2016.11.21。

148 Khurram Husain," Pakistan's road to China" *Asia News Network* November 26, 2016 http://www. mysinchew.com/node/116230?tid=12 accessed December. 12, 2016.

149 "Why Pakistan's Gwadar port is important for China" *Times of India* November 18, 2016 http://

濟走廊」是「一帶一路」
重要的環節，全長 3,218
公里包括公路及鐵路，將
來還可鋪設油氣管線，向
中國西部內陸運送石油和
天然氣。這條路線比起經
由印度洋和麻六甲海峽抵
達上海或天津，再運往新
疆的通道減少 85% 的路
程 [150]，而且免除麻六甲海
峽被封鎖的危險。雖然這
460 億美元的工程，尚有許
多困難有待克服 [151]，而巴
基斯坦內部分離主義引起
其沿途的安全也是個挑戰，
但「中巴經濟走廊」建設
最關鍵一步已成功踏出。

▲ 泛亞高鐵
「中線」連接昆明和曼谷，「南線」連接曼谷經吉隆
坡達新加坡。此高鐵配合吉隆坡附近的皇京港可解除
「麻六甲噩夢」。資料來源：http://blog.udn.com/
H101094880/10465506 下載 2016.12.30

據說，曾經令中國前總理溫家寶失眠的「麻六甲困境」將有希望解
除。中國有 80% 的石油運送時通過麻六甲海峽。若海峽被敵對勢
力封鎖，其後果對北京領導人而言不堪設想。

　　幾乎同時，2016 年 10 月 19 日，中國電力集團有限公司承建
的馬來西亞皇京港深水碼頭，在麻六甲舉行奠基儀式 [152]。皇京港離
吉隆坡只有 50 分鐘路程，位置優越，曾是鄭和下西洋有 6 次停靠
的港口。皇京港深水補給碼頭是 1 個液體專用碼頭，預計在 2019

timesofindia.indiatimes.com/why-is-pakistans-gwadar-port-important-for-china/listshow/55489519.
cms accessed December 22, 2016.

150 "Why Pakistan's Gwadar port is important for China".

151 Khurram Husain," Pakistan's road to China".

152 張淼、趙勝玉，〈馬六甲皇京港深水補給碼頭舉行奠基儀式〉《中新社》2016 年 10 月 19 日
https://read01.com/LxEEjd.html 下載 2016.12.23。

年完成，超越新加坡成為馬六甲海峽上最大港口。而全套配套工程將於 2025 年竣工 [153]。此工程是「一帶一路」發展上重要的里程碑。

中國構想的「泛亞鐵路」計畫中線從昆明到曼谷，南線從曼谷到吉隆坡和新加坡。2014年 8 月，泰國軍政府批准與中國合作的此高鐵計劃 [154]，曾一度於 2016 年 4 月擱淺，再於 2016年 9 月復工 [155]。北京以外交手腕配合經濟的力量克復困難。此段高鐵計畫一旦完成，「麻六甲噩夢」可望克服。

▲ 馬來亞皇京港

麻六甲「皇京港」深水碼頭，戰略位置重要。中國與馬來西亞合作建設是北京「一帶一路」以外交和經濟發展重要的里程碑。資料來源：百度百科https://gss3.bdstatic.com/-Po3dSag_xI4khGkpoWK1HF6hhy/baike/c0%3Dbaike80%2C5%2C5%2C80%2C26/sign=249d36d3741ed21b6dc426b7cc07b6a1/472309f790529822d1079ee2deca7bcb0a46d4df.jpg 下載2017.7.31

2015 年 3 月筆者（中斌）在華沙演講之後，某波蘭前駐外大使電郵我：「歐洲全面危機，毫無前景展望。難道是中國要命定（predestined）以「一帶一路」和「亞投行」來拯救我們嗎？」他如此把波蘭的命運寄厚望於北京，令我驚訝。

2013年習近平宣布「一帶一路」和「亞投行」，國際反應平淡，沒料到今日炙手可熱。當時大家置疑的是：一、中國崛起的威脅：鄰國不合作。二、所經路線風險高：如中東戰亂、印巴衝突等。但他們忽略了北京大戰略：一、布點深耕、聯點成線、掃線蓋

153 江迅，〈馬六甲皇京港深水補給碼頭舉行奠基儀式〉《亞洲週刊》2016 年 12 月 4 日，頁 15。

154 Kate Hodal, "Thailand's ruling junta approves China rail links worth $23bn" *Guardian* August 1, 2014 https://www.theguardian.com/world/2014/aug/01/thailand-junta-approve-china-rail-link-23bn accessed December 30, 2016.

155 Cod Satrusayang and Pairat Temphairojana, "Thailand, China agree on $5 billion cost for rail project's first phase" *Reuters* September 21, 2016 http://www.reuters.com/article/us-thailand-china-railway-idUSKCN11R0Q1 accessed December 30, 2016.

面。也就是說，北京發展「一帶一路」由來已久，而不是突然的攻堅。北京先選擇妥善的地方建立據點，然後在點與點之間建立線，最後再從線與線之間建立面。二、以經濟、文化（媒體、旅遊等）的人類共同語言打通政治、軍事的隔閡。

先看非洲。北京在非洲投資：2005 年為 90 億美元，2006 年猛增 4 倍為 350 億美元，之後只升未降，造成非洲 GDP 在 2006 年後上衝接近 6%。美國驚醒，在 2007 年設非洲指揮部，以因應中國擴展。北京多年來深耕非洲各點已占全面優勢。中國是非洲基礎建設最大的投資國，金額至 2025 年將達 1 兆美元 [156]。舉「東非共同市場鐵路網」為例。2016 年 6 月，肯亞由蒙巴薩至內羅畢（Mombasa-Nairobi）的鐵路工程的第 1 段宣告完成。這計劃是它建國以來最大鐵路工程，由中國路橋集團有限公司建造，90% 資金由中國進出口銀行提供。第 1 段蒙巴薩至奈瓦沙 (Mombasa-Naivasha) 就耗資 136 億美元 [157]。

筆者（中斌）的內弟是美國人，住西非安哥拉。「這裡沒有 CNN、BBC、ABC 電視台。若要看美國或國際新聞，要上中國央視的英文台。我愛看央視！」他說。之後，2015 年 3 月筆者（中斌）去東歐演講。在旅館收看央視英文台，的確有世界一流的水準，才瞭解他為何讚賞央視。

很多非洲國家正在為成為「一帶一路」計劃的「支點」（anchor point）而躍躍欲試。據南非《郵報 - 前衛報》網站 5 月 29 日報導，西非多哥（Togo）總統福雷·納辛貝（Faure Gnassingbé）在接受採訪時說：「多哥今天有這個決心，通過發展陸地和海洋基礎設施的互聯互通合作，成為中國在西非地區發展『一帶一路』的支點。[158]」此外，西非摩洛哥國王穆罕默德六世（King Mohammed

---

156 Phoebe Parke, "Kenya's \$13 billion railway project is taking shape" *CNN* May 16, 2016 http://edition.cnn.com/2016/05/15/africa/kenya-railway-east-africa/ accessed September 23, 2016.

157 Phoebe Parke, "Kenya's \$13 billion railway project is taking shape".

158 Han Peng, "Presidents Xi, Gnassingbe meet in Beijing" *CCTV.COM* May 31, 2016 http://english.cctv.com/2016/05/31/VIDEPw1XRSdZMsVIZBEOKBPw160531.shtml accessed December 28, 2016.

VI）也不落後。在 2015 年 12 月的中非合作論壇峰會上，他也在為自己國家爭取到一個角色而說好話：「摩洛哥不僅能使海上絲綢之路擴展至歐洲，還能使其擴展至與我方有多層次關係的西非國家[159]。」

▲ 多哥(Togo)總統福雷‧納辛貝(Faure Gnassingbé 1966 -)圖片來源：由 Ricardo Stuckert/PR - Agência Brasil [1], CC BY 3.0 br, https://commons.wikimedia.org/w/index.php?curid=2240433 下載2017.7.31

摩洛哥，濱臨地中海和大西洋，戰略地位突出。它是西非的大投資國，非洲第 2 大投資國。自從 1956 年從法國獨立以來與美國關係密切。但進入 21 世紀後，中國積極加強與摩洛哥關係。它成為中國在西非發展「一帶一路」的突破點，由此而與其它突破點連成線，再掃線而成面。

摩洛哥向北可接歷史上曾被它攻占的西班牙，向東南是通往西非的門戶。國王莫罕默德 6 世在 1999 年繼位後不久，便以中、摩 2 國於 1958 年建交後首位訪華國王身分於 2002 年前往北京。2016 年 5 月，國王莫罕默德 6 世二度正式訪問北京（不算 2008 年以私人身分訪中），簽訂 15 個兩國合作項目，包括高鐵、電廠、太陽能、航空公業、工業園區等[160]。其中，「中國鐵路總公司」與「摩洛哥國家鐵路」簽署合作備忘錄最為突出[161]。

2016 年 10 月，筆者（中斌）有機會旅遊北非摩洛哥，得知當

159 〈外媒：非洲各國爭做中國「一帶一路」支點〉《參考消息》2016 年 6 月 1 日 https://kknews.cc/zh-tw/finance/zmll83.html 下載 2016.12.28。

160 Jordana Merran, "Morocco, China Strengthen Business Ties During King Mohammed VI's Historic Visit to Beijing" *Marketwatch* May 13, 2016 http://www.marketwatch.com/story/morocco-china-strengthen-business-ties-during-king-mohammed-vis-historic-visit-to-beijing-2016-05-13-111605251 accessed December 26, 2016.

161 鄭青亭，〈摩洛哥國王「大禮包」：高鐵、工業園、免簽、直航〉《世紀經濟報導》2016 年 5 月 13 日 http://finance.sina.com.cn/roll/2016-05-13/doc-ifxsehvu8863433.shtml 下載 2016.12.28。

地人民對「中國海外工程有限公司」協助高速鐵路非常興奮[162]。此鐵路連結摩洛哥西北沿海重要城市，包括地中海商港坦吉爾（Tangier）、首都拉巴特（Rabat）、和大西洋港口卡薩布蘭卡（Casabalanca），將在 2018 年通車，會通向內陸成為全國大動脈。這原先

摩洛哥與中國元首簽署 15 項合作項目

習近平與摩洛哥國王穆罕默德六世（King Mohammed VI）2016 年 5 月 11 日於北京人民大會堂。資料來源:http://www.gettyimages.fr/detail/photo-d'actualit%C3%A9/chinas-president-xi-jinping-and-moroccan-king-photo-dactualit%C3%A9/530515550#chinas-president-xi-jinping-and-moroccan-king-mohammed-vi-shake-hands-picture-id530515550 accessed Decmber 29, 2016.

是摩洛哥與法國合作計畫在 2009 年開始，曾遭遇工程及資金問題而延宕，錯過 2015 年完成的時間表[163]。將來，這條鐵路還可能由坦吉爾由海底跨直布羅陀海峽，通達西班牙而登陸歐洲，把非洲和歐洲連為一體。摩洛哥和西班牙政府共同支持的海底隧道工程研究計畫已於 2008 年啟動[164]。

　　20 世紀初期，地緣政治學者把歐亞大陸視為一體，而稱之為「世界島」。在 21 世紀，中國推出「一帶一路」。雖然不見諸官方文字，在其大戰略的構想裡，搭配了高鐵、噴氣機、貨櫃船

162 〈景甯參贊陪同孫樹忠大使視察坦吉爾至肯尼特拉高鐵北線三標項目〉《駐摩洛哥使館經商處》2016 年 5 月 6 日 http://ma.mofcom.gov.cn/article/gzdt/201605/20160501313248.shtml accessed December 27, 2016。

163 "Morocco high speed rail project delayed" *Railway Pro* February 24, 2015 http://www.railwaypro.com/wp/morocco-high-speed-rail-project-delayed/ accessed December 27, 2016.

164 Richard Hamilton, "Africa and Europe set for tunnel link" *BBC* March 13, 2008 http://news.bbc.co.uk/2/hi/africa/6442697.stm accessed December 30, 2016.

等現代交通科技
的背景，歐亞非
已連成一體而成
為「世界島團」
（Eurasiafrica）。
這是百年前大師們
無法預知、不能想
像的未來，而今已
在我們的目前逐漸
成形。

▲ 世界島團(Eurasiafrica)「一帶一路」大戰略，雖然不見諸官方文字，在觀念上視歐亞非為一體。**資料來源：** upload.wikimedia.org下載2017.7.31

再看東歐。自2011年起，北京成立各式「中國—中東歐論壇」，每年由北京和歐洲輪流主辦。中國在中東歐16國投資、設銀行、造鐵路、建社區。匈牙利總理奧爾班（Viktor Orban）積極爭取中國投資，甚至考慮與中國結盟。歐盟要求他接受難民，他強烈反對。他在2016年10月舉行公投，甚至威脅成為英國之後第2個脫歐會員國[165]。公投結果，98%投票人反對歐盟的要求，奧爾班宣布勝利。但參與投票人只占公民的44%，有效程度打了折扣[166]。雖然如此，奧爾班因為

▲ 奧爾班（Viktor Orban 1963 - ）圖片來源：By Kremlin.ru, CC BY 4.0, https://commons.wikimedia.org/w/index.php?curid=48233714下載2017.7.31

有中國做後盾，抗拒歐盟要求，有恃無恐，反映了北京深耕在東歐據點的成功。

回看亞洲。2014年10月，亞投行尚未被看好時，亞洲21國

---

165 Kata Karáth, "Hungary is the latest country to lash out at the EU by calling a controversial referendum" *Quartz* July 05, 2016 http://qz.com/723542/hungary-is-the-latest-country-to-lash-out-at-the-eu-by-calling-a-controversial-referendum/ accessed September 23, 2016.

166 "Hungarian migrant quota referendum, 2016" *Wikipedia* https://en.wikipedia.org/wiki/Hungarian_migrant_quota_referendum,_2016 accessed December 20, 2016.

簽名支持，居然包括印度、越南、菲律賓 [167]！他們不是受中國安全的威脅而與美、日牽手抗中嗎？21 世紀，全球經濟掛帥。軍事的隱憂抵不住經濟的誘因！

中、印邊境雖時有摩擦，北京近年來對德里下足功夫。2013 年 5 月，李克強總理上台半年，首次外訪就到印度。2014 年 9 月，習近平選擇新當選總理莫迪（Narendra Modi）64 歲生日訪問印度 [168]。習送莫迪 3 個大禮：開通新公路取代莫迪曾辛苦跋涉北上西藏進香的舊道 [169]；提供 200 億美金的投資；支持印度由觀察員升格為上海合作組織的會員國 [170]。習抵達印度，莫迪盛情在家鄉舉行國宴為習接風。但突然傳來消息，中、印未定界的解放軍與印軍對峙。莫迪當場質問習，習極為難堪，只好道歉。但習回國後，低調的懲處解放軍跨越中、印未定界紮營的指揮官 [171]。莫迪任省長時，因人權爭議，美國不發他簽證 [172]。而他曾數度訪中，備受款待 [173]。2014 年 10 月，習訪印度之後 1 個月，中、印雙方同時宣布建立軍事熱線 [174]。

167 韓潔、何雨欣，〈21 國在京簽約決定成立亞洲基礎設施投資銀行〉《新華網》2014 年 10 月 24 日 http://news.xinhuanet.com/fortune/2014-10/24/c_1112965880.htm 下載 2016.11.21。

168 Rishi Iyenga, "What's at Stake in Xi Jinping's Visit to India" *Time* September 17, 2014 http://time.com/3391930/china-india-xi-jinping-narendra-modi-visit/ accessed December 20, 2016.

169 "China mulls opening of new route to Kailash Mansarovar" *Times of India* September 3, 2014 http://timesofindia.indiatimes.com/india/China-mulls-opening-of-new-route-to-Kailash-Mansarovar/articleshow/41617535.cms accessed May 12, 2015.

170 Sachin Parashar, "Pull back your troops who have entered Ladakh, Modi tells Xi" *Times of India* September 19, 2014 http://timesofindia.indiatimes.com/india/Pull-back-your-troops-who-have-entered-Ladakh-Modi-tells-Xi/articleshow/42837377.cms accessed July 7, 2016.

171 "Who Sabotaged Chinese President Xi Jinping's India Visit?" *Forbes Asia* September 23, 2014 http://www.forbes.com/sites/ericrmeyer/2014/09/23/who-sabotaged-xi-jinpings-india-visit/ accessed May 13, 2015.

172 Annie Gowen, "Once banned from the U.S., India's Modi set for historic address to Congress" *Washington Post* June 6, 2016 https://www.washingtonpost.com/news/worldviews/wp/2016/06/06/from-pariah-to-capitol-hill-narendra-modis-extraordinary-rise/?utm_term=.b5fd495b6188 accessed December 21, 2016.

173 劉運，〈印度新總理莫迪 先與習近平見面〉《台灣醒報》2014 年 5 月 28 日 https://anntw.com/articles/20140528-DbWp 下載 2016.12.21。

174 肖言，〈中印兩軍將建熱線電話〉《環球時報》2014 年 10 月 21 日，頁 3。

「一帶一路」，根據北京原先公布的計畫，有 2 支向西路線，各經陸海，交會在阿姆斯特丹。2015 年 4 月中旬，北京又宣布第 3 支，向南太平洋。但依北京全球的點線面鋪陳看來，全貌恐怕不止如此。

拉丁美洲。1990 年代末期，北京已開始耕耘拉美。其發展最近更為加速，北京已超越美國成為大國與拉美關係的主角，成為巴西、阿根廷、祕魯的頭號貿易夥伴。2014 年，北京借給拉美 220 億美元，超過世界銀行和美洲開發銀行貸款總和 [175]。2010 年，各國成立「拉丁美洲暨加勒比海共同體」，排除美國、加拿大。2015 年初，召開會員國大會不在華府而遠赴北京 [176]！2 月阿根廷向中國買軍艦 [177]。4 月，北京援助負債的巴西石油公司 35 億美元 [178]。2015 年中國在拉美投資比 2014 年增加 52% [179]。這還不提北京靜悄悄在美國後院—中美洲—大肆開運河，修路，造體育館、醫院、渡假村等 [180]。

大洋洲。澳洲、紐西蘭經濟上愈加依賴中國。中國 2007 年成為澳洲最大貿易夥伴，2 年後成最大出口市場。2013 年澳洲《國防白皮書》改稱中國為機會不再提威脅。2014 年美國前國務卿希拉蕊（Hillary Clinton）批評盟友澳洲騎牆討好北京 [181]。

紐西蘭和澳洲都是美國的軍事同盟國，但紐西蘭比澳洲對北京更友善，因為紐西蘭曾經拒絕美國要求把核子武器部署在紐西蘭。

175 Patrick Gillespie, "China's Big Chess Move against the U.S.: Latin America" *CNN Money* March 4, 2015 http://money.cnn.com/2015/03/04/news/economy/china-latin-america-relations-united-states/ accessed May 14, 2015.

176 許昌平，〈拉美救世主 陸 10 年將投資 8 兆〉《旺報》2015 年 1 月 9 日，頁 A2。

177 黃更俞，〈阿根廷向陸購軍艦 2017 年交付〉《旺報》2015 年 2 月 4 日，頁 A5。

178 藍孝威，〈中國援巴西 1088 億〉《中國時報》2015 年 4 月 10 日，頁 A16。

179 〈2015 年中國對拉美投資翻番 達 290 億美元〉《中華人民共和國商務部》2016 年 2 月 18 日 http://www.mofcom.gov.cn/article/i/jyjl/l/201602/20160201257935.shtml 下載 2016.12.21。

180 "A Chinese Beachhead" *Economist* March 10, 2012 pp.45&46.

181 Paul McGeough, "Hillary Clinton criticises Australia for two-timing America with China" *Sunday Morning Herald* June 27, 2014 http://www.smh.com.au/world/hillary-clinton-criticises-australia-for-twotiming-america-with-china-20140627-zso6c.html accessed December 20, 2016.

北京更加強對紐西蘭的經貿外交。2008
年，紐西蘭成為第 1 個與中國簽署「自
由貿易協定」的已發展國家。之後，
在 2013 年，中國超過澳州成為紐西蘭
最大的貿易夥伴 [182]。近年來，紐西蘭
歡迎而且接受大量的中國移民，以至於
在 2008 之前，其國會已選出過 3 位議
員——黃徐毓芳（Pansy Wong）、王小
選（Kenneth Wang）、霍建強（Raymond
Ho）——都是中共 1949 年建國後出生的
中國移民 [183]。

▲ 黃徐毓芳(Pansy Wong 1955 -)
上海出生，香港成長，1974
移民紐西蘭，1996-2011當選
國會議員並任首位亞裔部長。
圖片來源：由 Hewitt Wang -
http://www.flickr.com/photos/
hewittwang/2496790742/, https://
commons.wikimedia.org/w/
index.php?curid=10930933下載
2017.7.31

　　其他太平洋島國。本來是歐美有錢
人士獨有的度假勝地。21 世紀開始後，北京開放旅遊政策，太平
洋島國逐漸被大量中國旅客「占領」。甚至有人把中國旅客形容成
像「颱風」般地掃向太平洋島國 [184]。2014 年 10 月，根據「南太平
洋旅遊組織」（The South Pacific Tourism Organisation）統計，過
去 1 年，南太平洋島國的中國旅客人數增加 84%，並且希望將來有
更多中國旅客前來，以提升當地的經濟 [185]。

　　2016 年 11 月中下旬，習近平為參加亞太經合組織（APEC）
會議峰會，訪問拉丁美洲西岸的厄瓜多爾、祕魯、智利。他在 11
月 19 日峰會上的演講特別提到「一帶一路」：「3 年前，我提出『一

182　"Principal Trading Partners" *Treasury of New Zealand* Economic and Financial Overview 2015 http://
　　www.treasury.govt.nz/economy/overview/2015/20.htm accessed December 21, 2016.

183　"Raymond Huo" *Wikipedia* https://en.wikipedia.org/wiki/Raymond_Huo accessed December 21,
　　2016.

184　James Brooke, "Typhoon of Chinese tourists hits the Pacific islands" *Taipei Times* November 28, 2004
　　http://www.taipeitimes.com/News/bizfocus/archives/2004/11/28/2003212925 accessed December 21,
　　2016.

185　"Chinese tourists the future for Pacific, says SPTO" *Radio New Zealand* October 6, 2014
　　http://www.radionz.co.nz/international/pacific-news/256266/chinese-tourists-the-future-for-pacific,-
　　says-spto accessed December 21, 2016.

帶一路』倡議，……我們歡迎各方參與到合作中來，共用機遇，共迎挑戰，共謀發展 [186]。」可見北京「一帶一路」的構想遠伸至拉丁美洲！

「一帶一路」的全貌果然不止於原先公布的 3 條路線：在西北面打通歐亞大陸；在西南面打通印度洋；在東南面向太平洋達印尼。前 2 條路線各經陸海，交會在阿姆斯特丹。此外，再從阿姆斯特丹向西經由已傾向中國的英國，再向西達拉丁美洲東岸巴西、阿根廷等國。第 3 條東南路線由印尼繞澳洲、紐西蘭、轉向東北經南太平洋島國，再轉東向拉丁美洲西岸，與拉丁美洲東岸據點會合，包抄了美國。

甚至，不為人注意的北極也沒有被北京「一帶一路」構想所忽略。2004 年，中國在挪威斯瓦爾巴（Svalbard）群島成立了「黃河站」，展開對北極的研究和考察 [187]。2012 年，「雪龍」號破冰船首次穿越東北航道並訪問冰島。次年，中石油獲得俄羅斯亞馬爾（Ямал/Yamal）液化氣項目 20% 的權益，並開啟中國利用北極資源的先河。2016 年 10 月，中國海洋局極地考察辦公室政策與規劃處的吳雷釗博士說：「北極戰略發展為我國『一帶一路』向北部的延伸帶來發展機遇，……北極航道的利用未來將會與我國『一帶一路』戰略產生密切聯繫 [188]。」

軍事圍堵中國的華府可曾料到將被北京用經濟、外交、旅遊等超軍事手段，像下圍棋般的，靜悄悄反包抄 [189]？

美國前國家安全顧問布里辛斯基（Zbigniew Brzezinski），為美國如何在冷戰後繼續主導世界局勢，1997 年出版名著《大棋盤》（*The Grand Chessboard*）。他認為，美國是歷史上唯一不是來自

---

186 習近平，〈深化夥伴關係增強發展動力〉《新華網》2016 年 11 月 20 日
　　http://news.china.com/focus/xjpapec/11184661/20161120/23905043_all.html 下載 2016.12.22。

187 劉錚，〈北極：中國戰略新支點〉《艦船知識》2016 年 10 月，頁 25。

188 劉錚，〈北極：中國戰略新支點〉，頁 27。

189 林中斌，〈一帶一路 點線面 反包抄〉《聯合電子報》2015 年 5 月 20 日 http://paper.udn.com/
　　udnpaper/PID0030/278766/web/ 下載 2016.11.21。

歐亞大陸崛起的世界超強，而未來的世界舞台中心在歐亞大陸，從面積、人口、GDP 乃至能源資源，歐亞陸塊均蘊藏巨大潛力。如果在歐亞大陸出現一個對美國有敵意的同盟或具有支配力的大國，將對美國的地位構成重大威脅，因此他建議美國，務要從地緣政治著手，善用在歐亞大陸的影響力，以維持穩定的地緣均勢，由美國擔任最終政治仲裁者[190]。按布氏邏輯，中國提出的「一帶一路」，不僅涵蓋甚至超越他眼中的世界舞台中心。20 年後風雲際會，「一帶一路」的橫空出世，不知觸動這位地緣戰略大師多少感慨？

核心價值觀

「一帶一路」2013 年提出，2014 年規劃，2015 年推出頂層設計，2016 年進入實施階段。在自信與期待之餘，中國官方智庫對「一帶一路」可能遇到的挑戰，也做出相應評估，認為只搞經濟不行，還要拓展與沿線國家的政治關係，發展安全合作，乃至文化建設。

從中國角度看，「走出去」戰略提供發展中國家不少援助，1997 年亞洲金融危機和 2008 年世界金融危機，中國都主動為他國紓困，最後卻很難爭取他國人心，很少有真正朋友，此現象困惑北京年青一代的學者。40 歲出頭的中共中央黨校國際戰略研究院中國外交研究室主任羅建波，回憶 1 位法國教授曾對他說：「阿拉伯人到哪裡，哪裡有清真寺；法國人到哪裡，哪裡有天主教堂；美國人到哪裡，哪裡就有多黨民主。他沒有談及中國，但卻給我們留下很多思考[191]。」

「一帶一路」推出很多實惠，確實擴大中國在海外的存在及

---

190 Zbigniew Brzezinski, 林添貴譯，《大棋盤》（台北：立緒文化公司，1998 年 4 月），頁 14-15。

191 羅建波，〈中國外交亟需塑造核心價值觀〉《金融時報中文網》2016 年 8 月 1 日 http://big5.ftchinese.com/story/001068709?full=y 下載 2016.11.21。

影響力。但這些屬於經濟層面，發揮的輻射和溢出效應有限，在很多情況下難以持續。中國外交要真正贏得話語權，根本之道在於「擁有能夠得到國際社會普遍認同的核心價值觀，」羅建波是非洲問題專家，他說非洲目前有 54 國，除了史瓦濟蘭、厄利垂亞等少數國家，其餘都建立至少名義上的多黨民主制，即便在一些國家有名無實，但對於民主、自由和人權等理念，多數非洲國家基本都已接受[192]。

中國外交部非洲司司長林松添對他說：「中非關系最大的問題是彼此不瞭解[193]，」意指中、非之間在媒體和語言文化的交往不夠充分，故此中國對非洲的影響力有限。就他觀察，在非洲的文化、制度和觀念世界裡，中國明顯處於「缺位和失語」的狀態。

羅建波認為，中國不需要學習歐美的霸權作法，以及霸權對他國頤指氣使所流露的威迫與傲慢，但這些強權給了中國一個重要啟示：「價值觀才是外交的靈魂，」這比中國一貫主張的「民生外交」，重於物質援助更能爭取他國人心。他說：中國外交能否具備更有吸引力的核心價值觀，將是中國能否成為真正大國的重要考驗。

什麼是外交核心價值觀？羅建波認為，中國歷來奉行的「和平共處五項原則」，本質上是外交準則；「和平發展道路」也只是一種外交宣示或承諾。真正的價值觀，應從「『國家本位』轉向『個體本位』，有關個人的生存、自由、權利和福祉……也是聯合國提出『人的安全』和『保護的責任』等理念[194]。」而這些正是中國外交最欠缺的內涵。以上分析不僅客觀，還一針見血指出中國外交在軟實力方面的嚴重不足，出自中共中央黨校教授之口，而且還在西方主流媒體發聲，估計是這種覺醒存在多時，或他嗅到政策風向，或是年青一代學者更能勇於表白。不論何種，它終歸是一種

192 羅建波，〈中國外交亟需塑造核心價值觀〉。
193 羅建波，〈中國外交亟需塑造核心價值觀〉。
194 羅建波，〈中國外交亟需塑造核心價值觀〉。

正能量的發抒。

也許，一個自我更新，又能面向世界的新儒學，能夠成為中國外交構建核心價值觀的沃土，習近平也很有意識地朝此方向邁進。

中國的挑戰

除了主觀條件，「一帶一路」在客觀上也受到外部環境挑戰。「一帶一路」沿線 65 國，大多不是民主國家，能否把建設資金用於正途，而不被當局私吞，仍待觀察。2016 年 3 月 16 日，總理李克強在兩會閉幕後舉行的中外記者會上，隻字未提「一帶一路」，予人蹊蹺之感，直到中央財經大學教授王福重接受香港《有線電視》訪問，道出一段內情，才揭開中央的難言之隱。

他說：「一帶一路」沿線均非民主國家，沒有法治，沒有信譽，「在這裡投錢我覺得就是『打水漂』（白白付出，毫無收穫）！」從 2015 年至 2016 年 1 月，中國外匯儲備快速下降，「有時 1 個月就減少 2,000-3,000 億，很多都投到『一帶一路』去……是相當的危險，我們應該冷靜一下 [195]。」他認為，這個政策會逐步降溫，把精力放在國內更為合適。

中國民間智庫「安邦諮詢」對美國在阿富汗的重建工作進行跟蹤研究發現，2002-2014 年，美國對阿富汗提供 1,040 億美元援助，超過當年「馬歇爾計畫」（相當於現在的 1,030 億美元），但成效奇糟。阿富汗收到 76 億美元禁毒專項資金，當地鴉片產量卻有增無減；美國和歐盟提供 30 億美元重建警力，卻多出 54,000 名吃空缺的「幽靈員警」[196]。阿富汗政府的腐敗和低效，搞得美國灰

---

195 〈學者分析李無提對一帶一路原因〉《香港有線電視網》2016 年 3 月 16 日
　　http://cablenews.i-cable.com/ci/videopage/news/478393/ 即時新聞 / 學者分析李無提對一帶一路原因 下載 2016.11.21。

196 劉彙、王旭、汪尤勤，〈「一帶一路」的願景與行動〉《中國經濟報告》2015 年 5 月 1 日，頁38。

頭土臉，內外失據。中國也許有不同方法對付，但風險依然不小。

不過，也有另外一面不容忽視。中國海外投資做法不同於西方數百年來殖民強國的傳統。例如，研究比較中國與法國在西非象牙海岸的投資戰略發現：中國更注重基礎設施與人民所需，長期下來當地人民對中國的觀感肯定高於法國[197]。

「一帶一路」還有 1 項風險，就是援助與合作對象以執政當局為主，與當地反對黨和民間社會少有互動，一旦局勢有變，開發項目易遭後者抵制。中國過去在緬甸、越南、斯里蘭卡等地，都遭遇類似事件[198]。尤其政權更替之際，中國一些重大投資項目還被強制喊停，如在緬甸巨資興建的密松水電站，2011 年 9 月遭緬甸總統吳登盛宣布擱置停建，以回應國內的反對聲勢。當時緬甸反對黨領袖翁山蘇姬主張停建，出自 1 個深層的原因，就是對緬甸軍政府的長期不信任，以及任何與軍政府簽約而忽略民間聲音的外資，都可能被「恨屋及烏」[199]。密松事件給中國帶來一個教訓，在海外投資不能只看執政當局，還要關照當地民情與社會脈動。

但是中國有經濟實力，又注重學習，能修正錯誤外交政策，有利於北京「一帶一路」長期的發展。2015 年 6 月，翁山蘇姬以反對黨「全國民主聯盟」主席身分訪問北京。此「破冰之旅」據說是北京外交調整的成果。原先江澤民人馬主張重視與緬甸軍政府關係，忽視與「全國民主聯盟」的聯繫，此政策卻為習近平修正[200]。同時，緬甸內戰之果敢軍宣布單方面停火，應為北京斡旋的結果[201]。翁山蘇姬 2016 年 4 月後一反之前反中親美的姿態，明顯表示重視

197 Viviane Bayala,"A Comparison of Chinese and French Aid Strategy in Côte d'Ivoire"《淡江大學國際事務與戰略研究所博士論文》2016 年 6 月 表單編號 ATRX-Q03-001-FM030-02。

198 劉梟、王旭、汪朮勤，〈「一帶一路」的願景與行動〉，頁 38。

199 廖若，〈緬甸叫停中資水電工程的教訓〉《中外對話》2011 年 10 月 10 日 https://www.chinadialogue.net/article/show/single/ch/4574-Lessons-from-the-Irrawaddy 下載 2016.11.21。

200 顧佳欣，〈翁山素姬首度訪中 江派、習派公開角力〉《自由時報》2015 年 6 月 11 日，頁 A12。

201 羅印冲，〈習會翁山素姬 果敢軍宣布停火〉《旺報》2015 年 6 月 12 日，頁 A3。

與中國經濟合作，換取中國協助停止緬甸內戰，並於 2016 年 8 月 17-21 日以國務資政身分，在訪問美國之前優先訪問中國 [202]。

「一帶一路」可能遭遇到的困難，有學者及民間智庫公開點出，表示北京政府鼓勵對「一帶一路」問題的研究，應已積極在內部研擬對策。同時，中國外匯存底在 2016 年 3 月後已停止下滑，7 月彈升超過預期至 3.21 兆美元，超過預期的 3.17 兆美元 [203]。從 2015 年下滑的經濟已穩定下來。到 2016 年 8 月，出口已有 6 個月正成長，進口也結束了 21 個月的負成長 [204]。王福重在 2016 年初所憂慮的困境已不再令人憂心，經濟可能從谷底彈升。

國際法要補課

相較於經濟實力，中國在國際法的經驗不足，使她在這次南海仲裁案吃了大虧。中國是聯合國安理會 5 大常任理事國之一，世界第 2 大經濟體，國防預算高居世界第 2 位，在國際重大議題扮演不可或缺的角色，竟然在南海仲裁案中處於被動，說明中國處理國際事務的成熟度與其大國地位遠不相稱，原因固然有其策略上的失誤，更重要的缺欠是中國對待國際法和國際法律機構的態度與認識。

從 1842 年清朝在《南京條約》簽字，到 1973 年中國著手談判加入《聯合國海洋法公約》，再到 2013 年菲律賓提出南海國際仲裁案，中國在國際法領域頻頻吃虧，但歷經百年慘痛教訓後的今天，中國對國際法的認識似乎沒有多大進步。美國西東大學（Seton Hall University）和平與衝突研究中心主任汪錚認為，中國仍習慣

---

202 梁東屏，〈昂山素姬務實政治尋求雙贏〉。

203 "China Foreign Reserves Unexpectedly Climb to $3.21 Trillion" ***Bloomberg*** July 7, 2016 http://www.bloomberg.com/news/articles/2016-07-07/china-reserves-rise-on-valuation-as-brexit-boosts-haven-demand accessed September 23, 2016.

204 梁世煌，〈陸 8 月進出口雙漲表現勝預期〉《旺報》2016 年 9 月 9 日，頁 A5。

於批評他國以法律外衣干涉中國內政，而不主動利用法律爭取權益；中國與國際接軌而站上國際舞台的中心，至今仍不熟悉國際法及其相關慣例，不習慣以法維權，以及主動參與國際法修改，也不習慣運用國際法律專家處理國際訴訟[205]。

「一帶一路」2013 年 9 月和 10 月提出，菲律賓就在同年 1 月 22 日，早先通知中國仲裁意向並向中國發出訴求陳述。北京拒不接受，也不參與、不承認、不執行國際仲裁案，使案情朝自己最不利的方向上發展。汪錚認為，北京若積極回應，可以通過法律程序延長仲裁時間，等菲律賓新政府上台，很有可能經由庭外達成和解[206]。

「南海仲裁」的教訓

「南海仲裁」衝擊下，在國際政治戰場北京立於不敗之地，但在國際法戰場上，北京栽了個大跟斗。中國內部國際法學者私下紛紛表示不滿。他們說：「很多可以著力之處，我們都完全放棄。仲裁結果怎麼可能是戴秉國所說的『一張廢紙』而已？[207]」其實近年來，北京積極派出涉及國際法官員留學西方頂尖大學。據說他們連周末都在用功讀書[208]。

1995-96 台海危機後，解放軍急起直追獲得種種「殺手鐧」軍事能力，使得美軍重返台灣海峽進行軍事干預愈形困難。以此類推，可以預見的是：未來中國將在國際法較勁領域積極參與，一雪「南海仲裁」之恥。

---

205 汪錚，〈南海仲裁案：中國需要補上國際法這一課〉《金融時報中文網》2016 年 7 月 20 日 http://big5.ftchinese.com/story/001068537?full=y 下載 2016.11.21。

206 汪錚，〈南海仲裁案：中國需要補上國際法這一課〉。

207 廣泛接觸大陸國際法學者的留學英國國際法學者 W 先生私下向中斌透露。2016 年 9 月 25 日台北市。

208 筆者中斌在蘇格蘭愛丁堡大學的觀察。2015 年 8 月。

「一帶一路」的推展，確實為中國的對外影響力創造一個戰略先機。但其他大國並非停滯不前，俄羅斯主導的歐亞經濟聯盟，蓄勢待發；歐洲積極向東推進，不願在歐亞陸塊整合中缺席；美國更不可能拱手退讓。幾股勢力交匯於此，既有對接，也有競爭。大國之間的戰略博弈，往往是現實大過理想，在今後歐亞陸塊的變局中，肯定還要碰撞出不確定性的風險。

　　中國在國際競爭裡所展現的特色，如「鬥而不破」、「不戰而主東亞」、「超軍事手段優先」等等，在過去西方主導的國際賽局中，應屬異數。由於中國在國際互動的比重增加，21 世紀未來恐怕很難用過去熟悉的法則，事先預測或概括論定。

第二篇

美國的變局

中國東亞鄰居，並非北京真正要處理的挑戰。到 21 世紀第 2 個 10 年中期，這些鄰居包括台灣在內都面對同樣的兩難：安全民主靠美國，而經濟靠中國。因此這些鄰居共同的生存之道是「避險」或「兩面下注」（hedging）[1]。北京真正要處理的外部挑戰是美國。以下讓我們檢驗美國。

外交是內政的延長。到 21 世紀第 2 個 10 年，美國在全球的領導地位，面臨雙重挑戰。不僅國外有中國崛起和世界多極化，國內也出現捉襟見肘的景況。最震動世界的美國內政發展莫過於川普（Donald J. Trump）2016 年末當選，並於 2017 年初就任總統。

1　Chong-Pin Lin, "Behind Rising East Asian Maritime Tensions with China: Struggle without Breaking" *Asian Survey* May/June 2015 pp.497&498.

第五章

川普：美國民主失常

2016 年 11 月 8 日，一度不被看好的黑馬競選人川普當選美國總統。美國主流媒體和社會菁英紛紛跌破眼鏡，國際為之震動。2017 年 1 月 20 日，川普就任美國第 45 任總統後，各方預期，美國國內外將浮現多重的不確定。

川普當選總統事件本身包含了豐富而複雜的意涵。除了令人反思美國的民主制度是否仍然足以擔當全球表率之外，它也提醒我們不要低估美國的韌性。美國有自我批判、檢討、反省和調整的傳統。

這次選舉之前、選舉本身、和選後的發展有不少打破常規的面向。它們將直接或間接影響到東亞。讓我們一一檢驗。

選前

美國在 2008/2009 金融危機之後，許多人民破產、無家可歸。然而導致金融危機的金融界老闆們竟然沒事，逍遙法外。一般美國家庭的薪水自從 1999 年來沒有增加，而富有人家收入持續上升[1]。社會中下層人民充滿憤怒。《國際經濟》期刊早在 2014 年秋天預言 2016 的總統大選是「階級戰爭」(class war)[2]。以前美國總統大選是左對右的戰爭，傾向自由主義的民主黨對傾向保守主義的共和黨。而 2016 美國的大選將要是下對上的戰爭，收入低的社會階層對收入高的社會階層。

1　Daniel Gross, "The Warren Report" *International Economy* Fall 2014 p.14.

2　Daniel Gross, "The Warren Report" p.14.

兩黨候選人皆不受歡迎

　　選民對雙方不喜歡的程度都高於喜歡的程度。支持雙方的原因都是因為討厭另 1 位候選人。在 2016 年 5 月中，《華盛頓郵報》的民調顯示：川普和希拉蕊（Hillary D. R. Clinton）各有 57% 選民不喜歡，而只有 41% 喜歡希拉蕊，40% 喜歡川普 [3]。根據 2016 年 5 月中旬美國《NBC》新聞的民調，63% 美國全國人民不喜歡共和黨的川普，而 58% 的美國人民不喜歡民主黨的希拉蕊 [4]。兩個數字差 5%，相去不遠。可以說在美國人民心中，雙方負面的印象是半斤八兩。同一個民調也顯示，43% 美國全國人民支持川普，而 46% 支持希拉蕊，差別是 3%，也相去不遠。更重要的是美國選民對 2 人不喜歡的程度都超過喜歡的程度。2016 年 10 月 9 日《華爾街日報》甚至稱他們為「美國近代史上 2 位最不討人喜歡」的總統候選人 [5]。為何美國民主制度層層競爭所產生的總統候選人竟然不是國家主人翁——人民——最喜歡最支持的政治人物？為何美國符合選總統條件的 1.52 億 [6] 人口中竟然無法產生 2 位選民中意的總統候選人？是否美國競選制度有問題？是否美國民主制度需要檢討？

民主黨自廢武功

　　民主黨的伯尼・桑德斯（Bernie Sanders）聯邦參議員代表中下階層出馬競選黨內提名。他挑戰代表富有階層的希拉蕊・柯林

3　Reid Wilson, "Why 2016 Will Be the Most Negative Campaign in History" *Morning Consult* May 23, 2016 https://morningconsult.com/2016/05/23/2016-will-negative-campaign-history/ accessed January 18, 2017.

4　"Poll: Majority of Americans Dislike Hillary Clinton and Donald Trump" *NBC* May 24, 2016 http://www.wrcbtv.com/story/32048962/poll-majority-of-americans-dislike-hillary-clinton-and-donald-trump accessed January 18, 2017.

5　Gerard Baker, "A Memorable, Riveting, Nasty Debate -- but Will It Change the Direction of the Race?" *Wall Street Journal* October 9, 2016 http://www.wsj.com/livecoverage/hillary-clinton-and-donald-trump-second-debate-2016 accessed January 19, 2017.

6　Sasha Trubetskoy , "How many people are eligible to become president?" *Quora* January 3, 2016 https://www.quora.com/How-many-people-are-eligible-to-become-president accessed January 19, 2017.

頓，來勢洶洶。各種民調顯示：桑德斯如果贏得民主黨提名成為總統候選人，他與共和黨的川普對決，足以擊敗對手。桑德斯民調支持度從 2015 年 8 月之後一直領先川普。在 2016 年 6 月，當桑德斯退出選舉時，仍然大幅領先川普超過 11%（50.2% 比 39.0%）[7]。但是由於民主黨黨內推舉總統候選人過程，有偏袒希拉蕊的不公平作法，桑德斯飲恨退下[8]。在選民眼中，富有而居高位 20 多年的希拉蕊，無法代表充滿憤怒的中下層社會爭取公道。本來可以贏得大選的民主黨，在希拉蕊帶領下於是失去大量的選票而敗北。

主流媒體和多數民調誤判情勢

自從川普在共和黨黨內逐一擊敗 16 位對手，到他奪得總統大位，大部分媒體和民調機構都低估他對基層選民的魅力。這現象也顯示，美國基層選民的心聲一直無法在大眾看得到的媒體中表露。也可以說，美國的社會現有的機制忽略了低下層選民的聲音。或許說，美國主要的媒體有它的盲點，甚至有它的偏見。

負面競選骯髒卑劣

川普與希拉蕊競逐白宮寶座被認為是美國歷史中「最負面的大選」[9]。從川普在共和黨內擊敗其他 16 位對手贏得提名開始，競選語言的風格便令人驚嘆的低俗化到中學男生競比身體部位大小的水準。川普與希拉蕊的競選中人生攻擊占很大比例。2016 年 10 月，美利堅大學政治系教授艾倫・理克曼（Allan Lichtman）說，此競選是他記憶所及最骯髒的一次；其他評論人用最「粗俗」（vulgar）、

7　"2016 General Election: Trump vs. Sanders" *Huffington Post* http://elections.huffingtonpost.com/pollster/2016-general-election-trump-vs-sanders accessed January 20, 2017

8　Daniel Halper and Joe Tacopino, "Leaked emails show how Democrats screwed Sanders" *New York Post* July 22, 2016 http://nypost.com/2016/07/22/leaked-emails-show-how-democrats-screwed-sanders/ accessed January 20, 2017.

9　Reid Wilson, "Why 2016 Will Be the Most Negative Campaign in History".

最「使人沮喪的」（depressing）的字眼描寫此大選[10]。

選舉

2016 年 11 月 8 日的美國大選產生許多美國歷史上的第 1。除了勝敗選票數字的特殊以外，川普成為美國建國後 200 多年第 1 位「素人總統」，毫無行政經驗。除此之外，以總統身分而言，他還有許多打破傳統的特點。

川普少希拉蕊 300 萬票

希拉蕊比川普多得幾乎 300 萬選民的票，仍然輸給川普。她成了美國歷史上得票最多卻選敗的總統候選人[11]。原因是為她在全國 538「選舉人」（electoral college）中只得 232 票，少於川普的 306 票。美國總統選舉結果是根據「選舉人」票數決定的。上次類似的情形發生在 2000 年，民主黨的高爾（Albert Gore, Jr.）敗給共和黨的小布希（George W. Bush），但高爾多得 54 萬票，是希拉蕊多得 300 萬票的 1/6。 依照美國全國人民選票支持度來說，川普是美國歷史上最弱勢的總統當選人。

川普能當選，要感謝美國特別的「選舉人」制度。每州的「選舉人」依那州人口多少而定，但那州大選時兩黨候選人從選民得票多者，便全拿那州「選舉人」票。這種「贏者全拿」的制度是 200 多年前美國建國時設計的，原意是要賦予教育程度高又有財產的菁英（選舉人）更多權力來篩選一般人民選舉的結果，以防止法國大

10　Carl Schreck, "In U.S. Election, A 'Dirty' Campaign Of Historic Proportions" *Radio Free Europe* October 29, 2016 http://www.rferl.org/a/us-presidential-election-clinton-trump-dirty-campaign/28082392.html accessed February 10, 2017.

11　Gregory Krieg, "It's official: Clinton swamps Trump in popular vote" *CNN* December 22, 2016 http://edition.cnn.com/2016/12/21/politics/donald-trump-hillary-clinton-popular-vote-final-count/ accessed January 24, 2017.

革命的暴民政治。

　　然而，這結果違背了民主精神中少數服從多數的原則，獲得48.2% 人民支持的希拉蕊卻要服從得票只有 46.1% 的川普。支持的希拉蕊的人民很難服氣。川普當選時，國家已陷分裂的困境。但他當選後的作為，更嚴重的撕裂了美國。2017 年 1 月 20 日，他就職時，支持度已跌至 39%，打破就任總統支持度最低的歷史紀錄[12]。比起歐巴馬 2009 年初就職時有 84% 的支持率，小布希 2001 年初就職時有 61%，柯林頓 1992 年底剛當選時有 67% 的支持率，川普落後太多[13]。這顯示人民對他政權交接過程的表現極度不滿。

選後

　　2016 年 12 月 16 日《時代雜誌》選川普為年度風雲人物，在封面上卻稱他為「美利堅分裂國的總統」（President of the Divided States of America）。這標籤與他「美利堅合眾國總統」正式的頭銜成了極端諷刺的對比。如此震撼的封面標題彰顯了美國內部矛盾的困境，而川普當選前後的作法，使分裂的困境更為嚴重。

美國多重的分裂

　　川普當選後數日，美國有 25 個城市爆發抗議遊行。2017 年 1 月 20 日就職典禮時，光是華府就有大小不一的 35 場活動對他的示威[14]。湧進華府的 50 萬抗議人潮打破 1973 年尼克森（Richard M. Nixon，1913-1994）就職總統的反越戰人潮紀錄[15]。美國國會有 69

12　Steven Shepard, "Poll: Trump's opening weekend gets lowest approval of modern era" ***Politico*** January 23, 2017　http://www.politico.com/blogs/donald-trump-administration/2017/01/poll-trump-approval-rating-post-inauguration-234048 accessed January 24, 2017.

13　〈川普就職支持率史上最低〉《**自由時報**》2017 年 1 月 18 日，頁 A8。

14　〈川普的狹隘演說，預告顛覆的未來〉《**聯合報**》2017 年 1 月 22 日，頁 A2。

15　〈華府反川普遊行創就職史上最大規模〉《**自由時報**》2017 年 1 月 23 日，頁 A5。

位，約 1/3 聯邦眾議院民主黨議員拒絕參加就職典禮[16]，歷史上前所未有。川普就職次日，100 萬反川普的女權抗議人在美國各大城市遊行示威[17]，同時全球各地 600 多處共有 500 萬女權抗議者掀起遊行的怒潮[18]。也是史無前例。

2017 年 2 月中旬，川普就任將滿月，全國民調呈現執政黨與在野黨嚴重的分歧。根據皮尤（Pew Research Center）民調，肯定他表現的共和黨有 84%，而民主黨只有 8%[19]。根據蓋洛普（Gallup）民調，全國對他執政滿月肯定的只有 40%，是 1955 年蓋洛普成立以來，對執政滿月總統最低的數字，遠低於歷任總統執政滿月的民調平均值 61%[20]。川普就任時的人民滿意度為 45%，已經創歷任總統就任時滿意的最低值，以往沒有任何總統就任時比川普更低。比起歐巴馬（Barack H. Obama）的 64%，小布希（George W. Bush）的 62%，柯林頓的（William J. Clinton）51%，老布希的（George H. W. Bush）63%，雷根（Ronald W. Reagan，1911-2004）的 55% 等。而滿月後川普民調又跌了 5% 到 40%[21]。

選後，川普面臨的國會不只沿政黨界線對立，甚至他所屬於的共和黨也出現反對的聲音。尤其對川普要拉攏俄羅斯的政策，2 位重量級的參議員約翰・麥肯（John McCain）與林賽・格萊姆

16　Steph Solis & Eliza Collins, "More than 60 Democrats are not attending the Trump inauguration" *USA Today* January 17, 2017　http://www.usatoday.com/story/news/politics/onpolitics/2017/01/17/congress-members-not-going-to-trump-inauguration/96652942/ accessed January 25, 2017

17　Susan Chira & Yamiche Alcindor, "Women's Anti-Trump Rallies Go Worldwide" *International New York Times* January 23, 2017 p.5.

18　陳文和，〈反川普 500 萬人示威和女權〉《中國時報》2017 年 1 月 23 日，頁 A9。

19　"1. Early public attitudes about Donald Trump" *Pew Research Center* February 16, 2017 http://www.people-press.org/2017/02/16/1-early-public-attitudes-about-donald-trump/ accessed February 22, 2017.

20　Jeffrey M. Jones, " Trump Job Approval 21 Points Below Average at One-Month Mark" *Gallup* February 17, 2017 http://www.gallup.com/poll/204050/trump-job-approval-points-below-average-one-month-mark.aspx accessed February 22, 2017.

21　Jeffrey M. Jones, " Trump Job Approval 21 Points Below Average at One-Month Mark".

（Lindsey Graham）明確表示反對 [22]。

　　共和黨菁英們在選後盡量呈現團結的形象，支持一國之首川普。但是潛在反對川普的力量不容忽視，他們在未來關鍵時刻可能會站出來亮相發揮作用。這從選前公開表態反對川普的共和黨領袖名單可以看得出來。那張名單包括 2 位前總統（布希父子）、22 位前內閣閣員、9 位現任州長和 11 位前任州長、11 位現任和 5 位前任參議員、32 位現任和 32 位前任眾議員等等 [23]。

川普多方樹敵

　　川普多年來經營房地產過程中歧視黑人，為人所詬病。他口無遮攔的公開汙衊女性，不歡迎外來移民（尤其是美國南鄰墨西哥人），敵視美國境內及境外的伊斯蘭教徒。這些偏見造成美國社會嚴重分裂，他自我在國內製造龐大的反對力量，成為他未來執政重大的障礙。

　　他攻擊主流媒體如《CNN》和《紐約時報》等報導不實。他又公開挑戰政府的情治單位如「中央情報局」和「聯邦調查局」對俄羅斯干擾美國大選情報錯誤。他又拒絕「中央情報局」每日提供的情資簡報，表示對該局不信任或不重視。與情治單位與媒體為敵是政治領袖的大忌。《紐約時報》評論家埃文·湯瑪斯（Evan Thomas）提醒川普，勿忘尼克森總統因不信任情治單位的悲劇下場。尼克森因「水門案」被當時「聯邦調查局」的副局長馬克·菲爾特（Mark Felt）私下以「深喉嚨」代號爆料給《華盛頓郵報》而

22　Amber Phillips, "6 Senate Republicans who could make life very difficult for Donald Trump" *Washington Post* November 17, 2016 https://www.washingtonpost.com/news/the-fix/wp/2016/11/17/6-senate-republicans-who-could-make-life-very-difficult-for-donald-trump/?utm_term=.840a4396d542 accessed January 25, 2017.

23　"List of Republicans who opposed the Donald Trump presidential campaign, 2016" *Wikipedia* https://en.wikipedia.org/wiki/List_of_Republicans_who_opposed_the_Donald_Trump_presidential_campaign,_2016 accessed January 25, 2017.

▲ 馬克‧菲爾特(Mark Felt 1913 - 2008)曾於1972-1974年任美國聯邦調查局副局長並以「深喉嚨」代號爆料給媒體導致尼克森總統因「水門案」下台。菲爾特於死前三年公開承認他就是保密卅年的「深喉嚨」。圖片來源：By Unknown - [1]), Public Domain, https://commons.wikimedia.org/w/index.php?curid=7562850下載2017.7.31

被彈劾下台[24]。

2017 年 1 月中旬，川普公開批評歐洲最受尊敬的領袖和美國重要的盟友德國總理梅克爾（Angela Merkel），說她接受中東難民的政策是「災難性的錯誤」[25]。此外，川普稱「北大西洋公約」為「過時可廢棄了」（obsolete），自我毀壞美國數十年來在歐洲建立的軍事同盟堡壘[26]。

川普的彈劾地雷：欠債、訟案、稅務、俄羅斯干擾大選

川普在他當選前 30 年，曾涉入法律訴訟案件高達 4,000 筆[27]。其中有他告別人的，也有別人告他的。欺詐、欠款、合約紛爭、和性別歧視等。直至他當選，未了的法律訴訟案尚有 75 件[28]。這應是歷任總統所未曾帶進白宮的包袱。

川普擁有 27 億美元的資產[29]。但其中近 20 億美元據說是負債[30]。

24 Evan Thomas, "Will Trump Play Spy vs. Spy?" *New York Times* December 19, 2016 https://www.nytimes.com/2016/12/19/opinion/will-trump-play-spy-vs-spy.html?_r=0 accessed January 26, 2017.

25 Chris Kitching, "Donald Trump slams Angela Merkel over "catastrophic" immigrant policy and says Brexit will be 'a great thing'" *Mirror* January 15, 2017   http://www.mirror.co.uk/news/world-news/donald-trump-slams-angela-merkel-9629514 accessed January 26, 2017.

26 James Rubin, "Why Is Trump Picking on Merkel?" *Politico* January 16, 2017 http://www.politico.com/magazine/story/2017/01/why-is-trump-picking-on-merkel-214641 accessed January 26, 2017.

27 "Donald Trump's pending lawsuits and his presidency" *BBC News* November 18, 2016 http://www.bbc.com/news/election-us-2016-37956018 accessed January 17, 2017.

28 "Donald Trump's pending lawsuits and his presidency".

29 Russ Choma, "A Guide to Donald Trump's Huge Debts—and the Conflicts They Present" *Mother Jones* December 12, 2016 http://www.motherjones.com/politics/2016/12/guide-donald-trump-debt accessed January 17, 2017.

30 Susanne Craig, "A Maze of Debts and Opaque Ties" *New York Times* August 20, 2016 https://www.nytimes.com/2016/08/21/us/politics/donald-trump-debt.html?_r=1 accessed January 24, 2017.

他名下的許多高樓豪宅等於是他給債主的抵押品。他一生因為債務纏身經營不善曾有 4 次破產紀錄 [31]。

川普就職前並未像以往富有的總統當選人切斷個人商業利益。2017 年 1 月 11 日，他宣布就任總統後仍然擁有他企業所有權，只是不再經營日常的運作 [32]。這種安排不但史無前例，甚至是他未來可能被彈劾的導火線。

在川普與習近平 2017 年 2 月 9 日熱線通話接受「一個中國政策」後一周，北京宣布給川普 1 個值錢大禮物。以前川普在中國打 10 年官司想要回來的「商標」現在通過了。「川普酒店」（Trump Hotels）的商標可以在中國使用 10 年 [33]。因為川普只把它龐大的企業經營權轉移給 2 位兒子，但並未乾乾淨淨的切斷利益關係，川普接受北京這略施小惠的禮物構成私人與國家利益衝突。北京將來可以藉此對美國總統施壓。有人已經提出這舉動違背了憲法裡的「薪酬條款」（Emolument Clause），而且構成可彈劾的行為 [34]。

川普競選時從未公開他歷年的稅務報表，但聲稱「終於會」公開。但就職後第 2 天，他的辦公室轉稱「不會」公開。同時，已有 6,000 請願人上白宮網站要求川普公開他的稅務報表 [35]。2017 年 1 月初，民主黨參議員羅恩・維登（Ron Widen）和眾議員安娜・埃舒（Anna Eshoo）提出法案要求：被黨內提名的總統候選人以及在職的總統必須公開 3 年來的稅務報表。到 2017 年 1 月下旬，已

31　Susanne Craig, "A Maze of Debts and Opaque Ties".

32　Andy Sullivan, Emily Stephenson & Steve Holland, "Trump says won't divest from his business while president" *Reuters* January 11, 2017 http://www.reuters.com/article/us-usa-trump-finance-idUSKBN14V21I accessed January 25, 2017.

33　Emily Jane Fox, "Donald Trump May Have Just Committed An Impeachable Offense" *Vanity Fair* February 16, 2017 http://www.vanityfair.com/news/2017/02/donald-trump-impeachable-offense accessed February 22, 2017.

34　Emily Jane Fox, "Donald Trump May Have Just Committed An Impeachable Offense".

35　Melissa Chan, "First White House Petition Asks President Trump to Release His Tax Returns" *Fortune* January 21, 2017 http://fortune.com/2017/01/20/donald-trump-taxes-white-house-petition/ accessed January 31, 2017.

有 74% 人民包括 53% 川普的共和黨員支持此法案 [36]。

在 2017 年 1 月初，美國情治首長分頭向將卸任的總統歐巴馬和將上任的總統川普做簡報。其內容，雖然未受美國情治單位公開證實，據說是有關俄羅斯掌握對川普不利的財務及他訪問莫斯科時私生活的資料，這些可成俄羅斯未來對川普總統施壓的工具 [37]。

敗選後的希拉蕊已在積極籌畫召集人馬，包括一流訴訟律師大衛・布洛克（David Brock）對川普與俄羅斯的關係和川普脫序私人行為展開追擊 [38]。

2017 年 2 月 13 日，由於聯邦調查局的追查，川普任命的國家安全顧問邁克爾・弗林（Michael Flynn）涉嫌違法私下與俄羅斯政府接觸談判而被迫辭職 [39]。但是，總統本人何時知道，又知道多少？川普競選第 2 任經理保羅・馬納福特（Paul Manafort）在 2016 年 8 月辭職後失蹤，被懷疑他擔任川普陣營與莫斯科的聯絡人 [40]。何況，他被發現與俄羅斯關係自 2004 年開始，並曾收俄羅斯鉅款 [41]。這些未解的疑團為川普之後可能受彈劾留下伏筆。至 2017 年 3 月底，美國眾議院和參議院情報委員會，以及聯邦調查局已對俄羅斯干預大選發動調查。4 月，川普團隊的卡特・佩奇（Carter

36　Amber Phillips, "Want President Trump to release his tax returns? There's a bill for that." *Washington Post* January 23, 2017 https://www.washingtonpost.com/news/the-fix/wp/2017/01/23/want-president-trump-to-release-his-tax-returns-theres-a-bill-for-that/?utm_term=.bbda3590f1d2 accessed January 31, 2017.

37　Evan Perez, Jim Sciutto, Jake Tapper and Carl Bernstein, "Intel chiefs presented Trump with claims of Russian efforts to compromise him" *CNN* January 12, 2017 http://edition.cnn.com/2017/01/10/politics/donald-trump-intelligence-report-russia/ accessed February 1, 2017.

38　Michael Scherer, "Liberals Plot Revenge" *Time* January 30, 2017 pp.32&33.

39　Maggie Haberman, Matthew Rosenberg, Matt Apuzzo 7 Glenn Thrush, "Michael Flynn Resigns as National Security Advisor" *New York Times* February 13, 2017 https://www.nytimes.com/2017/02/13/us/politics/donald-trump-national-security-adviser-michael-flynn.html?_r=0 accessed February 17, 2017.

40　Michael Schmidt, Mark Mazzetti, and Matt Mapuzzo, "Trump Campaign Aides Repeated Contacts with Russian Intelligence" *New York Times* February 14, 2017 https://www.nytimes.com/2017/02/14/us/politics/russia-intelligence-communications-trump.html?_r=0 accessed March 25, 2017.

41　〈美媒爆料 川普心腹 每年收俄羅斯鉅款〉《自由時報》2017 年 3 月 23 日，頁 A11。

Page）也被聯邦調查局宣布偵訊[42]。佩奇則是莫斯科一位前投資銀行家，據說川普對俄和解的政策就是他制定的[43]。

多變川普與閣員不同調

　　川普反覆無常。他認為讓對手無法捉摸有利於談判，也是戰略的強項。

　　2016年大選前，川普數度表示支持對恐怖分子囚犯用水刑。例如，2016年6月29日在俄亥俄州，他說「用水刑？我超喜歡[44]！」大選後2周，川普造訪《紐約時報》總部表示：「水刑還不如半打啤酒和1包香菸有效」，根據他所欣賞的退休陸戰隊上將詹姆斯‧馬諦斯（James N. Mattis）上將的經驗。後來，川普的確任命馬諦斯為國防部長。而後者一向反對用水刑，理由有2：因為若美軍對待戰俘「用酷刑，敵人對我們被俘擄的軍人更殘暴」，而且「用酷刑，我們失去道德高地，我們將失去勝利」[45]。然而，川普就職後第5天，在電視訪問時表示水刑「絕對有效」，因為要「以火攻火」[46]。次日，川普又說：關於對俘虜用水刑一事，他將尊重國防部長馬諦斯的決定[47]。

42　Kristen Welker, "FBI obtained warrant to monitor Trump adviser Carter Page" ***MSN.com*** April 12, 2017 http://www.msn.com/en-us/news/videos/fbi-obtained-warrant-to-monitor-trump-adviser-carter-page/vi-BBzKUVN accessed April 20, 2017.

43　Courtney Weaver, Sam Fleming, and Shawn Donnan, "Mike Pence cast as steady hand in Trump White House" ***Financial Times*** November 10, 2016 https://www.ft.com/content/a3c4beae-a6a0-11e6-8b69-02899e8bd9d1 accessed April 21, 2017.

44　Ben Jacobs, "Donald Trump renews support for waterboarding at Ohio rally: 'I like it a lot'" ***Guardian*** June 29, 2016 https://www.theguardian.com/us-news/2016/jun/28/donald-trump-ohio-rally-isis-torture-tpp-rape accessed January 31, 2017.

45　Sheri Fink & Helene Cooper, "Inside Defense Secretary Pick's Efforts to Halt Torture" ***New York Times*** January 2, 2017 https://www.nytimes.com/2017/01/02/us/politics/james-mattis-defense-secretary-trump.html?_r=0 accessed January 26, 2017.

46　Dan Merica, "Trump on waterboarding: 'We have to fight fire with fire'" ***CNN*** January 26, 2017 http://edition.cnn.com/2017/01/25/politics/donald-trump-waterboarding-torture/ accessed January 26, 2017.

47　Emily Stephenson, "Trump says he will defer to Defense Secretary Mattis on waterboarding" ***Reuters*** January 27, 2017 http://www.reuters.com/article/us-usa-trump-britain-waterboarding-idUSKBN15B23V accessed January 30, 2017.

當川普任命的閣員 2017 年 1 月初在參議院接受質詢時，他們說法竟與川普的政策主張不同調[48]。川普主張與俄羅斯改善關係、在美國與墨西哥邊境築圍牆防止偷渡、禁止穆斯林入境、氣候變遷不是威脅。準國防部長馬諦斯和準國務卿提勒森（Rex W. Tillerson）都主張俄羅斯是威脅，必須抗俄。提勒森主張重視氣候變遷，也反對禁止穆斯林移民。準國土安全部長凱利（John F. Kelly）將軍說美墨之間築牆沒用。川普閣員在國會等待通過質詢出任官職，他們或許避免用川普的非主流觀點發言，以圖順利過關。而他們真正的信念可能和川普一致。

2016 年 2 月，川普說過：「每件事都可以談判[49]。」（Everything is negotiable）他顯然不是堅守原則的領袖，倒更像做生意的人。

以上所提他對戰俘用水刑的看法一變再變並非唯一的實例。此外，到 2016 年 11 月 18 日他當選後 10 天為止，川普已經翻轉了 10 項競選許諾[50]。其中包括他要廢除「歐巴馬健保」，其實他只小幅度調整，依然保留「歐巴馬健保」的大部分。

川普政策主張多變，而且他認命的內閣官員政策看法與他不同。好處是：他可以隨時調整，左右逢源。壞處是國家領袖看法前後不一，而且總統與閣員又不同調，那麼他的政府團隊如何適從？以誰為主？如何避免政策昨是今非的混亂局面？

川普競選許諾的輕重虛實

川普呼籲「美國優先」、「使美國再強大」、「強軍才有和平」。

48 Jennifer Steinhauer, "Latest to Disagree with Donald Trump：His Cabinet Nominees" *New York Times* January 12, 2017 https://www.nytimes.com/2017/01/12/us/politics/trump-cabinet-mattis-tillerson.html accessed January 26, 2017.

49 Theodore Schleifer and Jeremy Diamond, "Trump: 'Everything is negotiable'" *CNN* March 1, 2016 http://edition.cnn.com/2016/02/29/politics/ted-cruz-new-york-times-immigration-tape/ accessed January 30, 2017.

50 Paula Dwyer, "Turns Out, Everything Is Negotiable" *Bloomberg* November 18, 2016 https://www.bloomberg.com/view/articles/2016-11-18/turns-out-everything-is-negotiable accessed January 30, 2017.

實際上，川普的政策應該是經濟高於軍事，國內高於國外。他應以國內經濟建設和社會安全為優先，因為這是送他入白宮的美國社會中下層選民最強烈的訴求。

他們生活困頓最大原因是美國打阿富汗和伊拉克戰爭，久拖不決耗盡國家財力。2 次戰爭花費美國高達美元 19 兆 [51]。這數字比 2015 美國 1 年國家年收入 GDP 美元 18 兆還要高 [52]。主要由於戰爭的花費，美國不斷攀升的國債在 2012 年超過了那年美元 15 兆的 GDP [53]。之後美國國債繼續攀升，2016 年底已高達美元 19.8 兆 [54]。

川普應該儘量避免國外用兵，除了打擊掃蕩「伊斯蘭國」以外，因為「伊斯蘭國」的恐怖攻擊威脅到國內的安全。

然而弔詭的是川普主張擴軍。而 10 月下旬，仍在競選的川普，說當選後將要建造 1 個從目前 272 艘軍艦，30 年後增加到 350 軍艦的海軍 [55]。目前建軍目標是 30 年後增加到 308 艘軍艦。陸軍，要從 47.5 萬人增加到 54 萬。海軍陸戰隊，從 24 營增加到 36 營。空軍，要增加 1,200 架戰鬥機 [56]。核子武器也要增加。2016 年 12 月，他說：「就來軍備競賽吧！我們將在每個回合贏過對手，最後他們都

51   Kimberly Amadeo, "War on Terror Facts, Costs and Timeline" *The Balance* January 17, 2017 https://www.thebalance.com/war-on-terror-facts-costs-timeline-3306300 accessed January 27, 2017.

52   "United States GDP" *Trading Economics* http://www.tradingeconomics.com/united-states/gdp accessed January 27, 2017.

53   "National debt of the United States" *Wikipedia* https://en.wikipedia.org/wiki/National_debt_of_the_United_States accessed January 27, 2017.

54   Bill Bartel, "Trump's military expansion plans could be massive boost to Hampton Roads" *Stars and Stripes* November 12, 2016 http://www.stripes.com/news/us/trump-s-military-expansion-plans-could-be-massive-boost-to-hampton-roads-1.439179 accessed December. 2, 2016.

55   Erik Slavin, "Trump wants 350-ship Navy, but how and why?" *Stars And Stripes* November 16, 2016 https://www.stripes.com/news/trump-wants-350-ship-navy-but-how-and-why-1.439619 accessed December 1, 2016.

56   John W. Schoen, "Here's the bill for Trump's military buildup plan" *CNBC* September 8, 2016 http://www.cnbc.com/2016/09/08/heres-the-bill-for-trumps-military-buildup-plan.html accessed January 27, 2017.

倒下我們還在 [57]。」

現有272艘軍艦。每年花45億美元，30年後，可有308艘軍艦。如果要達到350艘，每年還要多花4億美元。那還不包括武器、人員、維修等費用 [58]。

擴軍的錢哪兒來？

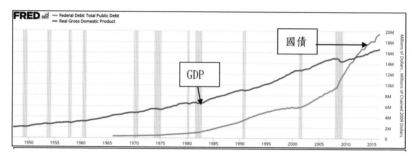

▲ 美國GDP和國債
美國不斷攀升的國債在2012年超過了那年美元15兆的GDP。之後美國國債繼續攀升，目前已高達美元19.8兆"Graph of GDP and the gross national debt"資料來源：*Wikimedia Commons*https://commons.wikimedia.org/wiki/File:GDP_to_Federal_debt_of_the_United_States.png 下載2017.1.27。

川普說：要裁撤國防部裡重疊的機構，結束聯邦政府無必要的計畫，徵收未繳的稅款 [59]。某超黨派的「負責聯邦預算委員會」（CRFB）算過，如此節省的錢只夠填補 2/3 目前每年已被裁減的國防經費，4,500 億美元，勉強回到以往的國防開銷 [60]。這還不算額外的擴軍經費。

美國負債已超過收入了。2017 年 3 月，美國政府將面臨自己制定的負債上限美元 20.1 兆。還有餘力增加國防預算嗎？

57 Michael D. Shear & David Sanger, "Trump says U.S. would 'outmatch' rivals in new nuclear arms race" *New York Times* December 23, 2017 https://www.nytimes.com/2016/12/23/us/politics/trump-nuclear-arms-race-russia-united-states.html?_r=0 accessed January 27, 2017.

58 Erik Slavin, "Trump wants 350-ship Navy, but how and why?".

59 Bill Bartel, "Trump's military expansion plans could be massive boost to Hampton Roads".

60 CRFB：Committee for a Responsible Federal Budget. Bill Bartel, "Trump's military expansion plans could be massive boost to Hampton Roads".

川普的國防部長馬諦斯相信美國不該擴軍。2016 年 2 月他根據前月在參議院的證詞發表論文〈美國新的大戰略〉。其中他說：「美國現在可用的軍力不如以前，我們必須減少用兵的『胃口』。除非未來我們能增加軍力，否則不能動用軍事來解決所有的問題。例如我們覺得義憤填胸時，看到嚴重的人道災難時，或許只是不爽時，或許只是受到威脅但並不嚴重的時，我們都不該動用武力 [61]。」如果國防部長馬諦斯的信念將主導川普政府的軍事政策，川普擴軍的政見應該虛多於實。

川普的經濟政策是減少稅率刺激生產。根據川普經濟顧問史蒂芬·摩爾（Stephen Moore）的規劃，大企業稅率將自目前的 38.9% 降到 15%，國家每年 GDP 成長將會從過去 15 年平均每年 2% 逐漸提升至 4.1% [62]。但是這需要時間，擴軍所需要的大量經費似乎短期內無法提供。上次美國每年 GDP 成長超過 4.1%，只有 2003 年為 4.36%，而 2008 年金融危機時那年 GDP 成長是負 2.77% [63]。

在川普內心，提升經濟的重要性應該高於加強擴展軍備。

為何他競選時描繪出擴軍的遠景呢？

可能因為只強調國內經濟，選民會質疑「難道美國衰退了嗎？」

川普內政諸多阻礙

川普在國內多方樹敵，為自己日後推動政令埋下或明或暗的各種障礙。至少有 6 類美國內部勢力已成為川普潛在的阻力。

一、主流媒體。川普從競選時便開始批評主流媒體，就任後

61　General Jim Mattis," A New American Grand Strategy" *Hoover Institution* February 26, 2015 http://www.hoover.org/research/new-american-grand-strategy accessed January 3, 2017. This essay was adapted from statements made by the author before the Senate Armed Services Committee on January 27, 2015.

62　Stephen Moore, "The Trump Plan for Boom Times" *Time* January 30, 2017 p.40.

63　"US Real GDP Growth Rate by Year" *Multiple* http://www.multpl.com/us-real-gdp-growth-rate/table/by-year accessed January 30, 2017.

變本加厲。2017 年 2 月 16 日，川普批評媒體是「美國人民的公敵」和「假消息媒體」[64]。尤其是《紐約時報》和《CNN》已經成為川普團隊經常批評的對象。反之亦然。它們也無孔不入的指責川普及團隊和披露其醜聞與過失。

二、情治單位。歷來，「中情局」和「聯邦調查局」掌握美國總統各種隱私令國家領袖多所忌憚。自從 2016 年選戰末期開始，川普多次挑戰情治單位的公信力，公然質疑俄羅斯干擾美國大選的情資。2016 年 1 月中，將卸任的「中情局」局長約翰·布倫南（John Brennan）公開警告川普：他把「中情局」比喻為納粹「太不像話」（outrageous），令布倫南憤怒（umbrage），而且川普不應該任性用推特發表看法[65]。如之前所提，川普任命的國家安全顧問弗林涉嫌違法私下與俄羅斯政府接觸談判，在 2017 年 2 月 13 日被迫辭職。他任職 27 日，是美國有史以來辭職最快的內閣閣員。據說，不下於 9 個美國情報來源洩漏給《華盛頓郵報》，有關弗林與俄羅斯駐美大使電話連絡的情資[66]。部分原因是報復弗林以前主導美國軍事情報局的苛政，另外原因是美國情報界警覺到川普任性的處理美國國家安全的反應。

三、政府部門。川普的言行把聯邦政府官員推向對立面。例如，2016 年底，川普任命一向否認氣候暖化而且反對環保的斯科特·普魯特（Scott Pruitt）任環境保護局局長[67]。可想見一生致力

64　Jenna Johnson and Matea Gold, "Trump calls the media 'the enemy of the American People'" ***Washington Post*** February 17, 2017 https://www.washingtonpost.com/news/post-politics/wp/2017/02/17/trump-calls-the-media-the-enemy-of-the-american-people/?utm_term=.2e5fa38b015c accessed February 23, 2017.

65　"John Brennan: Trump's 'Nazi Germany' tweet to US agencies was 'outrageous'" ***Guardian*** January 15, 2016 https://www.theguardian.com/us-news/2017/jan/15/john-brennan-trump-nazi-germany-russia accessed February 7, 2017.

66　Edward Luce, "Donald Trump and the siege of Was Charles Koch hington" ***Financial Times*** February 20, 2017 https://www.ft.com/content/bc99e5d8-f526-11e6-95ee-f14e55513608 accessed February 23, 2017.

67　Coral Davenport and Eric Lipton, "Trump picks Scott Pruitt, climate change denialist, to lead E.P.A" ***New York Times*** December 7, 2016 https://www.nytimes.com/2016/12/07/us/politics/scott-pruitt-epa-trump.html?_r=0 accessed February 7, 2017.

環保的局內官員內心對川普作何感想。2016 年 1 月底，國務院 900 位外交官集體在內部管道，抗議川普禁止中東 7 國旅客入境[68]。

四、司法組織。川普上任時即刻簽屬行政命令禁止來自 7 個回教國家的旅客入境。此舉令全國譁然，並遭司法系統以違憲杯葛。川普不服上訴，但在 2017 年 2 月 9 日，聯邦上訴法庭以 3 比 0 判決川普敗訴，重擊總統權威。

五、傳統共和黨勢力。2017 年 1 月底，川普就任後的暴衝執政行為，令共和黨「多年來最大也是最成功的」金主查爾斯・寇區（Charles Koch）忍無可忍跳出向川普宣戰[69]。著眼於 2018 年底的中期選舉，寇克向他所支持的國會議員提出「負責任的考驗」（accountability test），意思是說：你若支持川普，就別找我募款。根據《時代雜誌》判斷，寇區反川普的效應會遠超過自由派人士塞滿了街道的抗議[70]。2017 年 2 月中，3 位資深共和黨參議員公開但技巧的挑戰共和黨的總統。參議員約翰・麥凱恩（John McCain）在川普批評媒體是人民公敵之後，說：「獨裁者就是從壓制媒體自由開始的[71]。」俄羅斯有無在 2016 年用駭客取得不利希拉蕊的資料而幫助了川普當選總統？由共和黨參議員理查德・伯爾（Richard Burr）擔任主席的參議院情報委員會，已經提高調查的力度，要求各政府機關保留相關文件，包括白宮在內[72]。 參議員林賽・格雷

68　Lesley Wroughton, "About 900 State Department Officials Sign Protest Memo: Source" *Reuters* January 31, 2017 http://www.reuters.com/article/us-usa-trump-dissent-idUSKBN15F2KP accessed February 7, 2017.

69　Philip Elliot, "A Billionaire Resistance Targets President Trump from the Right" *Time* February 13, 2017 p.31.

70　Philip Elliot, "A Billionaire Resistance Targets President Trump from the Right".

71　"McCain: Dictators get started by 'suppressing the free press'" *Business Insider* February 19, 2017 http://newscdn.newsrep.net/h5/nrshare.html?r=3&lan=en_WD&pid=14&id=8j9158ab44I_wd&app_lan&mcc=466&declared_lan=en_WD&pubaccount=ocms_0&referrer=200620&showall=1 accessed February 23, 2017.

72　"Senate Intel Committee Orders White House To Keep All Records For Russia Probe" *Investing Channel* February 19, 2017 http://newscdn.newsrep.net/h5/nrshare.html?r=3&lan=en_WD&pid=14&id=Wr916534fAT_wd&app_lan&mcc=466&declared_lan=en_WD&pubaccount=ocms_0&referrer=200620&showall=1 accessed February 23, 2017.

厄姆（Lindsey Graham）在演講中呼籲川普總統採取對付俄羅斯的行動，因為它干預了美國的總統選舉[73]。

六、**美國猶太社群**。表面上，川普女婿庫什納是猶太人，而且川普和以色列總統班傑明‧內塔尼亞胡（Benjamin Netanyahu）投緣，川普應享有美國猶太人的支持。雖然川普本人沒有發表反猶太的言論，但川普激起美國內種族對立情緒，社會的反猶太跡象上升。這些趨勢可能引起美國猶太人為了自保暗中組織動員反對川普。美國猶太人掌握金融、媒體，其影響未可小覷。千年來不斷在各地遭受迫害的猶太人，對於風吹草動危脅的跡象高度敏感。跡象如下：

- 川普在競選末期運用反猶太電視台的廣告攻擊「聯邦儲備銀行」（Federal Reserve Bank）主席珍妮特‧葉倫（Janet Yellen），因為他懷疑後者挺希拉蕊[74]。葉倫有如所有她前任的「聯邦儲備銀行」主席都是猶太人。

- 川普愛將白宮特別顧問史迪芬‧班農（Stephen Bannon）反猶[75]。他指責美國猶太族群使極端的回教教義「聖戰」壯大，加強恐怖分子的勢力[76]。令美國猶太社群不安。

- 美國社會反猶事件蔓延。2017年2月開始，猶太人墓園遭破壞，猶太教堂受威脅[77]。到2017年3月初，全美已

73　"US Senator Graham: Trump Must Punish Russia for Election Interference" *Voice of America* February 19, 2017 http://newscdn.newsrep.net/h5/nrshare.html?r=3&lan=en_WD&pid=14&id=eo9127040jv_wd&app_lan&mcc=466&declared_lan=en_WD&pubaccount=ocms_0&referrer=200620&showall=1 accessed February 17, 2017.

74　John Berry, "Trump and the Independence of the Fed" *International Economy* Fall 2016, p.36.

75　Matthew Rozsa, "Steve Bannon runs an anti-Semitic website, is a misogynist and will be one of Donald Trump's senior advisers" *Salon* November 14, 2017　http://www.salon.com/2016/11/14/steve-bannon-runs-an-anti-semitic-website-is-a-misogynist-and-will-be-one-of-donald-trumps-senior-advisors/ accessed February 24, 2017.

76　JTA, "Steve Bannon Described U.S. Jews as 'Enablers' of Jihad" *Haaretz* February 24, 2017 http://www.haaretz.com/us-news/1.769511 accessed February 24, 2017.

77　Lola Adesioye, "The rise of anti-Semitism in Donald Trump's America" *New Statesman* February 23,

有 100 多猶太人活動中心遭受炸彈威脅，猶太兒童被叫回家避險[78]。

- 川普原先全力支持以色列政策開始退卻。川普原先說他不一定遵循美國數十年的政策，主張以色列和巴勒斯坦建立 2 個國家。2017 年 2 月中，他退卻了，有如他對兩岸問題的「一個中國政策」從搖擺轉向遵循[79]。

川普的中國政策

在總統競選期間，川普對中國的發言充滿挑戰性。北京甚至被描寫為川普「連俄制中」戰略裡主要的對手[80]。然而在西方政治菁英眼中，北京的反應卻是「鎮定」和「輕鬆」。

北京對川普的淡定

2016 年 12 月 2 日，川普以待任美國總統身分接受台灣蔡英文總統電話祝賀，打破華府數十年來的禁忌。之後，對於中美雙方建交後 40 多年遵行不變的「一中政策」，川普表示可以談判。意涵是如果北京在經貿和南海問題上讓步，華府的「一中政策」可以調整，甚至台灣可以放棄。然而，如果北京不讓步，川普可能承認台灣是獨立的主權國家。事發突然的「川蔡電話」，及川普事後撼動中美關係的發言，應非北京事先所料。然而，3 天後，剛從北京返美的美國前國務卿季辛吉（Henry A. Kissinger）對媒體說，他在北

2017 http://www.newstatesman.com/world/north-america/2017/02/rise-anti-semitism-donald-trumps-america accessed March 25, 2017.

78 Eric Levenson and AnneClaire Stapleton, "Jewish center bomb threats top 100; kids pulled from schools" *CNN* March 13, 2017 http://edition.cnn.com/2017/02/28/us/bomb-threats-jewish-centers-jcc/ accessed March 25, 2017.

79 Oren Liebermann and Angela Dewan, "What Trump's two-state solution rollback means" *CNN* February 16, 2017 http://edition.cnn.com/2017/02/16/politics/trump-israel-palestinians-two-state/ accessed February 24, 2017.

80 張國威，〈季辛吉欲聯俄制中 重返兩極格局〉《旺報》2016 年 12 月 31 日，頁 A8。

京見到習近平，而對於「中國領袖的鎮定印象深刻」[81]。

1 個多月後，川普對歐盟和北約—尤其是德國—出言不遜，而頻頻對威脅歐盟的俄羅斯領袖普丁示好。歐洲領袖為之震撼不安。德國副總理兼經濟部長西格瑪爾‧加布瑞爾（Sigmar Gabriel）說：「我們應該有些自信。請看中國。川普對它攻擊的最凶，然而中國領袖輕鬆以對（relaxed）。或許我們可以從中學習一二[82]。」

川普的中國愛恨情結

川普對中國有 2 種態度：愛中和反中。後者廣受注意，前者為人忽略。讓我們先看川普愛中的言論。

2016 年 1 月，在 1 次共和黨電視辯論會裡，川普說：「我從中國每年賺數百萬美金，我愛中國，我愛中國人[83]！」之後，至少在 5 月 25 日和 6 月 3 日的活動中，川普大呼：「我愛中國人[84]！」在美國 200 多年歷史中，惟一的美國總統候選人在競選時當眾喊過「我愛中國人！」就是川普。他打破了美國的歷史規範。

此外，在 2016 年 4 月 27 日在華盛頓的外交政策演講中，川普提到要進入一個繁榮的新世紀，修復與中國的關係是另一重要步驟。強大、聰慧的美國一定是能和中國結交好友的美國。可以彼此獲益，而互不干涉[85]。

2016年初，川普對保守媒體《Breitbart》說：「我和中國關係很好。我當選後，中美關係會比現在好，中國會比現在更喜歡我

81　Michelle Nichols, Eric Beech &David Alexander "Kissinger says impressed by China's 'calm reaction' to Trump's Taiwan call" **Reuters** December 6, 2016 http://www.reuters.com/article/us-usa-trump-china-kissinger-idUSKBN13U2XU accessed January 30, 2017.

82　"This is how Germany responded to Trump's attacks on Merkel, car industry" **AFP/ The Local** January 16, 2017 https://www.thelocal.de/20170116/this-is-how-germany-responded-to-trumps-attacks-on-merkel-car-industry accessed January 30, 2017.

83　林永富，〈搶華裔選票，川普大呼我愛中國〉《旺報》2016 年 8 月 1 日，頁 A9。

84　林永富，〈搶華裔選票，川普大呼我愛中國〉．

85　林永富，〈搶華裔選票，川普大呼我愛中國〉。

們[86]。」

川普的反中態度出現在他的言論和官員任命上。

他批評北京操控貨幣匯率，和軍事化南海。他不滿美中兩國間鉅額的貿易逆差，並說：「中國強暴我們國家[87]！」他主張課中國進口貨品45%重稅。他任命《致命中國》（*Death by China*）的作者，也是長期批評中國經貿政策的教授彼得‧納瓦羅（Peter Navarro）為「白宮國家貿易委員會主管」，以及深受納瓦羅言論影響的美國投資家和富豪威爾伯‧羅斯（Wilbur Ross）為商務部長[88]。

川普對中國的態度多變，可能的緣由是他有中國的愛恨情結。

▲ 彼得‧納瓦羅（Peter Navarro 1949 -）圖片來源：By WHITE HOUSE - https://www.instagram.com/p/BPnj_gdDva0/ https://www.facebook.com/DonaldTrump/photos/a.488852220724.393301.15308 0620724/10158530752015725/?type=3&theater, Public Domain, https://commons.wikimedia.org/w/index.php?curid=57919270下載2017.7.31

川普與華人的糾葛

川普與華人企業關係深廣複雜，程度超過歷任美國總統。川普從2005年便進入中國申請商標[89]。根據美國《ABC新聞》2017年2月報導，他尚有49個商標懸而未准，其他批准的77個商標中，許多將在他總統任期內到期需要更新[90]。根據《旺報》2016年11

86　Michael Cole, "When Donald Trump Sued Vincent Lo and Henry Cheng for $1 Bil" ***Mingtiandi*** May 31, 2016 http://www.mingtiandi.com/real-estate/outbound-investment/when-donald-trump-sued-vincent-lo-and-henry-cheng-for-1-bil/ accessed January 2, 2017.

87　Jeremy Diamond, "Trump: 'We can't continue to allow China to rape our country'" ***CNN*** May 2, 2016 http://edition.cnn.com/2016/05/01/politics/donald-trump-china-rape/ accessed January 30, 2017.

88　Evelyn Cheng, "Trump's newest advisor Navarro makes all the tough talk about China look serious" ***CNBC*** December 22, 2016 http://www.cnbc.com/2016/12/22/who-is-peter-navarro-trump-advisor-wants-to-get-tough-on-china-trade.html accessed January 30, 2017.

89　陳怡君，〈川普是陸著名商標10年前就註冊〉《旺報》2016年11月16日，頁A6。

90　Erika Kinetz, "China awards Trump valuable new trademark" ***ABC News*** February 15, 2017 http://abcnews.go.com/International/wireStory/china-awards-trump-valuable-trademark-45504953 accessed February 22, 2017.

月報導，他在中國申請了 82 個商標，得到 78 個，但是也捲入官司，2 次敗訴。這些企圖要但未獲得的商標，以及敗訴的官司都可能滋長川普對中國的不滿。

川普 2008 年以後就希望把「川普酒店」（Trump Hotels）擴展進入中國 [91]。但是，他的努力屢次遭受挫折。因為外國人進入中國，要跟中國共產黨和官員打交道，本來就不容易。所以川普在 2011 年出版的書《該強硬了》（*Time To Get Tough*）裡，罵中國領導人是「我們的敵人……他們毀了我們的生活方式」，又說「我們不該將就共產黨，就為了乞求幾個小小的合約而已。[92]」

1994 年，美國樓市低迷，川普因負債過高在紐約面臨破產危機，尋求搭救，但乏人回應。最後他找到香港「新世界發展」主席鄭家純和「里安集團」董事長羅康瑞。他們願意以美元數億入股川普在紐約的超巨型高級地產投資計畫，一共 19 幢建築，後來命名為「Riverside South」[93]。鄭與羅要求川普到香港談。去別人地盤，川普自覺矮了一節。雖然不願意，因自居弱勢，也只能同意。去了之後，羅、鄭 2 人和他打高爾夫球，他輸了。晚上鄭先生的父親請他吃飯，他不喜歡吃中國菜，也不會用筷子。而且中國的習慣是魚頭對著客人表示尊重，但他不喜歡魚的 2 隻眼睛對著他，反正就是滿肚子氣，可他沒有辦法。之後，川普又忍氣吞聲了 10 年，在地產的設計各方面，處處將就羅、鄭，不敢撕破臉。

後來，川普的財務慢慢恢復。2005 年，羅康瑞和鄭家純曾把該地產以打破紀錄的高價美元 17.6 億賣出。但川普卻告羅、鄭，

91　Simon Denyer & Jonathan O'Connel, "Trump Hotels has had its eyes on China –but the door hasn't opened" *Washington Post* December 26, 2016 https://www.washingtonpost.com/world/asia_pacific/trump-hotels-has-had-its-eye-on-china--but-the-door-hasnt-opened/2016/12/26/d237d926-c6e7-11e6-85b5-76616a33048d_story.html?utm_term=.1e323429d947 accessed February 22, 2017.

92　Simon Denyer & Jonathan O'Connel, "Trump Hotels has had its eyes on China –but the door hasn't opened".

93　Ko Tin-yau, "The Hong Kong deal that turned Donald Trump into a China basher" *Ejinsight* June 2, 2016 http://www.ejinsight.com/20160602-the-hong-kong-deal-that-turned-donald-trump-into-a-china-basher/ accessed January 5, 2017.

要求美元 10 億賠償，認為對方沒有跟他商量就賣了，而且賣得太便宜。但羅、鄭堅持川普事前知情。結果川普輸了官司 [94]。

川普家族對中國機會的憧憬

　　川普自己及家人顯露深化與中國交往的興趣。如前所提，他 2005 年便進入中國申請商標，自 2008 年起就希望把「川普酒店」擴展進入中國 [95]。2013 年，川普酒店集團（Trump Hotel Collection）發展與併購的資深副總溫裴利（Todd G. Wynne-Parry）說：「大中國是我們在新興市場中的最高優先。」2014 年，川普自己表示，2020 年之前，將要在中國建 30 個大旅館 [96]。

　　川普女兒伊凡卡·川普（Ivanka Trump）是他最信任的企業傳人。據媒體大亨魯伯特·默多克（Rupert Murdoch）前妻鄧文迪說，「伊凡卡教她三個小孩學中文 [97]。」伊凡卡的女兒阿拉貝拉（Arabella）18 個月大就開時學中文。2014 年，3 歲的她用標準國語唱中文歌的影片在媒體中廣為傳播。2 年後春節，5 歲的阿拉貝拉還表演背誦唐詩 [98]。2017 年 2 月 1 日，中國駐美國大使館舉辦「2017 歡樂春節 - 中國文化之夜」活動，雖然剛就職總統的川普

94　高天佑，〈特朗普難敵詠春〉《新聞點評》2016 年 6 月 2 日 http://www1.hkej.com/dailynews/article/id/1317228 accessed January 5, 2017.

95　Simon Denyer & Jonathan O'Connel, "Trump Hotels has had its eyes on China –but the door hasn't opened".

96　"Another global business woman in the making? Ivanka Trump posts impressive video of three-year-old Arabella speaking Chinese" *DailyMail* December 15, 2014 http://www.dailymail.co.uk/femail/article-2874623/Another-global-business-woman-making-Ivanka-posts-impressive-video-three-year-old-Arabella-speaking-Chinese.html accessed February 1, 2017.

97　Erica Tempesta,"'She is VERY impressive': Wendi Murdoch gushes about her close pal Ivanka Trump, but admits she keeps her friendship with Donald's daughter totally separate from the election" *DailyMail* October 13, 2016 http://www.dailymail.co.uk/femail/article-3836605/She-impressive-Wendi-Murdoch-gushes-close-pal-Ivanka-Trump-admits-keeps-friendship-Donald-s-daughter-totally-separate-election.html accessed February 2, 2017.

98　〈川普 4 歲外孫女 除夕夜穿唐裝念中文詩〉《每日郵報》2016 年 2 月 11 日 http://www.wenxuecity.com/news/2016/02 /11/4962215.html 下載 2017.2.1。

仍在高舉反中大旗，總統之女伊凡卡攜阿拉貝拉出席參與，贏得全球華人的好感[99]。川普企業第二及第三代都會說中文，顯示川普家族對中國機會的憧憬。

如果川普要長期與中國為敵，或企圖擊垮崛起的中國，為何川普企業王國的繼承人在學中文？如果說川普及家人對中國的發展有他們的憧憬，這還比較像。

伊凡卡先生賈裡德・庫什納（Jared Kushner）是川普勝選的重要功臣，被任命為白宮「資深顧問」。2016 年 11 月中，川普當選後 1 周，庫什納便與鄧小平孫女婿也是「安邦集團」董事長吳小暉見面討論投資事宜。根據《紐約時報》報導，從事房地產的庫什納 2016 年中旬決定翻修所擁有的紐約大樓「第 5 街 666 號」時缺錢，經人介紹結識財力雄厚的吳小暉[100]。2014 年，吳小暉曾以破紀錄的高價美元 19.5 億買下紐約地標華爾道夫酒店（Waldorf-Astoria）[101]。據《紐約時報》說，吳小暉的「安邦集團」雖有美金 150 億的資產，卻是個空頭公司，在北京的總部所在地是「破敗的 4 層小樓」並無熙攘上班的員工[102]。吳小暉與中共開國元帥陳毅之子陳小魯關係密切，後者任「安邦集團」董事[103]。陳小魯 2014 年 1 月接受訪問時，坦言「安邦集團」與紅二代的人脈關係。安邦集團前身「安邦保險」的資產在 10 年內從人民幣 5 億元增為 6,000 億，

99　〈特朗普女兒伊萬卡到中國大使館賀中國新年〉《文學城》2017 年 2 月 1 日 http://www.wenxuecity.com/news/2017/02/01/5982410.html 下載 2017.2.2。

100　Susanne Craig, Jo Becker, Jesse Drucker "Jared Kushner, a Trump In-law and advisor, Chases a Chinese Deal" *New York Times* January 7, 2017 https://www.nytimes.com/2017/01/07/us/politics/jared-kushner-trump-business.html?_r=0 accessed February 3, 2017.

101　David Barboza, "Chinese Return to the Waldorf, with $2 billion" *New York Times* October 8, 2014 https://dealbook.nytimes.com/2014/10/08/chinese-return-to-the-waldorf-with-2-billion/ accessed February 3, 2017.

102　Michael Forsythe, "Behind China's Anbang, Empty Offices and Obscure Names" *New York Times* September 1, 2016 https://www.nytimes.com/2016/09/02/world/asia/china-anbang-insurance.html accessed February 3, 2017.

103　David Barboza, "Chinese Return to the Waldorf, with $2 billion".

無官方支持應極為困難[104]。

　　吳小暉雖然以民間企業家身分活躍於美國權力核心，但是他身影裡的北京官方色彩很難完全抹滅。

　　2017 年 1 月初，在美國準總統川普與中國的關係陷入緊繃之際，「阿里巴巴」創辦人馬雲 9 日拜會川普，並許諾未來 5 年為美國創造 100 萬個就業機會，給經濟遲滯的中西部帶來中小企業的生機。川普稱讚馬雲不絕於口。同時，川普反中之怒火似乎熄滅。1月 20 日，川普就職演說沒有提中國操控匯率[105]。原先威脅將祭出的反中貿易戰爭在他就職後遲遲不見發動。

　　為馬雲牽線見川普的，依合理判斷，應該是吳小暉及庫什納。而在幕後整體運作但很難捕捉的手應該是北京。

　　面對川普咄咄逼人的反中姿態，北京把握川普家族對金錢的重視，以及對中國機會的憧憬，鎮定的處裡。其細膩而間接的方式超過一般的預期。無怪北京對川普的淡定令國際領袖印象深刻。

剖析川普反中的姿態和政策

　　川普在競選時便開始的反中姿態當時有 2 種解讀。

　　第一，反中姿態是對中長期鬥爭的序幕。

　　中美雙方國家利益基本上衝突多於合作。中國崛起威脅美國。美國對中國的對抗是長期的。不少中外權威認為：雙方貿易戰爭不可避免[106]。美國在亞洲太平洋軍事戰略較勁上不能對中國妥協，否則北京得寸進尺永不滿足。美國必須遏抑中國在南海的擴展。中美在南海會有軍事較勁、摩擦、甚至衝突。2016 年 3 月，後來被

---

104 〈紅二代撐腰 謀進軍香港 安邦保險 5 億變 6,000 億〉《蘋果日報》2014 年 1 月 23 日 http://hk.apple.nextmedia.com/financeestate/art/20140123/18602773 下載 2017.2.4。

105 Heather Long, "Trump didn't go after China on Day One" *CNN* January 23, 2017 http://money.cnn.com/2017/01/23/news/economy/donald-trump-china-currency/ accessed February 6, 2017.

106 「川普上台……勢將引發……貿易大戰。」童清峰，〈特郎普上台全球沒有贏家〉《亞洲週刊》2017 年 1 月 15 日，頁 22 & 23。

任命為川普白宮資深顧問和主要戰略師的巴農（Steve Bannon）聲稱未來 10 年，中美在南海必有一戰[107]。

第二，反中姿態是與中談判前拉高身段的準備。

此為筆者（中斌）淺見[108]：川普不準備與中國長期鬥爭。他希望以強勢姿態逼迫中國走上談判桌，並且取得中國對在各方面的讓步。在經貿上，川普企圖自中國獲得利益，以提升美國國內經濟。在軍事戰略上，川普在亞太（包括南海）拉高軍事戰略姿態，是對北京經貿施壓的工具，並非真要挑起對中戰爭。因為他反對美國出兵阿富汗及伊拉克，當然更反對在亞太挑起另一個戰爭。在外交上，川普挑戰中國也是屬於他施壓北京的配套的工具，而並非為捍衛民主、人權、自由等普世價值。因為他一向反對美國繼續當世界警察，何況他就職演說根本不談普世價值。

支持第 2 種解讀的因素有以下 5 種：

- **川普及家人對中國機會抱有憧憬**。他們沒有對中國的深仇大恨，反而流露出對未來與中國擴大交往的希望。

- **川普反中姿態既有鬥氣成分，也是談判籌碼**。川普之前跟中國人做生意有挫折，覺得失了自尊和顏面，賭氣要扳回一城。這是他有仇必報的人格特質。他任命的白宮國家貿易委員會主管彼得·納瓦羅在 2016 年在 7 月 21 日《洛杉磯時報》寫道：「川普課中國（45%）進口重稅是談判策略[109]。」

---

107 Benjamin Haas, "Steve Bannon: 'We are going to war in the South China Sea… no doubt'" ***Guardian*** February 2, 2017 https://www.theguardian.com/us-news/2017/feb/02/steve-bannon-donald-trump-war-south-china-sea-no-doubt accessed February 6, 2017.

108 「川普無意與中國全面對抗到底。他抗中的姿態既含鬥氣成份，也是精算的談判籌碼，屬於「過場」而非目的。」林中斌，〈林中斌／川普外交「聯俄制中」？〉《聯合報》2017 年 1 月 6 日，頁 A15。

109 "For Trump, steep tariffs are a strategic negotiating strategy". Peter Navarro, "Trump's 45% tariff on Chinese goods is perfectly calculated" ***Los Angeles Times*** July 21, 2016 http://www.latimes.com/opinion/op-ed/la-oe-navarro-trump-trade-china-tariffs-20160721-snap-story.html accessed February 6, 2017.

- **川普爭取連任必提先升國內經濟**。全力反中並無助於改善美國國內經濟，而來自中國的協助反而有利於川普執政成績單。2017 年 1 月初，馬雲許諾川普將提供美國 100 萬個就業機會，遠多於 2 月初日本首相安倍向川普許諾提供的 70 萬就業機會。於是，川普對北京的批評戛然而止。

- **美國軍力必須集中打擊伊斯蘭國**。美國已無力在東亞與中國全力軍事對抗。國防部長馬諦斯就任後即赴南韓與日本以穩定美國與東亞盟友的關係，但他淡化以軍事對抗中國的必要。2017 年 2 月 3 日，他強調南海爭議應由交由外交官處理，並說：「我們此刻絲毫看不到任何採取大規模軍事行動的必要[110]。」既使美國將派遣軍艦巡弋南海維護「自由航行」，其規模不可能超過歐巴馬總統 2015 年夏秋之後派遣軍艦的行動上限，它們都是自制而平靜的通過。2015 年 10 月 27 日，美國拉森號驅逐艦通過中國人工造島的渚碧礁時，雖然離渚碧 6 或 7 浬，挑戰北京宣告的 12 浬，但雷達與火炮全都關閉[111]。

- **北京避免與美國正面衝突**。北京將以超軍事手段及間接方式因應川普的挑戰。對川普反中姿態，北京冷處理。北京依然呼籲中美合作的重要性。中國外交部長王毅 2017 年 2 月 7 日再度表示「中美合作」的重要性，因為「雙方衝突，兩敗俱傷，對雙方都不可承受」[112]。另一方面，

---

110 Phil Stewart, "Mattis says no need for dramatic U.S. military moves in South China Sea" *Reuters* February 3, 2017 http://www.reuters.com/article/us-usa-trump-southchinasea-mattis-idUSKBN15J061 accessed February 6, 2017.

111 David Brunnstrom, "McCain calls on Pentagon to clarify South China Sea patrol" *Reuters* November 11, 2015 http://www.reuters.com/article/2015/11/11/us-southchinasea-usa-passage-idUSKCN0T02DQ 20151111#GKT04q7JfOrLJDBc.99 accessed September 20, 2016.

112 陳柏廷，〈王毅：川普贊同中美關係「世界最重要」〉《中國時報》2017 年 2 月 9 日，頁 A11。

北京也表示川普若挑戰中國，「中國會堅決奉陪」[113]。川普批評中國壓低人民幣對美元匯率以增加外貿的競爭力。但早在 2016 年 5 月，後來被川普任命為商務部長的威爾伯·羅斯（Wilbur Ross）已表示人民幣對美元而言是價值過高不是價值過低[114]。何況，北京自 2016 年 12 月起為減少資金外流和穩定貨幣，又再顯著的調高人民幣兌美元匯率，使得川普指控完全失去著力點[115]。同時北京以細膩的經濟手法滿足川普的需求，例如之前所提的，吳小暉和馬雲如何發揮對川普陣營的影響力。

▲ 威爾伯·羅斯（Wilbur Ross 1937 -）圖片來源：由 US Department of Commerce - About - Secretary of Commerce (Hi-resolution photo)，https://commons.wikimedia.org/w/index.php?curid=56801891下載 2017.7.31

川普反中的轉向

2017 年 2 月 8 日，在伊凡卡·川普攜女兒赴華府中國大使館參加春節晚會後 1 周，也是中國元宵節前 3 天，川普終於向習近平發送賀年祝詞：「祝中國人元宵快樂，雞年興旺[116]。」

2 月 9 日，川普與習近平熱線通話，表示以重視榮譽的態度遵循已實行 38 年來的「一個中國政策」。

而 2016 年 12 月 2 日，川普接了蔡英文總統祝賀當選電話，

---

113 〈社評：特朗普的「憤青幕僚」需要好好補課〉《環球時報》2016 年 12 月 6 日 http://opinion.huanqiu.com/editorial/2016-12/9778785.html 下載 2017.2.8。

114 "Ross: Renminbi Is Overvalued, Not Undervalued" *Bloomberg* May 25, 2016 https://www.bloomberg.com/news/videos/2016-05-25/ross-renminbi-is-overvalued-not-undervalued accessed February 8, 2017.

115 李默迪，〈人民幣兌美元匯率突然暴漲 業界分析原因〉《大紀元》2017 年 1 月 5 日 http://www.epochtimes.com/b5/17/1/5/n8668925.htm 下載 2017.2.6。

116 Mark Landler & Michael Forsythe, "Trump Tell Xi Jinping U.S. Will Honor 'One China Policy'" *New York Times* February 9, 2017 https://www.nytimes.com/2017/02/09/world/asia/donald-trump-china-xi-jinping-letter.html?_r=0 accessed February 22, 2017.

之後 10 日，他說「一中政策」遵循與否未定，要看北京跟他談判有何讓步。他暗示但未說：如果北京未令他滿意，他會捨棄「一中政策」，甚至承認「台灣國」。

短短 70 天內，川普 180 度轉彎！「川普正式地和官方地向北京低頭。」於是，《紐約時報》2 月 10 日以頭版文字如是報導。

啟動這個戲劇化的轉變有 2 項重要的短期因素。第一是華府賢臣的建言。川普任命的國務卿雷克斯·蒂勒森（Rex Tillerson）及國防部長馬諦斯力主支持「一中政策」。2 月 3 日，川普國家安全顧問麥克爾·弗林（Michael Flynn）打電話給華府中國大使崔天凱及北京外交部的國務委員楊潔篪探路交換意見[117]。

第二是北京人脈的運用。中國在美國建立的企業金融的人脈技巧的發揮了作用。與「安邦集團」董事長吳小暉有商業關係的川普女婿白宮資深顧問庫什納，在川習熱線通話之前曾往華府中國大使館拜訪崔天凱大使[118]。也有消息指出，川普女兒伊凡卡和女婿庫什納的介紹人，又與北京關係良好的鄧文迪，也發揮了幕後穿針引線的作用[119]。而鄧氏赴美之前在中國名為鄧文革[120]，顯示她成長時期就具有的政治敏感度，和在北京政府眼中她淵源已久的政治正確姿態。而借重鄧文迪是中國駐美大使崔天凱為突破川普冷凍與北京關係的一項方案[121]。

在 2 項短期的啟動因素之外，這個戲劇化的轉變間接證實了在前一段「剖析川普反中的姿態和政策」中長期因素的作用。簡單說，川普反中姿態是與中談判的籌碼也有些鬥氣的成分，但不是對中長期鬥爭的序幕。

117 Mark Landler & Michael Forsythe, "Trump Tell Xi Jinping U.S. Will Honor 'One China Policy'".

118 Mark Landler & Michael Forsythe, "Trump Tell Xi Jinping U.S. Will Honor 'One China Policy'".

119 〈川普大女兒伊凡卡赴中使館「拜年」內幕：中方精心策劃〉《大紀元》2017 年 2 月 6 日 http://www.epochtimes.com.tw/n198705/html 下載 2017.4.20。

120 「鄧文迪」《維基百科》https://zh.wikipedia.org/wiki/ 下載 2017.4.20。

121 〈川普大女兒伊凡卡赴中使館「拜年」內幕：中方精心策劃〉。

川普最早的反中政策，在 2017 年 2 月 9 日與習近平熱線通話後開始急轉直下。3 月 19 日，美國國務卿蒂勒森訪問北京。他在見習近平時，引用北京多年來建議但美國從未回應認同的「新型大國關係」說詞，向中國表示善意。那個說詞是「不衝突，不對抗，相互尊重，合作互贏」[122]。3 月底，美國海軍數次要求在南海以自由航行挑戰中國未獲川普批准[123]。

　　2017 年 4 月 6 日及 7 日，川普在他的莊園接待習近平[124]。2 人舉行 2 輪會談，及 2 次餐宴，共聚 18 小時，超過 2 月 10 日川普與日本首相 12 小時的相聚，也是川普就任後接見外國領袖的最高規格[125]。川普重申「一個中國政策」，這是他當選後一度不確定但後來已接受的。川普接受習近平邀請年內訪問中國[126]。雙方同意推動 4 個層面的對話合作機制：外交安全對話、全面經濟對話、執法及網絡安全對話、社會和人文對話[127]。單看這高峰會的舉行，和表面的形式公開宣布的成果，就已超出當初川普反中時，一般觀察家所能預料的。其實，雙方後續合作，更超過峰會剛結束時一般的預期。5 月 12 日中國官方證實，中美元首會晤期間提出的兩國經濟合作「百日計畫」已達成早期收穫，雙方在農產品貿易、金融服務、投資和能源等領域達成共識，包括中國開放美國牛肉進口、美方實現中國禽肉出口美國等 10 項內容，其中多數最遲在 2017 年

---

122 〈美中尊重「彼此核心利益」〉《聯合報》2017 年 3 月 20 日，頁 A12。

123 Kristina Wong, "Exclusive: Trump Administration Not Yet Challenging China in South China Sea" ***Breitbart*** March 24, 2017 http://www.breitbart.com/national-security/2017/03/24/exclusive-trump-administration-not-yet-challenging-china-in-south-china-sea-2/ accessed April 20, 2017.

124 江靜玲、賴瑩綺，〈習川會前夕 美重申一中政策〉《中國時報》2017 年 4 月 7 日 http://www.chinatimes.com/newspapers/20170407000029-260202 下載 2017.4.20。

125 Toluse Olorannipa and Jennifer Jacobs, "Donald Trump – Xi Jinping Summit's Top Accomplishment：Getting to Know Each Other" ***Bloomberg*** April 8, 2017 http://economictimes.indiatimes.com/news/international/world-news/donald-trump-xi-jinping-summits-top-accomplishment-getting-to-know-each-other/articleshow/58078327.cms accessed April 20, 2017.

126 陳柏廷，〈首輪會談 川普受邀年內訪中〉《中國時報》2017 年 4 月 8 日，頁 A4。

127 張加、林庭瑤，〈川習會 4 對話機制搬上檯面〉《聯合報》2017 年 4 月 8 日 https://udn.com/news/story/10764/2390565 下載 2017.4.20。

7月16日之前完成。「百日計畫」完成後，中美兩國還期待這年夏季在美國舉行首次中美全面經濟對話[128]。

4月6日川習晚宴時，川普臨時告知習近平，美方正在對敘利亞發射59枚巡弋飛彈以懲罰其總統阿賽德（Bashar al-Assad）對人民使用化學武器。根據川普事後回憶，習想了10秒鐘然後說：「任何人使用毒氣對付兒童和嬰兒都是不對的，（對你發射飛彈），我沒有問題。[129]」很多人認為這是高峰會的敗筆，因為中國一向在聯合國支持敘利亞，川普在與習吃巧克力蛋糕時告知美國攻擊敘利亞是對習的汙辱。但是習臨機冷靜考慮的回應後，使「川習會」成果成為雙贏。川普由反中至少暫時轉為與中國合作，也解除當初對中國經濟制裁的威脅。

隨後，川普派航空母艦打擊群對試射飛彈發展核子武器的北韓施壓。對於川普施壓北韓，習近平的支持打破北京過去慣例。雖然在言詞上，北京依往例仍然呼籲雙方各自克制，最好以外交方式解決衝突，而在行動上，北京與美方合作的程度出乎之前的預料。中方把北韓運來交換物資的煤炭退回[130]。北京與平壤關係於是惡化。4月中，北韓領導人金正恩拒見中國外長王毅和朝鮮半島事務代表武大偉，不回應北京方面提出的會談要求[131]。同時，北韓召回駐華大使[132]。

---

128 于佳欣，〈中美經濟合作百日計畫達成早期收穫〉《新華網》2017 年 5 月 12 日 http://news.xinhuanet.com/world/2017-05/12/c_1120962929.htm 下載 2017.5.18。

129 Tom Phillips, "Trump told Xi of Syria strikes over 'beautiful piece of chocolate cake" *Guardian* April 12, 2017　https://www.theguardian.com/us-news/2017/apr/12/trump-xi-jinping-chocolate-cake-syria-strikes　accessed April 20, 2017.

130 鍾寧，〈中國 退回北韓出口煤炭〉《中國時報》2017 年 04 月 12 日 http://www.chinatimes.com/newspapers/20170412000104-260203 下載 2017.4.20。

131 〈有膽！金正恩拒見王毅和武大偉〉《明鏡網》2017 年 4 月 16 日　http://tv.mingjingnews.com/2017/04/blog-post_416.html 下載 2017.4.22。

132 〈韓媒：朝鮮已召回駐華大使〉《多維新聞》2017 年 4 月 17 日 http://global.dwnews.com/news/2017-04-17/59811007.html 下載 2017.4.22。

川普政策大翻轉

　　在川習歷史性會晤後 1 周內，也是川普就任後 90 天，他在政策上已轉了 5 個大彎[133]，還不算其他之前的許多小彎。他由激進反傳統，突然回歸到主流的外交與金融政策。

- **中國**：由批評中國是操縱匯率的「總冠軍」到宣布不列中國為貨幣操縱國。原先威脅課中國進口貨物 45% 關稅，也不再提。於是，川普表露他不會掀起美中貿易戰。倒是，一般認為川普支持的台灣反被川普政府點名為設有貿易障礙的國家[134]。

- **俄羅斯**：與俄羅斯關係急速惡化。原來他一再稱讚俄羅斯領袖普丁，呈現將與俄羅斯提升關係的姿態。在 4 月 6 日下令飛彈轟擊俄羅斯支持的敘利亞後，12 日他說：「我們與俄羅斯關係可能處於歷史最低點[135]。」

- **北約**：稱北約沒有過時。4 月 12 日，川普會晤北約秘書長後在記者會說：「我曾說北約是過時的，它已不再過時[136]。」

- **葉倫**：從 2016 年競選時開始直至 2017 年 3 月下旬，川普一直砲轟聯準會主席珍妮特・葉倫（Janet Yellen），並號稱上任後要換掉她[137]。4 月 12 日，川普說：「我喜

---

133 張加，〈善變川普一口氣轉了 4 各大彎〉《聯合報》2017 年 4 月 14 日，頁 A2。

134 高詩琴、吳馥馨，〈貿易障礙 美點名台灣〉《聯合報》2017 年 4 月 2 日，頁 A11。

135 Ruth Sherlock, Roland Oliphant, Matthew Bodner, and Barney Henderson, "Donald Trump says US - Russia relations have reached a 'low point' but reverses position on Nato" *The Telegraph* April 13, 2017 http://www.telegraph.co.uk/news/2017/04/12/vladimir-putin-says-trust-us-russia-has-degraded-since-donald/ accessed April 22, 2017.

136 Lauren Carroll ,"Donald Trump changes NATO position: 'It's no longer obsolete'" *Politifact* April 12, 2017 http://www.politifact.com/truth-o-meter/statements/2017/apr/12/donald-trump/donald-trump-nato-i-said-it-was-obsolete-its-no-lo/ accessed April 22,2017.

137 Jeff Cox,"A Donald Trump vs. Janet Yellen clash is getting closer to happening" *CNBC* March 22, 2017 http://www.cnbc.com/2017/03/22/the-donald-trump-vs-janet-yellen-clash-is-getting-closer-to-happening.html accessed April 22, 2017.

歡她，尊重她 [138]。」

- 進出口銀行（Export-Import Bank）：川普2016年說：「進出口銀行」沒有用，暗示可以廢除。2017年他改口說，此銀行有用仍要保存 [139]。

川普政策翻轉的特點、原因、和影響

川普政策大翻轉的過程頗為戲劇化。

2017 年 4 月 5 日，巴農被告知以後不參與國家安全委員會。巴農是川普競選的功臣，但也是幾乎所有爭議性政策的來源，包括中美戰爭不可避免、政府部門要重新清洗等等。

4 月 6 日中午，習近平抵達川普的莊園，開始 18 小時的高峰聚會。當天晚宴時，川普告知習美國此時發射 59 枚巡弋飛彈轟擊敘利亞。於是美國與俄羅斯關係跌到「歷史最低點」。

於是川普與中國和俄羅斯關係都大翻轉。其他 3 大政策翻轉也在這 1 周內發生。川普執政大方向突然移回美國傳統的主流。結果是：川普民調支持度在 4 月初 1 周內，5 項政策大轉彎後，原先跌到谷底的民調支持度 35% 於是彈升至 43%，甚至高於他就任時的 40% [140]。這些政策大轉彎都在他於 4 月 5 日自國安會移除他原來的「分身」巴農之後。

川普政策大轉彎原因為何？意涵為何？

有人認為川普政策轉彎不見得是弱項。因為他是生意人喜歡講價還價，不能讓人看透他的底牌。而且，以前沒從政，也沒有發

138 Howard Schneider ,"Trump won't rule out second Yellen term, signaling drift to the mainstream" *Reuters* April 12, 2017 http://www.reuters.com/article/us-usa-trump-fed-idUSKBN17E2U9 accessed April 22, 2017.

139 Michelle Ye Hee Lee , "President Trump, king of flip-flops (continued)" *Washington Post* April 13, 2017 https://www.washingtonpost.com/news/fact-checker/wp/2017/04/13/president-trump-king-of-flip-flops-continued/?utm_term=.7995209cece6 accessed April 22, 2017.

140 Allan Smith, "Poll: Trump's approval rating, the worst in recent history, is starting to rise again" *Aol. News* April 20, 2017 https://www.aol.com/article/news/2017/04/20/poll-trumps-approval-rating-the-worst-in-recent-history-starting-to-rise/22048350/ accessed April 22, 2017.

表過太多政策立場，不會被人用以前的公開發言綁死 [141]。

　　但是，除此之外，以上5個1周內的政策大轉彎應有3項因素：

- **國內施政受挫，民調急遽下滑。**川普原要推翻的「歐巴馬健保」，因為自己共和黨眾議員不支持，胎死腹中，未表決便撤案。川普下令禁止 7 個伊斯蘭國家旅客入境，全國譁然，且遭司法系統以違憲為由推翻。總統權威受重挫。川普 1 月 20 日上任時民調支持度只有 40%（或稱 39%），是有總統民調（艾森豪總統時期）以來最低的，還低於歐巴馬和小布希的 51%。3 月 20 日，聯邦調查局局長柯米（James Comey）在眾議院公開作證，指出川普用推特指責歐巴馬監聽他，毫無證據 [142]。川普威信受到重創。到 3 月 26 日，他的支持度迅速下滑至 35% [143]。這趨勢不利於他未來 45 個月任期內的施政，是政治紅燈警號。他於是疏遠主張極端的策士巴農，採用富經驗的賢臣的建議，改變政策。

- **撇清與俄羅斯友好形象以自保。**2017 年 3 月底，美國國會及聯邦調查局已啟動調查俄羅斯干預美國大選案。川普團隊多人已被指出與俄羅斯有關。如果調查產生確實證據，川普可能被起訴。他為了防備調查的野火燒上自己，在外交上與莫斯科交惡可以阻擋正在擴散的危險。

- **威脅對北韓攻擊向外轉移國內不滿情緒。**川普得到習近平支持合作經濟制裁平壤，同時不尋常的調動 3 個航母戰鬥群，使全世界目光集中於他一身。國內媒體對他的批評減少了。

141　Chris Cillizza, " Cillizza: Here's an easy way to understand all of President Trump's recent flip-flops" *CNN* April 13, 2017 http://edition.cnn.com/2017/04/13/politics/trump-flip-flop-russia-china/ accessed April 22, 2017.

142　Scott Shane, "Highlights from House Hearing" *International New York Times* March 22, 2017 p.5.

143　Allan Smith, "Poll: Trump's approval rating, the worst in recent history, is starting to rise again" .

川普政策的大轉彎有 5 個重要的意涵：

- **美國社會有很強的自我批評和修正的傳統。**反對黨、媒體、知識分子和政府不同的機構都會設法制衡極端主張的政策和領導人。極端主張可能在短時間內衝擊政策，但持續長時間不無困難。

- **美國不可能出現狂人領袖。**曾出現於小國中的瘋狂領袖，如烏干達吃人肉的伊迪・阿敏（Idi Amin）、利比亞揚言「燒毀全國」的穆安瑪爾・格達費（Muammar Gaddafi）等，都不可能在美國這樣的大國長期高居上位。

- **如果川普持續重視策畫大轉彎重臣而疏遠巴農等民粹策士，他很可能躲避被彈劾的命運，做完他的任期。**策畫大轉彎重臣應包括女婿庫什納、國安會顧問麥克馬斯特（H.R. McMaster）、國防部長馬諦斯、國務卿蒂勒森等，皆尊重體制並具實務經驗，與反體制的巴農等不同。

但是川普有自我破壞或自我杯葛（self-sabotage）的傾向 [144]。他在2017年5月9日突然開除聯邦調查局局長詹姆斯・科米（James Comey），隨後於5月10日接見俄羅斯外長，並提供美國自盟國以色列獲得有關美俄共同敵人「伊斯蘭國」（ISIS）之機密情報資料 [145]。參議院跨黨派議員質疑川普開除科米的動機，是阻止科米調查他是否2016年聯絡俄羅斯干擾美國大選。彈劾川普的陰影又再浮現。

---

144 Gary Legum, "Bent on self-sabotage: Why is the Trump White House so terrible at managing crisis?" *Salon* May12, 2017 http://www.salon.com/2017/05/11/bent-on-self-sabotage-why-is-the-trump-white-house-so-terrible-at-managing-crisis accessed May 17, 2017.

145 Jack Moore, "Trump Isis Leak To Russia Could End Israel-U.S. Intelligence Sharing" *Newsweek* May 16, 2017 http://www.newsweek.com/israeli-and-us-intelligence-services-crisis-over-trump-leak-russia-610420 accessed May 17, 2017.

- 美國猶太人勢力正式由猶太裔的川普女婿庫什納代表進入川普決策的核心。反猶太的巴農至少暫時被排除在外。之前美國猶太領袖對川普的疑慮也至少暫時得到緩解。而庫什納 2016 年 12 月上旬已得猶太裔元老季辛吉加持，開始與中國駐美大使崔天凱聯絡 [146]，啟動了後來川普由反中到友中政策的大轉彎。
- 川普派遣大規模部隊長期在國外作戰可能性低。擬定川普政策大轉彎得力於國防部長馬諦斯和國安會顧問麥克馬斯特（H.R. McMaster），皆為嫻熟戰略又見識過血腥戰場的老將。馬諦斯的戰略藏書 7,000 本 [147]，麥克馬斯特博士論文研究美國慘勝的越戰 [148]。他們用兵可能短期在戰術上凶猛但長期在戰略上謹慎，不同於未見識過戰爭殘酷的文人官員，坐在舒適的辦公室內，大筆一揮，發動戰爭，節節升高，不知節制，死人無數。阿富汗及伊拉克戰爭就是如此發動的。

川普當政的意涵

川普當選美國總統隨後就任執政。其過程有太多面向令人意外。它們打破過去的範疇，也創下歷史的先例。如果跳脫以上討論的事件和現象，自高望下，會看到的是 6 種意涵，闡述如下：

146 Josh Rogin, "Inside the Kushner channel to China" *Washington Post* April 2, 2017 https://www.washingtonpost.com/opinions/global-opinions/inside-the-kushner-channel-to-china/2017/04/02/d1a960c6-164 accessed May 17, 2017.

147 Luis Martinez, "Everything You Need to Know About Gen. James Mattis" *ABC News* December 1, 2016 http://abcnews.go.com/Politics/gen-james-mattis/story?id=43694921 accessed May 4, 2017.

148 Paula Broadwel, "What LT. Gen. H.R. McMaster will offer as new national security adviser" *The Hill* February 23, 2017 http://thehill.com/blogs/pundits-blog/the-administration/320885-what-we-learn-from-lt-gen-hr-mcmaster-as-the-new accessed May 4, 2017.

一、美國政治模範落漆：民主機制故障，民主價值失落。人權外交式微。

自從 20 世紀以來，美國民主政治是全世界的楷模。2016 年美國大選有 6 個現象，打破美國歷史上的往例，令美國政治制度在全球人民心目中的光彩轉趨黯淡。

第一、篩選出令選民反感的 2 位總統候選人。希拉蕊和川普都極不得民心，選民不喜歡他們的程度都高於喜歡他們的程度。選民投票給其中 1 位主要是為反對另 1 位，而非支持這 1 位。

第二、選舉方式極端的負面，選舉的格調極端粗俗，選舉的語言極端的骯髒。皆為美國選舉史上罕見。

第三、民主黨內推選過程有弊端，反而排擠了民調明顯領先川普的桑德斯。於是民主黨自食其果，敗給共和黨川普。這更像第三世界國家的做法。它居然發生在民主模範的美國。

第四、美國丟棄了民主、自由、人權的價值。由川普之前總統們標榜的原則堅持轉變為川普總統重視的利益交換（transactional）。而川普毫不掩飾的承認用商業談判的原則處理外交政策。川普就職演說未提之前美國總統就職一向未忽略的政治理想。這是川普原有的個人風格，也將影響他所領導的美國政府的外交運作。2017 年 5 月初，美國國務卿蒂勒森打破 40 年兩黨傳統公開宣稱：美國外交將以經濟和安全為優先，不再由民主人權主導 [149]。

第五、財富成美國總統必要條件。2016 大選的候選人川普和希拉蕊都擁有私人飛機。上一任總統歐巴馬沒有私人飛機。19 世紀的林肯總統出生在樹幹所造木屋裡，家世貧窮。今日他不可能成為總統。美國不再是人人，只要有能力肯努力，都可當選總統的國

---

[149] Josh Lederman and Matthew Lee," Tillerson: US won't insist nations adopt US values, rights" **Washington Post** May 3, 2017 https://www.washingtonpost.com/world/national-security/tillerson-america-first-means-separating-us-policy-values/2017/05/03/ad91746e-3010-11e7-a335-fa0ae1940305_story.html?tid=ss_fb&utm_term=.55bcbc444377 accessed May 16, 2017.

家。

第六、人民同時不信任總統和大半批評他的媒體。根據 2017 年 4 月《華盛頓郵報》/《ABC》新聞聯合民調，52% 人民認為媒體經常製造「假新聞」，而 59% 人民認為川普政府經常製造「假新聞」[150]。新聞自由一向是美國民主的支柱，而今人民失去對新聞報導公正性的信心，同時又更不相信人民自己選出的總統。人民相信誰呢？今後美國批評其他國家媒體不可靠、新聞不自由時，自己的立場減弱了。

二、美國社會嚴重分裂

川普當選就任總統激化了美國各種的社會矛盾。

- 社會貧富不均的裂痕近 30 年來已經在惡化。社會上層富豪川普竟然代表社會中下層人民發聲，挑戰社會上層有權力、有地位、有錢、有知識的菁英。

- 激進的主張對溫和保守「政治正確」傳統的反抗。之前曾是潛在的裂痕，暴走的川普當選便把它掀出檯面，一發不可收拾。

- 黑白種族的暴力衝突原先已經在升高。有強烈白人優越感的川普上台後，情形更惡化。不只對黑人，川普和他團隊歧視所有有色人種。

- 民主黨選民對少數但勝選的共和黨選民的不滿。川普當選後各地抗議遊行不斷。川普就任後由於他密集頒發諸多行政命令—包括限制來自中東 7 國的旅客和難民入境—引爆更多爭議，抗議遊行變本加厲。在美國歷史上，社會爆出如此多重的分裂，應屬前所未有。

---

150 Bill Moyers, "Who's Faking, Trump Or The News?" *Huffington Post* May 1, 2017 http://newscdn.newsrep.net/h5/nrshare.html?r=3&lan=en_WD&pid=14&id=LXc3fcaf5mN_wd&app_lan&mcc=466&declared_lan=en_WD&pubaccount=ocms_0&referrer=200620&showall=1 accessed May 4, 2017.

三、川普對美國傳統盟友態度惡劣，他們紛紛倒向北京

　　川普主張在美國和墨西哥邊境建圍牆，由墨西哥擔負經費，而且對自墨西哥進口的商品課徵 20% 的邊境稅。2017 年 1 月底，川普與墨西哥總統培尼亞・涅托（Peña Nieto）通電話。據說川普再度汙辱墨西哥人民，甚至建議派兵入墨對付毒梟，哥國總統於是取消原定在 1 月 31 日訪美行程 [151]。很快的，在 2 月 1 日，中國安徽江淮汽車以及經銷商（Chori Company Limited）宣布投資美元 2 億到墨西哥車廠 [152]，帶給墨西哥需要的信心。

　　川普就任後，立刻以行政命令宣布美國退出 12 國簽訂的「跨太平洋夥伴關係協定」（TPP）。澳洲總理馬爾科姆・藤博爾（Malcom Turnbull）當時在失望之餘，表示中國可以在 TPP 中取代美國 [153]，雖然北京對此並不積極。2017 年 1 月底，澳洲總理與川普通電話，提醒川普美國在歐巴馬末期曾對坎貝拉許諾接受 1,250 名在澳洲收容中心的中東難民 [154]。川普不悅，摔電話。此事件在美澳領袖交往史中是史無前例的，自然把美國最堅強的盟友推向他方。2 月 7 日，中國外長王毅訪澳紀念雙方建交 45 周年。澳洲媒體展現前所未有的親華態度，在 TPP 接近崩盤下，表示「澳洲需要一個美國的替代者，那毫無疑問就是中國 [155]。」「在當前

---

151 Jake Tapper, Eli Watkins, Jim Acosta and Euan McKirdy , "Trump had heated exchange with Australian PM, talked 'tough hombres' with Mexican leader" *CNN* February 2, 2017 http://edition.cnn.com/2017/02/01/politics/malcolm-turnbull-donald-trump-pena-nieto/ accessed February 8, 2017.

152 Natalie Schachar, "UPDATE 1-China-Mexico tie-up to invest \$200 mln in Mexican auto plant" *Reuters* February 1, 2017 http://www.reuters.com/article/mexico-china-autos-idUSL1N1FM26F?feedType=RSS&feedName=marketsNews accessed February 8, 2017.

153 Jason Tin, "Trans-Pacific Partnership: China could replace US, says Malcolm Tunrbull after Donald Trump signs executive order" *The Daily Telegraph* January 24, 2017 http://www.dailytelegraph.com.au/news/nsw/transpacific-partnership-china-could-replace-us-says-malcolm-tunrbull-after-donald-trump-signs-executive-order/news-story/aaf25a1733c1cd7720f2b71cfb97f916 accessed February 9, 2017.

154 Glen Thrush & Michelle Innis, "Australia-U.S. rift is possible after Trump ends call with Prime Minister" *New York Times* February 2, 2017 https://www.nytimes.com/2017/02/02/us/politics/us-australia-trump-turnbull.html accessed February 9, 2017.

155 陳政錄，〈陸聯澳制美 拓展一帶一路範圍〉《旺報》2017 年 2 月 9 日，頁 B3。

不確定的情況下，對澳洲經濟的未來而言，重要的是中國，而非美國[156]。」

正當川普抨擊全球化，提倡保護主義時，習近平以中國國家主席身分於 2017 年 1 月中旬參加在瑞士達沃斯（Davos）舉行的世界經濟論壇年會。他拿起美國丟棄的全球化大旗，強調不打貨幣戰，反對貿易保護主義，提出「走出全球經濟困境的解決方案」[157]。

他說：「搞保護主義，如同把自己關進黑屋子，看似躲過了風吹雨打，但也隔絕了陽光和空氣，打貿易戰的結果只能是兩敗俱傷[158]。」

▲賽西里亞‧馬姆斯壯（Cecilia Malmstrom 1968 -）圖片來源：By Cecilia_Malmström_2.jpg: Security and Defence Agendaderivative work: ALE! ¿…? - Cecilia_Malmström_2.jpg, CC BY 2.0, https://commons.wikimedia.org/w/index.php?curid=17624845下載 2017.7.31

這使得許多國家重拾國際經濟良性互動的希望，而心向北京。不斷被川普抨擊的歐盟更是如此。2 月初，歐盟委員會主管貿易的執行委員塞西莉亞‧馬姆斯壯（Cecilia Malmstrom）表示，歐盟已經準備好與中國一起反擊貿易保護主義。分析人士指出，馬姆斯壯一席話不僅意味著川普的新政已讓歐盟的不滿達到了頂點，更顯示中、歐在經貿上聯手抗美的態勢或正逐漸成形[159]。

156 Ricardo Goncalves, "China's influence 'may outweigh Trump effect' on Australia's economy" *SBS* February 1, 2017 http://www.sbs.com.au/news/article/2017/01/31/chinas-influence-may-outweigh-trump-effect-australias-economy?cid=inbody:australias-relationship-with-china-could-not-be-stronger-bishop-says accessed February 9, 2017.

157 〈達沃斯論壇開幕，習近平強調不打貨幣戰、反對貿易保護主義〉《端聞》（*Initium Media*）2017 年 1 月 17 日 https://theinitium.com/article/20170117-dailynews-davos/ 下載 2017.2.10。

158 Peter S. Goodman,〈川普時代，習近平扛起「經濟全球化」大旗〉《紐約時報中文版》2017 年 1 月 18 日 http://m.cn.nytimes.com/business/20170118/world-economic-forum-davos-china-xi-globalization/zh-hant/ 下載 2017.2.10。

159 Philip Blenkinsop, "EU trade chief backs China in fight against protectionism" *Reuters* February 6, 2017 http://www.reuters.com/article/us-eu-china-trade-idUSKBN15L24L accessed February 9, 2017.

四、美國自省再生：不再超強霸世，依然舉足輕重

　　川普當選總統後，美國國內社會分裂、行政混亂、美國國際聲望下滑。但是美國有自我批評、修正的傳統。川普禁止回教國家旅客入境被司法系統制約就是個實例。川普極端的言行受到在野的民主黨、主流媒體、政府機構、甚至執政的共和黨內部的反對，是另一些實例。

　　2017 年 4 月初 1 周內，川普 5 項政策大轉彎，多多少少回歸到美國歷年來主流外交政策的軌道。而他已跌至谷底的民調支持度 35% 反彈至 43%，超過他就任的水平 40%。如果他之後不脫離主流政策太遠，很可能避免被彈劾的遭遇，而完成總統任期。

　　歷史上有許多迅速崩潰的帝國，如前蘇聯帝國、奧匈帝國、鄂圖曼帝國，都缺乏自我批評反省的機制。美國不同。川普當選後，美國的世界影響力雖然受挫而下滑，但是美國國內有力量自我修正。雖然不再是世界唯一超級強國，在一段調整期過後，美國依然會在世界上舉足輕重數十年。

五、美國與中國在東亞合作超過對立

　　川普在 2017 年 4 月「川習會」之後，高度依賴習近平的合作以制約發展核子武器的北韓。至 2017 年 5 月初為止，川普已 3 次否決美軍太平洋司令部建議派軍艦至南海，挑戰中國擴建島礁後宣稱的 12 浬領海[160]。大趨勢是：多年以來，美國海空軍在南海和東海挑戰中國的作為，由此或將減弱。未來，美國可能逐漸默認中國在東亞和西太平洋的勢力範圍。

六、美國亂象非川普一人一時造成

　　美國政治的亂象是美國民主痼疾的現象，其根源由來已久。

---

160 Helen Cooper, "Trump's Turn Toward China Curtails Navy Patrols in Disputed Zones" *New York Times* May 2, 2017 https://www.nytimes.com/2017/05/02/world/asia/navy-south-china-sea.html?_r=0 accessed May 4, 2017.

川普就任總統後，美國民主制度面臨前所未有的危機。全球媒體聚焦於川普，似乎他是美國亂象之源頭。其實不然。川普不是美國民主制度失序的病因，而是其病徵。而且美國民主制度患病由來已久。其病因至少有以下 5 個層面：一、社會：貧富不均差距擴大。二、經濟：金融失序國債飆升。三、國防：久戰耗財軍力透支。四、政治：兩黨惡鬥政策癱瘓。五、外交：反恐失誤爛攤未清。

在我們探討美國民主的病因之前，讓我們先前瞻美國的未來。

變局的先兆

2013 年 10 月 2 日，美國總統歐巴馬突然取消 5 日將啟動的部分東亞行程。各國一愣。

他原先計畫出席印尼峇里島的亞太經合組織（APEC）會議後，前赴汶萊參與 ASEAN 的東亞高峰會議，再訪問馬來西亞和菲律賓。但白宮 2 日通報，歐巴馬決定取消馬來西亞和菲律賓之行回國處理危機。

當時，政府即將停擺，華府 80 萬聯邦政府員工已經被迫休無薪假 [161]。政府預算赤字嚴重，需要提高借貸的上限。而在野的共和黨杯葛執政的民主黨，堅持不予放行。白宮抨擊共和黨逼迫政府關門，削弱了美國在亞太地區的領導力 [162]。

之前2年，在APEC會議和東亞峰會，歐巴馬才宣布美國戰略重心由歐洲轉向東亞。這次他臨時改變行程給人扣分的印象，似乎是「美國內政功能失調，又將面臨另一個金融危機」，新加坡「東南亞研究院」學者伊恩·斯多瑞（Ian Storey）如是說 [163]。而曾任

---

161 Gerry Mullany, "Obama Cancels Trip to Philippines and Malaysia" *New York Time* October 2, 2016 http://www.nytimes.com/news/fiscal-crisis/2013/10/02/president-obama-cancels-malaysia-trip/?_r=0 accessed September 27, 2016.

162 德永健，〈奧巴馬取消訪問菲馬 白宮稱削弱美國亞太領導力〉《北京新浪網》2013 年 10 月 3 日 http://news.sina.com.tw/article/20131003/10784063.html 下載 2016.11.18。

163 Steve Holland and James Pomfret, "Obama cancels Asia tour over shutdown; raises questions on

歐巴馬國家安全會議資深顧問的貝德（Jeff Bader）說取消行程給亞洲國家傳遞不妙的訊息：美國在千里之外 [164]。何況，這還是歐巴馬2009年就任總統後第3度因國內事務推遲訪問亞洲國家。東亞盟友不免會質疑，將來有事，美國有能力遠來介入協助嗎？

以上 2013 年的歐巴馬取消東亞訪問事件，是當前美國在東亞處境的縮影，也可能肇示美國在東亞的未來的前景。

2009 年後，美國旗幟鮮明的要「重返東亞」。2015 年初之後，美國高姿態的在南海頻繁展示軍力。但這些強勢作為很難持久。主要因為美國實力逐漸下滑。其根源是多重的。不只是 2008-2009 年金融危機後經濟復甦疲軟，也不只是軍事預算削減。更深層而嚴重的是 30 年來收入分配不均，因而貧富差距擴大，中產階級弱化，財富集中社會最上層的 1%，其他 99% 不滿甚至憤怒。社會兩極化的結果是社會不安，出現偏極的政治主張和激進的政治人物。種族暴力升高。以前，美國兩黨雖然競爭，也有為國家總體利益超越黨派合作的時候。現在政黨惡鬥，為反對而反對，國會議事癱瘓 [165]。

美國史丹福大學政治學者法蘭西斯‧福山（Francis Fukuyama）在他2014年的論文《美國衰變》中稱之為「否決政體（vetocracy）的崛起」[166]。1978年後，國會再也沒有立法規範限制大企業，因為大企業同時對兩黨都捐款 [167]。有如「組織犯罪」（organized crime）

▲ 法蘭西斯‧福山（Francis Fukuyama 1952 - ）圖片來源：由 Robert Goddyn - received by email,https://commons.wikimedia.org/w/index.php?curid=18363029下載 2017.7.31

U.S. pivot" *Reuters* October 4, 2013 http://www.reuters.com/article/us-usa-fiscal-obama-cancel-idUSBRE99302J20131004 accessed September 27, 2016.

164 馮克芸，〈歐巴馬取消訪菲、馬 傷亞洲外交〉《聯合報》2013 年 10 月 4 日，頁 A8。

165 Francis Fukuyama, "America in Decay: The Sources of Political Dysfunction"*Foreign Affairs* September/October 2014 pp. 5-26.

166 Francis Fukuyama, "America in Decay" pp.19-23.

167 George Packer, "The Broken Contract: Inequality and the American Contract" *Foreign Affairs* November/December 2011 pp. 20-31.

的名稱，這現象叫做「組織金錢的崛起」（the rise of the organized money）[168]。政商利益掛勾，吃虧的是一般老百姓。這些沉痾很難迅速療癒。

國際上美國開闢太多戰場而無法善後。2009 年 7 月 21 日美國國務卿希拉蕊‧柯林頓在曼谷下飛機時宣布「我們回來了」[169]。那是美國「重返東亞」政策的第一砲。當時的背景是 2009 年 2 月歐巴馬宣布將從中東撤軍，多餘兵力可以轉派往東亞。但是後來中東爛攤子沒結束，反而培育出恐怖組織「伊斯蘭國」威脅世界，而美國在東亞需要增加兵力對付中國。問題更大。

2015 年初之後，美國高姿態的在南海頻繁展示軍力，有另一項原因。歐巴馬政府將於 2017 年初交班給 2016 年 11 月當選的下一任總統。他明知國力大不如前，美國在東亞高姿態很難久撐，但他不甘心在任內最後階段對中國示弱，讓後代把結束百年美國世代（Pax Americana）的帳算在他頭上。

英國歷史學家尼爾‧弗格森（Niall Ferguson）研究歷史上帝國的興衰。結論是，帝國慢慢崛起，但迅速崩解[170]。古代強大的西羅馬帝國在 5 世紀中葉約 15 年時間突然解體。威武燦爛的大明帝國在 17 世紀中葉 10 年多時間也突然解體。近代 1919 一次大戰結束後，俄羅斯羅曼洛夫帝國、奧匈帝國、奧圖曼帝國都突然解體。1990 左右，蘇聯帝國無任何預兆的步上後塵。所以他認為：「當美帝國消失時，會消失得很快（When the American Empire goes, it is likely to go quickly）[171]。」

其實，弗格森重新拾起另一位英國歷史學家的研究。1987年保羅‧甘迺迪發表《大國興衰》一書[172]，並創「帝國過度擴張」

---

168 George Packer, "The Broken Contract" pp. 25-29.

169 Chong-Pin Lin, "Behind Rising East Asian Maritime Tensions with China: Struggle without Breaking" *Asian Survey* May/June 2015 p.490.

170 Niall Ferguson, "Complexity and Collapse:Empires on the Edge of Chaos" *Foreign Affairs* March/April 2010 pp. 18-32.

171 這句話印在期刊封面。*Foreign Affairs* March/April 2010.

172 Paul Kennedy, *The Rise and Fall of the Great Powers: Economic Change and Military Conflict from*

▲ 尼爾・弗格森（Niall Ferguson 1964 -）圖片來源：由 World_Debate_-_Nik_Gowing,_Niall_Ferguson,_Christine_Lagarde,_Jim_O'Neill,_Dominique_Strauss-Kahn,_Guler_Sabanci.jpg: IMF Staff Photo/Stephen Jaffederivative work: Old Moonraker (talk) - World_Debate_-_Nik_Gowing,_Niall_Ferguson,_Christine_Lagarde,_Jim_O'Neill,_Dominique_Strauss-Kahn,_Guler_Sabanci.jpg, https://commons.wikimedia.org/w/index.php?curid=10782036下載2017.7.31

（imperial overstretch）一詞。甘迺迪說帝國對外不斷用兵，消耗國家經濟實力，導致崩潰。他警告美國和當時的蘇聯，以之前全球耀武揚威的西班牙帝國解體為鑑，勿重蹈覆轍。2年以後，前蘇聯帝國崩解，但美國躍昇世界唯一的超強。有學者批評甘迺迪忽略了美國民主政體和市場經濟的力量，兩者成為世界公認的典範和潮流[173]。可是，蘇聯崩潰後四分之一世紀後的時間裡，美國犯了同樣的錯誤：過度用兵和經濟耗損。美國掀起中東戰爭卻不能善了，也遭遇金融危機至今仍在努力復甦，又要「轉向東亞」「再平衡」開闢第二戰場。看來美國衰落不能避免，只是甘迺迪對美國的預言早了20年。

筆者（中斌）認為：美國逐漸的衰弱恐怕不能避免，但不是急速的崩解。弗格森和甘迺迪都忽略了美國與之前急速崩解帝國的不同之處。美國有很強的自我反省和批判能力，是以前帝國所無。未來美國即使國力下滑，仍將長期舉足輕重。

不過，也應該要看到當前美國正面臨以下各章所呈現的結構性問題。

1500 to 2000 (1987), ISBN 0-394-54674-1.

173 Henry R. Nau, "Why 'The Rise and Fall of the Great Powers' Was Wrong" **Review of International Studies** October 2001 pp. 579–592. doi:10.1017/S0260210501005794. JSTOR 20097761.http://nationalism.org/library/science/ir/nau/nau-ris-2001-27-04.pdf accessed October 4, 2016.

第六章

社會：貧富不均，差距擴大

　　2008年9月美國爆發金融危機，為美國經濟鑿開1個大洞，數百萬人生計受到波及，經濟每況愈下，2013年仍不見復甦跡象。23歲的韋瑟雷爾（Derek Wetherell）和很多同學一樣陷入拮据。他被迫退學，身上背負2.7萬美元學生貸款，還剩3個學期就要大學畢業。為了生計，他到連鎖超市工作，時薪12.65美元，除了吃住，所剩無幾。他萬般無奈，打算搬回老家與父母同住[1]。

　　韋瑟雷爾的窘況不是個案，他至少有份工作，比很多找不到工作的同輩幸運多了。他們的處境被形容是「迷惘的一代」（lost generation），對於5年前的這場金融風暴，他們記憶模糊，高中時代還談不上感同身受。不過，今天的遭遇讓他們見識到風暴的威力，遠遠超過父母輩曾經有過的低迷歲月。美國一項問卷調查顯示，2010年，美國85%的大學畢業生打算回家與父母同住[2]。

　　美國「迷惘一代」的遭遇可謂空前。經濟大蕭條（1929-1933）所遺留的問題，隨著二次大戰和戰後復甦而緩解；1980年代初的經濟衰退，固然嚴重也沒有肆虐太久；2008年的金融風暴則完全不能類比，政府措手不及，民間失血，哀鴻遍野，至今持續低迷。

　　據美國皮尤研究中心（Pew Research Center）一項研究發現，2012年，美國千禧世代（1980年代初-2000年代初出生，18-31歲）的年輕人，有36%與父母同住，高於2009年的34%，創下美國至

1　Ben Casselman and Marcus Walker, "Wanted: Jobs for the New 'Lost' Generation" *The Wall Street Journal*, Updated September. 14, 2013 http://www.wsj.com/articles/SB10001424127887323893004579057063223739696 accessed November 10, 2016.

2　Jessica Dickler, "Boomerang kids: 85% of college grads move home" *CNN Money* May 15, 2012 http://money.cnn.com/2010/10/14/pf/boomerang_kids_move_home/ accessed November 10, 2016.

少 40 年以來的新高紀錄。換言之，2012 年，美國有 2,160 萬的千禧世代與父母同住，其中至少 1/3 或半數是大學生[3]。

三代同堂

這個數字持續上升，來自以下原因[4]：

- **就業下滑**。2007 年千禧世代有 70% 就業，2012 年降為 63%。除此，失業比就業更容易與父母同住，比例為 45%：29%。
- **就學升高**。2007 年千禧世代有 35% 大學註冊，2012 年增為 39%。除此，就學比失學更容易與父母同住，比例為 66%：50%。
- **結婚降低**。2007 年千禧世代有 30% 結婚，2012 年減為 25%。除此，未婚比已婚更容易與父母同住，比例為 47%：3%。

除了千禧世代，在金融風暴的衝擊下，其他年齡層也難以倖免。據美國皮尤研究中心最近一項研究指出，2014 年，美國家庭有二代或三代同堂的人口達 6,060 萬，占總人口 19%，比例逼近 1950 年的 21%。1980 年，美國二代或三代同堂的比例降至最低點 12%，此後每隔 10 年微幅上升，到金融風暴猛然驟起[5]。

3　Richard Fry, "A Rising Share of Young Adults Live in Their Parents' Home: A Record 21.6 Million In 2012" *Pew Research Center* August 1, 2013 http://www.pewsocialtrends.org/2013/08/01/a-rising-share-of-young-adults-live-in-their-parents-home/ accessed November 10, 2016.

4　Richard Fry, "A Rising Share of Young Adults Live in Their Parents' Home: A Record 21.6 Million In 2012".

5　D'vera Cohn and Jeffrey S. Passel, "A record 60.6 million Americans live in multigenerational households" *Pew Research Center* August 11, 2016 http://www.pewresearch.org/fact-tank/2016/08/11/a-record-60-6-million-americans-live-in-multigenerational-households/ accessed November 10, 2016.

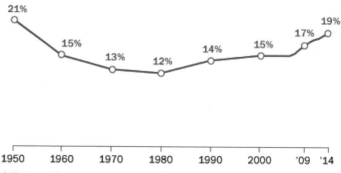

Nearly one-in-five Americans lives in a multigenerational household

% of population living in a household with two or more adult generations or one that includes grandparents and grandchildren

21% 15% 13% 12% 14% 15% 17% 19%

1950 1960 1970 1980 1990 2000 '09 '14

▲ 資料來源:http://www.pewresearch.org/fact-tank/2016/08/11/a-record-60-6-million-americans-live-in-multigenerational-households/ accessed November 10, 2016.

　　貧富不均造成社會兩極,是美國社會中的一大隱憂。經濟學界對貧富差距是暫時性或永久性問題多次激辯。有人認為,收入不均是暫時現象,但以《21 世紀資本論》(*Capital in the Twenty-First Century*)揚名國際的法國經濟學家湯瑪斯・皮凱蒂(Thomas Piketty)不同意,他認為,超高收入者可能加劇收入不均的惡性循環。

嚴重失業

　　過去半世紀以來,美國男性大量失業。從 1965-2015 年,美國 25 歲到 54 歲的男人中,有工作的占全體 25 歲到 54 歲男人的比例陡降 8%,跌幅超過所有已開發國家[6]。在 2015 年,美國工作年齡的男性中,有工作的比例居然比 1940 年大蕭條末期還又低!如果

6　Nicholas Eberstadt, "America's Unseen Social Crisis: Men without Work" *Time* October 3, 2016 p.22.

回到 1965 年的標準，今天美國會多出 1,000 萬 25 歲至 54 歲的男人就業。如此情形還在繼續惡化，適齡的男性仍在不斷的從工作隊伍中流失。目前 7 位工作年齡男性中有 1 位失業。許多已經絕望，停止求職，數字超過 700 萬人。美國工作年齡女性中失業的也在增加，但沒有男性失業狀況嚴重，也沒有男性失業趨勢久。

▲ 湯瑪斯 · 皮凱蒂（Thomas Piketty 1971 - ）資料來源：By Gobierno de Chile - File:Jefa de Estado recibió en audiencia al economista francés Thomas Piketty (16253086376).jpg, CC BY 2.0, https://commons.wikimedia.org/w/index.php?curid=38144959 下載2017.7.31

這個趨勢持續到 2050 年，3 個美國工作年齡男士就有 1 個失業。只看電視沒有工作，靠國家養活的生活方式會愈來愈普遍，而且具有傳染性。美國成家的男人會愈來愈少。社會基石的家庭會弱化。美國一向引以為傲的自立不求人的精神會受侵蝕而弱化。這是一個在蔓延中嚴重的社會危機[7]。

財富壟斷

皮凱蒂研究發現，美國社會收入不平等在 1913-1948 年間，因 2 次世界大戰確有明顯下降；歷經 1950-1970 年代，民眾收入不平等趨於穩定；從 1980 年代起，不平等程度開始擴大，直到 2000 年回到 1913 年水平。皮凱蒂的分析未採經濟學家慣用的基尼系數[8]，而改用資本（財富）與國民收入的比例作為指標，得知收入不平等

---

[7] Lawrence Summers, "Men without work" *Larry Summers* September 26, 2016 http://larrysummers.com/2016/09/26/men-without-work/ accessed October 3, 2016.

[8] 基尼系數（Gini Coefficient）概念由義大利經濟學家科拉多 · 基尼（Corrado Gini）1922年提出，用來定量測定收入分配差異程度。皮凱蒂（Thomas Piketty）認為，只用基尼系數一個指標概括整個社會的不平等狀況，有侷限性和誤導性。

主要來自資本，而非勞動所得。資本經由繼承累積並生息，從而產生極度的富人階級，掌握絕大部分的社會財富，導致社會兩極。為扭轉貧富差距愈演愈烈，他主張政府唯一要做的是徵收累進的所得稅和資本稅[9]。他自知這是「烏托邦」想法，但全球為之震動，引起世界廣大民眾的迴響。

皮凱蒂的研究，充分反映美國高度分配不均的現況。2014年，倫敦經濟學家扎克曼（Gabriel Zucman）與美國加州大學柏克萊分校經濟學教授賽斯（Emmanuel Saez），以稅收數據分析並提供美國社會財富狀況生動的圖像，進一步印證皮凱蒂所言不虛。結論是：美國最頂層0.1%的富人——淨資產超過2,000萬美元，約16萬戶家庭——擁有全美22%的家庭財富；而處於底層90%的家庭，2012年的平均實際財富未高於1986年。換句話說，美國底層90%家庭的收入，歷經26年奮鬥毫無增長，與他們的祖父輩並無差別[10]。

美國底層90%家庭飽受金融危機衝擊，富人也不能獨善其身，但後者藉由證券等資產很快在其他投資領域翻身獲利，窮人則因房市崩盤，使得手邊僅有的房產也付諸東流，造成不少家庭悲劇。

財富分配不公，被少數人壟斷，加上社會進步指數不佳，為美國民眾留下無限感慨！

《2015年社會進步指數》（*2015 Social Progress Index*）公布時，多數美國人自認排名在前，沒想到竟然落在世界第16位，協助設計該項計畫的哈佛商學院教授波特（Michael E. Porter）說：GDP固然重要，但社會進步指數也是衡量一個國家為民服務優劣的重要指標，美國「在很多方面不再是世界第一[11]，」美國不僅要

9　何帆，《21世紀資本論導讀本》（北京：中信出版社，2015年1月），頁 xii,xv,205。

10　Tim Fernholz, "The bottom ninety percent of US families are no wealthier than in 1986 " ***Quartz*** October 18, 2014 http://qz.com/283059/ninety-percent-of-us-families-are-no-wealthier-than-they-were-in-1986/ accessed November 10, 2016.

11　Nicholas Kristof, "Enjoying the Low Life?" ***The New York Times*** April 9, 2015 http://www.nytimes.com/2015/04/09/opinion/nicholas-kristof-enjoying-the-low-life.html?_r=0 accessed November 10, 2016.

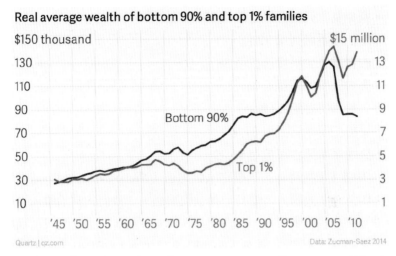

Real average wealth of bottom 90% and top 1% families

$150 thousand $15 million

Quartz | qz.com   Data: Zucman-Saez 2014

▲ 資料來源：取自http://qz.com/283059/ninety-percent-of-us-families-are-no-wealthier-than-they-were-in-1986/ accessed November 10, 2016.

學習面對這個事實，各項指標還意味美國正面臨長期的經濟壓力。

暴力充斥

《社會進步指數》由麻省理工學院和非營利組織社會進步組織（Social Progress Imperative）聯合打造，以衡量世界 133 個國家在諸多社會和環境方面的表現，是首個獨立於 GDP 衡量社會進步的指標，內容共計 52 項，始於 2013 年發布。2015 年總排名在前 15 位的國家依序是：挪威、瑞典、瑞士、冰島、紐西蘭、加拿大、芬蘭、丹麥、荷蘭、澳洲、英國、愛爾蘭、奧地利、德國、日本。

排名第 16 的美國，表現不盡人意，有些落後令人意外，生活品質大不如前 [12]：

- 人均壽命名列第 30 位。
- 避免兒童死亡排在第 38 位。

12　Nicholas Kristof, "Enjoying the Low Life?".

- 避免女性死於分娩落至第 55 位。
- 防止早婚名列第 32 位。
- 教育體系公平度排在第 38 位。
- 高中入學率落至第 49 位。
- 自殺率排在第 53 位。
- 手機使用率低至第 87 位。
- 交通肇事死亡率排在 96 名。

美國《紐約時報》專欄作家紀思道（Nicholas Kristof）感嘆地說：作為一個美國人，還有一事令他難過，「我們的政治體系似乎無法迎接這些挑戰 [13]。」美國人可以奔向太空，把手錶變成電腦，卻無法對孩童至關重要的某些議題達成共識，即便被其他國家超越，美國政治仍陷入癱瘓狀態。

以下還有 2 組數字，暴露美國社會雖不至於因暴動而陷入失序，但其安全係數和社會風險持續升高。

一、**槍枝暴力**。美國每年死於槍枝暴力人數 31,224 人，其中 17,352 人是自殺。

因槍枝暴力每天平均死亡 86 人，其中 8 人是孩童和青少年 [14]。

二、**監獄人口爆炸**。美國的監獄囚犯 600 萬人，比史達林時代古拉格群島的囚犯還多。美國人口占全球 5%，但囚犯人數高占全球 25% [15]。

▲ 紀思道（Nicholas Kristof 1959 - ）圖片來源：By World Economic Forum from Cologny, Switzerland - Nicholas D. Kri - World Economic Forum Annual Meeting Davos 2010, CC BY-SA 2.0, https://commons.wikimedia.org/w/index.php?curid=14773672下載 2017.7.31

13　Nicholas Kristof, "Enjoying the Low Life?".

14　Michael Grunwald, "Fired Away" *Time* January 24, 2012 p.29.

15　Fareed Zakaria, "Incarceration Nation" *Time* April 2, 2012 p.22.

第七章

經濟：金融失序，國債飆升

　　美國經濟疲軟持續多年，2013 年 5 月底，聯邦政府因預算削減陷入尷尬處境，被迫向 11.5 萬名雇員實施數天無薪假。這是美國聯邦政府近年非因天氣因素，下令停止上班規模最大的一次，約占聯邦雇員總數的 5%[1]。

無薪假

　　受到波及的部門，以住房與城市發展部（HUD）、環境保護署（EPA）、白宮管理及預算局（OMB）和美國國稅局（IRS）為主，幾乎所有雇員都放無薪假。這些部門與民眾生活息息相關，美國聯邦公務員全國聯盟主席度根（Bill Dougan）見此景況感到無奈：「有4個機構關門，肯定不是好事[2]。」

　　美國聯邦政府自福特總統（Gerald R. Ford, Jr.，1913-2006）起，至今經歷 18 次次停擺，少則 1 天，多則 21 天。這波無薪假起因於 850 億美元自動減支計畫從 2013 年 3 月 1 日開始生效，除了上述 4 個部門，美國國防部也提出 2013 財政年度削減 370 億美元的預算目標，並把矛頭對準 65 萬文職雇員，約占文職雇員總數的 81%。實施時間從 2013 年 7 月 8 日至 9 月 30 日財政年度結束，每周停工 1 天，總計 11 天的無薪假，薪資減少約 20%，因反彈太大，最後

1　〈美刪預算 11 萬公僕放無薪假〉《中央社》2013 年 5 月 25 日 http://www.cna.com.tw/news/firstnews/201305250048-1.aspx 下載 2016.11.10。

2　〈美刪預算 11 萬公僕放無薪假〉。

減為 6 天無薪假收場 [3]。

美國政府以預算赤字著稱，國家債務嚴重，在柯林頓總統時期一度出現預算盈餘，但幾年光景債務再度飆升，從中東連年用兵、較低稅收、經濟衰退支出、二戰後嬰兒潮退休、醫療健保到教育支出等花費，使美國債務 2016 年高達 13.9 兆美元 [4]。面對如此龐大債務，一些美國民眾或許感觸不深，但把它平均分攤到每個人身上，沉重負擔讓美國人民喘不過氣。

1900 年代，美國總人口 7,610 萬，人均負債 392.41 美元；一次大戰（1918）結束時，美國總人口超過 1 億，人均負債增為 2,578.29 美元；1929 年經濟大蕭條，人均負債一度降至 1,457.78 美元，此後緩漸增長，直到 1945 年二次大戰結束，美國總人口 1.399 億，人均負債漲為 19,810.31 美元 [5]。

1950 年代，美國歷經嬰兒潮，總人口激增至 1.72 億，人均負債反而降為 8,861.57 美元；尼克森總統（Richard M. Nixon，1913-1994）主政的 1971 年，美國總人口突破 2 億，人均負債又降至 7,160.67 美元 [6]；雷根總統（Ronald W. Reagan，1911-2004）是美國債務飆漲的始作俑者，在他執政之前，美國人均債務基本未出現明顯波動。

雷根上台後，他的放寬管制政策，為美國債務失控埋下禍根，最有名的是 1982 年雷根簽署 1 項存款制度的法案《Garn-St. Germain Depository Institutions Act》，導致撤除對銀行控制，包括終結多年來對房貸放貸的種種限制，金錢遊戲大倡其道，貧富差距拉大；鼓勵消費政策，固然拉抬經濟，也把美國人僅有的一點儲蓄習慣，徹底掏空。雷根 1989 年 1 月卸任，隔年美國人均負債飆到

3   David Alexander and Phil Stewart, "Pentagon cuts unpaid leave to six days from 11" ***Reuters*** August 6, 2013 http://www.reuters.com/article/us-usa-defense-furloughs-idUSBRE9750VK20130806 accessed November 10, 2016.

4   James Grant, "The United States of Insolvency" ***Time*** April 25, 2016 pp. 30-31.

5   James Grant, "The United States of Insolvency" p.34.

6   James Grant, "The United States of Insolvency" pp.34-35.

16,802.56 美元，總人口 2.495 億 [7]。

金融風暴

老布希總統（George H. W. Bush，1924 - ）上台，人均負債持續增長，直到柯林頓總統（William J. Clinton，1946 - ）接棒才出現轉機。柯林頓一直以經濟政績自豪，他在卸任前的 2001 美國財政年度，為聯邦政府留下 2,560 億美元的預算盈餘，創下聯邦政府自 1930 以來，首次出現連續 4 年預算盈餘的局面 [8]；人均負債逐年下降，卸任時他把人均負債降為 15,944.70 美元 [9]。

小布希（George W. Bush，1946 - ）政府崇尚自由經濟理念，財政政策鬆散，種種失誤導致金融風暴，2009 年卸任時，他留下一堆爛攤子，人均負債再創 28,153.20 美元高峰；歐巴馬總統（Barack H. Obama，1961 - ）接手，難挽頹勢，幾年消耗，2016 年 4 月美國人均負債高達 42,998.12 美元，總人口 3.233 億 [10]。

2013 年 10 月初，美國聯邦政府 80 萬雇員被迫強制休假 16 天，此時不少中國遊客利用十一長假赴美旅遊；到了紐約，自由女神像是必看的旅遊景點，卻碰上聯邦雇員放無薪假而關門。中國遊客聞之訝然，不能理解超級強國竟窘困至此，和印象中的美國大不相同。

這時最緊張的是美國財政部長傑克・盧（Jacob J. Lew）。他大聲疾呼，請求美國國會務必在10月17日前，提高美國債務上限，否則美國將出現債務違約，無法按約償還國債的本金和利息，引來災難性後果，不僅美國信譽掃地，美元匯率大跌，利率飆升，復甦無望，危害將超過2008年金融危機。

7　James Grant, "The United States of Insolvency" p.35.

8　"Clinton envisions $1.9 trillion budget surplus" *Lubbockonline* December 29, 2000 http://lubbockonline.com/stories/122900/nat_122900046.shtml#.V_TTOfl97IU accessed November 10, 2016.

9　James Grant, "The United States of Insolvency" p.35.

10　James Grant, "The United States of Insolvency" p.35.

美債上限，是美國聯邦政府債務總量的最高限額，由憲法賦予國會設定。2013 年之前，美債上限調整 70 多次。眼看這次走到懸崖邊緣，美國國會最後在關鍵時刻，2013 年 10 月 16 日批准聯邦政府調高債務上限總額至 16.7 兆美元，才平息這次債務危機，防止違約出現 [11]。

基礎建設荒廢

正如川普 2016 年競選總統時所說，美國多年在國外維護和平打仗，但是國內的基礎建設荒廢了。2017 年 2 月中，「美國道路與運輸建設集團」（ARTBA）公開指出：美國公路及橋梁的平均壽命在 50 至 70 年之間，但目前已有超過 1/4，約 17 萬座的橋梁至少已超過 50 年而從未進行重建工程 [12]。

據美國交通部的數據，目前已被政府確認將維修或重建的橋梁就有 13,000 座。美國維修公路橋梁的錢主要來自賣汽油所收的稅。但新就任的美國交通部長趙小蘭（Elaine Chao）在國會聽證會上表示，維修費用入不敷出，每年就已超支近 100 億美元，預算根本不夠用 [13]。

美國在1965年就計畫造高速鐵路，而且美國是全球最先造出高速火車的國家。但是今天，美國沒有超過時速240公里的高速火車，只有2條鐵路超過時速200公里，總共長度2,103公里 [14]。相較於中國，對比很強烈。

中國 2004 年開始建造高速鐵路。至 2016 年 9 月，時速 250

11　〈美國債務上限歷史〉《維基百科》https://zh.wikipedia.org/wiki/ 美國債務上限歷史 下載 2016.11.10。

12　Bart Jansen, "Nearly 56,000 bridges called structurally deficient" *USA Today* February 15, 2017 http://www.usatoday.com/story/news/2017/02/15/deficient-bridges/97890324/ accessed February 17, 2017.

13　Bart Jansen, "Nearly 56,000 bridges called structurally deficient".

14　"High-speed rail in the United States" *Wikipedia* https://en.wikipedia.org/wiki/High-speed_rail_in_the_United_States accessed February 17, 2017.

公里的高速鐵路已經有 2 萬公里以上，占全世界高速鐵路長度 60%[15]。全長是美國高速鐵路長度的 10 倍。

---

15 〈中國高速鐵路〉《維基百科》https://zh.wikipedia.org/wiki 下載 2017.2.17。

第八章

國防：久戰耗財，軍力透支

　　美債激增，美國人民把焦點放在財政支出比例最大的國防預算，欲砍之而後快。2012 年 1 月初，歐巴馬總統不尋常地出現在美國國防部簡報室，概述一份新的美國國防戰略綱要，旨在維繫美國 21 世紀全球地位而必須進行軍事轉型，尤其在地緣戰略格局改變和聯邦財政捉襟見肘之際，美國國防預算必須在未來 10 年削減約 4,870 億美元[1]。

　　美國國防部長帕內塔（Leon E. Panetta）隨側在旁，參謀首長聯席會議主席鄧普西（Martin E. Dempsey）等眾將官，屏息而聽。對軍方來說，這實在是糟透的消息。歐巴馬強調，美國軍力即使精簡之後，但依然可以保持軍事優勢，那就是以靈活、彈性和完備，因應全方位突發事件和威脅。他還以安慰口吻說：美國軍費支出仍將大於排名其後 10 個國家的總和[2]。

　　除此，五角大廈高層擔心，削減軍費可能沒完沒了。按 2011 年 8 月通過的《預算控制法》，美國國會若無法就其他減低赤字計畫達成共識，國防預算可能被迫再減 5,000 億美元，以降低美債壓力，如此樽節金額逼近 1 兆美元。帕內塔以「末日」（doomsday）形容國防部的處境，並稱這些額外削減將危及「美國國家安全的核心利益[3]。」

1　Elizabeth Bumiller and Thom Shanker, "Obama seeks a smaller nimbler military" *International Nork Times* January 7, 2012 p.4；Craig Whitlock and Greg Jaffe, "Obama announces new, leaner military approach" *The Washington Post* January 5, 2012. https://www.washingtonpost.com/world/national-security/obama-announces-new-military-approach/2012/01/05/gIQAFWcmcP_story.html accessed November 10, 2016.

2　Craig Whitlock and Greg Jaffe, "Obama announces new, leaner military approach".

3　傑夫‧代爾，〈奧巴馬公布美軍「瘦身」戰略〉《金融時報中文網》2012 年 1 月 6 日 http://

大砍軍費

另有分析指出，美國政府今後若出現政治癱瘓，五角大廈未來 10 年恐將面臨更為嚴峻的預算刪減，在原有近 5,000 億美元的基準上，再砍 1 兆美元，比五角大廈高層擔心的多出 1 倍，總計 1.5 兆美元[4]。

這是迄今最悲觀的預測，並未獲得國防部的確認。但民間大砍軍費的聲浪，此起彼落。美國加州民主黨總部（DSCC）2013 年開春高呼：美國國防和安全經費年均超過1兆美元，不僅不可持續，亦無必要，它癱瘓政府處理失業、債務乃至環保等一系列能力，故而刪減25%國防開支理所當然[5]。

大砍 25% 軍費聽起來不可思議，在美國歷史上卻不乏案例。韓戰結束，美國總統艾森豪（Dwight D. Eisenhower，1890－1969）削減 27% 國防開支；美軍撤出越南，尼克森總統大砍軍費29%；冷戰落幕，從雷根、老布希到柯林頓，前後 3 任總統，刪減軍費支出合計超過 35%[6]。這些往年的實例，加州民主黨人士呼籲多年，始終沒有成為公眾話題，頻遭國會右派人士阻擾。他們再接再厲，提出具體刪減項目[7]：

- 裁減美軍數百個海外基地可節約 660 億美元。

- 縮減伊拉克和阿富汗美軍，到 2015 年降為 45,,000 人可

big5.ftchinese.com/story/001042563/ce 下載 2016.11.10。

4　Bonnie Glaser, "Unintended Consequences? U.S. Pivot to Asia Could Raise Tensions in Region" ***Defense News*** April 9, 2012 p.21.

5　Lisa Graves, "A 25% Cut for the Pentagon? Key Dems Say Unnecessary Defense Spending Is Crippling the U.S. and Should Be Part of Debt Debate" ***PR Watch*** January 14, 2013 http://www. prwatch.org/news/2013/01/11939/25-cut-pentagon-key-dems-say-unnecessary-defense-spending-crippling-us-and-should accessed November 10, 2016.

6　Lisa Graves, "A 25% Cut for the Pentagon? Key Dems Say Unnecessary Defense Spending Is Crippling the U.S. and Should Be Part of Debt Debate".

7　Lisa Graves, "A 25% Cut for the Pentagon? Key Dems Say Unnecessary Defense Spending Is Crippling the U.S. and Should Be Part of Debt Debate".

省去 8,400 億美元。

- 削減核武彈頭至 1,050 枚可節省 800 億美元。
- 裁減軍艦從 287 艘減為 220 艘可節約 800 億美元。
- 停止小布希總統時期的人員擴編政策可撙節 1,100 億美元。

以上總計超過 1 兆美元。即使如此，美國國防開支仍占世界最大份額。

基地負擔

對於關閉美軍在海外基地，近年美國一些兩黨人士的看法趨向一致。據五角大廈資料，不包括在阿富汗的 400 個基地，美軍迄今在海外基地近 700 個，很多是冷戰遺留下的廢墟，有些將近 70 年歷史。現有基地當中，在德國有 200 處、在日本 108 處，在南韓 82 處。支持者稱，海外基地開銷雖大，但德、日、韓等國均有分攤，為美軍及其眷屬提供住房、交通和基地安全警衛等服務。反對者稱，美軍基地也為當地提供可觀的經濟收益。兩權相較，美國使用海外基地需付租金，用自己的錢在當地餐廳酒吧消費，不如回到美國本土基地，以同樣消費回饋美國納稅人[8]。

美國一些國會議員已有共識，關閉在歐洲和亞洲三分之一的基地，至 2021 年可節省 700 億美元。何況以現代快速投射能力，從美國本土或從德國基地到任何地方，幾乎都可以達到快速部署。在海外駐軍，反而衍生與盟國的摩擦，導致反美情緒，如美軍在日本沖繩，最後被迫撤出普天間基地。

美國軍事安全專家建議，海外基地愈多，意味面對更多的國家安全。為今之計，先著手撤出普天間基地，重新評估海軍陸戰隊

8　Raymond Dubois and David Vine, "Bipartisan strategy to close overseas bases" *Defense News* January 30, 2012 p.21.

在此駐防的意義；縮減在關島基地建設；關閉美軍在西歐冷戰時期多餘的軍事設施；停建在阿富汗持久性軍事基礎設施；重新考慮在宏都拉斯與其他拉丁美洲地區基地的規模[9]。

武器研發，成本失控，是導致美國軍事支出高居不下的另一個主因，請看美國研發最新戰機過程便知一二。

F-35 隱身戰機是全世界最優良的戰鬥機：隱形、短跑起飛垂直降落、可在航空母艦起降。駕駛艙前無眼花撩亂的按鍵，只有單一卻萬能的觸控螢幕。F-35 可用於空戰纏鬥、空中對地面攻擊、偵察等，似乎無所不能。它是戰機飛行員的終極夢想。

2001 年「九一一」恐怖攻擊後，美國開始研發。原訂成本 2,300 億美元，2,800 架，2010 年交貨。現在成本已翻兩番達 4,000 億美元，架數降低至 2,400 架，交貨時間延至 2019 年後。它成了人類有史以來最昂貴的武器計畫[10]。

成本失控

F-35 原來構想是用於與大國作戰，而不是用於打窮國叛軍。它的前身 F-22 戰機性能極佳，花大錢研發，部署在中東，卻從未派上一次用場，因為對手沒戰機[11]。800 億美元造了 195 架，全白花了！如今，故事重演，但錢浪費更多。已有人說：「F-35 可能飛一次任務的機會都沒有[12]。」

此外，F-35 瑕疵一籮筐：航程不夠長、攜帶的武器不夠支持地面作戰、空戰時轉彎靈活性不足、降落航母所用尾鉤位置不對

---

9 Raymond Dubois and David Vine, "Bipartisan strategy to close overseas bases" p.21.

10 Mark Thompson, "The Most Expensive Weapon Ever Build" *Time* February 25, 2013 pp.26-31.

11 Mark Thompson, "The Most Expensive Weapon Ever Build"

12 David Francis, "The Pentagon's Incredible $1.5 Trillion Mistake" *The Fiscal Times February* 26, 2013http://www.thefiscaltimes.com/Articles/2013/02/26/The-Pentagons-Incredible-1-5-Trillion-Mistake.aspx#page1 accessed March 7, 2013

容易失誤、閃電擊中會爆炸、駕駛會缺氧而死（已發生）[13]。直至 2013 年，3 架試飛的只有 1 架未來半年可使用。此外，垂直降落尚未試過，炸彈飛彈武器也尚未發射過。更妙的是，它已研發 10 年了，但其作戰軟體還在電腦設計中，因為藍圖每天要改 10 次，一周要改 7 天！

　　未來，由於「預算減支」和建造問題，F-35 不排除交貨時間再拖，成本再增加。原先美國 8 個盟友參與投資，並預購 F-35。其中至少加拿大、澳洲、義大利現已考慮減買，其他國延遲下單。

　　F-35 計畫的失敗有以下 5 原因：

- **心態驕縱**：美國太自信，認為錢多，F-35 各設計只求最頂尖，毫無節制。
- **選票壓力**：建造 F-35 提供 13 萬員工就業機會，遍及全國 50 州中 45 州。國會議員為選民謀職，極力推動 F-35 計畫。
- **球員裁判**：國會裡 F-35 監督會中 48 位委員，許多又坐在國防部 F-35 計畫委員會中，口袋裡收了不少製造商的競選捐款。如何能客觀審查？
- **集體決策**：F-35 同時要滿足空軍、陸戰隊、海軍需要。結果顧此失彼，反而都不滿足，成了四不像：航程縮短、飛行時間受限、帶彈量減少。
- **構想過時**：F-35 最初構想注重匿蹤，以保護空軍飛行員安全。但後來無人飛機崛起，人員飛行已無必要。而且感測器和電腦計算不斷進步，使偵破隱形戰機的能力與日俱進，隱形價值不斷降低。

　　1961 年，艾森豪總統卸任演說特別警告要小心防範「軍工複雜勾結集團」（military-industrial complex）不斷花費國家財源的危險。

13　David Francis, "The Pentagon's Incredible $1.5 Trillion Mistake"

2012 年秋天，權威期刊《*Aviation Week & Space Technology*》社論說：「F-35 計畫已經失敗了。」但美國防部內有人說：「F-35 計畫太大，失敗不起（too big to fail）[14]！」

誰是美國最大敵人？2010 年 5 月美國最高職位軍人參謀聯席會主席麥可·穆倫（Mike Mullen）上將說：「我們最大的安全威脅是國債[15]。」2013 年 2 月底，美國鷹派眾議員阿瑪薛（Justin Amash）主張裁減 F-35 計畫：「我們把國家搞破產了，陷大家於危險中。」他這所憂心的正是 3 月 1 日「預算減支」[16]。

▲ 麥可·穆倫（Mike Mullen 1946 -）資料來源：由 United States Department of Defense - http://www.defenselink. mil/bios/biographydetail. aspx?biographyid=139, , https://commons. wikimedia.org/w/index. php?curid=2873605 下載 2017.7.31

醜聞悲劇

F-35 戰機命運多舛，研製時間一拖再拖，遭致各界撻伐。美國共和黨資深參議員麥肯（John S. McCain III），2016 年 4 月在參院軍事委員會有關 F-35 聽證會上，以嚴厲言詞批評 F-35 從成本、期程到性能，都是一場「醜聞和悲劇[17]。」F-35 耗資近 4,000 億美元，原定生產 2,457 架，沒想到成本比預期超出近 2 倍。麥肯說：按 2016 年財政年度應交付 1,013 架，如今僅有 179 架兌現，按此

14　Eric Tegler, "WTF-35: How the Joint Strike Fighter Got to Be Such a Mess" *Popular Mechanics* August 4, 2016 http://www.popularmechanics.com/military/a21957/wtf-35/ accessed November 10, 2016.

15　Geoff Colvin, "Adm. Mike Mullen: Debt is still biggest threat to U.S. security" *Fortune* May 10, 2012 http://fortune.com/2012/05/10/adm-mike-mullen-debt-is-still-biggest-threat-to-u-s-security/ accessed February 24, 2017.

16　林中斌，〈美 F35：全能戰機或敗家驕子？〉《**聯合報**》2013 年 3 月 13 日，頁 A4。

17　Ryan Browne, "John McCain: F-35 is 'a scandal and a tragedy'" *CNN* April 27, 2016 http://edition.cnn.com/2016/04/26/politics/f-35-delay-air-force/ accessed November 10, 2016.

進度，最後 1 架交付將拖到 2040 年，他實在無法捉摸這種發展策略有何意義。

麥肯批評過後，美國空軍 2016 年 8 月初，宣布空軍型號 F-35A 的 1 個中隊——第 34 中隊具備初始戰力（IOC），為 F-35 戰機歷經 15 年波折後邁入新的里程。該中隊隸屬美國猶他州希爾空軍基地（Hill Air Force Base）。此前，基地成員告知媒體，有 12 架 F-35A 和 21 名戰鬥飛行員進駐。當時 F-35A 仍有一些軟體問題有待完善，初始戰力尚且稱不上真正戰力。專家則稱，即使不是全備戰力，也能說明 F-35A 進入「穩定化」階段，可以稱得上是里程碑。對於何時進行海外部署？美國空軍作戰司令部指揮官卡萊爾（Herbert Carlisle）預計，18 個月內，即 2019 年初之前，可望部署歐洲與亞太地區，將有助於提升盟友信心 [18]。

海軍型號 F-35C，2014 年 11 月初首次在航空母艦進行測試，預計 2018 年部署在航母編隊 [19]；海軍陸戰隊型號 F-35B（短距垂直起降）較早形成初始戰力，預定 2017 年 1 至 8 月，將有 16 架陸續部署日本岩國基地，是美國首次在本土以外部署該型戰機，以取代 F/A-18 大黃蜂和 AV-8 鷂式垂直起降等戰機，屆時基地將增加 130 名常駐美軍及其家屬 [20]。

軍力下滑

川普在 2016 競選總統時，便呼籲要擴軍，而且重申 1980

18　Valerie Insinna, "Air Force Declares F-35A Ready for Combat" *Defense News* August 2, 2016 http://www.defensenews.com/story/breaking-news/2016/08/02/f35-ioc-air-force-operational-acc-combat/87948142/ accessed November 10, 2016.

19　Stephen Trimble, "US Navy makes F-35C carrier qualification push" *Flight Global* August 17, 2016 https://www.flightglobal.com/news/articles/us-navy-makes-f-35c-carrier-qualification-push-428594/ accessed November 10, 2016.

20　〈美軍明年將在岩國基地部署 16 架 F-35 戰機〉《共同社中文網》2016 年 8 月 22 日 https://china.kyodonews.jp/news/2016/08/125883.html?phrase=F-35 下載 2016.11.10。

年雷根競選總統時的口號「以實力維護和平」（Peace Through Strength）。但是美國軍力的實際狀況並不樂觀。

2017 年 1 月 31 日，美國陸、海、空軍和陸戰隊的副參謀長到眾議院軍事委員會作證。他們一口同聲地表示，經費不足導致美軍規模太小、裝備不夠、人員培訓不足，難以同時應對恐怖主義和民族國家對美國的威脅，並敦促國會及時提供穩定的軍費。

陸軍副參謀長丹尼爾‧艾倫（Daniel Allyn）上將說，陸軍只有 3 個戰鬥旅可以隨時投入戰鬥，1/3 的戰鬥旅需要 30 天時間才能備齊足夠的人力、裝備和培訓[21]。

海軍作戰部副部長比爾‧莫蘭（Bill Moran）上將說，海軍航空兵 50% 以上的飛機由於缺乏維護保養不能升空作戰。

空軍副參謀長四史蒂夫‧威爾遜（Stephen Wilson）上將說，空軍目前短缺 1,500 名飛行員。

在川普 2016 年 11 月 9 日當選總統後 2 周，美國海軍多年來引以為傲的「朱瓦特」（Zumwalt）級驅逐艦在巴拿馬運河因漏水而拋錨[22]。它是美國最大和最先進的驅逐艦，花費美元 44 億打造，在 2016 年 10 月 15 日才下水，已經故障過 1 次，這是第二次[23]。

根據《國防新聞》2016 年 10 月報導，當時在波斯灣巡邏的美國「艾森豪號」航空母艦，原計劃 2017 年 1 月在 7 個月海外執行任務後，回美國母港維修，換「布希號」航母上陣。但布希號原訂 6 個月維修，現需 13 個月。美軍波灣部署出現空檔！因經費短缺，人員不足[24]。

21　〈美國各軍種告急 促國會追加經費〉《美國之音》2017 年 2 月 8 日 http://www.voacantonese.com/a/congress-us-military-budget-20170208/3714255.html accessed February 20, 2017.

22　"US Navy's most advanced destroyer USS Zumwalt breaks down again" *Sky News* November 23, 2016 http://newscdn.newsrep.net/h5/nrshare.html?r=3&lan=en_WD&pid=14&id=NA539c403Lo_wd&app_lan&mcc=466&declared_lan=en_WD&pubaccount=ocms_0&referrer=200620&showall=1 accessed November 30, 2016.

23　"US Navy's most advanced destroyer USS Zumwalt breaks down again".

24　Christopher P. Cavas, "US Carrier Delays Continue" *Defense News* October 10, 2016 pp.1,24,25.

2016 年 7 月，美國宣布：最先進的航空母艦「福特號」，經歷 7 年建造，原訂今年 9 月服役，因為戰機尚無法起降，再度延期到 2017 年 [25]。但是到 2016 年 11 月，服役時間又再延期而呈不定狀況 [26]。其實原定 2014 年的服役時間已延過 1 次到 2016 年 7 月。它最初預算只是美元 23 億，結果耗資美元 129 億，花費之大打破歷史紀錄，是美國海軍史上最昂貴的航空母艦 [27]。

　　2016 年 11 月底，《美國之音》報導，美國空軍戰機飛行訓練時數短缺，戰力滑退。因維修人員不足。2015 年最嚴重，達 3,800人。現在添了 500 人，仍缺 3,300 人 [28]。

　　2016 年 8 月初，美國 F-35 戰鬥機，耗時 15 年，花費 4,000 億美元後，終於宣布成軍。這是人類歷史上最昂貴的武器計畫，原定研發建造 10 年，花費美元 2,300 億。但是，2016 年 9 月中，因為隔熱材料破碎剝落，已出廠 15 架 F-35 中的 10 架被停飛 [29]。

　　美國軍力仍然是全球第 1，但它的實力下滑的跡象已層出不窮。目前的狀況並非短期突然的爆發的，而是長期逐漸演化的。不像急性病，更像慢性病。病因不只來自軍事，還有軍事以外：如經濟、社會、政治、甚至外交。

25　簡恒宇，〈美國史上最貴航母打仗、防衛有疑慮 系統測試未過關 「福特號」延到 2017 年服役〉《風傳媒》2016 年 7 月 26 日 http://www.storm.mg/article/146575 下載 2016.11.30。

26　Franz-Stefan Gady, "Is the US Navy's New Supercarrier Facing Additional Delays? There is still no commissioning date for the lead ship of the U.S. Navy's new class of aircraft carrier" *Diplomat* November 4, 2016 http://thediplomat.com/2016/11/is-the-us-navys-new-supercarrier-facing-additional-delays/ accessed February 20, 2017.

27　"Another Delay? US Navy's Most Expensive Warship May Miss November Deadline" *Sputnik International* July 27, 2016 https://sputniknews.com/us/201607261043651770-uss-gerald-ford-delays/ accessed February 20, 2017.

28　"Air Force Not Able to Fly Enough Flights to Train Pilots" *Voice of America* November 29, 2016 http://newscdn.newsrep.net/h5/nrshare.html?r=3&lan=en_WD&pid=14&id=gB56957231d_wd&app_lan&mcc=466&declared_lan=en_WD&pubaccount=ocms_0&referrer=200620&showall=1 accessed December 2, 2016.

29　〈隔熱材料出包 美 10 架 F-35 停飛〉《聯合報》2016 年 9 月 18 日，頁 A10。

第九章

政治：兩黨惡鬥，政策癱瘓

　　美國政黨惡鬥，導致政策癱瘓，早為美國民眾所詬病。美國原副總統孟岱爾（Walter F. Mondale）感觸尤深，1984 年他曾代表民主黨角逐總統大位，最後以懸殊差距敗於雷根，此後退出政壇，重拾律師老本行。柯林頓上台，重新啟用孟岱爾，派他擔任美國駐日本大使 3 年（1993-1996）。當他看到國會因惡鬥拖延大使任命，幾乎使美國外交工作陷入停頓，而不得不憤筆投書。

人事拖延

　　2014 年美國外交面臨重重挑戰，正需要駐外國大使各就崗位臨場處理。但歐巴馬總統任命的駐外大使，將近四分之一卡在參院，未獲通過。隔年情況有所轉好，直到 2015 年 12 月仍有 12 位大使提名人懸而未決，其中一些大使廣受兩黨支持，同意案仍躺在參院，紋風不動，包括駐墨西哥、挪威和瑞典等大使[1]。

　　以駐墨西哥大使提名人雅各森（Roberta S. Jacobson）為例。她精通美墨外交，一口流利西班牙語，自2012年起擔任美國負責西半球事務的助理國務卿，負責美國與古巴關係解凍的談判重任，這麼合適的人選，共和黨參議員魯比歐（Marco A. Rubio）卻百般阻撓，反對她出任大使。白宮和魯比歐進行9個多月馬拉松式協商，該項人事2016年4月底才通過任命。

　　駐挪威大使遲遲未決，孟代爾更感憂心，因為該項人事空缺超過2年。孟岱爾關心挪威，除了祖輩移民的淵源，更是基於挪威

1　　Walter F. Mondale, "America's empty embassies" *The New York Times* December 30, 2015 p.6.

的戰略地位，與俄羅斯接壤200公里，是北約（NATO）成員國，與美軍有常態性聯合軍演，又是美國F-35隱身戰機超過50架的買家，地位之重要。但駐挪威大使竟然空窗長達2年。孟岱爾說，大使的作用有時像將軍，需要協調外交與軍事，大使不在其位，失誤隨時可能發生[2]。駐瑞典大使的情況與之類似，他們的履新頻遭阻攔，無關於他們本身，也不是美國和挪威與瑞典交惡，而是他們成為朝野政黨惡鬥的棋子。

政黨惡鬥的結果，使美國民眾對政治人物愈加反感。2016年美國總統大選在即，美國一些民調開始出現「負面投票」（negative voting）的選項，除了「支持」（for）、「不確定」、「不投票」和「其他」等，再增一項「反對」（against）；「負數票」是選舉民調的新觀念，真實的選票並不存在，但透過這種新的選項，可以更多瞭解選民對候選人的好惡。很不幸，美國選民在2016年總統大選民調所反映的「負面投票」，明顯超過2008年，說明政治人物的形象大跌，愈來愈不受到選民信任。

負面投票

據美國皮尤研究中心（Pew Research Center）2016年8月一項民調顯示，在支持共和黨候選人的註冊選民當中，44%支持川普（Donald J. Trump），反對希拉蕊（Hillary D. R. Clinton）有53%；從支持民主黨候選人的註冊選民來看，53%支持希拉蕊，反對川普占46%。每個選民只能在「支持」和「反對」之間擇一，不能多選，因此「負面投票」的殺傷力極大，如希拉蕊有53%支持票，反對票也有53%，兩者相扣，她的淨正數票為0%，依此類推，川普反而變成2%的淨負數票[3]。

2　Walter F. Mondale, "America's empty embassies" p.6.

3　Abigail Geiger, "For many voters, it's not which presidential candidate they're for but which they're

反觀2008年，共和黨支持者投向麥肯（John S. McCain III）的力道，遠大於對歐巴馬（Barack H. Obama）的反對；同樣的，民主黨支持者投向歐巴馬的意願，也遠大於對麥肯的反對。（如右表）如今選民寧可放棄「支持」而改選「反對」，證明選民對政治人物的失望，欲除之而後快的心理反射表露無疑。

短短8年，民情丕變。其實，美國民眾對政治人物的反感，在2014年11月初的國會期中選舉（midterm election）顯其徵兆，科羅拉多州麥嶺市（Wheat Ridge, Colo.）的投票氣氛可謂縮影。

'Negative voting' more widespread than during 2008 campaign

Would you say your choice is more a vote FOR ____ or AGAINST ____?

Among Republican candidate supporters

	Against Clinton	For Trump
2016	53	44

	Against Obama	For McCain
2008	35	59

Among Democratic candidate supporters

	Against Trump	For Clinton
2016	46	53

	Against McCain	For Obama
2008	25	68

Notes: Based on registered voters. Other/Don't know responses not shown. Question only asked of those who named Trump or Clinton in Q13/13a. Q14c/d.
Source: Surveys conducted Aug. 9-16, 2016, and July 23-27, 2008.
PEW RESEARCH CENTER

▲ 資料來源：取自http://www.pewresearch.org/fact-tank/2016/09/02/for-many-voters-its-not-which-presidential-candidate-theyre-for-but-which-theyre-against/ accessed November 10, 2016.

59歲的鄧普西（(Jane Dempsey）投完票，一臉失落無奈走出投票所。她已經失業7年，雖然不忘投票，可是對美國政治的前景卻依然悲觀，「華盛頓的爭鬥太多了（too much fighting）[4]。」像她這樣想法的人，在投票人群中處處可見。

民眾把不滿情緒傾倒在華府政治人物的頭上，從歐巴馬總統、兩黨參眾議員、選舉金主，乃至為負面文宣廣告大開資金閥門的最

---

against" ***Pew Research Center*** September 2, 2016 http://www.pewresearch.org/fact-tank/2016/09/02/for-many-voters-its-not-which-presidential-candidate-theyre-for-but-which-theyre-against/ accessed November 10, 2016.

4　Adam Nagourney, "Among Voters, the Big Loser Is Washington" ***The New York Times*** November 5, 2014 http://cn.nytimes.com/usa/20141105/c05voices/en-us/ accessed November 10, 2016.

高法院，都要為今日美國的窘境負責。最讓民眾受不了的是，競選廣告氾濫，惡言不止，懇求政治獻金和惠賜一票的文宣塞爆電子郵箱，讓人筋疲力竭，以致對華府更不抱有幻想。

43 歲的米勒（Christi Miller）說：很遺憾，世界不存在「好的政治家」（good politician）這回事，政治人物一旦上台，就必須照顧後台金主。說著說著，她把音量放小，政治人物為正確的原因競選，他們就會在乎，但「他們是在為金錢和權力競選公職。」仍抱希望的獨立選民米勒（John Miller）認為，政治人物明爭暗鬥，一事無成，「因此我們需要那裡發生改變。一切都需要改變[5]。」

---

5 Adam Nagourney, "Among Voters, the Big Loser Is Washington".

第十章

外交：反恐失誤，爛攤未清

2007 年美國好萊塢推出 1 部由真人實事改編的電影—《蓋世奇才》（*Charlie Wilson's War*），描寫美國民主黨眾議員威爾森（Charles N. Wilson，1933-2010），在任期間說服國會暗中援助阿富汗聖戰者對抗蘇聯入侵，取得輝煌戰績。蘇聯撤軍後，威爾森興致勃勃，要求國會進一步經援滿目瘡痍的阿富汗，卻無下文而感嘆說了 1 句：

「美國總是想要光榮的改變世界，最後總是留下一堆爛攤子。」

作為片尾的結束語，它所代表的不僅是威爾森的個人感嘆，更反映美國外交為德不卒，把局面愈攪愈亂的真實寫照。在中東屢試不爽，以致伊斯蘭國（IS）迅速竄起，惹火上身。

美國知名記者史文（Ben Swann），自創網路平台 Truth in Media，以製作影片揭露歷史真相為己任。據他調查採訪，伊斯蘭國（IS）的產生，完全是美國在伊拉克的失誤行動中所造成。首先，美國推翻海珊政權，使權力真空，IS 以小股武裝力量竄起，但力量薄弱，難以立足，2009 年 IS 趁敘利亞內戰而轉入發展，初期情況並不樂觀；直到美國犯下第 2 個重大錯誤，援助敘利亞反政府軍，使援助武器大多落入伊蘭國之手，促其坐大。史文質疑，美國為何以 5 億美元支援「敘利亞自由軍」（Free Syrian Army），而它不論在人員和武器上都是伊斯蘭國的最大幫凶[1]。

史文指出，美國耗資千億美元建立龐大情報網，豈有不知各

1　Ben Swann, "The Origin of ISIS" *Truth in Media* February 25, 2015 https://www.youtube.com/watch?v=yAHonAItTFA accessed November 11, 2016.

方勢力的道理，但美國政府任其發展，眼看難以收拾，再為 IS 貼上反恐戰爭「新惡魔」（boogeyman）的標籤，付諸於長期戰爭。他說：美國外交失誤連連，舉凡有 3 [2]：

反恐失誤

一、美國早年在阿富汗，武裝支援賓拉登（Osama bin Laden）和聖戰者（Mujahideen），並製造基地組織（al-Qaeda）。

二、美國協助伊拉克海珊（Saddam Hussein）取得政權，1980年代還幫他發展化學武器，2003 年再推翻他。

三、美國政府訓練敘利亞反政府軍，這些人加入伊斯蘭國，目睹他們在伊拉克和敘利亞的種種暴行。現在政府又要求納稅人，支持長達 30 年的反恐戰爭。

史文說，目前被瘋狂政策綁為人質的，不是美國政府，而是美國人民；於今該是到了拒絕軍工集團驅使外交政策的時刻，這是當前的中心議題，因為「人道大於政治 [3]。」

中東情勢未了，東亞變局又起。美國在東亞政策比在中東好得多，基本未出現重大失誤，但隨著國力衰減，美國重返東亞恐怕力不從心，難以持久。

介入東亞

自 2010 年春天起，美國彷彿在回應中國比上年同期更具自信的作為，擴大介入東亞地區事務，筆者（中斌）從下列 3 個方面來探討。

- **轉向亞洲政策**。2011 年 11 月，美國國務卿希拉蕊·柯林頓（Hillary Clinton）正式宣布「轉向亞洲政策」（Asia

---

2　Ben Swann, "The Origin of ISIS".

3　Ben Swann, "The Origin of ISIS".

Pivot）政策，這個政策可以追朔到 2009 年底，美國政府對愈加自信的中國，表達強硬立場[4]。2010 年春天，時逢美國即將退出阿富汗戰事，這個話題又被廣泛討論。根據這項政策，華盛頓當局積極參與東亞地區的多邊合作項目，並且給予中國的東亞鄰國經濟援助，提出共同面對中國崛起議題的安全合作[5]。1 個典型的例子是，在 2010 年 7 月，希拉蕊在河內以不點名的方式，批評中國威脅南海地區的自由航行權。

- 海空一體戰概念。2011 年秋季，基於 2009 年海軍陸戰隊的提案為基礎，五角大廈提出「海空一體戰」（Air-Sea Battle）概念[6]。美國政府官方否認這是針對任何特定的國家，但是官方代表私下表示，「這個新概念是一個顯著的里程碑，預示著以新型態的冷戰模式來應對中國崛起[7]。」此概念 2015 年 1 月被「聯合機動與介入全球公域概念」（Joint Concept for Access and Maneuver in the Global Commons，JAM － GC）所取代，但其主要聯合作戰精神並未揚棄，誠如五角大廈官員莫里斯（Terry Morris）所言：新的計畫並非用聯合介入與機動替代海空一體戰，亦非推翻先前概念，而是對新環境的理解，對海空一體戰的概念加以充實並完備[8]。

---

4 Hillary Clinton, "America's Pacific Century" *Foreign Policy* November 2011 http://www.foreignpolicy.com/articles/2011/10/11/americas_pacific_century accessed November 10, 2016.

5 Kenneth Lieberthal, "The American Pivot to Asia: Why President Obama's Turn to the East Is Easier Said Than Done" *Foreign Policy* December 21, 2011 http://foreignpolicy.com/2011/12/21/the-american-pivot-to-asia/ accessed November 10, 2016.

6 Sam LaGrone, "Pentagon's 'Air-Sea Battle' Plan Explained. Finally" *WIRED* August 6, 2012 http://www.wired.com/dangerroom/2012/08/air-sea-battle-2/ accessed November 10, 2016.

7 Bill Gertz, "Pentagon Battle Concept has Cold War Posture on China" *Washington Times* November 9, 2011 http://www.washingtontimes.com/news/2011/nov/9/pentagon-battle-concept-signals-cold-war-posture-o/ accessed November 10, 2016.

8 Paul McLeary, "New US Concept Melds Air, Sea and Land" *Defense News* January 24, 2015 http://www.defensenews.com/story/defense/policy-budget/warfare/2015/01/24/air-sea-battle-china-army-navy/22229023/ accessed November 10, 2016.

- **美國的再平衡政策**。2012 年 6 月，美國國防部長帕內塔（Leon E. Panetta）在亞洲拜訪行程中宣布：2020 年底前，美國將調整海軍在太平洋和大西洋佈署的比重，比例從 50-50 調整到 60-40，以有效支持美國在太平洋的行動。具體的措施將包括：增加美國海軍的數量和演習規模；與區域內盟友舉行更多的聯合演訓；以更技術先進的艦艇，更換老舊的艦艇。附帶一提，「轉向亞洲政策」的說法看似政策闡述，但在更廣泛的意義上，具體涵蓋「亞太再平衡」和「海空一體戰」的範疇。

難以持久

面對中國日益增長的經濟和軍事影響力，美國作為唯一有能力在亞洲地區制衡者，美國擴大介入東亞事務，難免成為東亞各國的後台。不過，美國能否持續維持其在東亞新姿態，取決於能否有效克服經濟停滯，政治癱瘓和社會衰敗等問題。

2012 年 1 月，美國總統歐巴馬（Barack H. Obama）宣布，未來 10 年將刪減 4,870 億美元的國防預算。除非民主黨與共和黨合作減少 16,000 億美元的國債，才可能避免削減這些預算[9]。有些人已經擔心削減預算後可能的結果。此外，由於近年來兩黨惡鬥，在美國社會的政治分歧持續加深。2012 年夏天，由戰略與國際研究中心的獨立評估警告：「日益緊縮的預算，將導致一個沒有具體計畫的亞太戰略[10]。」

回顧美國社會曾經是社會階級上下流動，和公平分配收入的典範，現已成為兩極化社會。各式各樣的社會弊病，若不盡快療癒，

9　Bonnie Glaser, "Unintended Consequences? U.S. Pivot to Asia Could Raise Tensions in Region" p.21.

10　Thom Shanker, "Assessment Criticizes Pentagon Plan for Asia Shift" ***The New York Times (Global Edition)*** August 2, 2012 p.3.

會繼續消耗美國的國力。

　　既然美國國內的這些負面因素，會制約美國擴大對外行動，為什麼歐巴馬總統還要加快腳步重返東亞？最合理的解釋似乎是為爭取國內的基本支持者。2012 年，歐巴馬已政治計算成功連任後，歐巴馬需要對佛羅里達州等共和黨支持者，宣誓維護「美國治下的和平」（Pax Americana），或「美國的霸權」。因此，美國在中東問題失分的部分，必需在他處得分作為補償。換句話說，歐巴馬對外展現的強硬，是為減緩國內產生的政治壓力。

　　2009 年 2 月，歐巴馬宣布從伊拉克撤軍，緊接著在 7 月 21 日，由國務卿希拉里‧克林頓在曼谷宣布華盛頓當局的「重返亞洲政策」，鄭重對亞洲各國宣示「美國回來了。」但是在 2012 年 11 月，歐巴馬成功連任，他的「轉向亞洲政策」似乎暫時停止動作，因為這個對外行動方針，已經達成歐巴馬連任的目標。2013 年 1 月 24 日，歐巴馬政府新上任的國務卿，約翰‧克里（John F. Kerry）在聽證會上明確指出「我不相信美國提升在亞洲的軍事佈署是至關重要的 [11]。」

　　爾後，由於歐巴馬支持率持續下滑，且時間接近 2014 年 11 月的國會期中選舉，歐巴馬又重新宣揚他的「轉向亞洲政策」，以彌補在烏克蘭和伊拉克遭遇的外交挫折。

調適派萌芽和崛起

　　邁向新千禧年的第 1 個 10 年，包括保守派在內的美國意見領袖，都意識到中國崛起阻擋不住。曾經成功研判雷根、布希上台和 2005 年總統大選的專家，詹姆斯‧平克頓（James Pinkerton）曾言：

11　Elizabeth C. Economy, "John Kerry on China and the Pivot" **The Diplomat** February 28, 2013 http://thediplomat.com/2013/02/john-kerry-on-china-and-the-pivot/ accessed November 11, 2016.

「中美兩國的局勢，已發展至美國沒有能力遏止中國 [12]。」這是美國共和黨保守派首次公開發表對中國政策的調適派意見。雖然華盛頓當局聲稱對中國的外交政策不變，但這類的意見開始蔓延。

調適派（the accommodation school）主張調整美國自己以適應中國的崛起。這是筆者(中斌)於 2004 年秋所開始注意到的現象。專欄作家薩卡利亞（Fareed Zakaria）在 2004 年寫到：「根據布里辛斯基（Zbigniew k. Brzezinski）的建議，美國必需調整中國崛起後的亞洲政策 [13]，如果中美兩國能包容彼此，亞洲地區大有可能出現穩定的前景 [14]。」

筆者（中斌）淺見是，雖然之前美國對華政策選項中沒有所謂的調適派，但調適派由萌芽而崛起，已勢不可擋。之前美國對華政策選項有三：圍堵（containment）、交往（engagement）、圍堵加交往（congagement）。這三項美國對華政策的構想皆以美國為主動，中國為被動。圍堵設想美國以軍事外交力量限制中國，使中國無法向外發展。交往設想美國推動與中國政府人民來往，展示美國自由民主的優點，使中國嚮往而走上西方民主制度。即所謂的美國「和平演變」中國。圍堵加交往設想美國軟硬皆施，同時推動兩種政策，使中國就範。以上三項設想中，美國是主角，中國是配角。而調適派設想美國和中國平等互動，兩者皆為主角。中美兩國將共同攜手向前同行。

2005 年 5 月，美國國務院負責東亞和太平洋事務的助理國務卿克里斯托弗・希爾（Christopher Hill），在美國眾議院中表示「當前亞太地區的挑戰之一，是如何適應中國成為崛起中的地區和全球強權（One of the key challenges before us is how to adapt to China's

---

12　James Pinkerton, "Superpower Showdown" *The American Conservative* November 7, 2005 http://www.theamericanconservative.com/articles/superpower-showdown/ accessed November 11, 2016.

13　Zbigniew Brzesinki, "Balancing the East, Upgrading the West" *Foreign Affairs* January/February 2012, p.97.

14　Fareed Zakaria, "What Bush and Kerry Missed" *Newsweek* October 25, 2004 p.13.

emergence as a regional and global power）[15]。」

　　這幾年調適派的意見，越來越頻繁出現在一些主導美國外交政策的期刊，例如：《外交事務》（Foreign Affairs）。2010 年 1 月波特蘭州立大學的布魯斯（Bruce Gilley）教授表示：「既使從一個完全現實主義的觀點來看，美國沒有必要把台灣留在它（美國）戰略的軌道裡[16]。」2011 年 3 月，喬治華盛頓大學的查爾斯‧格拉澤（Charles Glaser）教授表示：「面對今後幾 10 年中美關係良好的發展……美國應該考慮從以往對台灣支持的承諾退出。」他甚至認為：「美國若增強戰略導彈的進攻和定位能力，以及導彈防禦系統的發展，將造成中美關係負面影響[17]。」2011 年底，邁阿密大學的麥可唐納（Paul MacDonald）與韋爾斯利學院的教授約瑟夫（Joseph Parent）建議：「美國應該適當的與中國妥協一個長期的台灣問題承諾[18]。」2012 年，澳大利亞國家大學的教授休‧懷特（Hugh White），在他的著作中這般告訴讀者：「我建議美國應該調適自身面對崛起的中國，美國應與中國分享權力[19]。」

拿錢手軟

　　在 2010 年發布的 4 年防務評估報告，五角大廈刪除一些對中國軍事發展的批評段落，或者軟化用詞。記者詢問五角大廈原因，

15　Christopher Hill, "North East Asia: A Region of Vital Concern to the United States" Testimony before the House Committee on International Relations Subcommittee on Asia and Pacific ***House.gov/ international—relations*** May 26, 2005 http://commdocs.house.gov/committees/intlrel/hfa21399.000/ hfa21399_0f.htm accessed November 11, 2016.

16　Bruce Gilley, "Not So Dire Straits: How the Finlandization of Taiwan Benefits U.S. Security" ***Foreign Affairs*** January/February 2010 p.55.

17　Charles Glaser, "Will China's Rise Lead to War? " ***Foreign Affairs*** March/April 2011 p.87.

18　Joseph Parent and Paul MacDonald, "On the Need to Come Home" ***Foreign Affairs*** November/ December 2011 p.44.

19　Hugh White, ***The China Choice: Why America Should Share Power*** (Collingwood: Black Inc., 2012), https://www.blackincbooks.com.au/books/china-choice accessed November 11, 2016.

1 位不願意透露身分的官員表示：「不要激怒借你錢的銀行家 [20]。」截至 2008 年 9 月，中國已是美國最大的海外債權國。

羅伯特・卡普蘭（Robert Kaplan）在 2009 年擔任五角大廈的顧問時提到：為減少對中國的刺激，應減少日本、韓國和菲律賓的基地，美國應當撤軍到關島，以作為未來太平洋地區的基地 [21]。」

2010 年 2 月，在墨西哥城舉行 G20 會議期間，美國財政部長蓋特納（Timothy F. Geithner）一反先前曾經多次批評中國操縱人民幣匯率的態度，甚至還讚揚中國 [22]。

2012 年 9 月，在中日釣魚島緊張的高峰期，美國國防部長帕內塔（Leon E. Panetta）也採取調適派的做法。在訪問東京的行程中，帕內塔承諾對日本的防衛保證。在拜訪北京的行程中，帕內塔邀請中國參加在夏威夷舉行的環太平洋演習，以往該演習拒絕中國參與。其次，帕內塔在裝甲兵工程學校的講演中，對美國與各國之間防禦條約表示意見：「關於某些國家對於共同防衛條約發表的意見，並不代表美國精確的看法」，他在該演講中明確點名日本 [23]。

隨著中美經濟依存的日益盤根錯節，在美國崛起的調適派思維，將制約華盛頓當局和中國之間衝突的可能。

面對此局，中國又當如何？

20 John Bennet, "China Language Softened in Final Version of QDR" *Defense Review* February 28, 2010 p.8.

21 Robert Kaplan, "The Geography of Chinese Power" *Foreign Affairs* May/June 2010 p.39.

22 James Saft, "G-20 Eases Its Rhetoric on Renminbi" *International Herald Tribune* February 29, 2012 p.17.

23 "Panetta at Engineering Academy of Armored Forces in China" *IIP Digital* September 19, 2012 http://iipdigital.usembassy.gov/st/english/texttrans/2012/09/20120920136304.html#axzz4PiKnK5PN accessed November 11, 2016.

第十一章

中國：鬥而不破

　　習近平的外交策略雖比前任果敢，但非一朝即來，而有其承接的歷史背景。

　　「鬥而不破」是 1982 年 5 月鄧小平對外交人員如何接待來訪的美國副總統老布希的指示。這段典故來源是王立所著《回眸中美關係演變的關鍵時刻》，為北京的世界知識出版社，2000 年發行。

　　1999 年 9 月，在十五屆中央委員會第四中全會閉幕式，中國共產黨總書記江澤民表示：「關於處理美國問題，我們優先採取兩手策略的對抗手段。我們要堅持我們的原則，敢於拼搏。我們也應該有靈活的戰術……並且見好就收，使我們以鬥而不破的形式，在鬥爭中推進合作[1]。」

　　筆者 (中斌) 淺見：胡錦濤作為江澤民的接班人，可能沒有在口頭上重申此「鬥而不破」的指導，但他仍然在暗中靜靜地觀摩。2010 年下半年，中國官方對美國力陳其核心利益包括南海和釣魚島。但最後胡定案，核心利益限縮到只包括台灣和西藏[2]。雖然近年來越來越多的解放軍少將表達強硬的鷹派觀點，但他們的同一觀點很少公開出現超過 2 次，也不可能成為政策。

　　2010 年 1 月，美國宣布出售總價 64 億美元的軍售給台灣。北京憤怒地譴責華盛頓當局，並威脅中斷與美國的一切軍事交流[3]。

1　Chong-Pin Lin, "Prevention of War" in his *Yi zhi qu sheng* [Win with Wisdom] (Taipei: Global Defense Magazine Publisher, 2005) p.491.

2　Chong-Pin Lin, Conversation February 20, 2012, in Taipei with Mr. M, a retired senior diplomat stationed in Beijing from Tokyo between 2006 and 2010.

3　Bill Gertz, "China Rhetoric Raises Threat Concerns" *Washington Times* March 5, 2010 http://www.washingtontimes.com/news/2010/mar/5/harsh-words-from-chinese-military-raise-threat-con/ accessed November 11, 2016.

許多中階層的解放軍軍官紛紛公開表達反美的觀點。同年 3 月，解放軍少將羅援，他呼籲中國當局可透過出售 1 筆 7,500 億美元的美國債懲罰美國，但是這類的意見從未實現。同年 2 月中旬，在中美雙邊一片沸沸揚揚的緊張情勢中，北京出奇地同意提供「尼米茲號」航空母艦戰鬥群靠岸香港和進行補給，在此之前，觀察家們是一面倒的認為拒絕此一請求[4]。

奇正相生

2010 年 4 月，一反先前許多錯誤的猜測，胡錦濤並未取消前往對華盛頓的行程，作為宣示不滿的方式，而依舊前往美國參加核安全峰會。10 月下旬，兩國關係回到正軌，重新開啟對話，美國國務卿希拉蕊·克林頓與中國國務委員戴秉國在海南島三亞舉行非正式會晤，就胡錦濤主席 2011 年初訪美、20 國集團首腦峰會和朝鮮半島等問題交換意見。戴秉國在其回憶錄中說：這是美方主動提出希望在希拉蕊 10 月訪問亞太 6 國期間，能和他舉行 1 次不受媒體關注「靜悄悄的小範圍會見[5]。」會晤時間 10 月 31 日，地點海南省三亞市。由於希拉蕊的專機晚到，時間有限，戴秉國決定在機場貴賓室，臨時擺了幾張桌子直接會談。這是在中美戰略與經濟對話框架下，美方主動要求雙方高層舉行的首次非正式會晤。雙方省去外交辭令，坦言相對。談完，希拉蕊趕忙飛往柬埔寨首都金邊。

這次會談時間雖短，效果則令人深刻。戴秉國開門見山，直接告訴希拉蕊，美國不要質疑中國的戰略意圖，也不要擔心中國將取代美國，在世界稱王稱霸。同時，中國從未視美國為衰落的國家，希望美國不要自我誤判，不要妄自菲薄，要有自信心。希拉蕊

---

4   "Nimitz Docks in Hong Kong Despite China Tensions" **BBC News** February 17, 2010 http://news.bbc. co.uk/2/hi/asia-pacific/8519372.stm accessed November 11, 2016.

5   戴秉國，《戰略對話—戴秉國回憶錄》（北京：人民出版社 / 世界知識出版社，2016 年 3 月），頁 163-165。

聽完，立刻接話表明完全贊成戴的說法。戴秉國回憶說，他感到這番話可能點到美方人員的「穴位」，在某種程度上減少他們對中國的疑慮。會談結束時，戴秉國和希拉蕊在人權問題上激烈交鋒。戴說，美國信奉的價值觀，是美國自己的事，中國管不著；中國信奉的價值觀，是中國自己的事，美國也管不著。美國人搞美國特色的資本主義，中國人搞中國特色的社會主義，「井水不犯河水」[6]。

北京採用「鬥」的一手，似乎產生預期的效果。2010 年 2 月中旬至 10 月下旬，華盛頓官方高層主動拜訪中國的次數就有 4 次[7]。同時間內，中國官方並未以同層級官員回訪華盛頓。看來，中國已默默占了外交對決的上風。

雖然在外交政策上應用軟硬兼施，是一種普遍常見的做法。但北京運化 2 種相異立場的手段，已達極致。北京所運化的「鬥而不破」似乎體現二元辯證的特性，這是承襲中國古代兵法的傳統，一種整合相反作法的原則（如虛實並用及奇正相生）[8]。若只是從西方的角度觀察，中國的外交政策的運作是矛盾的。只有透過這種文化的根源，才可以瞭解中國採取這些手法的背後思維。

誰主沉浮？

美國國力下滑，是否意味中國將取而代之？

筆者（中斌）淺見是中國剛崛起，許多潛力尚未發揮，而美國自一次大戰後主導世界已近 1 世紀。中國在大力改革，美國在發

6　戴秉國，《戰略對話—戴秉國回憶錄》，頁 164。

7　These four visits include: Deputy Secretary of State Jim Steinberg and Senior National Security Council Director Jeff Bader to Beijing on February 28, National Economic Council Director Larry Summers and Deputy National Security Advisor Thomas Donilon to Beijing on September 4, Treasurer Timothy Geithner to Qingdao on October 25, and Secretary of State Hillary Clinton to Hainan on October 30.

8　"Strategic Tradition: Historical Roots of Contemporary Chinese Strategy" in Chong-Pin Lin, *China's Nuclear Weapons Strategy* (Lexington, MA: Lexington, 1988) pp.24-28.

展停滯中應付內外的危機 9。從目前靜態的比較看，中國在下，美國在上。從動態趨勢的比較看，中國向上，美國持平或稍下滑。未來有利於中國，但美國國際地位仍將長期舉足輕重。最重要的原因是之前所提的：美國一向有自我批判、檢討的傳統。於是美國將免除歷史上其他大帝國緩慢崛起，迅速解體的命運。美國原國家安全顧問布里辛斯基（Zbigniew k. Brzezinski）的觀察，值得我們審視。

布里辛斯基在 2012 年《戰略遠見：美國與全球權力危機》（*Strategic Vision：America and the Crisis of Global Power*）一書中指出，從時間看，1990 年代美國成為世界唯一的超級強權，中國崛起則非一枝獨秀。面對多極政治格局，而中國又不像美國那麼幸運；在地緣戰略上，正好處在多極權力的包圍圈內，如日本擋住西太平洋出口、俄羅斯隔開中國與歐洲、印度位在中國通往中東的戰略線上 10。

中國以「和平崛起」廣交朋友，亞洲多有依賴，但民族自信的中國也許會發現，自己比以往更加孤立。布里辛斯基認為，中國不僅要對抗其他周邊強權，還需要依賴一個穩定而既有的世界經濟體系。因此，中國會以謹慎與耐心面對國際社會，如《孫子兵法》所言，善戰者，「先為不可勝，以待敵之可勝 11。」意旨先立於不敗之地，再利用敵人的致命錯誤而制敵。

筆者（中斌）建議的看法是：布里辛斯基在 2012 年，習近平尚未上台之前，尚未看到近年來中國逐漸突破孤立的趨勢。2015年 3 月，中國亞投行成立時，居然吸引美國最堅強盟友英國，違背美國意願前來參與，同時帶動其他美國盟友法國、德國、意大利。他也沒看到 2016 年 7 月「南海仲裁」案之後，菲律賓投向中國，馬來西亞跟進，越南不發言支持仲裁並加強與中國聯繫，歐洲國家

9　Stephen S. Roach, "Chinese Reform, U.S. Stasis" *New York Times* November 25, 2013 http://www. nytimes.com/2013/11/26/opinion/chinese-reform-us-stasis.html?_r=0 accessed November 11, 2016.

10　Zbigniew K. Brzezinski, *Strategic Vision: America and the Crisis of Global Power* (New York: Basic Books, 2012) p.85,89.

11　Zbigniew K. Brzezinski, *Strategic Vision: America and the Crisis of Global Powe* p.81.

也不發言支持仲裁案對中國有約束力。他也沒看到美國川普就任總統後，風格任性，已公然蔑視了德國總理梅克爾及歐盟，又電話羞辱了澳洲總理及墨西哥總統，使這些國家轉向北京。布里辛斯基此一看法，4 年多來已逐漸被時間淘汰了。

美國領導 ⁉

另有分析指出，全球霸權美國就像當年的英國，逐步走上衰敗之路。哈佛大學教授約瑟夫・奈伊（Joseph S. Nye, Jr.）則列舉一組深刻的對比[12]，點出雙方之不同：

- 英國在鼎盛時期（1870 年）的 GDP 位居世界第 3，次於美、俄。
- 英國鼎盛時期的軍事支出也是世界第 3，次於俄、法。
- 英國在一次大戰的兵員 860 萬，近三分之一來自海外殖民地。
- 二戰時，英國和德、俄兩國實力相當，保護帝國成為負擔而非資產。

相較之下，目前的美國遠比當年的英國強盛，不論在 GDP 和軍事支出，美國都比其他強權高出 2 倍或數倍之多，而且美國沒有必須管理的殖民地，比英國更具戰略揮灑空間，尤其美國周邊沒有威脅對手，兩大洋相隔，使美國得天獨厚，易於自保[13]。

筆者（中斌）淺見是：奈伊雖說「美國沒有必須管理的殖民地」，但是目前美國有 800 左右個海外基地，遍布全球，其數目超過歷史上任何 1 個國家、民族或帝國[14]。如之前所點出的，正如美

12　約瑟夫・奈伊，〈美國霸權還是美國主導？〉《中國經濟報告》2015 年 5 月 1 日，頁 10。

13　約瑟夫・奈伊，〈美國霸權還是美國主導？〉，頁 10。

14　David Vine, "The United States Probably Has More Foreign Military Bases Than Any Other People, Nation, or Empire in History：And it's doing us more harm than good." *The Nation* September 14, 2015 https://www.thenation.com/article/the-united-states-probably-has-more-foreign-military-bases-than-any-other-people-nation-or-empire-in-history/ accessed February 24, 2017.

國專家警告，已對美國日漸緊縮的軍事經費造成負擔[15]。美國華府的美利堅大學教授戴維·瓦因（David Vine）甚至認為，美國海外基地對世界的傷害多於助益[16]。

奈伊又說：「美國周邊沒有威脅對手……易於自保。」這個曾經是公認的看法，在 911 之後已過時了。曾經保護美國的東西兩大洋，和南北兩弱國，在 21 世紀已無法再阻擋滲透美國的恐怖主義，和無遠弗屆的洲際導彈（ICBM）和電腦的攻擊。

奈伊對於美國是「全球霸權」也有不同看法。冷戰期間，不論從軍事和政治，蘇聯均有效制衡，形成世界兩極結構，美國並不獨霸，也不能影響中國、印度等大國。與其說美國制定一套全球秩序，不如說是美國影響一群觀念相近的國家（如西歐、美洲）。故此，美國的世界地位應稱為「半霸權」（half-hegemony）或以「主導」[17] 形容更為準確。

由於全球權力發展趨勢難以預測，奈伊無法回答美國主導的時代是否走向結束？但他相信，至少在 2050 年之前，美國仍有實力確保領導地位，繼續在全球實力平衡中扮演核心角色。在此之前，全球必有重大改變，這些改變能否提升全球安全與繁榮猶待觀察。布里辛斯基則說，2025 年美國若衰退，世界不會由單一國家所主宰，如中國，而是陷入混亂（chaotic）[18]。

布里辛斯基所說：「2025 年美國若衰退，世界不會由單一國家所主宰，如中國，而是陷入混亂。」可以理解為 1 位值得尊敬的美國愛國者的看法，也是順了上世紀「美國中心」的看法。其實不少美國自己的評論家，例如《紐約時報》的專欄評論家羅傑·寇恩（Roger Cohen）認為，不只世界已陷入混亂，而且目前世界的混

15　Raymond Dubois and David Vine, "Bipartisan strategy to close overseas bases" p.21.

16　David Vine, "The United States Probably Has More Foreign Military Bases Than Any Other People, Nation, or Empire in History".

17　約瑟夫·奈伊，〈美國霸權還是美國主導？〉，頁 10。

18　Zbigniew K. Brzezinski, Strategic Vision: America and the Crisis of Global Power p.75.

亂大部分是美國所引起的 [19]。伊斯蘭國的崛起和四處流竄的難民潮是鮮明的例子，都種因於美國 2003 年攻打伊拉克。美國攻伊的主要原因是認為伊拉克擁有大規模殺傷武器，但美軍打進伊拉克卻找不到，也就是美國打伊拉克的理由是錯誤的。而川普上台後引起全球的不安，更是多數國家的感受。

前文提到美國知名記者史文（Ben Swann）在其自創網路平台 Truth in Media，發表影片《伊斯蘭國的起源》（The Origin of ISIS），詳細追溯伊斯蘭國的來源和壯大，都和美國錯誤的政策有關 [20]。

2025 年之後世界會逐漸由中國主導？雖因尚未發生而不能確定，但不無可能。然而，中國為了自己長期的利益必須跟美國合作。那時世界會陷入更多的混亂？若中美合作大於抗爭，應該不會。而北京官方不斷重申中美兩國合作，似乎比美國官方說的還多。

許多專家以經濟和軍事看美國國力消長，忽略目前美國最大的隱憂：社會失序、政治惡鬥，都是無法短期解決改善的沉痾。正因為這原因，美國未來國力將無法與 20 世紀如日中天的美國相比。

但是美國有過去帝國所沒有的優點——自我審視、批判和修正的傳統，因此美國國力會逐漸下降，但不會突然衰亡解體。其實，本文描述美國各方面的缺陷和危機，所根據的資訊絕大多數是美國人自己提供發表的，那是過去突然衰亡解體的帝國所欠缺的。前蘇聯帝國、奧匈帝國、奧圖曼帝國等決不允許人民批判自己國家。今日美國的言論自由在以前的帝國是無法想像的。

在今後 21 世紀裡，美國也許不再是世界唯一超強，但仍將舉足輕重。如果崛起的中國未來與美國合作大於鬥爭，不只有利於中國和美國，更有利於全世界。

---

19 Roger Cohen, "The Making of a Disaster" *New York Times* August 25, 2014 http://www.nytimes.com/2014/08/26/opinion/roger-cohen-the-making-of-a-disaster.html?_r=1 accessed November 11, 2016.

20 Ben Swann, "The Origin of ISIS".

第三篇

台灣的抉擇

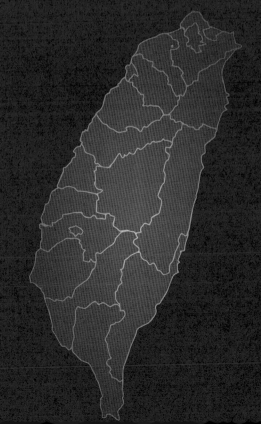

台灣是小國。

我們認為菲律賓是小國。而相對於菲律賓，台灣人口是它的四分之一都不到，面積是它的八分之一[1]。

對小國而言，最重要的是生存。

雖然是小國，台灣有精彩的內涵。

歐洲的第 1 個雲端回收系統是台灣人做的。台灣 1998 年就回收洗衣機、電冰箱、電視機和電腦，歐盟 2003 年才頒布相關法令[2]。從 2004 至 2008 年，台北捷運曾連續 5 年被評為世界上最可靠的捷運系統[3]。2014 年，台灣人均出版量居世界第 2，僅次於英國[4]。

如果，發揮智慧，謀求務實又遠見的抉擇，台灣有不容忽視的潛力。台灣不只可以在困難的環境中生存，維護安定，獲得繁榮。台灣還可以像600多年前的翡冷翠，擴散良性的影響，貢獻地區，甚至世界。

台灣人均國內生產總值（GDP）超過 20,000 美元，外匯存底達 4,200 多億美元，經濟實力超過不少地大物博的國家。以國家競爭力而論，台灣在瑞士洛桑管理學院（IMD）公布多年的世界排名榜

1　*World Meters:Philippines* http://www.worldometers.info/world-population/philippines-population/ accessed March 20, 2017；*World Meters:Taiwan* http://www.worldometers.info/world-population/ taiwan-population/ accessed March 20, 2017.

2　〈歐洲第一個雲端回收系統，台灣人做的 -1〉《商業週刊》2017 年 2 月，頁 68、75。

3　"Taipei Metro lauds reliability ahead of 20th anniversary" *Focus Taiwan* http://focustaiwan.tw/news/asoc/201603270019.aspx accessed March 20, 2017.

4　〈20150209 出版量人均排行 台第 2 遠勝大陸〉《旺報》2015 年 2 月 9 日，頁 A15。

中，亦能擠入全球 10 名左右，成績斐然。問題是，台灣的經濟實力始終無法支撐台灣在外交、國防和地緣戰略上應該有的位置。

這是諸多原因造成的。冷戰格局、中國打壓和自我設限，導致台灣在國防安全上不能自主，主要作戰裝備幾乎全部要靠進口。邦交僅 20 多國，鮮有影響，又索求無度，譏為凱子外交。台灣處於西太平洋第一島鏈的中心，冷戰時期有其地緣價值，隨著冷戰結束，中國崛起，中美關係改寫，中國軍力投射覆蓋甚至超越全台，天然屏障漸失，地緣戰略價值逐步消蝕。

台灣的「小」，不只在於經濟，也在國防外交等硬實力。與台灣生存發展關係密切的國家相比，台灣顯得被動而難以挑戰大國博弈所設定下的戰略框架。得罪一方，或能周旋；得罪兩強，生機難料。阿扁的「公投綁大選」，既挑戰美國，也激怒中國，結果失去美國的信任，引起中國的不安，而原先所要凸顯的戰略目標也未達成，以致進退失據。

未來，若中國繼續崛起，若美國停滯但仍然舉足輕重，台灣更要妥善而謹慎的處理與中美的關係。

第十二章

外交：避險平衡

　　台灣經濟發展很難自外於中國。台灣軍事安全沒有美國也不行。中、美之間有矛盾，也有合作。在兩大之間，台灣最好的位置是居於中間的關鍵點（pivotal position），與雙方往來，而令中美兩面都對台灣有所求。台灣偏於任何一方，都會被那一方「吃死」（takes for granted）。在兩大之間，台灣最壞的位置是同時與雙方交惡。

　　中美綜合國力的差距有其絕對性，也有其相對性。美國是全球利益，中國是區域利益並開始帶有一些全球性色彩。在全球議題上，美國的影響力和主導性絕對大於中國。但在東海與南海等區域海洋權益問題上，中國是權力天秤另一端的主角。如果把議題聚焦於台海，中美實力的相對性，至少表現在決心、投入與持久性等3個層面。

　　一、核心 vs 邊際。台海涉及主權，中國視為核心利益。美國則未必，至少美國看重日本的份量大於台灣。台海若有事，中國的決心比美國大，而美國介入的疑慮比中國多。

　　二、直接 vs 間接。中國投入台海的資源與力道，比美國更直接而果斷。美國軍費是中國的數倍，武器質量也高於中國幾個級數，但美軍要關照全球，何況中東戰事尚未全了，投入台海的資源有限。中國又有距離優勢，火力覆蓋全台並抵近島鏈，遏制美軍介入台海具有相當條件。

　　三、持久vs速決。所謂持久，內容超越軍事行動。中共一旦決心解決台灣問題，將在政治、經濟、外交、輿論、法律和心理上，對台形成持久性壓力。手段失效，重新再來，周而復始，外力難以

速決。

「上兵伐謀」，台灣避免上述局面的出現，不迫使美國在兩岸之間選擇，最為上策。「其次伐交」，台灣外交難以持久，已是下策。「其次伐兵」，表面上有輸贏，最終都是輸家[1]。台灣的經濟繁榮不能缺少大陸，台灣的民主安全也少不了美國。台灣的戰略選擇若太靠近大陸，安全（軍售）民主恐無保障；太靠近美國，經濟繁榮恐受挑戰。目前，在兩強之間尋求避險平衡，成為台灣戰略思考上的必要選擇。「避險」一詞英文為「hedging」，幾乎是目前中國在亞洲太平洋地區所有中小鄰國所採取的外交戰略。因為大家都面臨同樣的挑戰：經濟靠中國，安全／民主靠美國。缺一不可。

避險平衡是一種戰略判斷，更是一種戰略管理。台灣不能只靠美國的《台灣關係法》保證我們的安全，因為徒法不足以自行，而需要台美兩方共同的戰略利益作為支撐，才能確保華府對台安全承諾的力道。面對北京，台灣的主體意識在 2016 年大選中愈發清晰而強勁。

如何兼顧政治尊嚴、經濟繁榮和軍事安全等 3 大國家目標？如果不能兼顧，又如何在 3 者中選擇最明智的優先排序？進而免於中共所稱「和平統一的可能性完全喪失」所可能採取的武力相向，考驗台灣新政府的智慧與耐力。

台灣應採取「避險平衡」戰略。

避險平衡是兩利相權取其重、兩害相權取其輕。

美國「亞太再平衡」戰略的轉型和中國的「一帶一路」，是今後擺在台灣眼前的 2 大戰略動向。台灣不能缺席，這應該是各界和朝野的共識，但以什麼身分參加？國內市場開放到什麼程度？尊嚴、繁榮和安全，國人各有所本，看法分歧。

如果把眼界放得更寬廣一些，就能看見這兩個戰略動向，是美中兩強在新的世界權力板塊重組中，所拉開最具地緣戰略博弈的

1　〈上兵伐謀，其次伐交，其次伐兵，下政攻城。〉《孫子兵法》，謀攻第三。

序幕，雙方既競爭又合作，有各自的發展路徑和行動計畫，總體上是開放而非封閉，台灣就有機會。台灣可以在傳統國際空間領域受制多年，但萬萬不可在今後美中權力板塊重組中失去應有的位置，否則將徹底被邊緣化。

台灣應擺脫名分的束縛，雙管齊下，盡快加入美中大戰略的布局之中，占有一席之地，座椅不舒服可以調整，總比沒有座位好過千百倍。

台灣的「避險平衡」，不是尋求中美對立下的苟安，而是積極作為中美關係友好與穩定的催化劑，而非引信。這對台灣最有利，意味有更多的選擇空間，不必多慮台灣會被出賣。挑起中美對立和矛盾，反而對台不利，迫使我們選邊站，最後可能淪為中美較勁的戰場。美國的堅實盟友澳洲非常清楚這點，永遠保持不要被迫選邊站的空間，她可以信誓旦旦與美日舉行聯合軍演，接著又跑去和中國軍演。這不是個人道德上的投機，而是基於國家利益的戰略選擇。

面對中國的崛起，台灣的處境比任何國家都要來得錯綜複雜。歷史上找不到類似案例，但能從相對案例看到一些參照和啟示。

談起芬蘭，很多人會想到台灣「芬蘭化」的問題。冷戰期間，芬蘭為換取自身的生存與發展，對蘇聯採取周旋政策，但對自身基本利益如民主和市場經濟絕不退讓。包括芬蘭不威害蘇聯安全利益，並遠離境外大國政治漩渦，採取中立，甚至禁止國內反蘇言論和出版，極盡可能不觸怒莫斯科。這些當然不全然適用於兩岸，台灣民眾也很難照單全收。但避免不必要的挑釁強鄰以自保，並非沒有可能，何況還是古今中外小國存活的經驗和智慧。

需要注意的是，芬蘭是前蘇聯周邊少有不被占領的國家。冷戰期間，東西對峙，芬蘭不僅保有異於蘇聯的政治和經濟制度，還進一步扮演東西 2 大陣營的橋樑。1969 年美蘇限制雙方部署戰略核子武器的談判（SALT）最初於在首都赫爾辛基展開。1973 年在

首都赫爾辛基主辦歐洲安全暨合作會議，最終促成歐洲安全與合作組織（OSCE）的誕生。1975 年，西方 35 國在赫爾辛基達成協議（Helsinki Accords），謀求與共產陣營改善關係以謀求和平。芬蘭的命運與發展，迥異於蘇聯附庸的東歐國家。何以致此？決不是蘇聯的特殊關愛，而是芬蘭結合頑強拚搏的精神與柔軟細膩的技巧，用於內治而後制敵的方略奏效而成。

能戰才能和

1930 年代，蘇聯為取得芬蘭，經過多次談判未果，最後入侵芬蘭，發動蘇芬戰爭。1939 年 12 月，蘇軍出動 5 個集團軍約 120 萬人、1,500 輛坦克和 3,000 架飛機，形成壓倒性優勢。史達林（Joseph Vissarionovich Stalin, 1878-1953）原期待這是一場輕鬆的勝利，很多蘇聯人甚至抱有幻想，以為芬蘭的工人階級率先響應，把紅軍當作社會主義救星來歡迎。結果，幻想破滅，蘇軍重挫，死傷 20 萬人，震驚莫斯科的統帥部[2]。

歷時 3 個多月，蘇軍雖攻破芬蘭防線，史達林已是元氣大傷，他擔心英法趁機干涉而決定與芬蘭談和。1940 年 3 月，雙方簽訂《莫斯科和平協定》，芬蘭把邊界從列寧格勒後移，割讓約 11% 領土，換取政治上的獨立。1 年多後，芬蘭因保有獨立自主地位，而選擇與納粹德國聯手進攻蘇聯。

蘇芬戰爭讓史達林見識到芬蘭人的頑強拚搏精神。蘇聯統帥部為此作出檢討，為何制服小國芬蘭竟是如此困難？除了自嘆缺少現代化戰爭的思維與經驗不足，另一個不願過於公開的是，芬蘭軍隊訓練有素、戰術靈活和熟悉地形天候。芬蘭人的頑強抵抗，贏得廣泛的同情和敬佩。蘇聯因發動侵略吞下嚴重的政治惡果，被西方

2　Geoffrey Roberts, 李曉江譯，《朱可夫—史達林的將軍》（北京：社會科學文獻出版社，2015年 5 月），頁 75-77。

列強逐出國際聯盟。

戰後不久，芬蘭與蘇聯 1948 年簽訂《芬蘇友好合作互助條約》，內容屈從於莫斯科，卻保留自己的民主制度與市場經濟，與 8 年前的《莫斯科和平協定》，異曲同工，均源自芬蘭人的抗敵意志，讓人不可輕侮，這就是「能戰才能和」的道理。

內治而後制敵

芬蘭人口少，地處邊陲，資源有限。戰後，芬蘭總統巴錫基維（Juho Kusti Paasikivi, 1870-1956）和總理吉科寧（Urho Kaleva Kekkonen, 1900-1986）充分合作，一致對外。1956 年，巴錫基維去世，吉科寧上台，組成包括芬蘭共產黨在內的中左聯合政府。他採取對外友好政策，放眼北歐經濟體，同時向瑞典等國取經發展教育。迄今芬蘭「重公平與合作」（相對於選擇與競爭）的教育方針，反而成為美國等先進國家參考的對象。吉科寧內政有成，使他多次蟬聯總統，前後長達 26 年。

▲ 巴錫基維（Juho Kusti Paasikivi, 1870－1956）圖片來源：By Tuntematon - http://muistot.hs.fi/uploads/assets/obituary/4254_Juho_Kusti_Paasikivi.jpg, Public Domain, https://commons.wikimedia.org/w/index.php?curid=18077531下載2017.7.31

吉科寧是一位傑出的運動健將，善於釣魚打獵。他的外交手腕高明，在蘇聯高層中間處之泰然，杯觥交錯之餘，能一起洗三溫暖，坦露相見，很多問題在這種輕鬆而非正式的場合中化解。他還獲得列寧和平獎金，獲頒莫斯科大學榮譽博士學位，可見他在蘇聯高層眼中的分量。如果他的疏於內政，離心離德，對外焉能揮灑自若。這就是「先內治而後制敵」的道理。

對於強大而有侵略性的鄰居，自保之道，不是對抗，而是交

往。芬蘭人從歷史上學到生存之道。

委曲求全

奧地利是另外一個例子。1945
年4月，蘇軍進入維也納與德軍激戰8
天，死傷17,000多人後占領奧地利。
紅軍軍紀廢弛，四處強姦，幾無處
女。據奧國警方記載，當時凡著制服
的俄羅斯男子，經常醉酒，全國超過
九成註冊刑案均蘇軍所為，亂象令人
髮指。奧地利蒙受從未有過之屈辱[3]。

眼看國破家亡，奧地利第一共
和國總理任納（Karl Renner, 1870-
1950），主動寫信給史達林，毛遂自
薦由他組織臨時政府，爭取舉辦1945
年11月秋季選舉，平穩過渡，直到
蘇、美、英、法等4國接手，重建民
主國家。表面上，似乎是史達林授命
任納組織政府準備選舉。最後是，任
納獲得史達林許諾並承認選舉結果。

這次民主選舉，源自奧地利1929
的選舉法，因納粹德國占領而停辦。

▲ 吉科寧（Urho Kaleva Kekkonen, 1900
－1986）圖片來源：By Tuntematon
- http://is12.snstatic.fi/kuvat/urho-
kekkonen-oli-lyoda-tuure-junnilaa/
img-1288333591451.jpg, Public
Domain, https://commons.wikimedia.
org/w/index.php?curid=18931946下載
2017.7.31

▲ 任納（Karl Renner, 1870-1950）圖
片來源：By Unknown - http://www.
dasrotewien.at/bilder/d30/Renner_
jung_VGA.jpg, Public Domain, https://
commons.wikimedia.org/w/index.
php?curid=6478108下載2017.7.31

3　"Allied-occupied Austria"《維基百科》https://en.wikipedia.org/wiki/Allied-occupied_Austria 下載
　　2016.8.30。另據林中斌奧國友人所述，2015年8月28日於蘇格蘭 Mallaig。奧國友人在1945
　　年4月為14歲幼年兵負責遞送高射炮彈，但發高燒得醫官開證明請假回家。他剛走過多瑙河，
　　橋被炸斷。返家後從窗戶看到蘇軍已攻入維也那。因此免被蘇軍俘虜躲過一死而目睹奧地利如
　　何巧妙運用政治手段在強權佔領下存活下來，並保有民主和市場機制，享有健康經濟成長度過
　　冷戰，直至1990年蘇聯瓦解。

事前，奧地利共產黨信心滿滿向莫斯科保證，能贏得 3 成選票，結果僅得 5.42% 選票，占領蘇軍灰頭土臉，史達林考慮情勢後接受選舉結果。奧地利人民黨取得近半數選票，社會黨緊跟在後。形勢見好，這兩黨的領導人審時度勢，做出智慧之舉，促請共產黨組成執政聯盟，並把內閣中的 12 席讓予共產黨 3 席，相當於 25% 選票，委曲求全，既保存元氣，也顧及史達林的顏面[4]。

同時，奧地利執政聯盟邀請盟軍美、英、法國和蘇聯代表進駐國會，成立督導辦公室（control office），以示西方和蘇聯都承認國會，10 年後為成功爭取中立國做好準備。除此，奧地利從 1955-65 年間，每年向莫斯科提供經費物資，以維持兩國友好穩定。在冷戰時期，奧地利因此保有民主制度和社會主義市場經濟，而且維持約 5% 穩定而健康的成長。

鑒於 1956 年 10 月蘇聯以武力鎮壓匈牙利反蘇行動，奧地利在蘇聯和東歐國家之間採取平衡策略，努力建立與蘇聯高層互訪，莫斯科也把維也納視為與西方國家聯繫的管道。1961 年第三次柏林危機前夕，奧地利聯合政府促成美國總統甘迺迪（John F. Kennedy, 1917-1963）與蘇聯領導人赫魯雪夫（Nikita Khrushchev, 1894-1971）在維也納舉行峰會，足證奧地利的外交手腕。

政治上示好，經濟上奉獻，外交上熱絡，在某種程度上恐被人理解為低聲下氣，任人擺布。奧地利領導人並非如此，他們在強敵面前，首先以自由選舉保住一個以民主為原則的聯合政府；繼之以頑強、巧妙而勇敢的方式，走出一條獨立自主的道路。這批領導人的愛國精神因受納粹之害而復活，在蘇聯之前更顯其堅韌，達到老子所言，「曲則全，枉則正」（委曲反能保全，屈就反能伸展）之境界。

4　"Austrian legislative election, 1945"《維基百科》https://en.wikipedia.org/wiki/Austrian_legislative_election,_1945 下載 2016.8.30。另據林中斌奧國友人所述。

遇強謙服

　　泰國的例子更為特殊。從 19 世紀下半葉西方殖民主義盛勢進入東南亞以來，她是那地區唯一沒有被殖民的國家。1886 年起，英國併吞緬甸、法國占領越南，泰國夾在中間，岌岌可危。為求自保，暹羅王朝（1939 年後稱泰國）主動向英、法割地滿足其野心，同時以權力均衡觀念遊說帝俄和普魯士：「若英法占領暹羅，對貴國不利！」於是牽制英、法，使自己成為列強博弈的緩衝之地。

　　二戰爆發後，日軍勢如破竹，先攻占越南，圖謀西進泰國和緬甸。泰國和日本於是簽訂《日泰同盟條約》，搖身變成軸心國成員，向英、美宣戰，日本則以部分占領地犒賞這位小盟友。按條約中的秘密條款，泰國劃出北面走廊以供日軍「借道」之便進軍緬甸，並提出必要的物資補給，日本則協助泰國收回被英國所占領土。

　　日本以強大兵力橫掃東南亞，是謂強兵。面對強兵，戰國時期兵法家吳起早有所言，「強必以謙服」[5]，遇到來勢洶洶的強兵必須以謙讓悅服對待。吳起在魯為將，大破齊軍；繼任魏將，震攝秦韓；在楚為相，強勢變法，南平百越，北併陳蔡，打退韓魏，西下伐秦，威震四方。吳起畢生爭戰，未遭敗仗，是中國歷史上罕見出將入相的人物。他的觀點，曾經過實際考驗，縱有時空差距，卻道出遇強自處千古不變的規律。泰國百年的謙服之道，已是最佳註腳。

　　日本戰敗，身為幫凶的泰國竟能全身而退？又作何解？微妙之處，就在於泰國的平衡之術。

5　王雲路注譯，《新譯吳子讀本》（台北：三民書局，1996 年 2 月），頁 13。見《吳子》之〈圖國〉。

平衡靈巧

泰國執政當局雖與日本同一陣營，但財政部長帕儂榮（Pridi Phanomyong, 1900-1983）反對親日政策，拒絕在《日泰同盟條約》上簽字，並與在美國成立的抗日愛國組織「自由泰人運動」（Seri Thai）聯手抗日，泰國在美留學生與使館官員紛紛加入抗日組織，勢力擴及英國，該組織是盟國在泰國取得重要情報的來源[6]。日本戰敗，帕儂榮作為攝政，公布和平宣言，否定執政當局和日本的所有協議。在美國的支持下，泰國毫髮無傷，只是把戰時日本犒賞的土地交還英國。

▲ 帕儂榮（Pridi Phanomyong, 1900－1983）圖片來源：By Pridi Banomyong - http://www.pridi-phoonsuk.org/gallery/show-picture/?picture_id=83, Public Domain, https://commons.wikimedia.org/w/index.php?curid=50979904下載 2017.7.31

進入冷戰，形成東西兩大陣營。共產勢力開始在亞洲蔓延，泰國見機轉向美國，成為「中南半島的反共堡壘」。從 1982 年起，美國在東南亞地區舉行最大規模的多國聯合軍演「金色眼鏡蛇」（Cobra Gold），每年都在泰國舉行，持續至今。

泰國與美國形成聯盟，同時又暗中與北京接觸。1956 年 8 月，泰國政府的最高顧問乃訕（San Patanute）在其總理鑾披汶（Phibun）的支持下，經由緬甸等祕密通道，以總理名義，把自己的兒女送到中國學習。這個做法取自古老中國的和親政策，如同把子女送至中國當成「人質」，以取信於北京。中國總理周恩來形容這段歷史為中泰關係的「人質外交」事件[7]。不但如此，乃訕還把

6　〈自由泰人運動〉《維基百科》https://zh.wikipedia.org/wiki/ 下載 2016.11.4。

7　顧育豹，〈周恩來和泰國「兒童人質」的故事〉《人民網》2006 年 07 月 24 日 http://cpc.people.

自己的長子送往美國深造，兩邊押寶，都不得罪。

這段歷史峰迴路轉。泰國政府原想通過中國駐緬甸大使館與北京聯繫。不料，被美國偵悉，怒而阻止，才變相衍生這段「人質外交」事件。

1975 年南越政權垮台，美軍狼狽撤出，紅色越南勢力坐大，泰國岌岌可危。泰國同年與北京建交，牽制越南軍事威脅擴張。中泰關係才開始出現實質性突破，著重軍事安全合作，包括情報交流、戰略協調、武器交易，乃至泰方允許中國借道向柬埔寨的赤棉運送武器和戰略物資。「借道」一說，彷彿歷史重現。

1980 年代後期，越南軍事威脅漸除，美國全球力量上升並強化與東盟合作，泰國順勢靠向美國，推行「立足東盟、依託美國」的軍事戰略，同時調整對北京政策，由軍事領域轉向經貿合作[8]。此格局延續至今。

泰國遇強謙服，不做正面對抗，讓小利而保全局。手法不拘形式，平衡靈巧，足膺小國生存的典範。

群眾性防衛

立陶宛位於波羅地海，小國寡民。1794 年被俄帝占領，此後每隔 30、40 年就出現武裝抗暴，每次揭竿而起，均被血腥鎮壓。1940 年，蘇聯取代俄帝，再次占領立陶宛，前後放逐 50 萬人到西伯利亞，約占立陶宛總人口 14.3%，蘇聯領導人企圖徹底打消這個頑強民族的抗蘇意志。立陶宛元氣大傷，直到 1987 年訴諸非武力「群眾性防衛」，一種軟性的民族解放運動，再次擺脫蘇聯，重獲獨立，迫使蘇聯 5 個師 1993 年 8 月完全撤出立陶宛。

com.cn/BIG5/64162/64172/64915/4622569.html 下載 2016.11.4。

8　周方冶，〈中泰關係發展的現狀、動力與新戰略機遇〉取自中國—東盟與中泰關係研究第一輯（政治、文化卷）《皮書數據庫》2015 年 7 月 1 日 http://www.pishu.com.cn/skwx_ps/bookdetail?SiteID=14&ID=6619813 下載 2016.11.4。

採用「群眾性防衛」的領袖之一巴德凱維薩斯（Audrius Butkevicius）說：「我們不可能以武力獲勝，這是200年來獨力運動得到的經驗。我們需要新的破冰策略。」有些人質疑，讓手無寸鐵的民眾對付坦克的策略是否道德。他直言不諱，「如果我們採行傳統的軍事防衛，死傷將更為慘重，就像車臣及前南斯拉夫的經驗所顯示[9]。」

▲巴德凱維薩斯（Audrius Butkevicius 1960 -）圖片來源：By Visual Information Specialist Eric Steen, U.S. Army - 150514-A-I0573-183, CC BY 2.0, https://commons.wikimedia.org/w/index.php?curid=47068418下載2017.7.31

巴氏從醫，擔任兩屆國會議員，29歲以少年英姿擔任立陶宛國防部長，策畫並執行反蘇行動。1997年2月獲邀來台分享他的實際經驗，他說，「群眾性防衛」的理論基礎，即「政治權力源自其所存在的社會，人民可以藉著否定其權力基礎而擊退侵略者。」是一種戰略性非暴力抗爭，立足於心理防禦理論，用之於群眾性公民防衛技巧[10]。

他首先利用蘇共總書記戈巴契夫（Mihail S. Gorbachov）的改革時機，從理論和史實上破解蘇聯占領立陶宛的合法性；訴求民族解放，取得境內知識分子和公務員的支持；聯合波羅地海三小國人民，手牽手形成600公里長的人牆，贏得國際輿論的同情與支持；發動30萬非武裝群眾聚集國會、政府和媒體等主要部門，迫使蘇軍武力驅離，全國激憤而一發不可收拾。巴氏坦言，這種防衛方法移植到俄羅斯1991年的軍事政變，是立陶宛的相關專家到莫斯科，與俄國民主運動人士一起在國會大廈前築起人牆[11]。

9　Audrius Butkevicius, 李崇僑譯，〈小國的防衛策略〉演講稿，《新時代小國的防衛策略》（台北：前衛出版社，2001年9月），頁57、62。

10　Audrius Butkevicius,〈小國的防衛策略〉演講稿，頁54。

11　Audrius Butkevicius,〈小國的防衛策略〉演講稿，頁56-63。

巴氏的一番話，對台灣振聾發聵：「一個小國的防衛政策決不可依循大國的防衛邏輯，……任何軍事衝突中，小國都可以掌握到對其有利的時機，運用這些有利的時機就是小國防衛致勝的關鍵[12]。」

　　有人也許會問，既然「群眾性防衛」如此奏效，台灣何需巨資建軍備戰？這就是台灣的優勢，立陶宛被蘇軍占領，無法建軍，沒得選擇。擁有國防，可以懾阻侵略者的僥倖和挑釁，有緩衝時間處理危機，並有條件等待奧援。若加上「群眾性防衛」的充分準備，更能從根本上打消侵略者的意圖和決心。兩者相輔相成，並不衝突。打台灣損失巨大，打完又不能有效治理，何苦來哉！

12　Audrius Butkevicius,〈小國的防衛策略〉演講稿，頁 63。

第十三章

內政：執行力是王道

　　蔡英文勝選之前，台灣完成 2 次執政黨輪替，民主雖有進步，政府執行力卻廣受批評，引發對「民主生病」的感慨。不僅台灣，西方老牌民主國家也出現對民主效率不彰的反思。

　　英國前首相布萊爾（Tony Blair）曾向《紐約時報》投書，抱怨民主政黨內部極端化，顧全大眾利益的溫和競選人無法出線。媒體被大聲公（loudmouth）主導，淹沒中庸觀點。政府推動改革，但受凶悍的利益團體杯葛，動彈不得，議會反而通過譁眾取寵的方案，於事無補。人民雖渴望改革，但不願付出。布萊爾感嘆，光靠投票權是不夠的，政府要能做事（efficacy）才行。《紐約時報》以「民主已死？」為題，道盡老牌民主國家前首相的心情[1]。

　　美國開國元勳對所謂「好政府」曾有定義，最著名的是憲法起草人之一的首任財政部長漢米爾頓（Alexander Hamilton, 1757-1804）。他說，有幹勁的執行力，是好政府（good government）的首要特質，它能免於外敵侵入，保證法律的有效執行，保護人民財產不受非法兼併，維護人民自由安全對抗政黨派系和政治失序的侵蝕。他還說，不論基於何種理論，政府若缺乏執行力，就是一個壞政府（bad government）[2]。

　　200 多年來，美國開國先賢看到今日的景況，恐要大失所望。

　　一、民主制衡失能。早年美國的兩黨政治既競爭又合作，進

1　Tony Blair, "Is Democracy Dead?" *The New York Times* December 4, 2014 http://www.nytimes.com/2014/12/04/opinion/tony-blair-is-democracy-dead.html?_r=1 accessed November 4, 2016.

2　Alexander Hamilton, *The Founders' Constitution*, Volume 3, Article 2, Section 1, Clause 1, Document 13（March 15, 1788），The University of Chicago Press, http://press-pubs.uchicago.edu/founders/documents/a2_1_1s13.html accessed August 30, 2016.

入21世紀，制衡精神漸失，雙方為反對而反對，歐巴馬任內更為嚴重，陷入政治癱瘓。2014年夏季，美國聯邦政府因嚴重赤字，一度被迫關門。槍枝法案，無法通過，沒有一個政黨可以立法限制，個人自由極端擴展。2010年有人建議，世界銀行和國際貨幣基金組織（IMF）的配額結構有問題，無法因應新興國家的要求，但提案躺在國會遲遲未決，直到中國成立「亞洲基礎設施投資銀行」（亞投行，AIIB），看到壓力才趕緊通過。

二、政商掛勾。選舉要經費，企業是金主。漢米爾頓早有警語，好政府是要保護人民財產不受非法兼併。美國老羅斯福總統（Theodore Roosevelt, 1858-1919）上台時，要求國會立法，對壟斷獨佔市場的大企業，或稱托拉斯（trust）予以合理限制，國會未採行動，惹惱這位擅長打獵的慓悍總統，一口氣發起 44 件針對大企業的法律訴訟，故有「托拉斯馴獸師」稱號。此後，反托拉斯的力道式微，從 1978 年起，美國對大企業不利的立法不再出現。

國會立法，處處顧及大企業，美國學生貸款利息甚至高於政府貸款給企業的利息。金融危機期間，政府先救大企業，企業主非但不收斂，生活作息，依然奢豪，輿論撻伐，民怨四起。

三、貧富兩極。美國的貧富差距最為嚴重，埋下社會不安的種子，激化族群衝突。1970年代，美國公司老闆收入是最低薪員工收入的40倍；2007年，雙方差距飆升400倍。從1979-2006年，美國窮人收入增長11%，中產階級增加21%，最富有的百分之一的收入飆漲256%，而最富有的千分之一的收入更狂增至400%。富者恆富，窮者恆窮。金融風暴期間，哀鴻遍野，人民抗議。反抗議的茶黨崛起，拒絕增稅，反對政府管制企業，之後轉向支持共和黨 [3]。

3　林中斌，〈美國：民主楷模 今陷泥淖〉《聯合電子報》2013 年 10 月 4 日 http://paper.udn.com/udnpaper/PID0030/245533/web/ 下載 2016.11.4。

菁英治理

回顧歷史，美國立國之初的設計，非如今日。開國領袖大多是「自然貴族」，不依出身和財富而受尊敬的德才兼備之士。他們並不信任「人民」的智慧，但又擔心獨裁出現，因而設計出結合菁英主導和群眾參與的混合體，美國政治學教授 Robert Dahl 稱之為「多元政體」（polyarchy）。菁英主導的用意是，「保護人民以防他們被自己的愚蠢所傷害[4]。」

在設計上，國會有兩院，人少而任期長的參議院代表菁英，6年選舉 1 次；人多而任期短的眾議院代表群眾，2 年選舉 1 次。兩者相互補強，相互牽制。總統任期最多 2 屆，由人民選出少數菁英的「選舉人團員」投票產生。傳統形式延續至今。

美國開國元勳大多高風亮節。華盛頓（George Washington, 1732-1799），3 次拒絕權力誘惑，不當皇帝，2 屆任滿，主動放棄連任，立下典範。第 3 任總統傑弗遜（Thomas Jefferson, 1743-1826），《美國獨立宣言》主要起草人，死前因辦學而債務纏身，各地捐款仍不足償清債務和醫療費用，其產業最後被迫拍賣。湯姆斯（Thomas Paine, 1737-1809）的名著《常識》（*Common Sense*），振奮人心。他的筆和華盛頓的劍，視為美國獨立運動的兩大支柱。他因主張「自然神論」（deism），遭美國基督徒抵制，死前貧困潦倒，出殯場景淒涼。

美國開國菁英來自五湖四海，各個階層，以他們的才識和條件，大可結黨營私，富貴一生。但他們為理想獻身，不計毀譽，有著貴族般的優雅和氣度。這是「菁英」的真正定義，和學位、頭銜、出身無關。

20世紀中期，美國政治學者發現，國內的菁英比一般群眾更

4　林中斌，〈菁英：民主的支柱〉《聯合電子報》2014 年 5 月 6 日 http://udn.com/NEWS/OPINION/OPI4/8656849.shtml#ixzz30uHmnJNe 下載 2016.11.4。

積極防範獨裁，更懷疑選出的官員會濫權。同時，菁英也更容忍不同意見的表達，更能服從多數，尊重少數。這些都是維持優良民主制度的要件。雖然弔詭，但可以說，當時美國民主維持已近200年，菁英是主要支柱，這派學說稱為「民主菁英論」（democratic elitism）。對優良的民主而言，群眾像麵包，菁英更像維他命，不可或缺。

台灣要走什麼路，要有自己的主見，美國的路不能照單全收。以目前台灣的處境，執行力比任何時刻都要來得重要而緊迫。民主、自由、人權固然重要，但沒有一個價值可以無限擴張而不受約束，否則價值本身也變成了某種「獨裁」。

自由無價？

法國政治學大師 Raymond Aron 說：「歐洲沒有一個國家，像今天的中國和印度一般，快速發展經濟的同時，享有民主。當歐洲19世紀開始工業化，煙囪快速林立，建造更多橋梁和鐵路時。歐洲沒有國家同時享有個人自由、公民普遍投票權和議會制度[5]。」

他還說，1945 年之後，新加坡、台灣、馬來西亞和南韓的經驗告訴我們：「蓬勃的資本主義經濟需要配上限制的民主（that a flourishing capitalist economy always was compatible with the denial of democratic rights）[6]。」

在美國，個人自由並非無限。1892 年，鋼鐵大王卡內基（Andrew Carnegie, 1835-1919）打算調降工資，引發工人罷工，僵持不上，最後賓州州長動用民兵開槍鎮壓工運，造成幾十人傷亡，工會領導人因謀殺罪被捕。

5　Pankaj Mishra, "The western model is broken" *The Guardian* October 14, 2014 https://www. theguardian.com/world/2014/oct/14/-sp-western-model-broken-pankaj-mishra accessed November 4, 2016.

6　Pankaj Mishra, "The western model is broken".

1932 年，美國政府拒絕 20,000 名退伍軍人，要求立即支付其在第一次世界大戰的服役薪金，導致萬人在華府抗議，警方驅趕不成，擔任陸軍參謀長的麥克亞瑟（Douglas MacArthur, 1880 － 1964）奉命以騎兵、坦克等武力清場，造成數名退伍軍人死亡，數百人受傷，包括兒童婦孺，史稱「補償金事件」（Bonus Army incident）。

　　2011 年，阿拉伯之春在美國華爾街點燃，近千名示威者進入紐約金融中心，抗議金融集團貪婪，貧富懸殊。群眾占領華爾街 59 天，警方強力驅逐，約 200 人被捕，抗議活動尚不如維持 75 天的香港占中運動。可見自由並非無價。

　　新加坡的執行力有目共睹，卻因壓制反對黨，箝制媒體、嚴刑峻罰，被西方批評為「非自由式民主」（illiberal Democracy）。建國之父李光耀（1923-2015）不在乎外界批評，他只擔心人民如何評斷他，及其卸任後，國家的制度是否健全、公正和有效，使後繼者能承襲好的治理品質。

　　李光耀不想從政，想當律師，幸福度日，不料因緣際會而走上政治不歸路。他不認為自己是政治家，反指自認是政治家的人，需要去看心理醫師。他坦承做了些「傻事」，包括未經審判而囚禁同僚。他成長在一個三代同堂的家庭，潛移默化成了儒家思想信徒，以「君子」自我期許，努力行善，忠於倫常。他說，其基本哲學是社會要順利運作，以民為念，社會利益優先於個人利益，這和美國個人權利至上的原則大大不同[7]。

　　就政府角色而言，李光耀和美國開國元勳的看法並無二致，主張唯有效能政府可以提供架構，使人民在其中實現需求。新加坡政府的執行力，佳評如潮，不再贅言。但有兩點格外值得台灣借鏡，這兩點長期困擾台灣施政的品質，導致戰略失焦，政策搖擺不定。

7　Graham Allison, Robert D. Blackwill, Ali Wyne, 林添貴譯，《去問李光耀——一代總理對中國、美國和全世界的深思》（台北：時報出版社，2013 年 7 月），頁 186、165-66。

超越媒體

台灣政治愈來愈受制於媒體，也利用媒體；媒體則愈來愈受制於政治，也利用政治。各自立場鮮明、利益相通，人員互流。這個生態打不破，也不能打破，因為它有市場需求與民主必要的體現。為政者要注意它，更要超越它；注意它是因為有些言論是真的，超越它是因為多數言論捕風捉影，顛倒是非，別有居心。

新加坡的媒體生態和台灣大不相同，但李光耀對媒體的體會往往一針見血。他說，「必須克服被媒體掌握靈魂的習慣；別理會新聞媒體說些什麼；如果天天想的是民意支持度，施政會失去重點。」他治理新加坡依此原則，「不必總是顧慮如何才能擄獲民心……有時候你必須徹底不顧慮民心。」關鍵是，任期結束時，要有政績，讓人民看到你做到「應為之事」，肯再次投票給你[8]。

李光耀還認為，只顧民調高低的領導人，是弱勢領導人，稱不上領導人。他只會追風，隨風飄流。重點是，領導人要確信所做之事是對的，就勇往直前，直到事態明朗，人民自然瞭解。施政要有充分表現，就能使反對者轉為支持者。按他的標準，台灣多是弱勢領導人，稍微強勢一點，不是莽撞，就是輕率，對內疏於溝通，對外怯於說明。

任人唯才

李光耀非常強勢，並非獨斷獨行。他多次公開讚揚開國元勳之一的副總理吳慶瑞（1918-2010）。兩人看法不同，吳挑戰李的決定，讓李重新檢視決策。吳慶瑞精通金融財政，廣為人知，1979年應鄧小平邀請訪問北京。鄧會見時，力邀他離職後受聘出任中國

8　Graham Allison, Robert D. Blackwill, Ali Wyne, 林添貴譯，《去問李光耀——一代總理對中國、美國和全世界的深思》，頁151。

國務院的經濟顧問，數年後果然兌現，吳擔任中國政府顧問近 6 年之久。

除了財政，吳慶瑞還 2 次擔任國防部長，前後 11 年。不是新加坡沒有人才，而是他「精通國防事務」。李光耀回憶，吳嫻熟《孫子兵法》、普魯士克勞塞維茲（Carl Von Clausewitz, 1781-1831）、英國李德哈特（Liddell Hart, 1895-1970）等戰略經典名著，群覽軍事雜誌，瞭解新型現代武器：「他常常送我書本、文章，添滿註腳，堅持我必須詳讀，有充分瞭解才能做決定[9]。」

李光耀慧眼識英雄。吳慶瑞不僅建立強制性義務役制度，解決兵源問題，籌建自己的武裝力量，還發展特有的新加坡國防工業。吳接任防長之前，只有兩個步兵營和一艘木製軍艦，上任後成立國防特許工業，專司部隊槍彈製造，以多元和科技化經營，其前瞻作法，使新加坡從一個毫無國防經驗的國家，至今能自產彈藥、坦克和軍艦，是任人唯才的最佳寫照[10]。

李光耀自稱，他用 40 年時間試圖物色人才擔當大任。這是他長期執政不受挑戰所擁有的條件，台灣情況不同，卻不能不注意他選拔人才的用心和嚴謹，注重人才的分析力、掌握事實的邏輯力，以及對原則重點的專注力。理論是知性上很有吸引力的陳述，新加坡只求務實。李光耀說，學術界一度盛行開發經濟學派理論中的「壓榨」觀點，認為跨國公司榨取廉價勞力和原料，會把落後國家榨乾。他不認同，反而大開國門，向跨國公司學習如何做事，有何不可？「柏拉圖、亞里士多德、蘇格拉底等等，我沒有接受他們的指導……我關心的是什麼方法奏效[11]。」

9　Graham Allison, Robert D. Blackwill, Ali Wyne, 林添貴譯，《去問李光耀——一代總理對中國、美國和全世界的深思》，頁 185。

10　楊丹旭，〈高瞻遠矚，構建經濟國防基礎〉《*Singapore Economic Development Board*》2015 年 8 月 9 日 https://www.edb.gov.sg/content/edb/zh/news-and-events/news/2015/20150809news01.html 下載 2016.11.4。

11　Graham Allison, Robert D. Blackwill, Ali Wyne, 林添貴譯，《去問李光耀——一代總理對中國、美國和全世界的深思》，頁 170-71。

新加坡小國寡民，但是她的表現在世界經濟、金融、創新等各項評比當中，大多出類拔萃。每年在新加坡舉行的香格里拉論壇，成為亞太地區最重要的戰略對話平台。近年中國、美國、日本等軍政首腦，無不在此脣槍舌戰，進行戰略摸底。在兩岸關係上，新加坡在所有華人社會中扮演無可取代的角色。新加坡有今日成就，李光耀總結了 12 字箴言：堅定領導、有效政府、社會紀律。台灣具備幾項？

溝通協調

　　外交是內政的延長，戰爭是政治的延續。歸根究底，盡出內政。中國歷史上善於治國，又善於治兵者，春秋齊國管仲、戰國秦國商鞅、三國蜀國諸葛亮，都是先求內治而後用以制敵。馬英九的兩岸政策，受人詬病的不完全是內容。加強交流，互惠互利，乃天經地義。問題是，他的順序顛倒，把兩岸共識置於內部共識之前，必然帶來 2 種後果。

　　一、強行通過協議不能持久。反對黨上台，可用民意重審。反之亦然，政黨惡鬥循環，政策不能一貫。

　　二、以外制內引發反彈。企圖造成既成事實，只會引起內部更大抗爭，加深族群和兩岸之間的仇恨，互信更難建立。

　　內部共識不成，是溝通不良，協調不足的結果。主要責任在執政黨，在最高領導人。不管何黨執政，均受同樣檢驗。李光耀霸氣十足，並不影響他對基層的溝通。他經常花時間說服人民，解說政府政策值得支持，並激勵人民協助政府實行這些政策。

政策執行要溝通，更要協調

　　隸屬新加坡國立大學的李光耀公共政策學院 2003 年成立，吸引國際各行專家前來學習「新加坡模式」，交流經驗，不少是政府

官員。淺野大介任職經濟產業省 10 年，稱得上日本官僚精英。他說，原有機會去哈佛大學做訪問學者，但從哈佛、史丹福回來的同事很多，一點也不稀奇，他更願意去一個亞洲國家吸取經驗。

據他所知，新加坡曾向日本政府學習，如今輪到日本向新加坡學習。來新加坡學習的日本官員對日本「民主」過多，導致任何決策都遙遙無期感到無奈，對新加坡「政府運作、部門間溝通非常高效」而大表讚賞。新加坡官員有強烈的國家意識，日本官員只代表他們各自部門，而非整個國家，官僚主義嚴重，日本應該把「高效引進我們的行政系統中[12]。」

來自印度的 Vinod，是一位局長級的稅務官員，攜家帶眷來學習全球公認高效運作的星國稅務部門。他認為，新加坡獨特的模式有不少借鏡之處，包括專注公共管理效率，從小反復灌輸多元種族和多元文化的價值觀，強調母語等。

Mauricio 出生南美，長於紐約，印尼工作，曾協助聯合國為東帝汶進行第一次選舉，見多識廣。據他觀察，新加坡的獨特在於「小」，他國借鏡需要很多調整，並非人人可學，但新加坡「任人唯賢、廉潔、高效等優點，」非常值得中國等大國借鑑。

台灣內閣

執政需要團隊，團隊以集思廣益為先，在內閣落實。

英國內閣會議，共 23 人，包括首相及部長，每週 1 次。

美國內閣會議，共 16 人，包括總統及 15 位部長，時間不定。以雷根（Ronald W. Reagan, 1911-2004）總統第 1 年為例，1 個月約 3 次。

12　葉蘊，〈因「新加坡模式」千里結緣于李光耀公共政策學院〉《聯合早報網》2011 年 5 月 9 日 http://lkyspp.nus.edu.sg/wp-content/uploads/2013/03/20110509_zaobao_SingaporeMode.pdf 下載 2016.11.4。

中共現有 7 位政治局常務委員，包括總書記、總理等，是全國最高權力核心，經常舉行他們的「內閣會議」。

台灣呢？有 2 個類似「內閣會議」的機制：行政院院會和國家安全會議。

行政院院會每週 1 次，但有 2 項缺陷：

一、國家領袖（總統）不參加，可是政策出問題他要負責。會中如果討論涉及總統職權的政策（國防、外交、兩岸），行政院院會不敢定案。

二、體制龐大無法商議。參與者包括行政院長及副院長，35 位部會首長、9 位部長級的政務委員、5 位直轄市市長，共 51 人！如何聚焦解決困難問題？實際上，「院會」變成集體扛責通過例行議案的橡皮圖章。

國家安全會議直屬於總統，總統召開會議，共 13 位首長參與。但國安會有特定議題，並非全面商議國事，亦非經常舉行。因此缺團隊精神。個人主義高，會議內容常遭曝光，導致總統開會不敢邀集所有閣員。閣員有時看報才知悉重要決策，兩者惡性循環。

國安會是常設的總統幕僚機構，編制 100 多人。部門主管不定期召集相關部會研究問題，但參與者多半低於部長，內容偏技術細節。只作建議，無法決策。

說來不可思議，台灣竟然沒有一個具備完整功能的「內閣會議」。無怪前副總統蕭萬長語重心長，「政府危機意識不足，延誤決策。」那是因為各方狀況無法及時在總統和閣員前彙報。

為今之計。可考慮以下變通措施：

一、總統授權國安會秘書長召集常態性聚會。彈性解釋總統召開國安會之法源文字：「國家安全重大變故之相關事項」。發揮國安會政策辯論的功能；讓院會負責通過法案。參考加拿大 12 位成員的小內閣（inner cabinet）和 33 人的大內閣（outer cabinet）制度。

二、化零為整。整合性質類似部會在國安會成員之下，如出席國安會的內政部長，可經橫向聯繫代表農委會、勞委會、衛生署、環保署等。依此類推。

記得李登輝主政的一段時間，每週二上午 8 點有早餐會，由總統府副秘書長蘇起、外交部長程建人共同主持；國防部副部長伍世文、陸委會副主委林中斌、經濟部次長林義夫、國安局副局長黃磊、海基會副秘書長許惠祐等應邀參加，是當時部會之間唯一的常態性協調機制。經常見面，彼此認識，緊急事務，晚上 12 點打電話都可以，聯絡快速[13]。

早餐會時，沒有長篇大論，口頭交換意見後，各自帶回給部會首長，掌握最新狀況。互相通氣，效率提升。這雖只是部分副部長階層的準內閣會議，已經發揮了原來沒有的橫向聯繫功能。

到了陳水扁時代，流於形式，主持人不是國安戰略和大陸事務長期涉獵的人。長篇大論，功能不彰。國安會、外交部、國防部和陸委會首長，久不見面。一說是擔心總統誤會國安會攬權，實情無從證實，惡果逐漸浮現，部會不同調，危機反應不及，頻遭民怨。

13　林中斌，〈台灣的內閣會議〉《聯合新聞網》2012 年 7 月 3 日 http://udn.com/NEWS/OPINION/OPI4/7199436.shtml 下載 2016.11.4。

第十四章

國防：戰略防守、多重嚇阻

　　要制定台灣國防戰略，必須先了解台灣面臨的共軍威脅。要了解共軍威脅，必須先掌握北京全盤對台的方略。中國共產黨從1921年建黨以來，從來不單獨處理軍事問題。中共軍事一向是超越軍事的大戰略中的一環。國軍內戰失利部分原因就是忽略中共超軍事手段和軍事手段合併的運用。今日台灣如果再度就軍事論軍事，來處理對岸的威脅，將再度重蹈覆轍。

中共統台手段

　　北京統台手段分「文統」和「武統」2大類。「文統」就是北京官方語言所說的「和平統一」。「武統」就是筆者（中斌）所寫過的「阻美奪台」[1]。「文統」和「武統」又各分2策，一共有4策：上上策「心靈契合」；上策「不戰統台」；下策「點穴戰」或癱瘓戰；下下策「傳統戰」或殲滅戰。（請見附表「中共統台手段」）

　　「阻美奪台」中的「阻」包括「嚇阻」和「阻礙」2層意思。「嚇阻」簡單的說，就是用擁有的核子武器對美所作的心理戰。共軍已擁有的各式長程彈導飛彈，上攜多個核子彈頭，可從陸上移動的卡車或從海底潛艇發射，讓美國預防困難。如陸基的「東風-41」洲際彈道飛彈，及從海面下發射的「巨浪-2」洲際彈道飛彈。冒風險派航母來救援台灣？美國政府會躊躇不前。

　　「阻礙」是用共軍已擁有的各式「航母殺手」或共軍之前所

1　林中斌，〈不戰而主東亞：北京新大戰略下的對台策略〉《以智取勝》（台北：全球防衛雜誌社，2005），頁512。

中　共　統　台　手　段			
上上策 （不無可能）	**和平統一**	**心靈契合**	• 中國大陸多方進步 • 北京領導穩固自信 • 台灣自願
上策 （現在進行）		**不戰統台**	北京運用「超軍事手段」 • 三戰：心理戰／輿論戰／法律戰 • 外交圍堵 • 經濟：買台／窮台
下下策 （可能性低）	**阻美奪台**	**點穴戰** （癱瘓戰）	數日 • 首戰即決戰 • 避免流血和破壞 • 內應、網路戰、電磁脈衝炸彈
下下策 （可能性趨近零）		**傳統戰** （殲滅戰）	7-14天 • 飛彈攻擊、海空戰、空降戰、登陸戰、巷戰、山地戰 • 雙方傷亡慘重 • 共軍占領廢墟 • 兩岸深仇大恨 • 北京暴力統治 •「中國夢」破
構思製圖：林中斌　2017年3月17日			

稱的「殺手鐧」，使美軍航母群到達台海之前已被擊沉。共軍有全球唯一打擊軍艦的彈導飛彈「東風 -21D」和「東風 -26」，也有從潛艇發射的巡弋飛彈，防不勝防，又可尋找目標，和由水面艦艇發射的反艦飛彈等。既使美國有反制「東風 -21D」的武器[2]，共軍尚有其他下列的選項。

• **傳統戰（殲滅戰）**：共軍用下下策「傳統戰」或「殲滅戰」

2　Arthur Dominic Villasanta, "US Navy Reports Successful Test of Missile that can Destroy China's DF-21D 'Carrier Killer'" ***China Topix*** December 17, 2017　http://www.chinatopix.com/articles/108369/20161217/navy-reports-successful-test-missile-destroy-china-s-df-21d.htm accessed March 17, 2017；Harry J. Kazianis, "Is China's "Carrier-Killer" Really a Threat to the U.S. Navy?" ***National Interest*** September 2, 2015 http://nationalinterest.org/blog/the-buzz/chinas-carrier-killer-really-threat-the-us-navy-13765　accessed March 17, 2017.

攻台約 7-14 天 [3]。其內容包括我們依戰事往例所預期的飛彈攻擊、海空戰、空降及登陸戰、還有巷戰。但是結果是：雙方傷亡慘烈，共軍占領一片廢墟，兩岸深仇大恨，北京暴力統治，習近平所提的「中國夢」破碎不返。對未來擁抱憧憬的北京而言，代價太大，不值得。「傳統戰」可能性趨近於零。

毛澤東說過：攻台之先決條件是空優與內應。其意義是避免正面攻堅。武力奪台對北京來說最好用巧取方式。這種思維可上溯毛澤東，根源深遠，至今不變。

北京萬一要對台用武應會用「癱瘓戰」（war of paralysis），即筆者（中斌）之前所提的「點穴戰」，而非「殲滅戰」（war of annihilation）。「點穴戰」的精神是「點其要穴癱瘓其全身 [4]」，把台灣像個光鮮亮麗的新娘分毫未傷的奪在懷抱中。

- **點穴戰（癱瘓戰）**：若共軍用下策「點穴戰」或「癱瘓戰」攻台約數日 [5]。1990 年末期，共軍其實已不太討論對台封鎖的選項。因為那種作法曠日廢時，會引發大陸內部權力鬥爭的複雜性，也會讓國際多變的情勢橫生枝節。取而代之的便是：「不打沒有把握的仗」（毛澤東說），和「不打則已，要打的話，首戰即決戰 [6]」。「點穴戰」依賴「內應」、網路戰（cyberwarfare）、和「電磁脈衝炸彈」。目的是減少人員的流血和基礎建設的破壞。此選項可能性比傳統的殲滅戰高，但是流血仍然不可避免，所造成的民怨構成日後統治的困難。北京近年來國

3　吳明杰，〈我擋共軍兩周 李傑：美要求的〉《中國時報》2005 年 03 月 11 日，頁 A10。

4　張有才，〈登陸戰役電子對抗作戰指導的幾個問題〉《高技術條件下作戰指揮研究》（北京：國防大學出版社，1997 年 1 月），頁 328。

5　林中斌，〈點穴戰爭：中共研發下世紀的戰略武力〉《核霸》（台北：台灣學生書局，1999 年），頁 1-32；〈我記得我們之前的兵棋推演最慢是 72 小時〉《微博》2016 年 12 月 15 日 weibo.com/1890872744/EmacN3AK4 下載 2017 年 3 月 2 日。

6　趙栓龍，〈首戰即決戰與新時期軍事鬥爭準備〉《解放軍報》1998 年 8 月 18 日，頁 6。

力上升，擁有許多其他不流血的「超軍事」手段（extra-military instruments）。用此下策的必要性與時遞減。其可能性低。

對台動武已是北京的下策或下下策。上策是「不戰統台」，也就是筆者（中斌）之前所特別寫的「買台灣比打台灣便宜。」

- **不戰統台**：北京對台的上策，也是目前在進行的選項，是「不戰統台」。北京並未正式宣稱放棄對台用武，雖然在2004年之後的中共國防白皮書不再提「不放棄對台用武[7]」。北京官方以無言的軍事威脅為後盾，運用超軍事手段為前鋒，希望最後達到統一的目的。超軍事手段包括：「三戰」即心理戰、輿論戰、法律戰，外交上圍堵台灣，經濟上或「買台」（亦稱「惠台措施」）或「窮台」。

- **心靈契合**：北京對台的上上策是習近平 2014 年 9 月在接見台灣訪賓所提的「心靈契合[8]」。這選項的先決條件是大陸更加進步而對台灣更有吸引力。附帶的條件是：北京領導人權力基礎穩固，有把握對台展現恢廓大度，而不擔心被競爭者用「對台軟弱」為理由挑戰其權威。於是台灣自願與大陸在某種安排下連接整合。

其實，北京領導人權力愈穩固，他對台灣問題愈有信心，而態度愈不急迫。強人鄧小平曾經說兩岸統一可以等 50 年，甚至 100 年，「100 年不統一，1,000 年也要統一的[9]。」習近平也的確曾經表示：只要大陸自身強大，台灣問題自然就解決了[10]。

7　羅文俊，《不能說的祕密：中共白皮書之戰略意涵 1998 - 2010》（台北：致知學術出版社，2013 年 5 月），頁 112。

8　陳柏廷，〈習近平首次深入談統獨：絕不容分裂 要心靈契合的統一〉《中國時報》2014 年 09 月 27 日 http://www.chinatimes.com/newspapers/20140927001805-260102 下載 2017.3.2。

9　〈一國兩制〉《維基百科》https://zh.wikipedia.org/wiki 下載 2017.3.3。

10　宋秉忠，〈和統是主調 涉台高層示訊號〉《旺報》2017 年 1 月 23 日，頁 A2。

針對以上所呈現的中共統台手段，台灣的反制不能只限軍事。比方說，我方部署重兵在西面，東面防衛稀薄，而對方由東面進攻，如入無人之境。如果台灣只防備對方軍事犯台，北京運用超軍事手段對台，我方毫無準備，無法因應。台灣的大戰略必須超越軍事，包括對國際大局趨勢之評估、中國內部權勢動態之掌握、台灣外交、兩岸經濟、社會和文化的牽連等等。在如此全盤的架構下，討論台灣的國防才不會落於以管窺天。讓我們先審視台灣的國防的挑戰，再探討台灣的超軍事的大戰略。

台灣還需要國防嗎？

　　幾年前，兩岸情勢緩和，台灣經濟疲軟，政府預算拮据。有人質疑：台灣還需要國防嗎？其實，台灣需要國防至少有 4 個原因 [11]：

- **嚇阻共軍犯台**：台灣備有國防能量，使北京若以武力犯台必付出代價。若北京內部鷹派主張對台動武，北京內部穩重派將以武力對台代價太高，說服鷹派放棄對台動武。
- **兩岸談判的後盾**：如果將來兩岸展開談判，台灣若無國防做後盾，將陷入予取予求之劣勢。即使在兩岸和平時期，台灣的軍力不可或缺。正如歐洲中立國瑞士（1815 之後）和之前的瑞典（1812-1995），都有精良的武力做後盾的道理是一樣的。
- **護漁護島**：台灣與菲律賓、日本等鄰國常有漁事糾紛。台灣漁船常遭扣留。在可能情形下，台灣海軍至少能馳援保護漁民。台灣在南沙太平島的疆域更需要軍力護衛。台灣的國防軍力不只是對付共軍的威脅而已。
- **救災**：世界進入 21 世紀，「非傳統安全」的威脅上升。

11　林中斌，〈我們還需要國防嗎？〉《財訊》2009 年 4 月 1 日，頁 66-68。

全球天然和人為災害頻仍。雪災、森林火災、地震、火山爆發、海嘯、海盜劫船、恐怖攻擊、傳染病變多。包括中國在內的世界大國，都更重視發展「戰爭以外的軍事行動」能力，台灣如何能例外？台灣加強此種能力，可因應國內災變，也可參與國際救援[12]。

解除台灣國防桎梏：戰略防守、戰術攻擊、多重嚇阻、聚散自如

台灣國防最明顯而具體的困境有 2。一是經濟疲軟，購買昂貴的高科技武器，錢從哪兒來？二是即使有錢買，賣主（美國）願意出售給台灣嗎？例如，台灣多年來對美要求購買 F16 -C&D 戰機，但一直無法如願。雖然韓國都從美獲得 F16- C&D 戰機，台灣就是不能。

若台灣寄望於性格善變、團隊多事的川普總統大力軍援台灣，實際嗎？解放軍已快速現代化，多核彈頭的東風 -41 洲際飛彈可打擊全美。共軍專打航母戰鬥群的東風 -21D 及東風 -26，還有自潛艇發射的巡弋飛彈，都可讓馳援台海的美軍躊躇不前。1995-96 年台海危機時，美軍派 2 艘航母戰鬥群前來嚇阻共軍的場面不再可能出現。

美軍不到，國軍抵擋共軍即使數周，最後也無力固守。嚇阻共軍登台最有效的選項，無法靠軍力，必需靠心理。

因此，台灣必須放棄傳統思維，另找國防的出路。出路有 2：一是重訂國防指導原則，由文字累贅、語意軟弱的「防衛固守、有效嚇阻」，調整為「戰略防守、戰術攻擊、多重嚇阻、聚散自如」，減縮版為「戰略防守、多重嚇阻」。此為 2009 年 4 月筆者（中斌）所提出之建議[13]。二是培養廉價制敵的「水泥叢林的游擊戰」能力[14]。

12　林中斌，〈我們還需要國防嗎？〉。

13　林中斌，〈我們還需要國防嗎？〉。

14　林中斌，〈水泥叢林游擊戰〉《中國時報》2005 年 4 月 5 日，頁 A4。

原來國防指導原則中的「防衛」與「固守」意義重疊，單說「防衛」已足夠，多說「固守」有壯膽之嫌。單說「嚇阻」已足夠，多說「有效」，反而引人聯想「難道有無效之可能？」，不免沾了「此地無銀三百兩」之嫌。

又，「防衛固守」語氣比「戰略防守」被動。因為「防衛固守」只是守勢而已，但「戰略防守」包含了「戰術攻擊」的意涵。其全文是「戰略防守、戰術攻擊」。在減縮版中只提「戰略防守」也是「藏鋒」之意，有助於兩岸和諧氣氛的培養。

「戰略」觀念的特色是時間長、空間大、面向多（軍事／政治／經濟／社會／外交等等）。「戰術」在觀念上是時間短、空間小、面向少（軍事而已）。台灣在戰略高度是防守，無意攻擊對岸。而在戰術階層是攻擊。意指萬一被共軍侵犯，台灣要有精良的殲敵能力。

「多重嚇阻」意為台灣把有限的經費，聰明的分配到不同層次的武力上，以消除北京動武攻台的意願。不同層次的武力由高科技到中科技到低科技，由昂貴到低廉、由少量到多量。例如 15% 昂貴的高科技武力、25% 次昂貴的中科技武力、60% 相對起來低廉的低科技武力。3 者的比例依序可為 30%、30%、40%，或其他組合，由國防部深入研究後決定。

台灣第一重嚇阻是兩岸交往。第二重嚇阻是高科技和中科技戰力。第三重嚇阻是水泥叢林游擊戰。但不是硬碰硬慘烈的城鎮戰，如二戰中的史達林格勒之役。

「重層嚇阻」是台灣國防部 2017 年 3 月初揭櫫的戰略指導。參謀本部作戰與計畫次長姜振中被立委問到：「多重嚇阻」，和「重層嚇阻」有何差別？他說「是一樣的」[15]。既然「多重嚇阻」是筆者（中斌）自 2009 年 4 月起便多次發表的建言，故在此書中仍然沿

15　涂鉅旻，〈「重層嚇阻」戰略定義？ 國軍說不清〉《自由時報》2017 年 3 月 2 日 http://news.ltn.com.tw/news/politics/breakingnews/1990759 下載 2017.3.8。

用[16]。

因為共軍學習美軍高科技戰爭的打法，我們要學習讓美軍灰頭土臉的伊拉克游擊隊的打法。何況，台灣從南至北都是水泥樓房，掩體比伊拉克黃土一片好太多。

共軍一旦發動攻台，遲早會登陸。台灣平日就要展示能力：共軍登台容易，但結束戰事困難。因為化整為零的獨立狙擊手神出鬼沒，今天放 2 槍，後天打 4 槍，除之不盡。下決定攻台的北京領袖便會遭內部政敵責難和挑戰，甚至面臨奪權的威脅。這種可能性，便會嚇阻最初決定軍事攻台的領袖。因而一開始，他便不隨意下令攻台。

如果北京領袖避免軍事攻台，而採取軍事以外的手段統一台灣，台灣國防部的任務已大致完成。處理其他兩岸的挑戰，便可交給國防部以外的部會。

這種「水泥叢林的游擊戰」能力要經常展示，以無言的方式嚇阻北京領導切勿武力攻台。

狙擊手可獨立作業，萬一國軍指揮系統被共軍打斷。打斷國軍指揮系統的「電磁脈衝」彈頭共軍已擁有多年，而且不需要引爆小型核彈產生「電磁脈衝」效應。它可破壞我方電子通訊系統，而無人傷亡。此種彈頭可配在各式飛彈上，可由戰機空中扔擲，亦可裝在背包裡由單人攜帶潛入我方引爆。

「水泥叢林的游擊戰」不是慘烈、玉石俱焚像史達林格勒一般的正規戰、城鎮戰。它應該是像毛澤東所說的「敵來我退，敵駐我擾，敵疲我打」的游擊戰。

台灣獲得昂貴的高科技戰力，操之在人。但培養低科技戰力，操之在我。後者即是「不對稱戰爭」：台灣以「水泥叢林的游擊戰」對付共軍戰機、軍艦、飛彈的高科技戰爭，達到嚇阻的目的。

1963-1975 年間，來台參與「明德專案」的德軍將領奧斯卡‧

---

16 林中斌，〈我們還需要國防嗎？〉，頁 68。

孟澤爾（Oskar Munzel 1899-1992）、庫爾特・考夫曼（Kurt Kauffmann）等早已建議：對抗共軍，台灣以寡擊眾、節約物資應為國軍建軍採取的方向，包括組建山地部隊，加強台灣防衛作戰。可惜歷時 3 年的谷關山訓和實驗，因陸軍總司令于豪章視察演習墜機重傷後而「人損政息」，谷關山地實驗營最終付諸東流，當初成立山地旅的構想也就不了了之 [17]。孟澤爾是身經一次及二次大戰，並曾在閃擊戰名將古

德林（Heinz Guderian 1888-1954）麾下歷練的老將 [18]。其眼光反映出戰場出生入死務實的經驗，並非標新立異之學說。當時台灣都市化尚未普及，望眼皆為天野和山地。如今台灣，高樓大廈比比皆是。以前以山地為掩體的游擊戰觀念，在今日自然延伸適用於以「水泥叢林」為掩體的另類游擊戰。

有人說台灣青年生活舒適、體力低落、缺乏鬥志，不適合打「水泥叢林的游擊戰」。我要反問：有沒有任何戰爭適合生活舒適、體力低落、缺乏鬥志的青年打？難道我們打按鈕式的高科技戰爭會更有把握拒敵於境外嗎？而且，購買昂貴的高科技武器的經費從哪來？

此外，生活舒適、體力低落、缺乏鬥志更像台灣北部青年。中南部青年不盡如此。

何況，伊拉克游擊隊成員估計為 3,000 至 7,000 人，占全伊拉克 3,700 萬人口萬分之一至萬分之二。對照台灣 2,300 萬人口，所需游擊隊員為 2,000 至 4,000 人，占 2015 年國軍志願役人數 14 萬

---

17 王玉麒，《明德專案：德國軍事顧問在台工作史實 1963-1975》（台北：莊威出版，2007 年），頁 24、122-133。

18 Samuel W. Mitcham, *The Panzer Legions: A Guide to the German Army Tank Divisions of World War II and Their Commanders* (Mechanicsburg, PA: Stockpole Books, 2000) p.204.

的 1/70 至 2/70。也就是說，在國軍志願役 70 人中找 1 至 2 人。會很困難嗎？

「水泥叢林的游擊戰」嚴格說並非城鎮戰，但與城鎮戰有類似之處。前者更注重機動單兵的獨立作戰。其相應的準備，眼下至少有3項可以進行。一、恢復我特戰部隊並提升其配備及演訓。二、全民國防配合特戰，演訓後勤醫護。三、國防大學廣收近來以弱對強非對稱作戰的戰例，並派人實地勘查。

台灣大戰略下的國防

台灣要以「水泥叢林的游擊戰」的非對稱戰力，注入在「戰略防守、戰術攻擊、多重嚇阻、聚散自如」的戰略指導中。這才是台灣大戰略下的國防。其最後的目的超越了台灣軍事的安全。

21 世紀的大趨勢是：中國快速崛起，雖然摸了石頭過河，不免跌跌撞撞，但長期下來持續在多方進步，包括經濟發展、治理能力、社會環保、文化心靈、軍事力量、外交影響。美國今日依然是全球首強，未來數十年仍然舉足輕重，但內部沉疴久積，包括政黨惡鬥、治理癱瘓、族群矛盾、社會腐化，美國整體活力大不如前。相對於中國而言，美國經濟成長遲滯。

歷史的經驗告訴我們，國家、公司、個人等有機體都有類似的發展軌跡：成長、茁壯、衰老。中國是新興的強權，內部問題很多，但是百年衰弱和文革混亂在集體記憶裡的悲慘和痛苦猶新，鞭策國民奮進向前。這種衝刺決心，在享受百年霸權後的美國已不復見。

台灣無法避免思考兩岸統一的可能。

對台灣最有利的前景是：

- 盡量延緩兩岸統一的時間表。
- 盡量加速中國大陸多方的進步。

最後，進步的大陸對台灣有足夠的吸引力，台灣自願地與大陸整合。

台灣面臨的挑戰是：如何以有效的國防——簡稱「戰略防守，多重嚇阻」——爭取足夠的時間，一方面讓大陸政治、經濟、社會繼續大幅進步，二方面讓台灣真正的優勢——社會——在兩岸間發揮作用。以潛移默化的方式，台灣善意的協助質變大陸的社會，輔助提升彼岸人民生活的品質。最後，大陸社會水準提升，人民感受到台灣的善意，自然對台灣有好感，台灣最終也獲益。何況，大陸社會水準提升，生活方式優質化，自然的影響到大陸政治。一個「和」多於「鬥」的大陸政治體制，對大陸人民、台灣、亞太地區、甚至世界人民皆為有益。

其實兩岸太早整合，會引起北京消化不良，對大陸不全然有利。當全中國大陸各省都要求像台灣一般舉行全民投票選舉官員，北京處理不免棘手。

台灣大戰略 [19]

大戰略超越軍事，包括外交和內政。台灣呢？它還包括兩岸政策。

國家的大戰略如果能說清楚，國防部容易策劃軍事戰略，外交部、陸委會、經濟部、文化部等也容易規劃各自政策。否則，各部會揣測「上意」，因而傾向保守：少做少錯，不做不錯。

台灣也許有大戰略。但孤陋寡聞的筆者中斌尚未知悉，因而冒昧建議以下環環相扣的 6 項：

一、理性自認小國。歷史上小國和大國硬拼，成功的沒有，遭殃的很多。小國無法以力取勝，也無法以錢取勝，更無法以悲取勝，必須以智取勝。小國最重要的是生存。正如孫子兵法所說：

---

19 林中斌，〈台灣的大戰略〉《聯合報》2012 年 6 月 4 日，頁 A15。

「亡國不可以復存[20]」。對國家人民來說，若生存受威脅，榮譽、驕傲、尊嚴都淪為奢侈品。

二、務實面對兩大。美國經濟成長遲緩、兩黨惡鬥政治癱瘓、軍費消減，但仍為 21 世紀舉足輕重之強國。中國大陸 GDP 已占世界 15%[21]，距明朝的 30% 尚遠，但其成長已占世界成長 30% 多[22]，潛力雄厚。台灣沒有本錢與兩大之中任何一方交惡。

三、立足平衡中點。目前，台灣太近美方不利經濟；太近中方不利安全和民主。何況台灣太近任何一方，便被它「吃死」。台灣若立足兩者間之平衡點，雙方皆將爭取。

四、兩岸和平交往。金融風暴下，中國大陸最後捲入首先脫離。目前它雖出口減緩，仍是各國爭相交往的經濟龍頭。不只歐、美如此，即使對中國忌憚的日、越、菲、印等也是，台灣經濟發展如何能自外於大陸？何況，交往提供台灣社會優勢良性催化大陸的機會。交往也構成台灣對大陸第一層嚇阻。大陸人士在台，使共軍若攻台將投鼠忌器。

五、社會善意催化。台灣小，大陸大。台灣政治、經濟、和社會發展是風險小的「實驗」，若在大陸做，風險大。目前，大陸發展已遇瓶頸，經濟飛躍而社會不安。台灣經驗正可提供大陸研究。壞的避免，好的參考。經由兩岸社會交流，台灣可善意協助大陸提升社會品質、改善人民生活。大陸良性質變有助於穩定東亞，最後有利台灣自己。

六、國防多重嚇阻。中立國瑞典、瑞士有優良的國防。即使

20　《孫子兵法》，火攻第十二。

21　Tim Worstall, "China's Only 15% Of The Global Economy But Contributes 25 - 30% Of Global Growth" *Forbes* October 30, 2016 https://www.forbes.com/sites/timworstall/2016/10/30/chinas-only-15-of-the-global-economy-but-contributes-25-30-of-global-growth/#56b213d7b763 accessed March 10, 2017.

22　Stephen Roach, "The World Economy Without China" **Project Syndicate** October 24, 2016 https://www.project-syndicate.org/commentary/world-economy-without-china-by-stephen-s--roach-2016-10?barrier=accessreg accessed March 9, 2017.

兩岸和平，台灣仍需國防。

安全的台灣，可協助大陸內部發展，強化北京改革派籌碼，和弱化鷹派的論證。

台灣國防不能靠用飛彈打上海或三峽大壩，因為會傷及台商，而且如蚊子叮象軍事效果有限。台灣國防靠減低共軍攻台的意願，即嚇阻。

軍事攻台是北京的下下策，可能性極低。但台灣國防仍須準備。

台灣國防的困難在於經費拮据，軍購受限，美國軍售前景不樂觀。台灣國防不能只靠買來源不定而且昂貴的高科技武器。因此必須配套便宜而有效的嚇阻能力。

共軍攻台構想是首戰即決戰：嚇阻美軍馳援，快速以癱瘓方式奪取台灣，減少傷亡和破壞至最低，立即結束戰事。

如果台灣有能力以分散零星兵力拖延登陸的共軍，不讓結束戰爭，共軍便不願攻台。因為共軍不打沒把握的仗。台灣需訓練特戰部隊及志願民兵狙擊手。

台灣第一重嚇阻是兩岸交往。第二重嚇阻是高科技和中科技戰力。第三重嚇阻是水泥叢林游擊戰。但不是硬碰硬慘烈的城鎮戰如二戰中的史達林格勒之役。

2項趨勢在賽跑。一是很難避免的兩岸整合。二是大陸的良性催化。一要慢；二要快。

這是台灣大戰略的目標。

武統論的升降

在共軍威脅下，台灣處理國防安全，不能就軍事論軍事，必須多面向考慮。尤其不能忽略兩岸情勢。兩岸問題其實是兩岸各自內部矛盾交會在虛擬的台海上空碰撞出的對抗。進一步說，北京或

共軍對台的強硬，其實反映出中國大陸內部政治勢力的較勁和相互的衝擊。台北若對此不瞭解，無法技巧而適當的反應來自彼岸的挑戰。

對峙雙方，各有鷹派。表面互恨，實際互挺。甲方鷹派聲勢上漲，便為乙方鷹派在內部政治角力上提供「彈藥」和「營養」。於是，乙方的鷹派便振振有辭，指出甲方對乙方威脅加強，呼籲強硬對抗，其聲勢壓倒乙方溫和派。乙方鷹派聲勢上漲，又為甲方鷹派在內部政治角力下提供「彈藥」和「營養」。於是雙方的緊張變相螺旋般的上升。以下是 2016 年至 2017 年春兩岸間發生的實例，可做為台灣今後處理國家安全的參考。

2017 年秋中共十九大將臨，即使民進黨兩岸專家也意識到「習近平對內、對美關係追求穩定[23]」。大陸有人自 2016 年初開始炒作「武力統一台灣」，企圖激起台灣獨立言行的聲勢，逼習近平反應，對習不利。從習打貪以來，至 2017 年 1 月為止，共軍少將以上自殺至少 15 人，落馬 62 人，省部級以上官員被辦 120 人[24]。習近平上台後立刻推動反貪，至今上百萬黨員幹部被查處。倫敦《經濟學人》報導：習打貪頭 3 年被起訴的黨員就有 75 萬人[25]。若習在十九大人事安排順利，推動改革，其他仍在位但涉嫌貪腐的文武官員，下場可知。反習勢力不敢明目張膽，只能順了「反獨促統」，推波助瀾，亂習布局。

2016 年初，「武力統一」台灣論調的聲浪在大陸開始發酵。

2016 年 1 月 25 日，解放軍少將羅援在官媒《環球網》指出：若被台獨逼入牆角，只好武力統一[26]。

23　涂鉅旻，〈學者：習近平對內、對美關係 追求穩定〉《自由時報》2017 年 3 月 4 日 http://news.ltn.com.tw/news/focus/paper/1082918 下載 2017.3.13。

24　筆者中斌訪問台北某國立大學 M 教授，2017 年 1 月 16 日。

25　"The Constrained Dictator" *Economist* March 4, 2017 p.25. 引據 Alice L. Miller, "What Would Deng Do?" *China Leadership Monitor*, Issue 52, February 14, 2017.

26　方婥珠，〈解放軍少將：若被台獨逼入牆角 只好武力統一〉《香港 01》2016 年 1 月 25 日 https://www.hk01.com/ 下載 2017.3.17。

2016 年 4 月《環球時報》舉辦全國民調，顯示 85% 大陸人民認為武統不可避免 [27]。雖然習近平直接指揮的「中央網信辦公室」在 2016 年 5 月 12 日批評《環球時報》炒作「敏感事件」「引發台灣及世界各方面媒體大規模炒作……違反報導紀律……易造成……不良政治後果」，限其「一個月內整改」[28]。之後發展事件顯示此「中央網信辦公室」警告的效果似乎不彰。

　　2016 年 10 月 21 日，《環球時報》刊登解放軍前南京軍區副司令員王洪光文章，警告武力統一台灣的條件正在顯現。「和平統一的可能性完全喪失」，2020 前後台海要爆發戰爭 [29]。

　　2016 年 12 月 17 日，在《環球時報》年會上共軍退休將領再宣稱「我的判斷是 2020 年前軍事衝突是肯定的，2020 年前後要爆發台海戰爭，很可能一舉奪取台灣 [30]。」

　　2017 年 1 月 13 日，《環球時報》電話詢問筆者中斌對於彼岸有人號稱可迅速以武力統一台灣的看法，並於 1 月 16 日登出 [31]。筆者對此主張，從北京角度出發，論述北京武統台灣實無必要，而且就北京長遠利益而言也非最佳選項。筆者點出台灣對共軍武力攻台有「水泥叢林游擊戰」選項的嚇阻之道，同時蔡英文表象之下的實際狀況是：她受制於台獨主張者，但她並非台獨人士 [32]。這並非大陸主張武統人士之認知。以下摘自筆者中斌論述的原稿，雖未披露於媒體，大陸方面量應已內參。文字如下：

　　「蔡英文當選前後，我發現一向支持民進黨的《自由時報》

27　杜兆倫，〈中國官媒民調：85% 網友支持以武力統一台灣〉《風傳媒》2016 年 4 月 26 日 http://www.storm.mg/article/109278 下載 2017.3.10。

28　藍孝威，〈20160513 刊武統民調 環球網違紀〉《中國時報》2016 年 5 月 13 日，頁 A11。

29　〈【法廣 RFI】環球刊文：武力統一台灣條件正在顯現〉《蘋果即時》2016 年 10 月 21 日 http://www.appledaily.com.tw/realtimenews/article/new/20161021/973003/ 下載 2017.3.10。

30　〈王洪光：2020 年前后会爆发台海战争〉《環球網》2016 年 12 月 17 日 http://taiwan.huanqiu.com/article/2016-12/9823878.html 下載 2017.3.20。

31　吳薇，〈聽台灣前「副防長」坦承談「武統」〉《環球時報》2017 年 1 月 16 日，頁 7。

32　吳明杰，〈專訪：環球時報未登全文 林中斌：台灣只能抵擋 72 小時 不是我的看法〉《風傳媒》2017 年 1 月 19 日 http://www.storm.mg/article/214549 下載 2017.3.10。

出現越來越多批評她的文章，從「5·20」之前就已經開始，一些蔡英文的講話或她的報導，在《中國時報》出現的比《自由時報》還多。而且對於蔡英文的正面報導，像她去年 4 月任命林全為行政院長，《中國時報》是放在頭版，《自由時報》放在後面 [33]。這表明傳統民進黨或深綠人士對蔡不放心。有不具名的深綠大老在接受《中國時報》採訪，談及對蔡英文的看法時說，「我們應該很高興民進黨候選人當選，但是我們對她不放心 [34]。」

1 周後，2017 年 1 月 23 日，大陸涉台高層釋放訊號澄清武統說，表示和平統一仍是對台主調 [35]。「上海學者還明確指出，不要拿 2020 年或中共建黨 100 年（2021 年）為期限，來壓總書記習近平解決台灣問題，到中共建政 100 年（2049 年）解決，也不遲，沒聽說習近平急著要在他任內解決台灣問題；只要大陸自身強大了，台灣問題自然就解決了 [36]。」於是，原來大陸方面急迫要用武力統一台灣的單一論調，開始受和平統一論調的平衡沖淡。

在 2017 年 3 月初，中共全國人大的政府工作報告駁斥武統說，強調「和平統一進程」要看兩岸長遠的發展 [37]。與會的大陸全國台聯副會長紀斌甚至說：「和平統一沒有時間表 [38]。」不只如此，官方人士表示，北京密切觀察蔡英文，未與台獨劃等號 [39]。3 月 17 日，大陸國務院參事時殷弘教授對於武力攻台的言論直言批評「有的人很奇怪……沒有到觸犯最底線，不需要動武……天天喊打，也不符合『反分裂法』的需求 [40]。」

33　〈林全組閣，副手林錫耀〉《中國時報》2016 年 3 月 14 日，頁 A1；〈吳釗燮內定國安會秘書長〉《自由時報》2016 年 3 月 14 日，頁 A1。

34　朱貞凱、張立勳〈集結藍綠本土 李登輝組新政黨〉《中國時報》2016 年 4 月 20 日，頁 A4。

35　〈陸澄清武統說 和統仍是對台主詞〉《旺報》2017 年 2 月 23 日，頁 A1。

36　宋秉忠，〈和統是主調 涉台高層釋訊號〉《旺報》2017 年 2 月 23 日，頁 A2。

37　陳君碩，〈駁武統說 陸改看長遠〉《旺報》2017 年 3 月 6 日，頁 A2；陳君碩、宋秉忠，〈陸涉台報告〉《旺報》2017 年 3 月 6 日，頁 A2。

38　宋秉忠、陳君碩、梁雅雯，〈紀斌：和平統一沒有時間表〉《旺報》2017 年 3 月 7 日，頁 A2。

39　〈陸密切觀察蔡，未與台獨劃等號〉《旺報》2017 年 3 月 7 日，頁 A1。

40　陳君碩，〈時殷弘：陸全面加強施壓〉《旺報》2017 年 3 月 18 日，頁 A3。

至此，武統說明顯的受北京高層駁斥。

武統論受制的因素有 2。一、台灣蔡英文政府保持冷靜，未受獨派上揚情緒影響。2016 年 12 月，蔡總統向美國候任總統川普（Donald J. Trump）電話祝賀當選。當時川普反中態度高昂，鼓舞了台灣獨立情緒。而當時大陸武統論已經刺激了台獨神經。武統和台獨雙雙聲勢上升。然而，蔡低調處理此台灣與美國官方關係突破性的事件。隨後，在 2017 年 1 月，她出訪中美洲 4 友邦過境美國，再度於行程中對兩岸關係表現出克制的態度。

二、北京高層適時表態。其實北京適時表態制約武統論是表象。表象之後另有背景。那是習近平固權在2016年底至2017年初，有了突破性的進展。

向外武嚇，根源內部

兩岸問題是雙方各自內部的問題，交會在虛擬的台海上空所碰撞出的矛盾。

北京領導權力愈穩，中國大陸對台愈有彈性。反之，中國大陸對台彈性則愈少。瞭解這數十年來的規律對台北來說很重要。台北可以因此減少誤判，避免過度反應。

如之前所回溯，2015 年底，武統台灣的論調開始在大陸發酵。巧合的是，大約同一時間，大陸官方媒體開始此起彼落的出現對習近平不敬的文字。其他不尋常的事件，如軍人公開請願也跟進。這顯示：習近平雖然大權在握，並非全握。在習大力反貪之下，受到威脅的勢力，雖不敢明目張膽反對習，但在表面下醞釀對習挑戰，儘量破習布局，以求自保。2017 年底中共十九大將來臨，看來習的權力將更穩固。他甚至可能推動政治體制改革，對反對習和反對打貪的勢力更為不利。於是，他們伺機阻礙習進一步鞏固權力。

反習事件如下：

- 2015 年 12 月 4 日,《中國新聞社》(中新社)報導習近平出訪南非,將他在「中非合作論壇」約翰尼斯堡峰會中「致辭」寫成「辭職」[41]。
- 2016 年 3 月 4 日,中共新疆區委宣傳部官網《無界傳媒》發表〈關於要求習近平同志辭去黨和國家領導職務的公開信〉,在 1,400 字的信文中,3 次對習及家人發出死亡威脅[42]。
- 2016 年 3 月 13 日,國營媒體《新華社》在 1 篇與中國兩會(全國人民代表大會與政治協商會議)議題有關報導中,將國家主席習近平「誤植」為「中國最後領導人[43]」。《新華社》發稿一向嚴謹,此文字失誤並不尋常。
- 2016 年 4 月 23 日《人民日報》轉載中共湖南省委主辦的新聞網站《紅網》的 1 篇評論文章時,將習近平的中共總書記頭銜,移花接木為「新加坡總書記」[44]。
- 2016 年 7 月 10 日,《騰訊網》把 7 月 1 日黨成立 95 周年「習近平發表重要講話」誤植為「習近平發飆重要講話」[45]。
- 2016 年 10 月 11 日,爆發中共史上最大老兵請願事件。4,000 老兵由 9 省同時前來進京,悄悄的,突然聚集在中央軍委大樓前,極有紀律的著迷彩服,靜坐唱愛國歌曲,表達政府安置政策不公[46]。

　　江澤民時代派令的大量地方官員對習柔行抗拒。「政令不出中南海」的說法開始流傳 。2016年初,習令北京附近「節能減

41　茅毅,〈官媒又出包 習近平成新加坡總書記〉《自由時報》2016 年 4 月 25 日,頁 A8。

42　韓天佐,〈老虎黨殺氣騰騰逼宮習近平〉《前哨》2016 年 4 月號,頁 24-28。

43　〈新華社慘了 稱習近平中國最後領導人〉《自由時報》2016 年 4 月 15 日,頁 A1。

44　茅毅,〈官媒又出包 習近平成新加坡總書記〉。

45　林宸誼,〈誤植習近平發飆 騰訊被查〉《聯合報》2016 年 7 月 10 日,頁 A10。

46　〈4000 多老兵包圍軍委大樓 驚動習近平〉《中國瞭望》2016 日 10 日 12 日 http://news.creaders.net/china/2016/10/12/1732671.html 下載 2017.3.18。

霾」，但是唐山鋼廠仍然熊熊燒煤，濃煙噴空。2016年秋，他狠批各級官員「小病大養」、「無病裝病」：省部高官年均請假31天，地廳級52天，縣處級45天 [47]。整治上層官員之外，習必須加強整治下層幹部。

大權在握但非全握的習近平，最大的挑戰是面對國內反習的態勢。他決定採取穩重對策。那就是加速國內地方諸侯的換血。2016年從 3 月至 8 月底半年內，全國 22 省中，有 12 位一把手省委書記換人 [48]。2016 年底，習近平團隊先控制江蘇省，再推進掌控上海（江澤民勢力的最後據點）。

2016年11月初，王岐山麾下的「中組部」和「中紀委」進駐上海 [49]。2016年11月22日，習近平的3名親信李強、石泰峰、楊岳在，分別出任江蘇省「黨政一把手」黨委書記和副省長的職位，因此江蘇省已被習陣營接管 [50]。2016年12月下旬，王岐山自己進駐上海附近鎮江，指揮「中紀委」在上海部署的工作 [51]。2016年12月8日，江澤民的老巢上海，再次出現高層人事變動。習近平左右手栗戰書的舊部廖國勳出任上海市紀委書記 [52]。2017年1月17日，上海市長換人。習的人馬應勇接任離職屬江澤民人馬的楊雄 [53]。

2017年春，習近平權力比1年前更為穩固。於是，武統論調不

---

47 〈【法廣 RFI】傳習近平嚴批官員裝病怠工避風險〉《蘋果及時》2016 年 5 月 22 日 http://www.appledaily.com.tw/realtimenews/article/new/20160522/868037/ 下載 2017.3.20。

48 宋秉忠，〈兩會後 5 個月換 9 省區黨委書記〉《旺報》2016 年 8 月 29 日，頁 A8。

49 〈上海廣東等 12 省市換屆 中紀委中組部聯手督查〉《大紀元》2016 年 11 月 7 日 http://www.epochtimes.com/b5/16/11/6/n8465925.htm 下載 2017.3.17。

50 〈江澤民禁忌之地 王岐山大談要抓內鬼〉《中國瞭望》2016 年 12 月 7 日 http://news.creaders.net/china/2016/12/07/big5/1756960.html 下載 2017.3.19。

51 〈王岐山在江蘇省鎮江市調研並主持召開部分省（區）紀委書記座談會〉《新華網》2016 年 12 月 6 日 http://news.xinhuanet.com/politics/2016-12/06/c_1120067800_2.htm 下載 2017.3.19；〈江澤民禁忌之地 王岐山大談要抓內鬼〉。

52 〈栗戰書舊部掌上海黨劇 原紀委書記調任栗戰書屬下〉《阿波羅新聞網》2016 年 12 月 18 日 http://www.aboluowang.com/2016/1218/853112.html 下載 2017.3.19。

53 〈楊雄辭上海市長 習親信應勇料接棒〉《明報》2017 年 1 月 18 日 http://news.mingpao.com/pns/dailynews/web_tc/article/20170118/s00013/1484675824042 下載 2017.3.19。

再囂張的一枝獨秀。北京對台軟硬兩手中軟調漸增。2017年3月15日，國務院總理李克強談兩岸時說：「終歸我們是一家人[54]。」北京高層對台的發言轉為和緩。之前在3月10日，全國人大台灣團團長、全國台聯會長汪毅夫公開表示對兩岸互動樂觀：「話語的創新會開創一個全新的局面。相信黨的十九大也會開創兩岸關係的新局面[55]。」汪毅夫曾經在習近平擔任福建省長時任習的副省長[56]。不能排除他的發言有可能反映北京高層的思維。

在自由的台灣，國家必須容納社會上統獨光譜上各式言論。但是如果台灣內部政治的矛盾，向台灣外部展現成刺激挑釁的言行，對國家的安全不利。政府有必要謹慎處理，避免提供海峽對面鷹派聲勢上漲所需要的「政治營養和彈藥」。

「蔡習會」探索

2017年3月6日，中共開兩會期間，有日本記者觀察到「習近平批台獨時，並未點名蔡英文[57]。」在兩岸官方互動冷凍的情況下，這現象耐人尋味。令人想起1年之前，2016年3月20日，台灣國安局長楊國強在立法院答詢時說北京「重批獨，少批蔡[58]」。無論原因為「蔡習間有默契」或「習仍未放棄與蔡互動」，這兩事件構成的軌跡值得我們向後回顧以尋求其來源，也值得我們向前探索其未來的發展。

2015年春天，筆者中斌曾數次警告：如果民進黨總統候選人蔡英文不調整帶「兩國論」色彩的兩岸關係說法，一旦她當選總統，

---

54 汪莉娟、郭玫君、李春，〈李克強談兩岸：終歸我們是一家人〉《聯合報》2017年3月16日，頁A9。

55 林艷，〈汪毅夫兩會談話：張志軍是講硬道理〉《中國評論》2017年3月11日，頁1。

56 洪奇昌，〈汪毅夫軟調 民共對話轉機〉《中國時報》2017年3月15日，頁A15。

57 宋秉忠、陳君碩、梁雅雯，〈紀斌：和平統一沒有時間表〉。

58 洪哲政、程嘉文，〈大陸「重批獨，少批蔡」〉《聯合報》2016年3月21日，頁A2。

台灣可能面臨「雪崩式的斷交」[59]。2015 年 4 月 12 日，蔡英文向中間調整，說兩岸是「政府與政府的關係」，沒有說是「國與國的關係」[60]，同時提出爭議最少的「維持現狀」兩岸政策[61]。

　　之後，一直到 2016 年 1 月 16 日蔡英文當選總統，她打破了過去民進黨的巢臼，不斷的表達對北京及習近平的善意。

- 2015 年 6 月 7 日，蔡英文在舊金山被問到她之前曾經否認的「九二共識」時說：「九二共識的精神就是求同存異」[62]。蔡間接肯定了九二共識。

- 2015 年 6 月 15 日，蔡英文在華府稱讚習近平是「最了解台灣的大陸領導人」、「非常堅定有決心」，而且她喜歡習近平的「反腐運動」[63]。這與陳水扁總統批評中共領導人胡錦濤軟弱成為強烈對比。

- 2015 年 9 月 22 日，在蔡英文主持的民進黨黨慶酒會上，中華民國的國旗首次在主席台上出現[64]。她展示了自己與民進黨傳統上憧憬「台灣共和國」的距離。

- 2015 年 9 月 24 日，蔡英文表示如果她當選，不排除「蔡習會」[65]。

- 2015 年 12 月 25 日，蔡英文進一步說，她沒有否認 1992 年兩岸會談的歷史事實[66]。

- 2016 年 1 月 18 日，當選後 2 天，蔡英文說，選舉期間，對岸非常克制，她感受到他們善意[67]。

59　黃忠榮、羅印中，〈民進黨執政 台恐遭雪崩式斷交〉《旺報》2016 年 5 月 27 日，頁 A4。

60　羅緗綸，〈蔡英文 兩岸是政府與政府關係〉《聯合報》2016 年 4 月 13 日，頁 A3。

61　蔡浩祥，〈蔡 若執政將致力維持兩岸現狀〉《旺報》2016 年 4 月 10 日，頁 A3。

62　郭瓊俐，〈蔡英文 兩岸繼續求同異〉《聯合報》2016 年 6 月 8 日，頁 A1。

63　黃忠榮，〈蔡評習 最了解台灣的大陸領導人〉《旺報》2015 年 6 月 5 日，頁 A3。

64　郭瓊俐，〈國旗黨旗齊揚 民進黨布局外交 36 位使節赴黨慶〉《聯合報》2015 年 9 月 23 日，頁 A3。

65　鄭宏斌，〈蔡英文；若當選 不排除蔡習會〉《聯合報》2015 年 9 月 25 日，頁 A1。

66　郭瓊俐，〈蔡：沒否認九二年兩岸會談事實〉《聯合報》2015 年 12 月 26 日，頁 A3。

67　管婺媛，〈蔡：對岸的善意感受到了〉《中國時報》2016 年 1 月 19 日，頁 A3。

2017 年 2 月 5 日，海基會舉辦大陸台商春節聯誼，全國台企聯榮譽會長郭山輝轉述，蔡英文透露下半年可能會視時機宣示新的兩岸政策 [68]。這時間點是習近平人馬已進駐上海，習在各省市部署人事接近完成的半個月之後。2017 年 3 月中共兩會期間，如前所述，高層「和平統一」的論調已取代了 1 年來「武力統一」的聲勢。

進入 2017 年，蔡英文原先個人對統獨議題的謹慎姿態開始擴大。不只是謹慎，台北言行甚至逐漸接近北京調整過並退一步的要求。那就是：如果蔡英文說出「九二共識」有（內部）困難，只要台北表達兩岸並非兩國，北京對台北冷凍的做法可以緩解。

蔡英文的執政團隊開始表現出這種新的趨勢。她有關國家安全的閣員——外交、兩岸、國防——逐漸偏離民進黨傳統帶台獨色彩的立場。在 2 月 17 日，外交部長李大維說：「釣魚台是中華民國的領土。」這是重視台灣和日本關係的民進黨政府從未表達過的立場。3 月 22 日，李大維說：「兩岸不是外交關係。」同日，陸委會主委張小月說：「兩岸協議非國際協定。」更早，在 3 月 2 日，國防部長馮世寬公開排除美國在台灣部署薩德飛彈的可能 [69]。在台灣部署薩德會討好華府但得罪北京，應該是傳統民進黨樂見的政策，但被馮部長公開否定了。3 月 25 日，台日斷交後最高層日本官員總務副大臣赤間二郎（相當於台灣內政部副部長）訪台 [70]，但遭蔡英文迴避接見 [71]。

2017 年 3 月，武統論在中國大陸受高層駁斥而趨於寂靜之後，北京在 4 月對台啟動了官方智庫和涉台學者來台交流 [72]。這是 2016

68　鍾寧、賴瑩綺，〈蔡英文 下半年擬推兩岸新政《中時電子報》2016 年 1 月 19 日 http://www.chinatimes.com/newspapers/20170206000022-260202 下載 2017.3.21。

69　〈為何不贊成在台部署薩德？ 馮世寬回應了〉《自由時報》2017 年 3 月 2 日 http://news.ltn.com.tw/news/politics/breakingnews/1991412 下載 2017.4.25。

70　謝育炘、許君吉、李詠平，〈台日斷交後最高層 日總務副大臣訪台〉《聯合影音》2017 年 3 月 25 日 https://video.udn.com/news/662902 下載 2017.4.25。

71　楊力宇，〈蔡英文開始採務實兩岸政策〉《世界日報》2017 年 4 月 20 日，頁 A2。

72　徐維遠，〈兩岸互探底線 準二軌交流熱〉《旺報》2017 年 4 月 5 日，頁 A3。

年 5 月 20 日蔡英文就職總統後，北京緊縮冷凍雙方交流後的新局面。其中最顯眼的是國台辦前發言人李維一，以學者身分 2017 年 5 月底率 32 人學術交流團來台參加學術會議[73]。而這些官方智庫和涉台學者來台參加的會議中，多有台灣陸委會和外交部的官員出席[74]。雙方接觸已打破過去 1 年來的限制。

由 2017 年春向前展望，雖然表面看來機率尚渺茫，但不能排除的是「蔡習會」的苗頭其實已萌芽。理由有 4：

- **習近平固權比 2016 年初大幅進展**。他在大陸各省市部署人馬大致完成。在以往，大陸內部鞏固，北京對台彈性。2017 年 4 月 1 日，習近平甚至同時撤換四個省的第一把手，包括海南、甘肅、山東、黑龍江等。有評論説，此舉使江澤民勢力「潰不成軍」[75]。

- **2017 年底中共十九大的前景比過去樂觀**。若依習近平的規劃順利完成，處理內政問題大幅進展之後，他將有餘力專注台灣問題，謀求突破。企圖心旺盛的他，不會允許自己任內對台問題交白卷。

- **2017 年 4 月川普與習近平歷史性會晤後，雙方對於限制北韓核武發展的合作至少短期內超過原先的預期**。川普重視利益的交換而不受政策傳統或政治原則的約束。華府歷來對台灣的保證可能動搖。川習關係若加強，北京「經美制台」將比以往更為徹底。

- **蔡英文在台灣內政上遭遇瓶頸，民調低迷**。若她在兩岸方面有所進展，將有助於她 2020 年總統連任的選舉。

---

73 蔡浩祥，〈前國台辦發言人李維一 擬 5 月訪台〉《中時電子報》2017 年 4 月 12 日 http://www.chinatimes.com/newspapers/20170412000099-260203 下載 2017.4.26。

74 徐維遠，〈兩岸互探底線 準二軌交流熱〉。

75 〈大勢已去！十九大前四省省委書記被免職 江派各大窩點潰不成軍〉《天下》2017 年 4 月 1 日 https://www.youtube.com/watch?v=-Ryl11ACqsg&from=singlemessage&app=desktop 下載 2017.5.4。

國防四化 [76]

台灣國防安全提升，除了以上所討論的面向之外，國軍軟體的改進不容忽視。軟體提升不需要昂貴的經費，然而它對國軍實力增加有倍數加成的效果。

國軍面臨民主國家少見的挑戰。外有龐大的敵人，內有難纏的「冤家」。若無國民的支持而減少內耗，筆者（中斌）的改革建議──國防四化──將落於空談。

多數國軍軍官──精神抖擻、決心敢下、行動迅速──與常見的萎靡青年成鮮明對比。可是國軍內在的真相被外在的形象掩蓋了，因為撻伐國軍是傳播媒體好賺的業績，和政治人物時髦的行為。有為了反對而反對，國軍成為政治出氣筒；有為了強化正當性，逼迫國軍作政治表態。

優秀事蹟不為人知，弊案失誤廣受報導。政治正確的鞦韆由老蔣威權時代的一端盪至另一端。軍人在成熟民主國家享受的榮譽和尊重，離我們漸行漸遠。

21世紀的戰爭是腦力和科技的競賽，不再是蠻勁和火力的拼鬥。國軍除了改進武器之外，提升內涵同樣重要，方向有4：

一、智慧化。蘇東坡曾任兵部尚書（國防部長）。之後請纓守邊於（今甘肅）定州（請降調金防部司令），編訓「弓箭社」（今日之飛彈部隊），契丹（敵軍）不敢來犯（宋史卷338）。

孔子善騎射重武備講謀略、韓愈善戰、朱熹受封「武學博士」、王陽明也任國防部長（明史卷195）。其實，文武合一才是儒家真正的傳統。但是近百年的君主怕軍人太聰明奪權，把文武嚴格分家，使軍人輕視學術。

美軍不乏上將博士如前參謀聯席會主席海軍上將克洛

76　林中斌，〈國防四化〉《中國時報》2005年3月29日，頁A4。

（William J. Crowe, Jr. 1925-2007）等。我國防部已推動軍人終身學習，仍有待持續努力。

二、**知彼化**。冷戰時，「為匪宣傳」的帽子扣得很容易。「匪情機密」的標籤限制我軍人直接閱讀共軍資料。於是國軍在公開場合低估共軍，私下又高估共軍。近年來，國防部已打破禁忌，准許軍官閱讀共軍的書報。但仍嫌不夠深入。

自 1990 起，共軍鼓勵軍官「以敵為師」閱讀美軍書刊，並大量撰寫出版高科技戰的書籍。作者包括將、校、尉官。內容由翻譯逐漸演化為創見。

我某前國防部長 T 說過：「他山之石可以攻錯，我們要以敵為師。」以敵為師，才能料敵如神。共軍能「以敵為師」，我軍為何不能？

三、**多元化**。現代戰爭是多元的戰爭，現代將領需多元晉陞，而不限於正統官校畢業和帶兵官。舉凡國防科技、參謀作業、國際事務、情報專業、軍事學術、甚至士官出身皆應可為通往將星之路。

美國 4 星上將鮑威爾（Colin L. Powell）將軍是大學儲備軍官訓練團（ROTC）而非西點軍校出身。另一位 4 星上將魏塞（John W. Vessey, Jr.）將軍是士官出身。海格（Alexander M. Haig Jr.）晉升 4 星上將之前作參謀未曾統御部隊。

共軍熊光楷上將畢業於解放軍外語學院，從事情報外交。國防部長曹剛川上將出身俄語及工程學院從事國防科技工作。2 人從未帶兵。

四、**國際化**。近 20 多年來，我國外交受困，國軍與國際脫節。而共軍大力提升軍事外交，軍官早已不是「土八路」。雙方國際視野的差距拉大。

以英文呈現共軍研究可促進國際軍事交流。現代戰爭資料多為英文。國軍必須廣為吸收。

在稀有的國際場合，將領常因聽不懂英文而打盹[77]！更遑論交換意見。前數年，國軍外語學校慘遭裁撤。雖然幸已恢復，但需從頭經營。

國軍數十年保國衛民，沒有功勞也有苦勞。如果我國內部以支持的態度協助國軍的現代化，使它專心對外。我們的國防會更穩固，國家會更安全。

反點穴戰[78]

中共於 1999 年 7 月 16 日宣稱擁有中子彈。11 年來的「舊聞」，22 年來的傳聞，首度得到北京官方的證實。

自 1999 年初，國防部長唐飛數次就「資訊戰」教育民眾。「電磁脈衝」（electromagnetic pulse）武器引起廣泛的興趣。它真的能夠不流血，不摧倒房屋的燒掉電路板，毀掉所有電信設備嗎？它真能癱瘓機場、港口、公路、醫院、銀行嗎？

「中共會不會用中子彈引爆電磁脈衝來攻擊我們？」這項關切隨著 1999 年 7 月 29 日的大停電成了熱門的新話題。

其實產生電磁脈衝不一定要用核子彈（包括原子彈、氫彈、中子彈等）。非核子的電磁脈衝彈已發展出來了，且種類不少，其威力可數倍於核子電磁脈衝[79]。它的優點是好使用：沒有任何輻射塵的麻煩，也可避免國際的強力反彈。說不定有些類型在 1999 年已現身南斯拉夫戰場了。

電磁脈衝是什麼？中子彈何以特別？兩者關係如何？對台海有何影響？

77　筆者中斌 2002-2004 任軍政國防部副部長任內有兩次場合主持與外賓會談時某少將打盹，證實之前美國教授轉述告知我的情況。

78　林中斌，〈反制電磁脈衝 不可勝者守也〉《聯合報》1999 年 8 月 13 日，頁 15。

79　Tom Harris, "How E-Bombs Work" *Science* http://science.howstuffworks.com/e-bomb3.htm accessed March 13, 2017.

打雷時，電燈會閃爍不定。這就是電磁脈衝：電場強度在瞬間猛增猛降的現象。瞬間是億分之一秒左右。電場強度是以萬伏特來計算的。

核子電磁脈衝早於 1945 年之前，美國科學家在發展原子彈過程中已碰到。當時連大科學家費米（Enrico Fermi）都不完全明瞭這現象。他想計算其電場而未果。在 1960 年代初期，美國在太平洋將斯屯島（Johnston Atoll）上空核試時，夏威夷突然停電。這次電磁脈衝的效應是個意外的發現，卻加速了美國對它的研究。在 1960 年代中期之後，科學界逐漸掌控電磁脈衝。幾十年來，研究產生電磁脈衝的方式也逐漸由簡單走向改造的核子彈（40% 能量成電磁脈衝），再由核子走向非核子。

中子彈（neutron-bomb）其實是個小氫彈，其威力比原子彈、氫彈都小，所以殺傷力範圍小。它應該叫作增輻器（enhanced radiation device）。它主要靠的是核子輻射殺傷敵人，而不是爆破力或熱力。它穿透力強，奪命而不毀物，輻射塵少。

1977 年 9 月 21 日北京《人民日報》頭版登載短詩一首：「合金鋼不堅，中子彈何難？群英戰科技，敢破世上關！」作者是當時的解放軍副參謀長，後來的國防部長張愛萍。中共發展中子彈的傳聞至千禧年之前至少已有 22 年。

1988 年 9 月 28 日中共成功的試爆了一個小核彈。專家多認為那是中子彈，所以 1999 年 7 月 16 日的「新聞」是 11 年的舊聞。

為什麼中子彈的舊聞和傳聞能在當時引起台灣人民的關切？答案是電磁脈衝。獲得中子彈表示中共的核彈小型化已成功。

「北京也許在台灣東南方太平洋的上空，選一個計算好的高度，引爆 1 枚小型化的核彈。如此產生的電磁脈衝會燒熔沒有保護的電子裝備中的積體電路，因而破壞了台灣軍事的指管通情網路。但是，核爆所產生的高熱和震波，在到達人口密集的區域之前都已消散，於是傷亡極少甚至沒有。」以上摘自筆者中斌於 1992 年 7

月國際會議所提出的報告 [80]。科學日新月異。核子電磁脈衝今日已落伍了。取而代之的是非核子電磁脈衝 [81]。

科學家所面臨的挑戰，就是如何在不用引爆核子武器的情況下，複製電磁脈衝的效果。這個他們已經做到了。今日科學家能夠製造的電磁脈衝，比核爆所產生的要強數倍 [82]。

1987-89 年美國已在西部沙漠（Cibola Range, Yuma, Arizona）試驗非核子電磁脈衝槍，並引爆 2 英里外的地雷。1990 年左右，據說新墨西哥州的空軍基地（Kirkland AFB）也在進行電磁脈衝飛彈的計劃。在 1980 年代末期，前蘇聯已發展出非核子的電磁脈衝彈。據悉它朝小型化邁進。因此傳聞恐怖份子將來可用手提包裝載而定時引爆，附近電腦電訊全毀。根據美方研判，中共發展非核子電磁脈衝武器也有相當的成效。

1999 年 6 月 4 日《人民日報》的 7 版〈南聯盟—美國新武器試驗場〉文中談到「美國……還使用了……（非核子）電磁脈衝炸彈……。」此事美方否認。中共對發展非核子電磁脈衝炸彈之興趣倒因而顯露出來，中共也承認：使用「核電磁脈衝武器……要冒核子戰的危險，因此，誰都不曾輕易使用它。」以上引自北京國防大學 1998 年 8 月出版的《不速黑客》一書（頁 114）。

中共會對台使用核子武器之可能性本來就幾乎沒有。接收一堆核子廢土沒有任何意義。中共既積極發展非核子電磁脈衝武器，它更不會對台使用核武。

80　Chong-Pin Lin, "The Role of the People's Liberation Army in the Process of Reunification: Exploring the Possibilities " in Richard Yang ed. *China's Military : The PLA in 1992/1993*. Chinese Council of Advanced Policy Studies, p.171.

81　至 1999 年為止，科學家已發展出至少三種傳統技術來產生電磁脈衝，而不靠核子彈引爆。他們是波動壓縮產生器（Flux Compression Generators）、磁力水壓產生器（Magneto-Hydrodynamic Generators）、實質陰極振盪器（Virtual Cathode Oscillator）。其中以第三種作成空投的炸彈最可行。

82　James Adams, *The Next World War*; *Computers Are the Weapons and the Front Line Is Everywhere* (New York: Simon & Schuster 1998), p.149.

我們對電磁脈衝攻擊有反制之道嗎？有。第一，採用光纖通訊。據傳聞，國軍已完成作業了。第二，加陶瓷罩或金屬網罩保護關鍵設備。第三，加強備用電腦。第四，儲備大容量的電源電池。第五，採用抗輻射的集體電路陶瓷基板。第六，儲水食物，備電筒、燃油蠟燭、自行車等，以防斷水、斷電，及高速交通癱瘓。

孫武說：「不可勝在己……不可勝者守也。」（要令敵人打不贏我們，靠我們自己在防守上的努力）務實的心防和民防已是國防的大半。

威脅改變

習近平從 2016 年起推動一系列軍事改革並非主要對台，但其對台可有 5 種間接的影響：

一、共軍嚴格遵循北京非軍人領袖對台拿捏精準、軟硬適度的整體方略。1995-96 年的飛彈危機不會出現。當時，文人領袖江澤民無法全盤掌握軍隊，中央軍委在他外訪德國時做成對台強硬決議。他回國後不得不簽屬同意。以飛彈恫嚇台灣反而使島內台獨氣焰高脹，長期而言，不利於「統一大業」。

二、共軍全盤配合北京高層對美主動倡議而且持續推動的「大國外交」。以合作交往為主，以競爭較勁為輔。在增進與美軍的穩定的交流互動下，同時堅持中國的利益和立場，軟中帶硬，鬥而不破。絕不擦槍走火，落人話柄，坐實「中國威脅論」。因而北京之前已用過的「經美制台」——藉由華府管控台北，預防台獨——的方法只會比之前更有功效。

三、共軍戰區及海空軍指揮、協調更為精準明確，以配合北京之外交。釣魚島爭議上，中方以軍事為後盾，對日韌性施壓，但不失控引發戰爭。台灣聯日抗中將更為困難。

四、共軍在南海爭議中，由於戰區及海空軍的指揮、協調更

為精準明確，更為有效的服從北京軟硬兼施的戰略，絕不擦槍走火的與美軍周旋。有助於台灣在太平島的防衛和經營。

五、萬一共軍攻台，其運作將更為快速精準，在極短時間內，造成既成現實（fait accompli）。

洞悉敵情

凡事豫則立，不豫則廢。尤其在戰略安全規劃上，需從最壞的情況（底線思維）著手，以防不測。

對於中共的軍事威脅，台灣國防部在《2013年：四年期國防總檢討》（QDR）已有預判，從共軍聯合情報監視偵察能力、飛彈攻擊，到空中、海上、地面等整體作戰能力，以及兩棲登陸、空機降突擊、資電作戰軟硬殺能力等[83]，悉數概括。但是內容沒有提到聯合戰力，尤其是中共針對台海地區而展開的聯合戰力。

事隔4年，2017年3月公布的《四年期國防總檢討》，再次概述當前中共整體戰力發展對台威脅包括：聯合情監偵能力、火箭軍打擊能力、空中整體作戰能力、海洋整體作戰能力、地面整體作戰能力、戰略支援能力、非正規支援能力等7項能力[84]。仍舊沒有提到習近平2016年推動軍改，以建立聯合作戰體制為首要任務及其最新發展，以及針對台海方向的東部戰區在建立聯合作戰體制的最新探索和實踐，這些必將改變中共逐次與線性用兵的傳統思維定式，包括兵力的集結與展開，從地域、規模、力度和時間上都將有所變化，否則軍改何意？而我方多年強調逐次反制的用兵理念—「拒敵於彼岸、擊敵於海上、毀敵於水際、殲敵於灘岸」，恐怕在中共軍改取得成效後將難以面對新局。

83　中華民國102年 四年期國防總檢討（2013年）《中華民國國防部》，頁16-18，http://qdr.mnd. gov.tw/file/2013QDR.pdf 下載 2016.11.4。

84　中華民國106年《四年期國防總檢討》電子版（2017年）中華民國國防部，頁7-9。

就當前來說，中共軍方正加緊步伐建構從軍委到戰區的聯合作戰指揮體制，革除以往各軍區協調不足、軍種之間指揮鏈路不暢通，以及軍政和軍令系統相互制肘等弊端。

1位戰區參謀長說，聯合作戰最重要的是樹立「新的戰場觀」。以前他在軍長任內，每次組織聯合訓練，管好自己的部隊（一畝三分地）就行了，其他不用操心。經過這次軍改，他坐在指揮席上，發現作戰是立體的，是全維作戰，他在關注軍情和敵情的同時，還要掌握社會與網路情資，戰爭形態和作戰方式的改變，促使戰場觀隨之而變。

新任中部戰區司令員韓衛國，之前是北京軍區副司令員。當他被任命掌管京津地區等 7 個省市軍事大權時，他開始思考今後組織聯合作戰，「決不能整天坐在辦公桌前批文件、寫材料，而應該身穿迷彩服、腳蹬作戰靴，紮進指揮所，坐在指揮席上推方案、擬命令[85]。」一葉知秋，可以想見共軍此前擬定作戰方案，和實戰要求相當遙遠。

習近平推動軍改的成效，估計有 5 年觀察期，最終很有可能使共軍脫胎換骨。我方今後對敵情研判，需要新的視野，並將進一步審視以下動向：

一、內外有別。共軍對台和對美的用兵思路不同，方式和強度互異，需要辨明共軍直接對台威脅的規模多大、強度多高、時間多久？共軍兩面戰力一旦轉換，其中的關鍵節點在哪？要有具體因應和變通方案。

二、戰區協作。軍改後的東部戰區，面向台海、東海、西太平洋；南部戰區則面向南大門，以南海為重。在戰略方向專一的原則下，今後共軍對台作戰單獨由東部戰區負責？或有其他沿海戰區協作，攸關台澎防衛作戰的資源配置。

---

85 梁蓬飛，〈代表談聯合作戰：聯戰聯訓要法治先行〉《解放軍報》2016 年 3 月 10 日 http://www.81.cn/jmywyl/2016-03/10/content_6951873.htm 下載 2016.11.4。

三、軍種聯合。東部戰區負責指揮戰區內陸、海、空與火箭軍部隊，而統籌全軍電磁、太空與網路乃至心理戰的戰略支援部隊，在各戰區聯合作戰指揮中心扮演何種角色？它的戰略支援若不到位，或被干擾乃至部分失能，是否影響共軍全盤作戰決心和部署？這也許就是台灣防衛作戰最關鍵的破敵之鑰。

　　四、辨明虛實。中共對台攻略因時空條件而不同，有正兵與奇兵之分，虛實交錯。威脅研判過高，恐擦槍走火，研判過低，恐反應不及。偵敵「能力」者易，判敵「意圖」者難。國軍在提升監偵及預警能力的同時，更需辨明虛實，不為敵所惑。

混合型戰爭

　　1991 年的波斯灣戰爭是資訊化戰爭時代的分水嶺，美軍一舉改寫傳統戰爭的風貌，以最小代價取得最大戰果。這場戰爭迫使中共 1993 年調整其軍事戰略方針，從應付一般條件下的局部戰爭，轉為「打贏高技術條件下的局部戰爭 [86]。」解放軍開始效法美軍，歷經 10 年探索，又把戰略方針聚焦在「打贏信息化（資訊化）條件下的局部戰爭 [87]。」對台用兵，當然也循此思路做出安排。

　　2014 年爆發烏克蘭危機，俄羅斯總統普京（Vladimir Putin）以新的思維，重新定義這場不宣而戰的軍事衝突，為共軍帶來深刻啟發，認為是世界軍事革新再次出現新的實踐，其效益如俄羅斯總參謀長格拉西莫夫（Valery Gerasimov）公開宣稱：「使用非軍事手段實現政治和戰略目標，被證明遠比使用武力更加有效。包括使用不對稱手段，派遣特種部隊滲透，利用敵國內部分歧，以及廣用宣傳工具等 [88]。」2014 年 5 月，普京為 300 名參與報導克里米亞

86　吳銓叙，《跨越世紀的變革－親歷軍事訓練領域貫徹新時期軍事戰略方針十二年》（北京：軍事科學出版社，2005 年 12 月），頁 10。

87　吳銓叙，《跨越世紀的變革－親歷軍事訓練領域貫徹新時期軍事戰略方針十二年》，頁 161。

88　H. Reisinger, Aleksandr Golts,〈俄羅斯的混合型戰爭〉《財經年刊 2015：預測與戰略》，頁

事件的國有媒體文字和攝影記者頒發獎章，就能看出普京對媒體的重視，並把媒體視為戰力的一環。

這種融合軍事和非軍事元素，在傳統和非傳統之間交互使用，令北約措手不及，而稱此為「混合型戰爭」。在衝突之前，俄羅斯運用法律、資訊、心理、人道主義、意識形態、外交、經濟、網路戰等不對稱手段，營造政治和軍事上的有利態勢，並以假消息誤導民眾，為後續準軍事行動創造條件。

接著俄羅斯以突擊檢查之名，在邊境部署重兵，形成壓力卻隱而不發；然後支持烏克蘭東部親俄勢力，向衝突地區輸送武器和培訓人員。一旦進入行動階段，俄軍發動空天優勢，對敵襲擾並施以精準打擊；特種部隊快速收拾敵之殘餘部隊，控制局面，不讓衝突升級。

這整套作戰方式，中共並不生疏，在回應東海和南海問題上可見端倪。槍聲未響，雙方在法律、政治、經濟和心理上早已交鋒，尚缺實際用兵，而這部分至關重要，沒有硬的一手，軟的一手只會蒼白無力。美國是箇中高手，戰略資源優於中國，經驗對北京或不可取，反而是戰略條件接近的俄羅斯，經由實戰對中共更具啟發和現實意義。

北約防務專家，把普京在烏克蘭東部所進行的「混合型戰爭」，視作俄羅斯對西方發起「顏色革命」的一種反制；中國戰略思想界則把香港「占中」和台灣「太陽花學運」，看成是對中國發起另一種形式的「顏色革命」。如何反制？為共軍帶來新的課題和新的挑戰。

需要強調的是，俄羅斯在「混合型戰爭」中所啟用的駭客行動，在 2016 年美國大選中持續發酵，美國民主黨全國委員會（DNC）和民主黨國會競選委員會（DCCC），被證實遭具有俄羅斯軍事情報背景的網路間諜組織「花花熊」（Fancy Bear）的侵入，

112-115。Reisinger 是北約防務學院高級分析師，本文摘自北約防務學院論文第 105 篇。

其目的未必是（或無法）搗毀美國的選舉制度，或刻意針對某個候選人或某個政黨，而是藉此喚起民眾對美國標榜的自由和公平選舉制度的質疑。美國網路安全專家說：過去 20 年美國政府在網路空間，過於關注發展具有攻擊效益的網路炸彈（cyberbombs），俄羅斯則確知網路戰的真正威力在於心理層面，藉此改變人們對既存現實的認知[89]。

除了這些新的發展形勢。台灣防衛的薄弱環節，亟需調整與補強。在有形戰力方面，包括敵之於我有代差的主戰裝備，不易偵察又難反制，或我方聯合指管通情系統防護不足，或各戰區首尾不能呼應等；在無形戰力方面，用兵保守，戰法陳舊，不知為何而戰、為誰而戰，認同分歧，上下貳心，任何一個環節於敵有機可趁；加之以中共對台施以輿論戰、心理戰與法律戰（簡稱三戰），以有限威嚇，欲達不戰或巧戰而屈人之兵[90]。

中共對台攻略，思路可見。正兵不輕用，以奇兵速決；牽制有形戰場，在無形戰場出其不意；不以占領為目標，而以打擊抗敵意志為首要。趁亂形塑中共威迫我上談判桌的有利態勢，遏制外軍介入，管控危機。戰略指導由「奪台」轉為「控台」，達到為其所用。

台灣國防力量尚有其他的目的，包括護漁、救災、和作為兩岸政治談判的後盾和籌碼。否則在談判桌上，予取予求，對台灣不利。

創新與不對稱戰力

創新與不對稱，是多年來關心國防發展最被人提到的一個詞彙。從台灣近年的國防政策、國防戰略、建軍規劃到國防科技發展

---

[89] Massimo Calabresi,"Hacking the Voter: What's Behind Russia's Effort to Influence the U.S. Election" **Time** October 10, 2016 pp.20-23.

[90] 亓樂義，《三戰風雲—新形勢下的台海危機》（台北：黎明文化出版社，2008 年 7 月）。本書認為兩岸今後衝突有別以往，很可能有衝突而無硝煙，有交手而無流血，表面上軟硬兼施，實際是一場全民意志、高層鬥智和執政當局對威脅是否做出正確判斷和反應的對決，中共謂之「三戰」（輿論戰、心理戰、法律戰），是當前和未來中共對台攻略成本最小、收益最大的戰爭形式。

等，也都在強調採「創新/不對稱」思維，建立「創新/不對稱」戰力，並列入「重點建軍」方向，以取代過去廣受批評的「平衡建軍」[91]。2017年3月公布的《四年期國防總檢討》，提出打造「高科技與創新」戰力的軍隊，並以「航太、船艦及資安」為建軍核心，進而帶動國防與產業整合，達成「以國防帶動經濟，以經濟支持國防」的目標[92]。這個提法明確而具體，打破軍種藩籬，又融合於軍種之間，同時與產業經濟結合，使國防自主更具操作性。

國防部2015年《國防報告書》提到，過去2年，國軍發展「創新/不對稱」戰力，以「整建空投式水雷及強化佈雷戰力。另重點發展精準打擊武器、無人飛行系統（UAS）與電子偵蒐反制系統等[93]。」內容包括有形與無形戰力，貫穿於海、空、陸與電磁網路空間。不過，看不出自製與外購的比例。

真正的創新與不對稱，必須立足於自主性、低成本、反制難、前瞻性等4項特點。自主性是不受制於人，不怕斷炊；低成本需財力可及，利於永續發展；反制難是懾敵禦敵的根本之道；前瞻性需放眼未來15-25年科技發展趨勢，儲備技術能量。四者兼備，國人稱慶；部分自主，尚待加油；全仰於外，危機四伏。

需要強調的是，創新與不對稱，不僅涉及技術裝備，更涵蓋謀略戰法。兩者相輔相成。尤其是「創新/不對稱」思維對台灣的國防尤具現實意義。軍購不易，需立足於現有裝備，創新戰法，以下馴對上馴「田忌賽馬」的思維取勝。包括美國在內，沒有一個國家的武器裝備全占優勢，都是高低搭配，因敵出擊。越共能以木樁撂倒美軍直升機，是找到機降規律，利用草叢隱蔽木樁，風吹草起，彈擊而中。因此不能輕看傳統革命戰法。不管什麼戰法，能禦

---

91 中華民國102年 四年期國防總檢討（2013年）《中華民國國防部》，頁22、24、50、54，http://qdr.mnd.gov.tw/file/2013QDR.pdf 下載 2016.11.4。

92 中華民國106年《四年期國防總檢討》電子版（2017年）中華民國國防部，頁2-3、13。

93 國防部國防報告書編纂委員會，《中華民國104年國防報告書》（台北：國防部，2015年10月），頁78。

敵致勝，就是好戰法。

「田忌賽馬」出自戰國時期齊威王。齊將田忌，接納從魏國投奔而來的孫臏。當時齊王諸公子喜愛賽馬。孫臏發現，諸公子馬車與田忌的馬車實力相當，分上、中、下三等。孫臏看出門道，力勸田忌大賭準贏。策略是，先用下駟對上駟，一輸；再以上駟對中駟，一贏；最後以中駟對下駟，又贏。二勝一負，田忌贏得千金，孫臏奉為軍師[94]。

1999 年，中共空軍 2 名大校喬良與王湘穗合著《超限戰》，引起海內外矚目，不少人過度解讀，認為超限戰鼓吹漫無限制使用手段以達成目標，包括恐怖攻擊。實際上，該書所要表明的核心概念，就是「田忌賽馬」的思維，在手段可及的範圍內，以錯位戰法達成有限目標。行動是全向度的，但「主戰方向多選擇在對方意想不到的領域和戰線，而打擊重心則總是挑選能給對方造成巨大心理震撼的部位[95]。」

台灣沒有匿蹤（隱身）戰機，並不意味面對中共隱身戰機束手無策。1999 年科索沃戰爭，南聯盟塞爾維亞軍以老式薩姆 -3 飛彈，擊落美軍最先進 F-117 隱身戰機而震驚世界。一般看法是把注意力放在「塔馬拉」被動雷達的性能。它是一種放棄傳統雷達探測模式，改採被動原理的雷達，因靈活運用而奏效。這僅是其一，塞軍在開戰前 10 年採購此雷達，由發明人親授技術，歷經 10 年，裝備保養得當，加上塞軍飛彈部隊平時訓練有素，戰時隱蔽機動，指揮官知彼知己，又有源頭機場人工情報提供，各種致勝要素相乘，才獲此戰果。換言之，一套相對落後的裝備，經由訓練和戰法的重新組合，是可以弭補先天之不足，乃至出奇制勝。

孫臏兩腿膝蓋骨被魏將龐涓挖去，身殘卻才智高超。他的「圍

---

94 韓兆琪注譯，〈孫子吳起列傳〉，《新譯史記》（台北：三民書局，2011 年 8 月），頁 188。
95 喬良、王湘穗，《超限戰》（北京：解放軍文藝出版社，1999 年 2 月），頁 174、232。

魏救趙」，被毛澤東譽為「千古高手」[96]。魏國攻趙，趙向齊國求援。田忌按常理，發兵救趙，但孫臏反其道而行，改攻魏國都城大梁。魏軍回師解圍，孫臏趁其疲憊在途中截擊，大敗魏軍。孫臏以創新思維，一箭雙雕，為千古兵家所傳頌。

毛澤東借鏡「圍魏救趙」，悟出「圍點打援」，先圍困國民黨所占城市，目的是在途中消滅馳援而來的國軍。國共內戰，例不勝數。1948 年 9 月共軍發動濟南戰役，攻城打援，兩路並進，是少有特例。按目前國軍防衛固守的要求，採固守、應援、規復（奪回敵佔外島）等軍事作為，讓人想起「圍點打援」的慘痛歷史，規復之舉，恐需商榷。

國共內戰初期，不論從兵源、武器裝備到軍費，國民黨都遠勝於共產黨。但經過幾回合的謀略（思維、情報、策反、戰法、宣傳等）較量，雙方力量對比翻轉，其差別不在技術裝備，而在於使用技術裝備的思維謀略。迄今仍足以借鏡。

建軍與備戰，如車之雙輪。但台灣國防歷來重視備戰，而輕忽建軍，以致人才流失。從基層部隊到高司單位，忙於行政業務，而疏於計畫者，比比皆是。不少出國深造的專業管理軍官，返國未受重用而大多提前退伍。令人惋惜。

按國防科技發展規劃，「創新／不對稱」戰力需前瞻未來 15—25 年科技發展趨勢，沒有高水準的軍備管理人才，如何掌握前瞻科技？美國國防部有國防先進研究計畫署（DARPA），台灣沒有相應的條件，將如何發揮類似功能，結合產官學界，投入先進國防科技研發。至今我們的覺醒和作為，尚不能滿足國防自主創新的要求。

「國內自製為主、國外採購為輔」，是國軍武器裝備獲得的基本原則，採「共同研發，合作生產優先，現貨採購次之」的方式

96　張貽玖，《毛澤東讀史》（北京：中國友誼出版公司，1991 年 10 月），頁 121。毛澤東曾批注，「自古能軍無出李世民之右者，其次則是朱元璋耳。」本書頁 123-124。

進行。但實際運作頗有差距，國防資源釋出民間，向以一般性軍需為主，與核心高端無緣。2017 年版的《四年期國防總檢討》，再次提出武器裝備獲得以「國內自製」為優先，引導廠商投入國防產業，並投入相關建案預算，把需求「納入資源釋商」，結合民間參與航太、船艦及資安等 3 大核心產業[97]。政策既出，決心已下，希望這次不再是一句口號！

募兵新使命

募兵制是我國兵役制度的重大革新，也是國防轉型是否成功的關鍵。除了專業建軍的考慮，募兵制更應該是國軍「重層嚇阻」的重要組成。國土防衛一旦失敗，募兵成員可從「群眾性防衛」著手，繼續發揮抗敵作用。

先前提到立陶宛的「群眾性防衛」，以一種軟性、不合作的解放運動，擺脫蘇聯，重獲獨立，最終迫使蘇聯撤軍。採用「群眾性防衛」的領袖之一巴德凱維薩斯（Audrius Butkevicius），對小國採取募兵制極為肯定，因為龐大的後備動員對小國防衛緩不濟急。

小國致勝的關鍵是時間，軍人需要高度訓練和「紀律彈性」。能體察停止軍事對抗的正確時機，並轉換成其他的反抗方式。這種策略轉換必須在高度紀律和靈活彈性的狀態下進行，意味防衛行動開始從國家層次轉為社會公民團體，軍人分散至社會各角落，以其專業技能成為「群眾性防衛」成功的關鍵。募兵人員在危險行動中將扮演領導非暴力抗爭的角色[98]。

據巴氏的實戰經驗，立陶宛的民眾不知如何組織有效罷工和

97　中華民國 106 年《四年期國防總檢討》電子版（2017 年）中華民國國防部，頁 17-18、24、36。

98　Audrius Butkevicius, 李崇僑譯，〈小國的防衛策略〉演講稿，《新時代小國的防衛策略》（台北：前衛出版社，2001 年 9 月），頁 79-80、101。

杯葛,也不懂如何瓦解侵略者的秩序和機關,如何進行地下廣播或地下印刷,以及在強勢鎮壓下仍能保持紀律,而這一切都有賴於受過訓練的軍人和公務員。換成台灣,巴氏所擔心的或許不成立,台灣民眾歷經多年的民主洗禮,對示威抗議早已駕輕就熟。台灣怕的是分歧、內鬥和出賣,為敵所用。

因此募兵制的責任重大,需在專業技能上預做準備,畢竟在民主國家和集權國家的示威抗議不同。槍聲響起,民眾是繼續抗暴,或散如鳥獸、或變成台奸,仍是未定之數。這些都需要戰略指導和戰術研習,才能進行長期的不合作運動。目的是從根本上消弭中共犯台意圖。

從募兵制的深遠作用,可以歸結出一個思路。所謂「終戰指導」,不取決於台澎防衛作戰能堅守多久時間,2 周或 1 個月,並不能保證外援必至;而是取決於全民的抗敵意志,不受時間限制,不受地緣阻隔;「群眾性防衛」不是魚死網破,與敵同歸於盡,而是有規劃、有紀律、有膽識地展開非暴力性抗敵運動,才是自救圖存的根本之策。

第十五章

社會：台灣優勢

　　國防是國家安全的保證，力量則來自民間社會。很多人說，台灣社會生病了，但在外人眼中，特別是來台的大陸民眾，對台灣社會百態另有一番體會。

　　「在華人的世界裡，它（台灣）也許不是最好的，但的確沒有什麼比它更好了[1]。」

　　這是大陸知名年輕作家韓寒，來台一遊的深刻感觸。他前頭還有一段話，台灣的硬體不夠新，民粹湧現，民怨不斷，矛盾不少。但沒有完美的地方，沒有完美的制度，也沒有完美的文化。

　　「它（台灣）像一個很漂亮的女人，但平時卻素面朝天的樣子，你不經意之中會忽略她，但你仔細停留下來你會非常喜歡她。……你到台灣第一眼，她就是一個很普通的，房子、街道，你不會覺得有什麼特別，但是你停下來仔細的看，她稍微一「搗持」（打扮），你眼前一亮[2]。」

　　萬通集團董事局主席馮侖，與台商交遊廣闊，經常接受台灣駐京媒體的採訪，是大陸商界的「台灣通」。在他眼裡，台灣乍看沒什麼，細看則回味無窮。

生活風格

　　「我們可以用生活風格定義一種文明、一種文化或一個國家

1　韓寒，〈太平洋的風〉《韓寒的博客》2012 年 5 月 10 日 http://blog.sina.com.cn/s/blog_4701280b0102e5np.html 下載 2016.11.10。

2　馮侖，〈真實的台灣很中國，很現代〉《中國報導周刊》2010 年 11 月 30 日 http://www.china-week.com/html/5807.htm 下載 2016.11.10。

的特性，也可以從人們如何涵養身體與心靈來判定。」「台式的養生方式匯集不同元素，其中沒有任何一個特定是台灣的，卻都可以自由享用，這是在別的地方不容易找到的³。」

出生日本的滿里子（Mariko Poimboeuf），隨夫婿法國在台協會前主任潘柏甫（Jean-Claude Poimbœuf）駐台3年。她住過中國、泰國、日本和澳洲，卻選擇台灣作為她第一份出版品的素材。她說，台灣豐富的藝術文化、生活趣味、茶藝美食、養生之道，以及熱情友善的人民，讓她感動著迷。台灣應讓國際更加認識，不只是觀光旅遊，更是一個擁有歷史、文化和「獨特生活方式」的地方。她在台灣各角落裡的「發現」讓久居於此的筆者們驚訝又慚愧。

台灣有美麗寶島之稱，因政治惡鬥而搞得烏煙瘴氣。看電視你會覺得台灣正在沉淪，在外人眼中卻看到生氣蓬勃的另一面。

韓寒從上海來台一遊，眼見所及，處處新鮮。他對目前大陸的富有，不屑一顧，因為只是政府和小部分人有錢；走在台灣街頭，面對計程車司機，速食店老闆和路人，他沒有一點自豪感。大陸所擁有的，台灣都擁有過；大陸所炫耀的，台灣的納稅人不會答應；大陸所失去的，台灣都留下了；大陸所缺少的，才是最能讓人感到自豪的。他感謝台灣和香港，庇護中華文化，把民族美好的習性留下來，讓很多根子裡的東西免於浩劫。

短短幾天，韓寒寫下7處失落感。他不願談及政治，擔心內容和措辭越過紅線。也許是良知的催促，他為這次旅程最終劃下沉重一筆，「文化，法制和自由是一個民族的一切，別的國家不會因為你國的富豪，瘋狂搶購了超級跑車和頂級遊艇而尊敬你的國民⁴。」

滿里子在台3年。她從博物館、文藝創作、美食烹飪、茶飲藝術及養生之道，觀察台灣的人、地、物。很多內容台灣民眾不以為

3　滿里子，《台灣，一個驚喜！》（台北：天下雜誌，2008 年 12 月），頁 190。
4　韓寒，〈太平洋的風〉。

意，有心人士甚至還想切割。她則格外珍惜，認為台灣在過去相當一段時間，作為中國文化唯一的聯繫。在文革的狂飆年代，萬物銷毀，「台灣充分扮演了保存中國傳統、藝術、文化習俗甚至宗教的重要角色。因此，所有的傳統藝術，包括戲曲、木偶劇、水墨畫、書法、中國結等，仍以相當高的水準在台灣延續著[5]。」

馮侖對台灣保護傳統文化，也有深刻體會。文化不是刻意為之，而是從小教育，自然延續，身體力行，諸如禮、義、廉、恥，不像大陸一場文革，毀之殆盡。某次，他和台灣友人外出洽公，途中經過友人老家，友人順道看望老母親。他覺得突兀，但還是勉強同往。結果發現，友人對母親鞠躬問暖，至情至孝，最後拜別，「恭敬程度，這給我們很大的震撼[6]。」

馮侖說，在大陸談「孝」，都是聽到父母生病的時候才覺得需要。父母沒病，談不上天天行禮；看望父母，也沒有鞠躬之類的禮節，「來就是挺孝順了，然後吃個飯聊聊天。」「孝」在台灣真是不一樣。從整個中國文化上來說，在台灣是自然延續下來，政府的教育給予一些強化，然後是國民本身的身體力行，讓人覺得非常舒服，凡事都有規矩。

性靈自由

陸客來台觀光，上阿里山，遊日月潭，逛街採購，是基本套路。但有些陸客，遠離塵囂，寄情於山林，以茶會友，追求心靈之旅。苗栗縣公館鄉的玉谷村，就有一處淨地，吸引遠道而來的陸客。1位來自北京的茶友說，在大陸「什麼茶沒喝過！」他來主要是喝一種理念，追求身心和諧，提升生命能量，對生命有更深的了悟，在大陸找不到這種地方[7]。

---

5 滿里子，《台灣，一個驚喜！》，頁58。
6 馮侖，〈真實的台灣很中國，很現代〉。
7 亓樂義 2009 年 4 月 19 日現場紀實。

來自江西的 1 位茶友，每次來台旅費 8,000 多元人民幣（約 40,000 新台幣），負擔不輕，但她樂此不疲，羨慕「台灣人真有福報。」她悄悄地說，行前一些不能來台的大陸茶友，託她把苗栗茶會的洗茶水，裝入塑膠罐，托運帶回，作為當地茶會之用。說著，說著，她眼眶泛紅。

　　稍微注意，可以發現大陸茶友對性靈自由的渴望。他們大多不是一般陸客，而是大陸社會的中堅力量，有的還有公職身分，藉交流之便，擠出空檔，淨透一下心靈。這不是個案，或侷限一地，在台灣多處幽靜之地，多有類似情況。

　　2013 年秋，中部某道場，方丈比平日顯得忙碌。貴客到訪，安排獨立院舍，原來是北京高層某夫人及其隨員，登門求教，學習打坐。隔年春，北京又有高層家眷，慕名而來。大陸的名寺禪社，近年蓬勃發展，心靈之旅，亦有名聲，民眾乃至上層，為何捨近求遠，跨海而來？說明台灣獨特的生活內涵，早已越過藩籬而深植人心。

　　香港是華人社區，也保留中華傳統文化。滿里子喜歡香港，但她不認為在香港生活能比在台北得到更多，「我不會在香港找到這些形成台灣力量的同等元素：無論是對傳統的尊重及創造力、經濟的效率和人與人間的關係[8]。」所以台灣對她來說一直是個驚喜。

　　以下是「中華維鬘學會名譽理事長」鄭振煌的文字[9]，很值得我們體會：

　　「台北精緻摩登、高雄務實豪邁、台南敦厚儒雅、台中朝氣蓬勃、宜蘭樸實古趣、花東涵蓋乾坤、墾丁開闊自在、日月潭溫柔婉約、玉山雄偉壯闊、阿里山奇木異草……台灣小而大氣，少而多彩，傲然睥睨於全球。然而，台灣最美的風景，還是台灣人，文化是台灣最值得驕傲的軟實力。」

8　滿里子，《台灣，一個驚喜！》，頁 230。
9　鄭振煌，〈看見幸福台灣的軟實力〉《中國時報》2014 年 10 月 5 日，頁 A11。

當台灣的經濟已經被中國大陸取代，已經被韓國超越的時候，只有靠著文化，尤其是宗教，台灣還能夠看見幸福。有人說，台灣的佛教是漢傳佛教兩千年來最鼎盛的時期。佛教傳入中國兩千年，真正能在文化教育、慈善醫療方面有普及全民的蓬勃發展，是在這不可思議的短短幾十年。

在人類歷史上，因宗教衝突而產生的戰爭比比皆是，實在非常荒謬。每一個宗教都在談內心的淨化、倫理道德、世界和平，但是各宗教之間卻彼此不能相容。台灣有很多宗教間的聯誼組織，有幾個特色：由各宗教教徒組成，輪流出任理事長；舉辦各宗教教義演講會；各宗教輪流舉辦「青年宗教體驗營」；參加國際性宗教交流活動。

作為心靈底蘊的泉源五教各有其修行方法：•儒教：存心養性、執中貫一，講忠恕；•道教：修心煉性、抱元守一，講善良；•佛教：明心見性、萬法歸一，講慈悲；•耶教：洗心移性、默禱親一，講博愛；•回教：堅心定性、清真返一，講惻隱。

台灣有過經濟奇蹟，當經濟奇蹟不再，作為人們心靈底蘊的宗教就是幸福的泉源。台灣的宗教現象，已然是一種奇蹟，也成為幸福台灣的軟實力。」

社會進步的燈塔

2014 年 3 月，AC 尼爾森對 1,009 位來台的自由行陸客做網路民調。他發現超過 9 成自由行陸客都想再訪問台灣，其中包括超過 5 成，計畫 1 年內再來台灣自由行[10]。

2016 年春，筆者（中斌）因台商餐會安排，與某大陸太子黨 W 博士相見。W 在天安門後赴英國取得博士學位，在國外發展。他來台數次，非常欣賞。令筆者驚訝的是他說：「台灣是宋朝之後

10　羅建怡，〈逾九成自由行陸客都想再來台〉《聯合報》2014 年 4 月 24 日，頁 A14。

華人地區仍然保留『溫良恭儉讓』的地方。」筆者好奇地問：「何以見得？」他如數家珍的說了一些陸客來台經歷的感人小故事。譬如，某陸客不小心把原先要帶回作紀念的台灣火車票票根，丟進火車站門口的票箱。陸客向服務員請求之後，竟然看到服務員倒出所有票根在鋪地的報紙上，花了半小時找到誤丟的票根，還給陸客。筆者問：「何以我沒看過這新聞。您在哪兒聽到的？」他答：「在大陸某地方報紙上讀到的。」

2012 年，筆者中斌聽常去北京的台商朋友 Z 說意外的遭遇。某次，Z 在台北巧遇北京來的某太子黨朋友。以下是他們的對話：「你怎麼來這兒？」「我在台北買了房子！」「買房子投資？」「不是！我喜歡這兒的生活。人善良、交通方便、空氣好、自由自在、生活趣味多……。」聽 Z 說，不少北京的太子黨，「土豪」都在台北置產，因為喜歡這兒的生活。甚至有太子黨表示：希望台灣保持它的自由自在，為大陸社會進步作燈塔。

天下文化教育基金會創辦人高希鈞說：「如果台灣最美麗的風景是人；那麼我認為：最美麗的人是「平民」。2010年，美國《時代雜誌》將台東菜販陳樹菊選為「百大英雄」之一。最近讀到《遠見》2013年12月號以百位「平民英雄」的封面專題，發現他（她）無所不在，無時不在，只是媒體的冷漠，他們沒有出現在讀者的眼前。舉5個實例：颱風天修復斷電與死神對決的，台電外線巡修領班徐炎松；訓練拳擊國手，改變孩子人生的，新竹成德高中老師柯文明；

▲ 陳樹菊 (1951 -)台東菜販和慈善家。她因多年持續捐助社會累積龐大金額並被媒體發掘而為人所知。被2010年《時代雜誌》選為世界「百大英雄」之一。圖片來源：由 David Shankbone - http://www.flickr.com/photos/shankbone/4582808709/, CC BY 3.0, https://commons.wikimedia.org/w/index.php?curid=10262106下載2017.7.31

「黑心食品剋星」彰化地檢署檢察官葉建成、鄭智文；10年來揹著30多位老兵骨灰，送回大陸的左營里長劉德文；為農民找出路，落腳新竹千甲里的高科技農夫陳建泰[11]。」

2011 年，天安門的學生領袖王丹已在台灣住了 11 年。以下是他的感言：「台灣人都非常親切，有天我和來台就讀的大陸學生在校園裡合照，就有台灣學生遠遠地跑來幫忙，真是非常感動。我在美國也待了一段時間，但那裡人情比較淡薄，更不用說在中國。如果你主動對人伸出援手，想幫人拍照，人家搞不好覺得你是『特務』，或覺得你想從他身上撈什麼好處。

我用另一個例子來說明，城市裡有位老太太在十字路口進退不得，好心的路人上前要扶她過馬路，但她只看了對方一眼，繼續望著遠方。這就是典型大陸公民的社會寫照，人與人間有很大的隔閡，大家都互相防範，很冷漠。但在台灣，這一切都不同，老太太會一句『謝謝』，就讓人扶著過馬路。

我相信在台灣求學的這段時光，對陸生未來的人格養成、視野都會有很大的影響。他們可以聽見更多不同的聲音和意見，很多不能聊的話題在這裡都可以談，更可以滿足他們的年輕的好奇心。

雖然我內心深處很希望有一天能回去中國，但我會一輩子都記得這邊的好[12]。」

從王丹對台灣的觀感可以想見長期下去，台灣對大陸來台人民的正面質變的效果。

台灣的優勢在民間。大陸各階層來台交流，或旅遊，或洽公，或就學，對台灣的印象褒貶不一。貶的在硬體，褒的在軟體。台灣的建築不如大陸雄偉壯觀，文化涵養卻令大陸民眾嚮往稱羨。久而久之，潛移默化，文化薰陶比「和平演變」更能打動人心，比有效嚇阻更上一層。

11　高希均，〈平民英雄在貪婪潮中崛起〉，《聯合報》2014 年 1 月 2 日，頁 A17。

12　陳思豪，〈我愛台灣人親切 不愛被貼標籤──訪問王丹〉，《聯合報》2011 年 1 月 10 日，頁 A6。

其實，台灣地方政府的一些服務人民的措施已經提供中國大陸改革參考。本書第一篇〈中國的前景〉開頭所提「12345熱線」就是個實例。「1999市民當家熱線」由台北市2005年啟動，2016年底傳播到全台20縣市，廣為台灣人民所稱道。大陸各大城的「12345熱線」稍後也啟動，成效似乎猶有過之。

大陸開始試辦地方選舉時遭遇難題。選票箱該透明或不透明？透明選票箱沒有隱私，不能保障自由選擇。不透明選票箱無法讓人監督，有舞弊的可能。怎麼辦？後來有心推動大陸選舉的世界與中國研究所長李凡來台觀摩，找到了答案：半透明選票箱。他回去後，大量生產半透明選票箱 [13]。問題解決了。

戰國時期，策士蜂起。為能說動諸侯霸主，寓言故事，成為時代風尚。這裡也有 1 則寓言，說明中國與周邊的關係。

有位巨人，孔武有力，犯有前科，因藩籬爭議，打過鄰居。近來，巨人因為勤奮用心，累積財富，開設銀行。而且一向積極習武的他，全身掛滿刀槍。鄰居恐懼不安，但做生意賺錢要靠巨人，不知如何是好？正巧巨人有位親戚，住在對街。他們有共同的家世淵源，和共同話題。剛好，巨人有錢之後也有心培養品味，嚮往富而好禮的境界。這位和善有修養的親戚，用心與巨人交往，長期潛移默化的改變了巨人好鬥的性格。對社區來說，巨人由威脅者成為守護者。最後，巨人為鄰居們帶來繁榮與和平 [14]。

相較於中國大陸，台灣是個小實驗室。這裡進行的社會改革演化，風險小，成果值得分享。台灣可以善意的把社會改革演化的經驗與彼岸分享。好的可參考，壞的可避免。像化學作用裡催化劑的功能一般，台灣可以把社會的優點良性地質變大陸社會，協助提升大陸人民生活品質。但這催化的過程需要時間，需要耐性。

13　2011 年 10 月在台北，筆者中斌與李凡私人訪問。

14　林中斌 2012 年 8 月 17 日於首爾國際會議（2nd Conference of the Asia Security Initiative sponsored by National Campaign for a Strong Korea）的演講。

在催化巨人完成之前，台灣需要保障自己的安全，才能發揮對中國大陸人民社會有益的貢獻。若能如此，亞太地區，甚至世界的社會和人民，也會因而受益。

歷史與現場 244

撥雲見日：破解台美中三方困局

作　　者—林中斌、亓樂義
編　　輯—謝翠鈺
版式設計—吳詩婷
排　　版—辰皓國際出版製作有限公司
封面設計—楊珮琪
製作總監—蘇清霖
董 事 長
　　　　—趙政岷
總 經 理
出 版 者—時報文化出版企業股份有限公司
　　　　　10803 台北市和平西路三段二四〇號七樓
　　　　　發行專線—（〇二）二三〇六六八四二
　　　　　讀者服務專線—〇八〇〇二三一七〇五
　　　　　　　　　　　（〇二）二三〇四七一〇三
　　　　　讀者服務傳真—（〇二）二三〇四六八五八
　　　　　郵撥—一九三四四七二四時報文化出版公司
　　　　　信箱—台北郵政七九～九九信箱
時報悅讀網— http://www.readingtimes.com.tw
法 律 顧 問—理律法律事務所 陳長文律師、李念祖律師
印　　刷—盈昌印刷有限公司
初 版 一 刷—二〇一七年八月十一日
初 版 二 刷—二〇一七年九月四日
定　　價—新台幣四五〇元
（缺頁或破損的書，請寄回更換）

國家圖書館出版品預行編目 (CIP) 資料

撥雲見日 : 破解台美中三方困局 / 林中斌 , 亓樂
義作 . -- 初版 . -- 臺北市 : 時報文化 , 2017.08
面 ;　公分 . -- (歷史與現場；244)
ISBN 978-957-13-7066-8(平裝)

1. 臺美關係 2. 中美關係 3. 兩岸關係

578.2　　　　　　　　　　　　　106011226

ISBN 978-957-13-7066-8
Printed in Taiwan